Zu diesem Buch

Der Publizist Carl Schüddekopf veröffentlicht in diesem Buch vierzehn Erzählungen, die aus seinen Gesprächen mit ehemaligen Wehrmachtsangehörigen entstanden sind. – Unter anderen:

Die Geschichte des Bauernsohns, der in Rußland verwundet wird, sich für Afrika meldet, weil er weiß, daß er ein zweites Mal aus Rußland nicht zurückkäme, in amerikanische Gefangenschaft gerät und noch im Lager in Kansas glaubt, daß nach dem Sieg die «Wilhelm Gustloff» ihn in New York abholen wird.

Die Geschichte des Industriellensohns, der den Schwur auf die SA leisten will und noch auf dem Appellplatz ausgestoßen wird, weil er «Mischling ersten Grades» ist. Es beginnt eine Angst, die ironischerweise erst endet, als er 1939 dennoch Soldat der Wehrmacht wird, sich dort geborgen fühlt, immer wieder sein Leben riskiert, bis er 1943 als Halbjude entlassen wird und die Jahre bis zum Ende des Krieges nur mit Glück überlebt.

Die Geschichte des Gymnasiasten und Hitlerjungen, der sich von der Schulbank weg freiwillig zur Luftwaffe meldet, mit sechzehn als Flakhelfer im Bombenhagel an der Kanone sitzt und mit achtzehn als Maschinengewehrschütze den Rückzug bis nach Bremerhaven erlebt, immer im Glauben, ein Wunder werde doch noch den Endsieg bringen.

Der Autor

Carl Schüddekopf, 1946 in Hamburg geboren, studierte Soziologie und Psychologie und machte dann eine Lehre als Verlagsbuchhändler. Er arbeitet als Publizist und freier Lektor, hat mehrere Bände zum Nationalsozialismus und zur deutschen Nachkriegsgeschichte herausgegeben und Rundfunkfeatures für zahlreiche Sender geschrieben. Er lebt in Hamburg.

Carl Schüddekopf

Krieg

Erzählungen aus dem Schweigen

Deutsche Soldaten über den Zweiten Weltkrieg

Rowohlt

rororo

Veröffentlicht im Rowohlt Taschenbuch Verlag GmbH,
Reinbek bei Hamburg, September 1998

Umschlaggestaltung Walter Hellmann
Foto: GARF – Staatsarchiv der Russischen Föderation,
Moskau
Gesamtherstellung Clausen & Bosse, Leck
Printed in Germany
ISBN 3 499 60558 9

Inhalt

Anton Bentschen *Mit kleinen Leitwerken, kurzen, aus weiß beschichteter Spanplatte geschnittenen Flügeln und großen hölzernen Propellern vorn am Rumpf, drehen sich hinter dem Haus drei von Anton Bentschen gebaute Flugzeuge oben auf ihren Kiefernstangen im Wind.*

Am Nachmittag ist er mit mir durch die jetzt leerstehenden Stallungen und in die Scheune gegangen, in der sein Traktor steht. Er hat ihn vor vielen Jahren, unterstützt von einem Schmied der LPG, aus im ganzen Oderbruch zusammengesuchten Einzelteilen gebaut. Später in der Stube, der Cousin eines seiner Schwiegersöhne ist mit einem grellbunten Blumenstrauß aus Westdeutschland gekommen, trinken wir alle zusammen ein Bier, und ich verabrede mich mit Anton Bentschen für den nächsten Tag.

Es ist ein naßkalter Sommermorgen. Anton Bentschen sitzt in einem großen hölzernen Stuhl neben einem braungelben Kachelofen, in dem er ein Feuer gemacht hat. Den aufgerichteten Oberkörper mit den Unterarmen und Händen auf den Armlehnen abgestützt, steht in seinem vom Alter und vielen Falten klein gewordenen Gesicht tiefe Erschöpfung. Und während er noch nach Luft ringt, erklärt er in einem Tonfall gemischt aus Hinnahme und Erstaunen, daß er noch eben im Garten gewesen sei, um eben einmal das große Kartoffelbeet zu hacken.

Hundertundfünfzig Kilometer östlich von Berlin, wo die damaligen preußischen Provinzen Brandenburg und Posen aneinanderstoßen, kommt Anton Bentschen 1913 in einem Dorf unweit des Städtchens Kupferhammer zur Welt. Zusammen mit vier Geschwistern, drei Schwestern und einem Bruder, wächst er auf dem Hof seiner Eltern auf. Mit 86 Morgen ist der Betrieb groß genug für fünfzehn Kühe, dreißig Schweine und drei Pferde, mit denen die Felder bestellt werden. Im Ersten Weltkrieg bleibt der 1871 gebo-

rene Vater auf Grund seines Alters vom aktiven Militärdienst verschont, und die gesamte Familie kommt unversehrt durch den Krieg und die von ihm ausgelösten Hungerzeiten.

Als Sechsjähriger erlebt Anton Bentschen den Einmarsch der Polen, an die mit dem Frieden von Versailles auch große Teile der Provinz Posen gefallen sind. Doch jenseits der großen Politik geht das Leben im Dorf fast unverändert weiter. Zusammen besuchen die deutschen und polnischen Kinder die Schule und lernen beide Sprachen. Die wenigen polnischen Familien im Ort leben, wie Anton Bentschen sich erinnert, «wie die Deutschen», und nur auf den Ämtern und Behörden wird deutlich, daß seine Familie nun zu einer Minderheit im neu entstandenen polnischen Staat gehört.

1927, nach Beendigung der Volksschule, beginnt der Vierzehnjährige im Nachbarort Kupferhammer eine Lehre als Schlachter, die er 1930 mit der Gesellenprüfung abschließt. Drei Jahre später, als in Deutschland Adolf Hitler zum Reichskanzler gemacht wird, erwacht, allerdings nur hinter verschlossenen Türen, unter den Deutschen in seinem Heimatdorf die Hoffnung auf eine Rückkehr ins Deutsche Reich.

Ein Jahr vor Kriegsausbruch wird sein älterer Bruder nach Lublin zu einem zweijährigen Militärdienst in der polnischen Armee eingezogen, und auch er selbst erhält im August 1939 einen Gestellungsbefehl für den 15. Oktober nach Warschau. Einen Tag vor dem 1. September 1939 erscheint aber in einer Kieskuhle nahe seines Dorfes ein uniformierter SA-Mann, um von hier aus alle jungen deutschen Männer aus den umliegenden Ortschaften zusammenzutrommeln. Mehrere hundert sind gegen Abend dort versammelt und erfahren von ihrem Besucher aus dem «Dritten Reich», daß der Krieg mit Polen unmittelbar bevorsteht. Und noch in derselben Nacht geht Anton Bentschen mit ihnen zusammen über die keinen Kilometer entfernt liegende Grenze, die eines der Felder aus der Wirtschaft des Vater zerteilt.

Kein Zöllner, nischt war zu sehen, als wir über die Grenze gingen. In Tirschtiegel auf dem großen Judenfriedhof haben wir uns gesammelt. Aus anderen Gegenden waren schon ein Haufen Menschen da. Der SA-Mann hat eine kurze Ansprache gehalten, und dann sind wir angetreten zu Dreierreihen und reinmarschiert in die Stadt. Sie haben uns über Nacht in eine große Turnhalle gebracht, da waren bald tausend Menschen. Am anderen Tag früh kamen Offiziere der Hitlerarmee, die Brust voller Orden. Wir mußten raus, auf einem großen Sportplatz antreten. Einer von ihnen hat eine Rede gehalten und gesagt: «Ihr braucht keine Angst zu haben, ihr braucht nicht Soldat spielen. Wer freiwillig Soldat sein will, kann sich melden.» Viele haben mitgemacht, die anderen mußten ihren Beruf sagen, und dann hieß es, Schlächter dahin, Bäcker dahin, Landwirte hierhin. Nach dem Mittagessen kamen große Wehrmachtsbusse, und wir wurden weggefahren. Die Schlächter kamen nach Schwiebus. Alles war schon alarmiert, die ganzen Schlächtermeister aus der Umgebung waren da und haben sich Leute ausgesucht. Es ging alles wie am Schnürchen.

Ich kam in ne Schlachterei, hab bei denen gearbeitet, kriegte bezahlt, ein schönes Zimmer und konnt ausgehn, wohin ich wollt. Nach einigen Wochen kam meine jüngste Schwester und sagte, «Mensch Anton, du mußt nach Haus, Karl is noch bei der polnischen Armee, Vater auch. Wir stehn mit der Landwirtschaft allein, wie soll das gehn?» Ich also zurück, hab im Nachbarort wieder als Schlächter gearbeitet und zu Hause in der Wirtschaft geholfen. Die Wurst, die wir machten, ging meist an die Wehrmacht, nur wenig nach Neutamischel, das war die Kreisstadt.

Ich weiß nicht, wieviel tausend Einwohner Neutamischel hatte. Eine feine Stadt, eine große Stadt und vollständig eine Judenstadt. Wir Kinder haben zugeguckt, wenn die Juden koscher geschlachtet haben. Kühe, Bullen, Schweine, die wurden nicht totgeschlagen oder geschossen. Drei Mann haben, zack, das Rind, das schwere Tier auf einen eisernen Tisch mit einer Mulde geworfen, und dann kam einer mit einem großen

Messer, ganz verchromt und scharf wie eine Rasierklinge. Sie haben den Kiefer runtergedrückt, und er hat das Messer rübergezogen, und dann war die Kehle durch. Das Tier zappelte, bis das Blut raus war.

Es waren auch nur ganz wenig Geschäfte, die nicht Juden gehörten. Alles was zu denken war, hast du in den Judengeschäften bekommen. «Vater, komm, kannst bei mir kaufen!» sagten die Juden, und sie hatten alles. Nur die Preise, die waren hoch. Wolltst du einen Anzug kaufen, und die sagten, «Kost' fünfzig Mark!», dann mußtest du sagen, «Zwanzig Mark kriegste, sonst geh ich zu nem anderen hin.» Da kamen sie aber an und haben ihn dir für fünfundzwanzig gelassen. Sie haben immer das Doppelte verlangt.

Adolf hat dann die Juden zusammentreiben lassen. «Anziehen, mitkommen, los, los, schnell, hier lang, rauf, rauf!» Tag und Nacht, rauf auf die Autos wie's Vieh und weg. Alle hin. Sie haben geweint, mit einer Handtasche, mehr durften sie nicht nehmen, mußten sie weg. Wenn sie sich gewehrt haben, dann standen sie da, schwarze Uniformen, Mütze mit Totenkopp, und mit Gummiknüppeln rauf aufs Kreuz oder über den Kopp. Ob Frauen, Männer, Mädels oder Kinder, blühendes Leben, alles rauf und weg. Wie's bei uns deutsch wurde, haben sie als allererstes die Juden kassiert, und dann, als die Juden weg waren, hat er sich die Polen vorgenommen und aussortiert.

Ich glaube nicht, daß da noch einer zurückgekommen ist, sie bringen sie alle ins Lager, und sie werden alle vergast, hat es später geheißen. Das wußten die Juden auch. Viele kamen, schüttelten den Eltern die Hände und sagten, «Wiedersehn, Wiedersehn, laßt's euch gutgehn, unser Leben ist zu Ende.» Die kannten sich ja von Kind an, die waren zusammen großgewachsen. Nicht nur bei uns in Neutamischel war's so, auch in Neustadt, Posen, Pinne, Birnbaum. Das war traurig. Es hat kein Jahr gedauert, da hat es keine Juden mehr gegeben.

Die Straßen lang in Neutamischel ein Haus nach dem anderen, feine Häuser, gehörten den Juden, da kamen jetzt die Reichsdeutschen. Haben sie die Geschäfte gekauft, sind sie reingesetzt worden, ich weiß es nicht. Sie haben sie übernommen, voll mit Waren, mit der Kasse, die stand noch auf dem Ladentisch. Heut waren die Familien raus, in der ganzen Straße keine Juden mehr, und übermorgen kamen die Neuen aus Deutschland, und der Handel ging weiter.

Hitler war so: der Jude muß weg. Und das, das muß ich immer wieder sagen, hat er verkehrt gemacht. Hätt er nu gesagt, gut, die Männer, die meintwegen das und das Alter waren, hier rein in das Arbeitslager oder Fabrik, hier da müßt ihr arbeiten und habt Essen und Trinken und dürft eben nich bei der Familie, aber alles dahin und vergasen, das war nich richtig, was er da gemacht hat.

Auf einmal, Juli 1940 krieg ich Bescheid, ich muß nach Neutamischel hin aufs Wehrmeldeamt. Ein paar Wochen später wurd ich eingezogen, nach Greifswald. Nur acht Wochen Ausbildung kriegten wir da, bei der Flakartillerie. Das war ziemlich hart, Tag und Nacht haben sie uns gescheucht. Wie wir fertig waren, haben sie uns nach Stuttgart gebracht. Unser Führer kommt, heißt es auf einmal. Wir alle rein in neue Uniformen, neues Koppelzeug, neue Stiefel, alles neu. In einem weißen langen Auto stand er, den Arm hochgereckt, und fuhr ganz dicht vorbei, du hättst ihn bald anfassen können. Und dann hielt er eine Rede: «Soldaten, Offiziere, der Krieg ist im Gange, die ehemaligen deutschen Gebiete kommen wieder rein ins Reich, und Polen wird aufgelöst.» Nachdem er weg war, hatten wir Ruhe, kriegten Mittagessen, Koteletts und Bier, soviel du saufen wolltst. Wir haben uns alle gefreut, hatten den ganzen Tag frei, und du konntest machen, was du wolltst.

Zwei Monate haben sie uns in Stuttgart, in den Kasernen oben auf dem Berg, an den Geschützen ausgebildet: die 8,8-, die 10,5- und die 2-cm-Vierlingsgeschütze. Und dann sind wir weg nach Düsseldorf gekommen. Am Güterbahnhof, oben auf die Dächer, auf der Plattform standen unsere Geschütze, immer zwei Kilometer auseinander. Im Westen kam der Engländer schon eingeflogen und wollt die Städte bombardieren. Nachts hatte ich Dienst als Erster Kanonier. Ich saß ins Geschütz drin, so 'n Sitz wie auf dem Trecker. Es war Alarm, die Sirenen gingen überall. Und die Scheinwerfer haben ihn angepinselt, und du hast das Flugzeug oben gesehen. Der kam nicht mehr raus, und mittlerweile ist der Pilot wie blind, die Scheinwerfer waren scharf! Er wollt in die Stadt, die großen Fabriken bombardieren. Auf einmal kam er in mein Bereich rein. Aufgepaßt, und dann hatte ich ihn im Fadenkreuz drin. Höhe noch ein bißchen, Seite noch und tratst du unten aufs Pedal und peng! Unser Feldwebel Strumpf brüllte, «Mensch, immer rum, gib ihm noch, feste ran!», und bum, fing er an zu brennen. Ich hab ihn getroffen, was ich überhaupt nicht geglaubt hätt. Hatt's der Pilot nun abgekriegt oder der Motor, er fing an zu qualmen, du konntst alles sehen, und dann taumelte er immer tiefer, immer tiefer, und dann is er runtergekommen. Ich hatt ihn abgeschossen.

Am anderen Tag früh mußte ich zum Hauptbefehlsstand kommen und wurde nicht erst Gefreiter, gleich Obergefreiter, ich war ja noch Soldat gewesen. Sie haben mir gratuliert und auf die Schulter geklopft, und ich hab ne Flasche Rum gekriegt. Die Kompanie mußte antreten, ich mußte vorne hin, und Oberleutnant Bayer hat eine große Rede gehalten und gesagt: Obergefreiter Bentschen ist ein tapferer Soldat. Dann hast du dir auch was eingebildet und hast dich gefreut, Menschenskind, du hast was geschafft. Heute is alles vorbei. Ich hab den Oberschenkel kaputt, das rechte Auge verloren, alles für nischt. Damals hat das keiner geglaubt, daß Deutschland den Krieg verliert.

Im Sommer 1940 sind wir von Düsseldorf weggekommen, nach Ulm. Das ging ruckzuck, die Autos vor die Geschütze gespannt und ab. Die Kompanie lag am Ulmer Hauptbahnhof, und die Flugzeuge waren wie verrückt, sie kamen schon am Tag angeflogen. Es hieß, sie wollen das Ulmer Münster bombardieren. Geschossen wurde wie wild, aber die ganze Kompanie hat keinen Abschuß getätigt.

Am Sonntag ging mein Zug mit dem Feldwebel an die Donau schwimmen. Die Strömung is stark, aber ich war ein guter Schwimmer und bin rüber auf die andere Flußseite. Wie ich halb zurück war, schreit jemand, «Mensch, da kommt einer geschwommen.» Ich den Kopf immer hoch, geguckt und seh plötzlich, wie ein Körper auf mich zukommt. Es war eine Frau. Ich hab in ihre Haare gefaßt und sie rausgezogen. Sie kamen alle hingerannt und dachten, sie lebt noch, aber sie war tot. Ein Auto vom Roten Kreuz kam und ein Wagen mit ein paar höhere Menschen von der Stadt. Sie nahmen mich und den Feldwebel mit. Essen und Trinken gab's jede Menge, und dann kriegten wir Freikarten für das Theater. Wunderbar war's, da waren mehrere hundert Menschen drin.

Nu sind wir mit den Geschützen rumgereist nach Essen, nach Gelsenkirchen, und abends, wenn's düster war, kamen die Flugzeuge, und wir haben geballert. Weihnachten 1940 ging's in die Nähe von Oldenburg auf den Flugplatz Ahlhorn. Von da aus flogen Flugzeuge nach England. Wir mußten helfen, die Bomben und die Munition laden. Unter jede Tragfläche ne Bombe, lang wie ein Eßtisch. Und ins Flugzeug haben wir hundert Brandbomben reingepackt, und dann ging's ab nach England.

«Hat Hitler einen Zorn, schickt er die Soldaten nach Groß Born» (in Pommern), hieß es. Und es half uns nischt, wir sind da auch hingekommen, nach Polen, so im Frühjahr 1941. Im Umkreis von hundert Kilometern nur Wald und da drin nur Kasernen, eine neben der anderen, und hast du dich verlaufen, dann fandst du dich überhaupt nicht mehr zurecht. Überall Munition, Geschütze, Panzer, Autos, Kisten und Kasten, alles für Rußland, und mittendrin geht die Eisenbahn. Tag und Nacht haben wir verladen. Ein Güterzug stand neben dem anderen. Unserer war sechzig Waggons lang.

Dann hieß es, unsere Truppen sind in Rußland. Und dabei kam doch freiweg ein Güterzug nach dem anderen aus Rußland, die lieferten doch noch immer, ich weiß nicht was. Wir sind drei Tage und drei Nächte gefahren, aber wohin kriegste nicht zu hören. Auf der Krim haben wir ausgeladen, kein Dorf, keine Stadt, wo du hingeguckt hast nur Steppe. «Mein Gott, was soll das werden», hab ich gesagt, die Blätter an den Bäumen warn rot. Und dann kamen Lastwagen und Zugmaschinen, die Geschütze vorgespannt und weg. Wir sind in so eine olle Ju 52 eingeladen worden, und ich hab gesagt, «Mein Gott, wie soll denn das bloß gehen?» Du warst Soldat, was half's. Rein mit den Sachen, und ab ging's. Wohin? Das wußte keiner, und keiner hat etwas gesagt. Mitten auf dem Feld sind wir gelandet, und die erste Stadt war Kertsch. Bei Kertsch kam schon der Russe, und der schmiß nicht mit Steine. Von Kertsch nach Militopol und durch die ganzen Dörfer. Die Autos haben die Geschütze gezogen und wir immer zu Fuß hinterher. Zwanzig, dreißig Kilometer am Tag. Und dann: der Russe greift an! Beng, es hat gedeppert, dann kam wieder von den Panzern so eine Granate. Wir an die Geschütze und zurückgeballert. Er hat eine Weile geballert, aber dann hat er Schiß gekriegt, ist wieder abgezogen und hat sich einen oder zwei Tage überhaupt nicht gemeldet. Wir haben ihn gescheucht, er konnt nicht richtig Fuß fassen.

Manche Dörfer, da konntst sagen, ja, war ein Dorf. Du hast aber auch Dörfer gehabt, das war bloß 'ne Waldecke, und die Bäume haben sie als Ecken genommen, den Lehm hochgeklatscht, und in den Dingern haben sie gehaust. Viele, grad die Alten, haben in die Hände geklatscht, haben uns begrüßt, wollten dir was bringen, wenn's auch nur ne Blume war. Die Alten, denen hat der Kommunismus nicht gefallen, tut er auch heut nicht. Die Jungen warn mehr nach Stalins Seite hin. Wir durften keinen anfassen, keinem etwa ne Zigarette klauen oder ein Mädel überfallen. Wenn die das feststellten, warst du gleich weg, biste gleich erschossen worden.

Immer weiter, immer weiter ging es. Manchmal mußten wir auch ein ganzes Ende zurück, da hatte sich der Russe mal wieder festgesetzt mit seinen Panzern. Und Panzer hatte er jede Menge. Wenn seine Panzer angestuckert kamen und hast du nicht aufgepaßt, war's schnell vorbei mit dir. Wenn du mit dem Fernglas was sahst, Mensch, da is was, dann hast du auch schon hingelangt. Da hast du geguckt, wie die Klamotten geflogen sind. Die 8,8 cm, die 10,5 cm und die Fünfzehner im Erdkampf, im niedrigen Beschuß, ob das ein Haus war, ein Baum, das war wegradiert, da hast du nischt mehr gesehn. Wo so n Geschoß eingeschlagen hat, da is so schnell kein Gras gewachsen. Und der Russe war genauso, der schoß wie wild fürs Vaterland. Wir hatten viele Tote und Verwundete. Es ging auf Sein oder Nichtsein, Leben oder Tod. Nein, der Russe hat nicht mit Steine geschmissen oder mit Lehmklöße.

Dreimal hatt ich einen Urlaubsschein in der Tasche und konnt nicht fahren, weil der Amerikaner und Engländer in Westdeutschland so viel bombardiert hat. Haben sie deine Familie bombardiert, Frau tot, Kinder tot, dann konntste gleich fahren. Und wem sie das Haus kaputtgemacht hatten, der konnt auch bald fahren. Da fuhren nu immer die andern, und ich mußt bleiben.

Die Russen haben mit den Panzern unbändig reingeschossen. Nicht weit neben mir explodierten ihre Granaten überall. Und ich saß im Geschütz und hab zurückgeballert. Auf einmal treffen mich solche Scheißsplitter. Einer eben über dem linken Auge in den Kopf, der andere in den Oberschenkel. Ich faß runter und hab den Knochen in der Hand, der ragte raus. Das Blut ist gelaufen, ich konnt nischt mehr sehn. Sie haben mich aus dem Geschütz raus und das Bein abgebunden, ich war wie benebelt und hab nischt mehr gemerkt. Nur meinen Knochen hab ich festgehalten. Zurück kam ich auf den Hauptverbandsplatz, da haben sie mich verbunden und weg mit mir in den Zug. Später hab ich gehört, drei Mann von meinem Geschütz warn tot.

Anderthalb Tage war ich in dem Viehwaggon. Wir lagen auf Strohsäcke, zwanzig, dreißig Mann. Es stank schrecklich. Wir konnten doch nicht weg und haben ins Stroh gekackt und gepullert. Alles war naß, es guckte ja niemand rein, bis sie in Brest-Litowsk die Tür aufmachten, da gab's das erste Mal Essen und Trinken. Einer war tot, den haben sie gleich die Tür auf und rausgestoßen. Wo die gelandet sind, hab ich keine Ahnung. Sie haben mich verarztet, die Verbände abgemacht. Weh hat's getan, aber wenn du schreist, kann dir sowieso keiner helfen. Da heißt es, bist du Gottes Sohn, so hilf dir selbst, und fertig.

Am nächsten Tag ging es weiter, bis Posen, aber nirgendwo in den Lazaretten war Platz. Da kamen mal zehn weg, mal zwanzig, aber wir waren über 900 Mann. Immer weiter, immer weiter bis nach Goldberg in Schlesien, dort haben sie uns nachts um zwölfe ausgeladen.

Wir kamen in eine Schule, da waren Ärzte und Sanitäter. Sie haben mich totgemacht und den Splitter aus dem Kopf geholt, das Auge etwas in Ordnung gebracht, und dann konnt ich links etwas gucken. Ich dacht, wo sind wir hier, Kisten mit Brettern drauf, auf denen lagen die Landser einer neben dem anderen, alles ganz primitiv. Fünfzig bis sechzig Mann in einem Zimmer.

Am Nachmittag kam der Arzt und sagte, ich muß mich fertigmachen, ich werd operiert. Sie wickelten den Verband vom Bein ab, unten war ein Brett dran, und alles wurd sauber gemacht. Der Oberstabsarzt kam und sagte, «Wir müssen Ihnen das Bein abnehmen. Die Adern sind ganz, aber der Knochen ist weg!» Ich hab gebrüllt, geschrien und mich gewehrt. «Nein», sag ich, «und wenn ich sterbe, aber das Bein laß ich mir nicht abnehmen!» Sie haben dann beraten, drei, vier Ärzte, und dann kam einer von hinten mit Äther, und weg war ich. Am anderen Tag früh haben sie mich mit dem nassen Lappen wieder aufgeweckt. Da lag ich in Gips von unten bis zur Arschback, wie in einer Wanne, aber das Bein hatt ich dran. Es hat ein bissel gebubbert, aber es war ruhig. Drei Wochen lag ich so, dann fing es an am Bein so weh zu tun, ich hab's nicht mehr ausgehalten. Sie haben den Gips aufgeschnitten. Läuse! Es warn Läuse, die hatten die Wade rein blutig gebissen.

Auf der Visite sagt der Oberstabsarzt, es dauert lang, weil sie Rücksicht auf mich genommen haben. Sie haben mir eine Silberplatte ins Bein gemacht. Nach acht Wochen, oder warn's neun oder zehn, war ich soweit und konnt aufstehn. Ich bin rumgehopst mit zwei Krücken, und dann hab ich mich wieder hingelegt. Aber das Bein war schief geheilt. Sie haben mich in einen Stuhl gesetzt und dran rumgezogen. Das ging eine Weile, dann fing das an zu muckern, und immer noch haben sie versucht und immer noch, das tat dermaßen weh, ich hab gepullert und geschrien, «Das geht nich mehr, Sie brechen mir das Bein, oder wie!» Die Hunde haben keinen Ton gesagt, und gegen Abend kamen sie wieder an, ruff auf die Karre und wieder ins Operationszimmer. Da haben sie mir das Bein noch mal gebrochen, und ich mußte noch einmal so lang liegen.

Ich bekam Fieber. Ich konnt nicht essen, ich war zu schwach. Einen Tag kommt der Sanitäter rein und sagt, «Kanonier Bentschen, du kriegst Besuch». Ich hab gegrübelt, Besuch, wer kann denn hier herkommen? Meine Mutter und meine jüngste Schwester kamen. Die Mutter hat eine ganze Weile am Bett gesessen und hat immer erzählt und gefragt. Von ganz weit her ist es mir eingekommen: Mensch, ist das die Mama? Und dann hab ich sie gefragt. «Ja!» Das haben sie mir erst erzählt, als ich in Urlaub kam, ich wußt doch von nischt. Zu Weihnachten 1941 haben sie mich nach Haus geschickt. Die Krücken in beiden Händen und ein Führerpaket um den Hals gehängt.

Von Liegnitz nach Breslau und dann nach Berlin bin ich gefahren. Die Kettenhunde, die Feldgendarmerie haben mir beim Umsteigen geholfen, auch in Berlin, da haben sie mich in den Zug nach Birnbaum reingesetzt. Vier Wochen war ich zu Haus, machen konnt ich nischt, es war ja noch alles in Gips. Und wie der Urlaub rum war, mußt ich wieder nach Ahlhorn in Oldenburg. Den Gips haben sie mir da abgemacht, ich mußte immer ein paar Stunden das Bein bewegen und spritzen und Knie beugen, damit alles wieder in Ordnung kommt. Es wurde immer besser, und auf einmal hieß es antreten und zack. Die haben in Rußland Leute gebraucht, genug Menschen waren nicht, und alles rin und alles fort nach Rußland. Gleich wieder ab bis Kiew, das war eine Fahrt, ich weiß nicht wie lang. Hier hatten die Partisanen wieder einen Zug gesprengt, und dort waren die Gleise kaputt.

Ich war ja nu seit vielen Monaten weg und komm hin zu meinem Truppenteil, so viel Neue da, nur Friedel Zapf aus Frankenfelde war noch. Und Oberleutnant Bayer war noch. Die anderen waren tot oder verwundet.

Ein paar Tage hatten wir Ruhe, und dann ging es wieder los. Immer weiter, immer weiter, und auf einmal hieß es, morgen geht der Transport nach Stalingrad. Ja wo liegt Stalingrad? Stalingrad war schon besetzt vier Wochen, und da haben sie uns auch noch reingeschafft. Wir lagen in einer großen Mühle, ein Riesengebäude, da hatten wir Quartier. Es gab keinen Ofen, nischt, wir haben Zeltbahnen auf den Boden gelegt und so geschlafen. Kalt war's wie Hund, aber wir kriegten wie verrückt Rum und hatten zu essen. Die Häuser waren fast alle gesprengt oder kaputtgeschossen, kein Dach mehr, keine Fenster mehr, alles hin. Es waren noch Zivilisten da, die liefen rum und suchten wohl was zu essen.

Die Russen schossen von allen Ecken, von oben die Flieger. Auf einmal hieß es, eine deutsche Panzereinheit ist da und macht den Russen Tränen. Und war auch. Der is nich mehr dazu gekommen, seinen Kessel dicht zu machen. Wir sind raus mit unsere Geschütze, kannst sagen nur über Tote und Leichen gefahren. Mein Gott, Frauen, Kinder, Greise, Soldaten, russische Soldaten. Kreuz und quer sind sie gelegen, und wir sind darüber weggewitschert. Es hat manchmal geklatscht. Viele waren auch noch nicht tot, da hat keiner mehr hingeguckt. Konnte ja auch nicht. Bist du Gottes Sohn, so hilf dir selber.

Von da ab ging es schlagmäßig immer rückwärts, absetzen, absetzen, absetzen. Durch ganz Rußland bis nach Brest. Es war kein Halt mehr. Ich weiß nicht, hat der Deutsche da ganz versagt? Ich weiß es nicht, es ging einfach schlagmäßig rückwärts. Vier Jahre nur den schweren Kampf, die Soldaten hatten die Schnauze alle voll. Und sie haben auch gesehen, uns blieb weiter nichts als wie der Tod. Weiter konntst du nicht denken. Entweder du kommst mit dem Leben raus oder Feierabend.

Nach Lublin kamen wir ran, Lublin durch, Warschau, Graudenz bis Thorn in Westpreußen, da war's restlos aus. Der General sagte, «Morgen beginnt der letzte Kampf, wir müssen den Russen niedermachen. Wenn wir das nicht schaffen, müssen wir kapitulieren und gehen in Gefangenschaft.» Thorn war eine große Festung von früher. Alles unterirdisch. Wir sind reingegangen, kilometerweise alles unterirdisch, mit Autos sind wir unter der Erde gefahren. Die Festung sollten wir halten, damit der Russe keinen Fuß fassen konnte. Wir haben den ganzen Nachmittag Munition geschleppt. Woher die Güterzüge kamen, woher sie das hatten, weiß der Deibel. Ausladen, ausladen, und abends um halb zehne geht der Lautsprecher der Russen. Die waren nicht weit weg, vielleicht zwei Kilometer, vielleicht noch nicht mal. Vielleicht waren die Spähtrupps schon dichter, vielleicht auch hinter uns, man weiß es nicht. Auf einmal ein deutscher General, ist er bei den Russen drüben und schreit immer durch die Lautsprecher, «Soldaten, Kameraden, Offiziere, ergebt euch, es hat keinen Zweck. Schießt nicht, ihr wollt alle noch mal nach Hause, Vater, Mutter, Kinder sehen. Ergebt euch, der Russe ist uns überlegen!» Bald hat er da gesprochen, bald war er schon wieder hier, und so ging er immer mit den Russen auf und ab mit den Lautsprechern. Unser General. Unsere Offiziere haben am nächsten Morgen da gestanden, und wir gucken nach hinten, da sind lange Stangen mit weißen Flaggen, und dann war der Russe da, unter uns. Wir haben die ganzen Waffen, alles weggeschmissen, immer hin, weg, die hat keiner mehr in der Hand behalten, Pistole immer raus und geschmissen so weit du konntest. Ich weiß nicht, wie so was möglich war. Der Russe war uns nu überlegen, wir waren alle müde. Tagelang hast du nicht mehr eine Nacht schlafen können, nur noch gelungert im Stehen und gehorcht. Jeder war aufgeregt, innerlich. Was machste richtig, was machst verkehrt? Keiner kann dir eine Antwort geben.

Er hat uns alle zusammengetrieben, ich weiß nicht wieviel Tausende von Menschen. Wir sind marschiert, und alle fuffzig Meter stand auf jeder Seite ein russischer Soldat mit der MP. Es hat geknallt und gekracht neben dir, sie haben geschossen, damit wir nicht rauskonnten. Alarm.

In Thorn gab es ein großes Lager mit russischen Kriegsgefangenen, die haben sie rausgelassen und uns haben sie reingeschafft. Hunderte von Baracken waren da. Jeden Tag kamen neue, zweitausend, dreitausend deutsche Soldaten, die sie geschnappt hatten. Und jeden Tag kamen zweitausend, dreitausend weg. Uns haben sie dann nach Breslau gebracht, zweitausend Mann.

In Breslau mußten wir die deutschen Fabriken ausplündern helfen, alles aus den Häuser rausklauen und rein in die Bahn. Tag und Nacht, rund um die Uhr, wochenlang wurde alles nach Rußland verladen. Pferde und Vieh, Schweine, Kühe und alles raus aus den Dörfern und weg, auf die roten Waggons, die heute noch an der Bahn sind. Viele Schweine haben sie gleich totgeschlagen, ein bissel sauber gemacht, Därme raus und ins Faß rein und gekocht, damit sie was zu fressen hatten. Der Russe hatte auch nischt, die Soldaten hatten genau so einen Hunger wie wir. Ich sah immer die langen Güterzüge und die Loks, wo sie die alle hergeholt hatten, ich weiß es nicht. Rückwärts, vorwärts, hin und her ging es auf den Gleisen. Noch so viele sind da zum Deibel gegangen, von der Bahn totgefahren, beim Beladen umgekippt.

Nach acht oder neun Wochen kamen die Russen, zeigten auf den vorderen Teil der Kolonne: So! Die alle rin in die Bahn. Und du hattst ja nischt. Die Hose, die Stiefel, die Jacke, sonst nischt. Sie haben die Waggons zugemacht, und hattst du Durst oder Hunger, kein Mensch hat dich danach gefragt. Durch ganz Polen sind wir gefahren, und in Brest-Litowsk haben sie den Waggon aufgemacht, ein Faß hingestellt und vollgepumpt mit so 'ner Jauche aus der Bahnpumpe. Die haben wir getrunken, zu fressen gab's nischt.

Bis nach Baku haben sie uns gebracht. Außerhalb der Stadt in der Steppe hieß es raus, raus, zweitausend Mann. Rundherum Militär mit den Maschinenpistolen in der Hand. Das Lager mußten wir selber bauen. Stacheldraht und Pfähle haben sie gebracht für den Zaun. Unterkünfte wie Keller haben wir uns gemacht, aus dem Wald Äste geholt für das Dach und Lehm drauf gepackt. Darin haben wir gehaust, viereinhalb Jahr, das war unsere Wohnung, unser Heim.

Einen Russenmantel haben wir gekriegt, und das waren deine Sachen, deine Decke, damit hast leben müssen. Alles haben sie uns weggenommen, das Kochgeschirr, den Löffel, an der anderen Seite hatten wir ne Gabel dran, das war für die Russen was Neues. Alles weg. Ich hab mir ne Holzkelle aus einem Stück Brett ausgekratzt. Ging, hab ich gegessen mit aus meiner Gasmaskenbüchse. Ich hatt neue Stiefel, die haben sie mir auch noch weggenommen. Da hab ich einem Toten die Schuh ausgezogen und damit bin ich gegangen. Abgehungert waren die Leut, mußten arbeiten, bis sie umgefallen sind, die Hände, die Beine und das Gesicht blau. Traurig war das. Täglich fünfunddreißig Tote, das war immer, zweie mehr, zweie weniger, die wurden auf eine Lore geschmissen und rausgefahren.

Der Russe konnte gar nicht verantworten, was er gemacht hat. Zu fressen gab's nischt und auch das Wasser war weit weg. Zehn Kilometer mußte der Russe nach Wasser fahren. Nirgends kamst du ans Wasser ran. Manchmal hat es geregnet, das Wasser stand in den Löchern, ganz gelb, manchmal ganz dick, Lehmjauche. Die deutschen Ärzte sagten, «Um Gottes willen, ihr kriegt die Ruhr davon, immer abkochen!» Überall wo Wasser war, hat man mit der Hand geschöpft, in einen alten Eimer rein. Unter freiem Himmel wurde in Benzinfässern gekocht. Mit Kuhfladen, die sammelten wir, Stallungen hatten die nicht, die Kühe und Pferde liefen unter Gottes freiem Himmel rum. Das Lehmwasser wurde gekocht, und jeder hat einen halben Liter gekriegt. Hast du kaltes getrunken, hast du gleich die Scheißerei gekriegt, und morgen warst schon tot.

Erst war ich beim Bau eines großen Staudamms und dann bei der Eisenbahn, Bahndamm bauen. Den Boden mußten wir hinschleppen. Den schippten wir immer zu zweit auf eine Trage, groß wie ein Kinderbett, vorne zwei Stangen dran und hinten zwei Stangen dran, eine Seite offen und an den anderen Seiten ein Brett dran. Und dann schleppten wir den Boden zweihundert Meter weit zur Baustelle. Wenn da tausend Mann laufen den ganzen Tag, und überall der dicke zähe Lehm, dann kann man sich vorstellen wie's da ausgesehen hat. Wenn du nicht hundert Tragen geschafft hast, dann hattste kein Brot. Für hundert Tragen gab's hundert Gramm Brot pro Tag. Nicht mehr. Drei Scheiben Brot und einen halben Liter Wasser. Das mach durch, dann werden dir die Augen stumpf.

Der Russe war so eingestellt, wir sollten ja verhungern, wir sollten nicht mehr nach Hause kommen. Und sein Volk, das hat noch mehr gehungert wie wir. Die bei uns krank warn, die durften nicht mit raus zur Arbeit. Die mußten Nesseln, Disteln und Melde sammeln, ein großes Auto voll und hin in die Küch. Mit Lehmwasser wurd's abgewaschen und das Faß vollgepackt. Es kam Wasser ruff, einer ist mit Filzstiefeln reingestiegen, hat sie angetreten, und dann wurde es gekocht. Steinsalz kam vom Schwarzen Meer, ringeschmissen, und das hat gut geschmeckt wie Deibel. Und die Russen, das arme Volk, hatten sie ja auch alle am Bändel. Große Lager waren da mit tausend Russen und mehr, die mußten genauso arbeiten wie wir. Die kriegten kein Mittag, keine Nesselsupp. Sie kamen zu uns, und dann haben wir den Russen auch gegeben. Kein Löffel hatten sie, nischt, aber ne Büchse. Ich seh sie heute noch, wie's Vieh mußten sie essen.

Die letzten zwei Jahr hab ich Glück gehabt, weil ich Russisch konnte. Ich konnte mich unterhalten, hab da geholfen, hab hier geholfen, den Russen ihre alten Krücken besohlt und die Nägel selber gemacht von Kupferdraht. Geld hab ich nicht genommen, aber ich hab gesagt: «Stück Brot.» Dann haben sie mir 'ne Zwiebel mitgebracht, Stück trocken Brot mit Zwiebel, das war wunderbar. Ich hatt nun immer was zuzusetzen. 1947 kam die internationale Kontrolle, und dann wurde es besser. Die Lagerverwaltung haben sie am selben Abend versetzt oder eingesperrt. Laut Gesetz mußten sie die Gefangenen behandeln als Mensch. Aber wir wurden ja nicht als Mensch behandelt, sondern wie ein Hund. Das hat sich dann geändert, ich hab gestaunt.

Jetzt kriegten wir eine Anschrift vom Roten Kreuz in Berlin-Spandau. Wir wußten ja von nischt. Nicht wo Vater und Mutter, wo die Geschwister waren, nicht was in Deutschland war. Post hatten wir nicht gekriegt, Zeitungen hatten wir nicht gekriegt, nischt. Ich hab 1947 ans Rote Kreuz geschrieben, und dann kriegte ich eine Postkarte von meiner Schwester. Später schrieb sie, meine Eltern wohnen jetzt in der DDR. Was heißt DDR? Das war doch Deutschland, was heißt da DDR? Wir haben dagestanden und den Kopf geschüttelt, aber keiner konnte beantworten, was DDR heißt. Der Russe hat nichts gesagt, kein Ton. Erst als wir Ende 1949 nach Frankfurt an der Oder kamen, da sagten sie, «Was, das wißt ihr nicht! Deutschland ist geteilt. Bis an die Oder ist Polen, dann kommt die DDR, und ganz drüben, da ist Westdeutschland!»

Du warst schon ein paar Tage hier, aber du hast immer wieder gefragt, «Wie geht denn das? Was is denn da passiert?»

Von Frankfurt an der Oder geht Anton Bentschen nach Westberlin, wo eine seiner Schwestern lebt. Von ihr erfährt er, daß seine Eltern aus ihrem Heimatort vertrieben worden sind, der jetzt erneut in Polen liegt. Nach zwei Tagen im Westen fährt er sie besuchen, sie sind in der DDR in einem Dorf im Oderbruch untergekommen. Als er abends nach neuneinhalb Jahren Krieg und Gefangenschaft in die kleine Stube kommt, in der sie hausen, liegen Vater und Mutter schon im Bett, «die Köpfe weiß geworden wie die Tauben».

Westberlin, wo er auch gemeldet ist, lockt ihn, aber die Eltern beschwören ihn unter Tränen, sie nicht im Stich zu lassen. Er bleibt und verdingt sich für mehrere Jahre als Landarbeiter bei den damals noch selbständigen Bauern. Nachdem er seine Frau kennengelernt hat, fühlt er sich auch in der Fremde zu Haus, und im Januar 1953 heiraten sie in der Stube, die heute noch ihr Wohnzimmer ist.

Die Kollektivierung der Landwirtschaft bringt beide in die «LPG Ernst Thälmann», sie in die Aufzucht der Schweine und ihn als Melker in den Kuhstall. Mit drei Töchtern, die 1953, 1954 und 1957 geboren werden, leben sie auf einem Hof, dessen Besitzer in den Westen geflüchtet sind. Der Aufforderung, in die SED einzutreten, entzieht sich Anton Bentschen mit der Bemerkung: Die SED war Kommunist und ist Kommunist, und das mach ich nicht. Ähnlich wie schon in der Provinz Posen zwischen den Kriegen gehört er auch hier wieder zu einer Minderheit, ohne daß deswegen das friedliche Miteinander in Frage gestellt wird. Auf dem kleinen Stück Land, das noch zum Hof gehört, zieht die Familie ein oder zwei Schweine und zahlreiche Karnickel groß und verkauft den Überschuß aus Stall und Garten privat oder an staatliche Abnahmestellen.

Man hat gut und zufrieden in der DDR gelebt, berichtet Anton Bentschen, und erst in den letzten Jahren ihrer Existenz verschlech-

tert sich die Lage der Menschen zusehends. Die LPG errichtet auf Kredit neue Bauten, und unter der drückenden Schuldenlast wird das Geld immer knapper. Ihr Buchhalter, der ihn häufig besucht, klagt ihm sein Leid und sagt, nicht lange vor seinem Tod: «Damit die Leute noch ihren Lohn bekommen, hab ich in den letzten Jahren so viel gelogen, daß ich nicht mehr weiß, ob ich noch in den Himmel komm.»

Anton Bentschen sieht, wie das Fleisch, die Milch, Butter, Sahne und auch die Eier nach Westberlin und in die Bundersrepublik gehen und wie im «Konsum» am Donnerstag, wenn Fleischverkauf ist, von den beiden angebotenen Sorten Wurst nur je 100 Gramm pro Familie verkauft werden. Dennoch, sagt er, hat die Wende «nischt geändert, weil die Politik für die kleinen Leute noch nie was wirklich geändert hat». Das aber versteht er mehr als eine Bilanz über die Politiker als über sein Leben, mit dem er auch heute noch zufrieden ist, nachdem sich eine gewisse Unruhe offenbar gelegt hat. Ausgelöst hatte sie der Alteigentümer seines Hauses, der es vor einigen Jahren über die Gerichte wieder in Besitz genommen hat und sich über längere Zeit nicht entscheiden konnte, ob er Anton Bentschen und seine Frau als Mieter akzeptieren würde.

«Nu», sagt Anton Bentschen zum Schluß unseres Gesprächs, «nu bin ich alt, und nu müssen wir warten auf die Dinge, die da kommen.»

Bruno Fichte *Kühle, asketisch wirkende Sachlichkeit aus Glas, Leder und Stahl bestimmt das Wohnzimmer, in dem Bruno Fichte auf dem Sofa sitzt. Seine sonst gefühlsbetonte, manchmal gar heftige Stimme wird ganz leise, als er mit einem nach innen gewandten Lächeln auf dem hageren, scharf geschnittenen Gesicht sagt: «Das ist ein interessantes Unglück, das da mit den Erinnerungen an den Krieg über mich gekommen ist.» Und dann greift er nach einigen Blättern mit Notizen, die vor ihm auf dem Glastisch liegen, schaut mich an und beginnt über einige Punkte aus unserem vorangegangenen Gespräch zu reden. Punkte, von denen er fürchtet, sie könnten sowohl das Ungeheuerliche, das Leiber und Seelen Zerstückelnde in seinen Kriegserfahrungen verschleiern wie auch das Menschliche und den Anstand, denen er in einigen Situationen begegnet ist.*

In Zittau, einem kleinen in der Oberlausitz an der Neiße gelegenen Städtchen, kommt Bruno Fichte 1915 zur Welt. Von den drei Kindern, ein Mädchen und zwei Jungen, ist er der jüngste. Während die Mutter ganz vom Haushalt und den Kindern in Anspruch genommen wird, hat der Vater schon früh begonnen, ein eigenes Unternehmen aufzubauen, in dem Lebensmittel, hauptsächlich Schokolade und Gebäck, hergestellt werden. Zugleich aber ist er Erfinder und Konstrukteur, unter anderem eines Backautomaten, mit dem er im Ersten Weltkrieg für die kaiserlichen Armeen auch Dörrgemüse produziert.

Eigenwillig und phantasievoll sei er gewesen, sagt der Sohn, der heute noch überrascht ist über das Verschwinden seiner als so lebendig erinnerten Kinderwelt. Sie zerbricht für den Elfjährigen 1926, als der Vater ganz unerwartet mit vierundvierzig Jahren stirbt und die Fabrik ebenso wie das elterliche Haus in den Besitz der Banken übergehen. Zwar bleibt der Mutter noch ein Wohnrecht auf mehrere Jahre, in denen sie ohne großen finanziellen Erfolg versucht, die Patente ihres verstorbenen Mannes zu verkaufen. Doch mit dem Auszug aus dem Haus spitzt sich die Lage der Familie so zu, daß beide Söhne die Internate, auf die sie mittlerweile gehen, vor dem Abitur verlassen müssen. Während der Bruder als Matrose erst auf Segel- und dann auf Dampfschiffen fährt, kommt Bruno Fichte als kaufmännischer Lehrling in eine Autofabrik, die Lieferwagen herstellt.

In dieser Zeit, um 1933, macht er als Pfadfinder auch seine ersten Erfahrungen mit den Nationalsozialisten. Sie überfallen eines Nachts das Vereinshaus, zerren die schlafenden Jungen aus den Betten und suchen, nachdem sie das Mobiliar zerschlagen haben, mit der Vereinskasse das Weite. Das habe ihn, sagt Bruno Fichte rückblickend, gegen die Nazis immunisiert, und er sei nie in Versuchung gekommen, der Partei oder irgendeiner anderen Organisation beizutreten.

Nach der Lehre gelingt es ihm 1935 mit einer Zusatzprüfung, doch noch an die Universität in Dessau zu kommen, wo er neben Theaterwissenschaften auch Philosophie studiert und zugleich als Autoverkäufer arbeitet, um sich diesen Traum erfüllen zu können. Anfang 1936 wird er aus dem Studium zum Arbeitsdienst geholt und für ein halbes Jahr bei der Flußregulierung eingesetzt.

Um bei dem nun auf ihn zukommenden Wehrdienst selbst über den Truppenteil bestimmen zu können, meldet er sich freiwillig zur Kavallerie und wird 1937 auch dorthin eingezogen, da ist er zweiundzwanzig.

Schon der erste Tag beim Militär begann abenteuerlich. Ich trug einen grünen Knickerbockeranzug und hatte einen Persilkarton unter dem Arm, in dem meine Sachen waren. In der Kaserne mußte ich mich in einem Zimmer melden, in dem lauter Soldaten standen. Da ich die Bedeutung der Rangabzeichen nicht kannte, legte ich einem von ihnen von hinten die Hand auf die Schulter und sagte, «Du, wo ist denn hier wohl mein Bett?» Der drehte sich um, ein Feldwebel, und brüllte mich an, ich stand vor Schreck starr wie eine Säule. Er verlangte, daß ich den Flur runterrennen und am Ende schreien sollte: «Ich bin blöde, mich ernährt der Staat!» Zuerst wollte ich mich wehren, aber er drohte, mich sofort in Arrest schikken zu lassen. Also rannte ich, nicht nur einmal.

Die Rekrutenausbildung war schlimm. Sie sperrten uns bei den Gasmaskenprüfungen in einen mit Tränengas gefüllten Keller ein, und wir mußten den Filter abnehmen und konnten nur noch die Hand vor die Maske halten. Dann zwangen sie uns, die Maske ganz abzunehmen und allein den Filter in den Mund zu stecken. Wir sind die Wände hochgegangen. Die Ausbilder haben sich draußen darüber amüsiert. Erst wenn wir schon umkippten, öffneten sie die Tür und zogen uns raus. Weil wir ein altes Kavallerieregiment waren, gab es noch den Reitstall mit Hürden. Unser Wachtmeister, ein Feldwebel, stellte sich breit und selbstgefällig mit einer Peitsche in der Hand in die Mitte der Hürden. Mit dem Tornister auf dem Rücken, vollgepackt mit Sandsäcken, mußten wir über die Hürden springen, ohne Pferde natürlich. Stundenlang ließen sie uns im Dreck durchs Übungsgelände robben, immer wieder, immer wieder, es war eine Katastrophe.

Alle vier Wochen konnte ich über das Wochenende nach Hause zu meiner Mutter. Und wenn es am Sonntagabend zurückgehen sollte in die Kaserne, saß ich jedesmal auf meinem Zimmer und spielte mit Selbstmordgedanken. Mein Hauptmann merkte, wie schwer es mir fiel, und schickte mich zur Motorradausbildung. Das hat mir Spaß gemacht, weil ich keinen normalen Dienst mehr zu machen brauchte. Außerdem war ich ein guter Schwimmer, kam auch noch in die Schwimmstaffel und hab die restliche Rekrutenzeit, die zwei Jahre dauerte, sehr häufig für die Regimentsmeisterschaft trainiert. Nach mehr als einem Jahr hörte ich aus heiterem Himmel, ich sei nun Offiziersanwärter. Ich hatte nie darum gebeten, bin nie darum gefragt worden. Mein Hauptmann hat wahrscheinlich gedacht, er tut mir etwas Gutes damit. Im zweiten Jahr war ich dann Motorradmelder, wenn wir ins Manöver gingen. Das Fahren machte mir Spaß, auch wenn ich im Winter mit einer 750er Zündapp ab und zu gewaltig auf die Schnauze flog. Als wir glaubten, daß wir nun endlich entlassen werden, begann der Polenfeldzug.

Ich wurde Unteroffizier bei den Panzergrenadieren und bekam eine Gruppe. Wir waren die Kampftruppe, die die Panzer begleitet. Entweder sitzen die Soldaten hinten auf den Panzern und springen ab, wenn das Feuergefecht beginnt, oder die Männer sitzen in Schützenpanzerwagen, mit denen sie ins Gefecht gefahren werden. Ursprünglich wollte ich ja zur Kavallerie, weil ich mir gesagt hatte: Wo Pferde sind, da geht's nicht ganz so schrecklich zu. Doch die Zeit der Kavallerie war so gut wie vorbei.

Wir lagen ein paar Tage vor dem 1. September 1939 in einem kleinen Städtchen an der polnischen Grenze in Bereitschaft. Als dann Hitler zu hören war, «Ab heute morgen 5.45 Uhr wird zurückgeschossen!», hat niemand in meiner Umgebung gejubelt. Die Menschen waren bedrückt. Bevor sie uns ins Gefecht schickten, wurden wir in eine Kirche zum Gottesdienst geführt, und auch dem Pfarrer und seiner Predigt war die Bedrückung anzuhören. Danach erhielten wir scharfe Munition. Die erste Welle, Infanterie und Pioniere, sie mußten die Grenzbefestigungen überwinden, waren schon über die Grenze. Am nächsten Morgen würden wir nachstoßen. Ich hatte fürchterliche Angst und fühlte mich als miserabler Soldat. Die Angst überspielte ich, weil ich glaubte, die anderen hätten noch mehr Angst und als Unteroffizier müßte ich ein bißchen Tapferkeit vorspielen. Ein ganz trauriger Haufen saß da am nächsten Tag in unserem Schützenpanzerwagen.

Der erste Tote, den ich sah, war ein polnischer Bauer. Er lag auf dem Feld mit aufgeplatztem Bauch. Seine Gedärme hingen heraus, und ein Hund fraß daran und zog ihn, seine Hinterläufe in den Boden stemmend, rückwärts stückweise hinter sich her. Am Abend igelten wir uns ein und wurden in der Früh von den Polen angegriffen. Neben mir war mein Freund, Ernst Lenz, ein lieber Kerl, zwei Jahre jünger als ich. Er träumte davon, einmal ein Mädchen zu haben. Nichts beschäftigte ihn mehr, er hatte noch nie eines gehabt. Er lag rechts neben mir, ein ganz kleines Stück weiter vorn, und wir schossen blind in die Gegend hinein. Ich hörte ein Aufpatschen, etwas traf mein Gesicht und lief daran hinunter. Nach einiger Zeit zogen wir uns zurück, und ich zerrte den Freund, von dem ich nur wußte, daß er getroffen war, zwischen die Panzer. Und dann sah ich, sein Kopf war gespalten, und was mich getroffen hatte und auf meinem Gesicht und meiner Uniform klebte, war sein Gehirn. Das war der erste große Schock. Da begann das große Verdrängen, ohne das keiner eine Überlebenschance gehabt hätte.

In der nächsten Nacht wurde unsere Melderstaffel im Schlaf von einem polnischen Stoßtrupp überfallen. Die Polen haben die Jungs an Bäumen aufgehängt und ihnen die Bäuche aufgeschlitzt. Verstehen konnte man ihre Wut, aber es war das Sinnloseste, was sie machen konnten, denn damit begann der Haß.

Wir fuhren und fuhren und fuhren, hatten keine Vorstellung von unserem Kampfauftrag und sahen entsetzlich viele Tote und zerfetzte Pferde auf den Straßen. In der Luft, es war sehr heiß, war ein den Atem nehmender Verwesungsgestank. Immer an Kreuzungen hat es wahre Menschenmassaker gegeben. Die Polen haben der eigenen Propaganda geglaubt, unsere Panzer seien aus Pappe. Ihre Kavallerie ritt manchmal mit eingelegter Lanze gegen die Panzer an. Sie waren ungeheuer mutig, aber sie hatten gar keine Chance. An einem Abend bat mich ein polnischer Kavallerieoffizier, ich solle ihn erschießen. Eine Granate hatte ihm ein Bein abgerissen, und ich hab ihn verbunden. Er sagte: «Ich weiß, ich werde sterben, nehmen Sie, ich will mich nicht selbst töten» und gab mir seine Pistole, kaum größer als die Hand, fast eine Damenpistole.

Diese Menschenzerstückelung war jeden Tag. Aber man glaubte nicht, daß man selbst tötete. Man dachte, es sei die Maschinerie, die man bediente. Während des Vormarschs auf Warschau stoppten wir einmal an einer Kuhherde und mußten warten. In meiner Truppe hatte ich einen Gefreiten, einen Schlachter, Bartschok hieß er. Der nahm sein Gewehr und erschoß eine Kuh. Für nichts. Weil es ein so sinnloses Abschlachten war, herrschte große Empörung unter den Leuten. Sie waren wütend und entsetzt. Am Anfang war das in dieser Truppe drin. Im Laufe der Jahre stumpften die Gefühle ab, aber bis zum Schluß ist das Menschliche nie ganz verlorengegangen. Ein Rest war immer noch da.

Nach drei Tagen lagen wir vor Warschau. Neben einem Sanatorium eingegraben, sicherten wir die Panzer für die Nacht. Morgens begannen die Schornsteine des Hauptgebäudes zu rauchen, und die polnische Artillerie eröffnete aus Warschau das Feuer auf den Rauch. Ich ging in das Haus, es war voller Frauen und Kinder. Mit Hilfe eines polnischen Dolmetschers sagte ich ihnen, sie möchten doch bitte runter in den Keller gehen und sie möchten kein Feuer mehr machen. Getränke, sagte ich, würden wir ihnen bringen. «Für die Kinder», haben sie geantwortet, «für unsere Kinder brauchen wir aber etwas Warmes.» Wir haben sie also versorgt mit warmer Milch für die Kinder und Kaffee für die Erwachsenen. Das brachte mich in eine peinliche Situation. So verzweifelt, wie sie waren, verstanden sie ganz falsch, was ich tat. Ich wollte ja auch uns nicht gefährden durch die dauernden Artillerieangriffe. Trotzdem behandelten sie mich wie ihren Wohltäter und küßten mir die Hände. Ich fühlte mich hilflos und sehr unwohl. Drei Tage blieben wir dort, und dann begann der Angriff auf Warschau.

Wir fuhren mit unseren Panzern durch enge Straßen, rechts und links hohe Mietshäuser, in einen der Vororte der Stadt. Und als wir schon ein Stück weit drinnen waren, ging ein wüstes Feuer auf uns herab. Sie schossen von den Dächern, warfen brennende Petroleumlampen, sogar brennende Betten runter auf die Panzer. Binnen kurzer Zeit stand alles in Flammen. Wir sprangen ab und zogen uns unter großen Verlusten zurück, viele sind umgekommen. Die anderen schafften es, sich durchzuschlagen, und kehrten zurück in unsere Ausgangsstellung am Sanatorium. Andere haben dann Warschau genommen, nachdem es von der Artillerie und den Stukas sturmreif bombardiert worden war.

Nicht lange danach wurden wir von Warschau abgezogen und kamen ungefähr hundert Kilometer südöstlich in die Schlacht um Kock. Die Stadt lag auf einem breitgestreckten Hügel in einem Sumpfgelände. Dort hatten sich Reste der polnischen Armee, vor allem Offiziere, zurückgezogen. Sie waren von der nach Polen einrückenden Roten Armee zurückgedrängt worden, als sie versuchten, sich nach Osten abzusetzen. Es war ganz still, als wir uns Kock näherten, die Abenddämmerung ging in Dunkelheit über. Wir waren zu Fuß, das Sumpfgelände zwang uns, die Panzer stehen zu lassen. Kurz vor der Stadt ging ein heftiges Feuer auf uns los. Die Polen hatten schwere, auf Lafetten montierte Maschinengewehre aufgestellt, die entlang der Straßengräben schossen. Und in einem dieser Gräben lag ich und konnte nicht einmal den Kopf heben. Vor mir lag Unteroffizier Gronau, mein ehemaliger Ausbilder, dem ich seine Art, uns zu quälen, nie verziehen hatte. Dieser Mann bekam einen Bauchschuß. Er starb zwei Stunden lang. Schreiend, nur schreiend, bis es kaum noch ein Röcheln war und er auslöschte. Ich konnte seine Schuhsohlen anfassen, aber helfen konnte ich ihm nicht.

Als es stockdunkel war, bekamen wir Befehl, uns zurückzuziehen. Die Toten blieben liegen, und von den Verwundeten schleppten wir zurück, wen wir zurückschleppen konnten. Niemand konnte in diesem Feuer das Gelände nach den anderen absuchen, viele blieben liegen. Am folgenden Tag griffen wir auf der anderen Seite von Kock an. Ich hatte fünf Panzer und drei Schützenpanzerwagen, mit denen ich einen Hügel sichern sollte. Aus einem Wäldchen zweihundert Meter hinter uns wurden wir beschossen. Wir schossen zurück, und dann herrschte Stille. Es war inzwischen wieder Nacht geworden, wir wollten endlich mal unsere Ruhe haben. Als der Idiot, der ich damals noch war, ging ich nun zusammen mit einem Gefreiten auf das Wäldchen zu. Ich hatte aber nicht bemerkt, daß hinter uns auf dem Hügel Feuer brannten. Wir boten ein gutes Ziel. Es knallte, und ich wurde von den Füßen gerissen. Ich lag da und wußte nicht, was ich hatte. Es brannte. Mit den Händen tastete ich mich ab und fühlte plötzlich, daß ich mein Gedärm in der Hand hatte. Ein Bauchschuß. Ich lag auf dem Rücken und war überhaupt nicht traurig. Ich sah mich neben mir stehen und hörte mich zu mir selbst sagen: Dein Leben lang hast du dich gefragt, was mal aus dir wird. Jetzt weißt du's. Dann begannen die Schmerzen, ich fühlte, wie mein Bewußtsein wegging, und mein letzter Gedanke war: Ich hätte doch so gerne einen Sohn gehabt.

Drei Tage war ich im Koma. Ich wachte dann auf einem Hauptverbandsplatz auf. Neben mir lag ein polnischer Offizier mit einem Kopfschuß. Er scharrte mit seinen Stiefeln auf dem Boden, unentwegt. Alles, was sonst dort passierte, habe ich vergessen, das Scharren der Stiefel ist das einzige, was geblieben ist. Irgendwann muß ich operiert worden sein, denn schließlich lag ich in einem Lazarett mit einem Schlauch in der Bauchhöhle, aus dem der Eiter tropfte. Sie konnten mich nicht zunähen, die Wunde heilte nicht, sie war infiziert durch Dreck und Uniformreste. Heute weiß ich, es war mein Glück. Ich war erst einmal raus aus dem Krieg und mußte später nicht am Frankreichfeldzug teilnehmen. Ein bißchen hatte ich das Gefühl, gegen Frankreich kämpfen zu müssen ist schlimmer, als gegen den Osten zu ziehen. Ich wäre gern Franzose gewesen. Nie hätte ich aber auf der Schule gewagt, das zu sagen, meine Klassenkameraden hätten mich verprügelt. Deutsch zu sein galt den meisten als etwas Besonderes. Einer der Lehrer war für sie ein Held, er war im Ersten Weltkrieg gewesen, und von seinem EK I fehlte ein Stück, das war herausgeschossen worden. Es wurde damals nicht anders gedacht.

Ich lag jetzt in den Beelitzer Heilstätten, nahe Berlin, und hatte viele Schmerzen, jedes Lachen und Husten tat sehr weh. Unter mir hatte ich eine Schüssel, in die tropfte immer noch der Eiter. Der Drain wurde alle zwei Tage von schnieken Jungärzten gewechselt, die das ohne Betäubung machten. «Wieso, ihr seid doch Helden! Draußen wollt ihr das Ritterkreuz, und hier jammert ihr wegen so etwas!» Diese Kerle, die sich nicht in den Finger schneiden konnten, ohne zu schreien.

Ich habe dort fünf Monate gelegen und wurde immer wieder operiert, bald ein Dutzend Mal. Aber es heilte nicht. Irgendwann im März 1940 kam der Heldengedenktag, und die letzten Verwundeten und Kranken aus dem Polenfeldzug mußten in der «Alten Wache» in Berlin antreten. Wir boten kein strahlendes Bild. Ich gehörte zu denen, die stehen konnten, und vor uns saßen die zu Krüppeln Geschossenen in ihren Rollstühlen. Herein kam Goebbels in Begleitung von Sven Hedin, dann Göring und einer nach dem anderen aus der Naziprominenz. Und dann erschien Adolf Hitler. Er hielt eine kurze Rede. Dann ging er von Rollstuhl zu Rollstuhl und gab jedem die Hand. Schließlich stand er auch vor mir. Er hatte einen Ausdruck in den Augen, den ich noch nie zuvor und später nie wieder gesehen habe. Es war, als ob dich ein Raubtier aus dem Dschungel anschaut mit einem Blick wie der Stich eines Messers.

Seit Ende September 1939, seit mehr als einem halben Jahr, lag ich nun im Krankenhaus. Schließlich wurde ich in die Charité verlegt. Dort erschien der Generalarzt der Wehrmacht, Ferdinand Sauerbruch, der sich Leute wie mich, die noch immer nicht gesund waren, anschaute. Sauerbruch hat mich dann auch operiert, und drei Wochen später war die Wunde verheilt. Während meines Genesungsurlaubs heiratete ich meine Freundin. Es war eine Liebesbeziehung, aber zugleich auch eine klassische Kriegsheirat. Über Verantwortung, über Perspektiven, die man in diesen Zeiten hatte, dachte man nicht nach, und die Frage, was wird aus dir, was wird aus uns, konnte man ja auch gar nicht beantworten. Aber da war der große Wunsch nach einem Kind, und das wurde dann auch drei Jahre später geboren, ein Sohn.

Der Frankreichfeldzug war längst vorbei, als ich Ende Juli zu meinem Ersatztruppenteil nach Dessau kam und den Antrag stellte, das gab's damals, mein Studium so lange fortsetzen zu können, bis ich wieder gebraucht würde. Die Reaktion war ganz anders, als ich sie erwartet hatte. Sie wollten mich von der Liste der Reserveoffiziersanwärter streichen. Ich verzichtete also aufs Studium, denn etwas hatte ich früh gemerkt: Wenn man das Militär haßt und nicht rauskommt, ist noch immer der beste Weg, Reserveoffizier zu werden. Je höher du kommst, um so mehr hast du dein eigenes Schicksal in der Hand und bist weniger der Befehlsgewalt eines ordenssüchtigen Dummkopfes ausgeliefert.

Im Kasino herrschte noch immer eine adelige Stimmung. Einmal in der Woche wurden die Reserveoffiziersanwärter ins Kasino geladen und mußten sich benehmen. Eines Tages gab's ein Essen, da war Soße drauf, und man konnte nicht sehen, was es war. Ich griff zu Messer und Gabel und wurde sofort zurückgepfiffen. Das war nämlich ein Hackbraten, und den aß man nur mit der Gabel. Ich mußte fünf Mark, viel Geld damals, in die Kasse zahlen und dachte: Nach all dem Sterben und Elend nun auch noch Kultur aus Hackbraten mit Soße.

Die Ausbildung wurde Ende 1940 nach Frankreich verlegt, in die Nähe von Paris. Von zu Haus bekamen wir Einkaufszettel geschickt. Niemand machte sich klar, daß es eine Schweinerei war, den Franzosen auch noch das letzte wegzukaufen, aber sie hatten eben noch Sachen, die es in Deutschland schon längst nicht mehr gab. Ich stand in einem Laden und kaufte Nähgarn, Gummiband und Knöpfe. Eine Französin, die neben mir stand, sagte: «Ein französischer Mann würde nie in einen Laden gehen und seiner Frau so was besorgen», und dann stimmte sie zusammen mit einigen anderen Frauen ein Loblied auf die deutschen Männer an. Sie hatten vielleicht vergessen, daß ich ein deutscher Soldat war und wir ihr Land besetzt hatten. Aber es gab eben nicht nur Feindseligkeit, sondern auch Alltag, in dem sich die Menschen ganz normal begegneten. Später kamen wir in die Nähe von Bordeaux und richteten dort in einem Dorf eine Scheune zum Tanzen her. Am Wochenende kamen die französischen Mädchen und auch die Jungs, und es wurde getanzt wie überall. Kam man mit den Jungs ins Gespräch, dann sagten sie: «Du, du bist in Ordnung. Aber du bist Soldat, das ist schlecht!» Und dann machten sie einem klar, daß sie in der Résistance waren, aber heute abend würde eben nur getanzt. Das klingt wie aus einer anderen Welt, aber so war's.

Im Mai 1941 sind wir nach Polen verlegt worden, und unser Transportzug hielt zwei oder drei Tage in Warschau. Mit einem Kradfahrer fuhr ich umher, ich wollte die Stadt sehen, in der wir zwei Jahre zuvor fast draufgegangen waren. Wir kamen ans Ghetto, und ich sagte dem Fahrer, er solle hineinfahren. Keine Schwierigkeit für uns in Uniform. Ich wußte, es gab Judenghettos, nicht nur in Warschau, es gab sie überall. Was in ihnen passierte, wußte man nicht. Klar war nur, es waren Lager, aus denen die Menschen nicht heraus konnten. Sie waren Gefangene. Ich wußte auch von der Existenz der Konzentrationslager in Deutschland. Einen meiner Freunde hatten sie dort inhaftiert, aber als er nach einigen Wochen wiederkam, hat er nie ein Wort darüber gesprochen. Ich fuhr also über die Hauptstraße des Ghettos, sah die ausgemergelten Gestalten, sah bettelnde Kinder, die ihre Hände durch die Holzzäune streckten und denen die draußen vorbeikommenden Passanten Gemüseabfälle zusteckten. Ich sah auch einen sehr dicken Mann, der mit einer hübschen Blondine in einer Fahrradrikscha saß, die von einem kleinen dünnen Juden gezogen wurde. Es war beklemmend, trostlos, und wir haben gewendet und wollten wieder aus dem Ghetto hinaus. Vor dem Tor stand ein Polizist mit Schlagstock, wahrscheinlich ein Mitglied der jüdischen Polizei. Er winkte, als wir vorbeifuhren. Ich machte kehrt, und er sagte auf jiddisch «verloren». Jemand hatte ihm mein Soldbuch gegeben, das mir aus der Tasche gerutscht war. Ich hatte großes Glück, denn der Verlust des Soldbuchs wäre eine halbe Katastrophe gewesen.

Wir sind wahrscheinlich über Warschau geschickt worden, um die Truppenbewegungen zu verschleiern. Schließlich lagen wir in einem Mischwald aus Birken und Kiefern am Bug in Bereitstellung. Viele Vermutungen kursierten: Rußland sollte entweder unter Druck gesetzt, vielleicht auch angegriffen werden, oder wir selbst stünden kurz davor, von Rußland überfallen zu werden. Was uns wirklich bevorstand, wußte niemand. Die Männer, die die Nase voll hatten und unsicher waren, was auf sie zukam, die sich nach ihren Frauen und Kindern sehnten, wurden beschäftigt, damit sie nicht durchdrehten.

Wenige Tage vor dem Angriff, ich war gerade sechsundzwanzig Jahre alt geworden, beförderte man mich zum Leutnant. Am 22. Juni 1941 ging im Morgengrauen der gewaltige Feuerüberfall los. Es war ein grauenhaft beeindruckender Tag. Wir überschritten den Bug und fuhren auf der Rollbahn, einer breiten unbefestigte Straße, nach Rußland hinein. Es war heiß und trocken, die Luft voller Staub. Seit Monaten hatten wir keine Toten gesehen, und nun lagen sie wieder an den Straßenrändern und auf den Kreuzungen. In den Wäldern rechts und links hatten die Russen ihre Geschütze und Panzer stehenlassen und waren verschwunden. Ich dachte: Wenn der Krieg so weitergeht, dann wird's ja gutgehen. Aber dieser Eindruck hielt nicht lange. Ich hatte eine Kampftruppe zu führen und stand im Turm des Panzers. Wir fuhren stundenlang, ohne daß etwas passierte. Keine Dörfer, geschweige denn eine Stadt. Inmitten der endlosen Wälder und wuchernden Wiesen, im Auf und Ab zwischen Höhenzügen und ausgedehnten Ebenen bekam ich ein Gefühl für die endlose Weite des Landes. Napoleon in Rußland fiel mir ein. Dieses Land war riesig, und schaute man auf die Karte und sah, in welch kleinem Ausschnitt man sich bewegte, dann ahnte man, es war einfach zu groß, um besiegt zu werden. Ich kenne kein anderes Land, das mich so fasziniert hat wie Rußland.

Vorn an der Spitze wurde gekämpft. Die Spitze wurde immer im Wechsel von einer Einheit gefahren. Da kommt man nicht sehr oft dran. Aber es ist auch so schon beschissen genug, die Spitze ist häufig ein Himmelfahrtskommando, das in einer Falle endet. Wir hatten also kaum ein Gefecht, nur kleine Scharmützel, die so alltäglich waren, daß man sie nicht mehr erinnert.

Die russischen Mädchen hatten etwas Argloses, eine Natürlichkeit, die wir nicht kannten. Ich ging an einem Sonntag durch einen Ort, in dem wir lagen, an den Fluß. Die Mädchen zogen sich vor den Landsern splitternackt aus und badeten. Sie dachten sich nichts Arges dabei. Und erstaunlicherweise waren die Landser so eifersüchtig, daß es unter normalen Bedingungen zu keinem Übergriff kam, keiner gönnte dem anderen so ein Mädchen. Viele Frauen hatten sicher unter den Soldaten zu leiden, ohne daß etwas davon bekannt wurde. Es gab aber auch einen anderen Fall. Viel später, ich war schon Hauptmann und stellvertretender Kommandant einer größeren Einheit, meldete sich ein Leutnant frisch von der Kriegsschule bei mir. Ganz schneidig, mit einem Kindergesicht. Ich frag ihn, wie alt er ist. Neunzehn. «Mein Gott», sag ich, «was wollen Sie hier. Ich schick Sie jetzt ins Munitionsdepot.» Er wollte nicht, er war ja Leutnant. «Eine Chance zu überleben haben nur Leute, die hier draußen Erfahrung haben. Alle Leute, die jung zu uns kommen, sind am nächsten Tag tot. Deswegen gehen Sie jetzt ins Munitionsdepot.» Murrend zog er ab, er wollte ja kämpfen, ein Held sein.

An einem der nächsten Tage werde ich angerufen: ja, dieser

junge Leutnant hat einen SS-Mann erschossen! Abends kommt der SS-Mann in das Depot und versucht, eine junge Russin, die dort saubermacht, zu vergewaltigen. Der Leutnant stellt sich dazwischen. Ohne jede Ahnung befiehlt er dem SS-Scharführer, das Mädchen sofort loszulassen. Der aber pöbelt ihn an und schleudert, ich weiß nicht, was es war, nach ihm. Es kommt zum Handgemenge, ein Schuß geht los, und der SS-Mann ist tot. Im Verhör sagte der Leutnant, es sei selbstverständlich für ihn, Frauen zu schützen. Das hatte er aber nicht auf der Kriegsschule, sondern zu Haus in seinem gutbürgerlichen Elternhaus gelernt. Unser Divisionskommandeur hatte große Mühe, die Juristen zur Einstellung des Verfahrens zu bewegen. Zwei Tage nach seinem zwanzigsten Geburtstag ist dieser Junge gefallen.

Eines Tages hatte ich als Kommandeur einer kleinen Panzereinheit die Spitze. Wir standen an einer Kreuzung. Es war heiß, der Öl- und Dieselgestank im Panzer ist unerträglich. Ich sprang mit der Karte in der Hand ab. Während ich auf der Karte nach unserem Standort suche, höre ich Flugzeuge. Ich schau hoch und sehe blitzende Flugzeuge oben am Himmel. Deutsche Flugzeuge, dachte ich. Während ich weiter in meine Karte schaue, höre ich plötzlich ein merkwürdiges, lauter werdendes Rauschen, guck hoch und seh, wie ein Schwarm von Bomben auf uns runterkommt. Ich dräng mich an den Panzer, man kann sich ja nicht drunterwerfen, halt mir die Karte über den Kopf, und dann rumst es! In Sekunden wurde die ganze Einheit zu einem brennenden, stinkenden Chaos. Ich lag im Straßengraben, und mein linkes Bein war abgeknickt, ein Oberschenkelschußbruch. Es brannte, tat kaum weh. Die Schmerzen kommen nach und nach, bis sie unerträglich werden. Ich kannte es ja schon.

Am Abend zuvor, am nächsten Tag sollte es in den Kampf um Moskau gehen, war ich mit meinem Bataillonskommandeur, Major Seele, zusammengewesen. Ein ganz rührender Mann, der von seiner Frau schwärmte, die zu Haus in einem

Lungensanatorium lag. Alle Soldaten schwärmten dort draußen von ihren Frauen. Plötzlich blieb er in dem Gespräch stehen und sagte: «Wissen Sie was, ich bin ein bißchen ein Hellseher. Ich werde diesen Krieg nicht überleben, aber Sie, Sie werden durchkommen! Ich kann nicht sagen, warum, ich spür das.»

Und am nächsten Tag lieg ich nun mit fürchterlichen Schmerzen im Straßengraben. Ein Sanitäter kommt und gibt mir eine Morphiumspritze. Ein zweiter kommt, fragt, ob ich was bekommen hätte. Ich schüttle den Kopf und bekomm noch eine und bin dann richtig im Tran. Oben auf der Straße hält ein Kübelwagen, Major Seele sitzt drin. «Nein!» ruft er, «das hätte ich nicht gedacht. Aber vielleicht ist das Ihr Glück.» Wenige Tage später wurde meine Einheit in einem Hinterhalt völlig vernichtet. Ich glaube nicht an Hellseherei, aber es beschäftigt mich bis heute.

Ich hatte großes Glück und geriet auf dem Hauptverbandsplatz in die Hände unseres eigenen Regimentsarztes. Normal hieß es in dieser Situation: Bein ab und weg. Der Stumpf wird versorgt, und man ist außer Lebensgefahr. Der Arzt aber sagte: «Ich kenn den, der stirbt lieber, als mit einer Oberschenkelamputation zu leben.» Und weil noch nicht soviel los war auf dem Hauptverbandsplatz, haben sie mir einen tragbaren Streckverband gebaut. Da hatte ich noch einmal Glück. Mit dem kam ich nach Warschau, und dort wurden wir, einer neben dem anderen sitzend, mit Lastwagen ins Lazarett gefahren, ein ehemaliges Gerichtsgebäude. Auf dem Weg durch die Stadt sah ich die Straßenbahn eine Allee entlang fahren. Es war für mich keine Straßenbahn mehr, es war ein Zeichen der Zivilisation, die ich so entbehrt hatte, daß mir jetzt die Tränen in die Augen stiegen.

Nach einiger Zeit kam ich in ein Lazarett im Ruhrgebiet. Die Knochen verheilten gut, aber dennoch ging ich mehrere Monate am Stock. Nach einem Genesungsurlaub, den ich mit meiner Frau in Bayern verbrachte, ging es im Sommer 1942 zu einem Ersatztruppenteil. Als ich dort ankam, stand schon ein aktiver Offizier, ein Berufssoldat, am Tor und sagte: «Mensch, hast du ein Glück, deine Anforderung liegt schon oben. Und ich kann machen was ich will, ich komm von hier nicht weg an die Front.» Das war die reinste Heuchelei. Manch einer hielt sich an der Heimat fest und ließ uns draußen die Sache ausbaden. Sie haben mir also sofort eine neue Kompanie in die Hand gedrückt, und wenige Tage später saßen wir in den Güterwagen eines Transportzugs auf dem Weg nach Rußland.

Die Offiziere wurden immer weniger. Die dummen und die tapferen war schnell tot, und die anderen bekamen immer höhere Aufgaben. Mehr und mehr kommandierte ich nur noch aus dem Panzer heraus. In einem Grabensystem wurde mein Panzer seitlich getroffen. Ich und der Ladeschütze wurden durch den Luftdruck herausgeschleudert. Fahrer und Funker waren tot, ihnen hatte die Explosion die Köpfe abgerissen. Wieder auf die Füße gekommen, war das einzige, woran ich denken konnte, meine Dosen mit Schoka-Cola, die noch im Panzer lagen. Ohne nachzudenken bin ich noch einmal in den Turm geklettert, hab die Schokolade geholt, und als ich absprang, kam der nächste Schuß, und unser Panzer flog in die Luft. Im Schock tut man Dinge, die man hinterher nicht mehr begreift.

Da stand ich nun mit dem Ladeschützen, der auch mein Gefechtsschreiber war, in einem Loch. Wir sahen, wie die russischen Panzer zusammen mit Infanterie auf uns zukamen. Mit meiner Maschinenpistole schoß ich auf die Russen, zum erstenmal auf Menschen, die ich direkt vor mir sah. Wenn die Gefahr ganz nah ist, wird man manchmal unglaublich ruhig. Die Angst schaltet ab, alles schaltet ab, und man sieht und empfindet den Kampf wie ein Außenstehender. Vor mir war ein Russe, dessen Kopf mit seiner Pickelhaube immer wieder aus dem Graben auftauchte und verschwand. Dann plötzlich wruck, und meine Maschinenpistole hing fest. Ich gab sie dem Ladeschützen und schoß weiter mit meiner Pistole, um den Russen auf Distanz zu halten.

Ich dreh mich um, will gucken, ob der Ladeschütze meine Maschinenpistole wieder hingekriegt hat, da sitzt er auf dem Boden, vor sich säuberlich ein Tuch ausgebreitet, auf dem die Einzelteile der Maschinenpistole liegen. Stück für Stück hat er sie hingelegt, wie er es beim Waffenreinigen gelernt hatte. Das war ein so komischer Anblick, wir mußten beide laut lachen. Als ich wieder nach vorne guckte, da waren die Russen weg. Wir sind in das Grabensystem gegangen, langsam und vorsichtig, weil wir ja nicht wußten, ob es schon von Russen besetzt war. Es war leer, und wir trafen schließlich eine andere versprengte deutsche Einheit.

Im Winter 1942 auf 1943 erstarrte auch bei uns im Mittelabschnitt der Krieg. Die Panzer standen drei Kilometer hinter der Front in Bereitschaft, und die Truppe, auch die Panzerbesatzungen, lagen vorne im Graben. Es kam zu Schießereien, wenn nötig zu Spähtrupps, aber selten zu heftigen Kämpfen oder Artillerieschießereien, wie man sie aus Berichten über den Ersten Weltkrieg kannte. Wir hatten uns in Bunkern eingerichtet, es wurde mit Holz geheizt, war warm und gemütlich. Die Jungs hatten eine Katze gefangen, ein süßes, aber unglaublich freches Stück, und sie hatten mir aus Langeweile eine Art Lehnstuhl gebaut. In dem saß ich bei Besprechungen wie ein Indianerhäuptling. Zu der Zeit war ich Oberleutnant und als höchster Offizier am Ort auch Dorfkommandant. In dem nahen Dorf hatten wir eine russische Gefangenenkompanie für den Ausbau des Grabensystems. Mit den Hiwis hatten sie nichts zu tun.

Die meisten Russen hatten keine Ahnung mehr, wie ein Weihnachtsbaum aussieht. Die Kriegsgefangenen fragten mich danach, und ich versuchte ihnen zu erklären, wie ein geschmückter Tannenbaum aussieht. Bunt ist er, sagte ich, und Kerzen sind dran. Und am Heiligen Abend, ich hatte für jeden ein Viertel Schnaps und Tabak besorgt, ging ich rüber in ihre Unterkunft und wollte ihnen ein gutes Weihnachten wünschen. Als ich reinkam, packten sie mich und hoben mich in die Höhe. Ich bekam einen Heidenschreck und dachte: Jetzt ist es passiert! Jetzt geht's dir an den Kragen! Aber sie wollten mir damit ihre Freude zeigen über den Tabak und den Schnaps. Ihren Weihnachtsbaum hatten sie mit Teelichtern und leeren, bunten Zigarettenpackungen geschmückt, die sie gefunden und aufgehoben hatten.

Nachts bin ich mit meinen Männern auf den Friedhof gegangen, den wir oberhalb des Ortes für unsere Kameraden angelegt hatten, denn gestorben wurde auch hier. Zwischen den Gräbern stellten wir einen Christbaum mit Lichtern auf, die wir anzündeten. Zwischen Russen und Deutschen herrschte Stille am Heiligen Abend, es wurde nicht geschossen.

Die Hauptkampflinie lief drei oder vier Kilometer vor dem Ort. Es war ein Stellungskrieg. Einmal am Tag wurden die Männer, die vorne in den Gräben und Bunkern lagen, abgelöst und kehrten in die Quartiere im Dorf zurück. Als Ortskommandant hatte ich dort beim Starosten, dem Bürgermeister, ein Zimmer mit einer Veranda davor. Für die Bauern im Ort hatte ich Saatgut besorgt, wo sollten sie es in diesen Zeiten auch sonst herbekommen.

An meinem Geburtstag, im Frühjahr 1943, kam die Regimentskapelle, besser, was noch von ihr übrig war, um ein Geburtstagsständchen zu geben. Mir war's zuwider, aber ich mußte nun sagen, was ich hören wollte: den Tscherkessischen Reitermarsch. Als die Kapelle das getragene Mittelstück in diesem Marsch spielte, knieten die alten Bauern mit ihren Frauen nieder, und die Tränen rollten ihnen über die Bärte. Ich hab's nicht gewußt, aber das Mittelstück, das war früher die Zarenhymne. Hinterher kamen sie, um mir zu gratulieren. Sie hatten ein kleines Mädchen herausgeputzt und versucht, ihm ein deutsches Gedicht beizubringen, und als Geschenk brachten sie einen Korb mit Eiern. Wir waren ihre Feinde. Doch manchmal waren wir alle auch nur Menschen.

Die Kämpfe begannen erst wieder nach der Schlammperiode im späten Frühjahr. Von einer der Propagandakompanien kam in fast regelmäßigen Abständen Helmuth vom Busche zu uns, um für die Heimatpressse über die Einsätze und Kämpfe der Panzersoldaten zu berichten. Er verachtete die Nazis und lud bei uns an der Front ab, was alles sich an fürchterlichen Dingen in Deutschland ereignete. Die schlechte Stimmung und Ernährung, die Gerüchte von Widerstandsgruppen, Andeutungen über die deutschen Konzentrationslager. Er glaubte, uns damit einen Gefallen zu tun, aber ich habe manchmal gesagt: «Mensch, Helmuth, hör auf. Wie sollen wir morgen noch kämpfen? Was soll ich den Jungs sagen? Gib mir einen Tip, was ich ihnen sagen soll, ich glaube doch auch nicht daran, daß wir den Krieg gewinnen. Die kommen zu mir und fragen, ob sie eine Chance haben, am Leben zu bleiben. Laß mich doch in Ruhe mit deinen Geschichten. Wir müssen hier mit dem Leben an der Front fertig werden und können uns nicht noch alles auf den Buckel laden, was in der Heimat passiert.» Ich konnte den Männern meiner Kompanie nicht sagen, der Krieg ist verloren. Das einzige, was mir einige Monate später, Ende 1943, noch einfiel, war: Wir dürfen unsere Frauen und Kinder nicht den Russen ausliefern. Eine politische Begründung für den Krieg, da hätten sie mich wahrscheinlich ausgelacht. Wenn dort aber einer herumlief, der glaubte, daß ohnehin alles aus, alles verloren sei, der war mehr als jeder andere gefährdet. In dem unentwegten Schrecken des gegenseitigen Tötens brauchte man irgend etwas, an das man glauben und an dem man sich festhalten konnte.

Ich wuchs in die Rolle des Stammeshäuptlings. Sie kamen, kaum einer älter als Mitte Zwanzig, meist jünger, mit fast allem, was sie bedrückte. Ihre Angst um die Familien zu Haus, wo fast tagtäglich die alliierten Bomber die Zivilbevölkerung angriffen, ihre Verzweiflung, wenn einer erfuhr, seine Frau hatte einen anderen, und ihre Furcht, weniger vor dem Sterben als davor, daß der Krieg sie zu Krüppeln machen könnte.

Ich versuchte immer, ihnen ein Familiengefühl zu geben, denn diese Leute waren so hundsallein, so verlassen in diesem Krieg. Dabei habe ich auch die eigene Angst besser unterdrücken und manchmal sogar vergessen können.

Das Gefühl läßt sich nicht beschreiben, wenn du weißt, am Morgen um sechs Uhr sollst du angreifen. Vor dir ist ein Wald, und die Aufklärung hat dir gesagt, wo wahrscheinlich die Russen in Panzerabwehrnestern auf dich lauern. Und immer glaubte ich, diesmal kommst du nicht zurück. Nun gehst du mit dieser furchtbaren Angst auf die Panzer zu, um einzusteigen, und du weißt, die Männer stieren dich alle an: Was denkt der Alte, ist er optimistisch oder nicht? Da mußt du ein Gesicht aufsetzen, das den Leuten hilft, daß sie es überhaupt noch einmal schaffen, loszufahren. Das kehrte immer wieder, über Monate und schließlich über Jahre. Vier Jahre allein in Rußland. Mein Regiment hatte eine Gefechtsstärke von 1000 Mann. 1943 hatten wir schon 3600 Tote und ungefähr 15 000 Verwundete. Dreimal war das gesamte Regiment allein in dieser Zeit ums Leben gekommen. Da konnten wir uns ausrechnen, wie groß unsere Überlebenschance war. Ich habe nie geglaubt, daß ich durchkomme, aber wir haben nie über den Tod gesprochen. Du hättest nicht weitergekonnt. Wir hatten uns eingekapselt, du hättest es sonst nicht aushalten können. Und dennoch habe ich erlebt, wie Leute es plötzlich nicht mehr ertragen konnten, wenn einer von ihnen verwundet draußen lag und nicht geholt werden konnte. Dann legten sie sich auf den Bauch und robbten und krochen durch den Kugelhagel, um den zurückzuholen. Oft genug war er schon tot.

Häufig sind wir als Infanteristen eingesetzt worden, weil wir keine Panzer und Fahrzeuge mehr hatten. Aber ohne den Panzer, ohne die Illusion, er würde uns vor dem feindlichen Feuer beschützen, fühlten wir uns sehr unsicher. Saß ein Infanterist bei uns im Panzer, zitterte er oft vor Angst, weil er es gewohnt war, sich in der Erde zu verkriechen, und nun erlebte, im Panzer als Zielscheibe durch die Gegend zu fahren.

Wir lagen einmal für zwei Tage zum Entlausen hinter der Front. Ein Fliegerleutnant fragte mich, ob ich nicht mitkommen wollte auf einen Aufklärungsflug. Kein Problem, hab ich gedacht, und bin in dessen Flugzeug gestiegen. Kaum waren wir in der Luft und ich schau nach unten auf eine Welt, wie ich sie so noch nie gesehen hatte, da überfiel mich eine schreckliche Angst. Zu allem kam von hinten auch noch ein russisches Jagdflugzeug. Ich hab dem Leutnant immer auf die Schulter gedrückt und nach hinten gezeigt. Der grinste und flog einfach weiter, bis er plötzlich, mein Magen rutschte hoch, nach unten abtauchte bis dicht über die Baumkronen. Oben hatte das Flugzeug einen Tarnanstrich wie die Oberfläche eines Waldes, der russische Jäger konnte uns nicht mehr sehen. Schweißgebadet und schlotternd bin ich aus dem Flugzeug ausgestiegen und hab mir geschworen: Nie wieder steigst du in ein solches Ding.

Natürlich wußten wir, wie verletzlich wir in unseren stählernen, mit Treibstoff und Munition vollgepackten Gehäusen waren. Und kurz darauf wurde mein Panzer auch von einer Pakgranate im Turm getroffen. Als der erste Moment des Schocks vorbei war, dachte ich, es sei mir wieder einmal nichts passiert. Nach einer Weile war da ein merkwürdiges Brennen in der Brust, und dann kam raus: Ein kleiner Splitter hatte mich getroffen und war in der Lunge steckengeblieben. Auf dem Hauptverbandsplatz klebten sie ein kleines Pflaster vorn drauf. Das wär's vielleicht gewesen, aber ich steckte mich dort an einer infektiösen Hepatitis an. Nun brachten sie mich wieder einmal nach Warschau und von dort in ein Offizierslazarett nach Wien.

In den Wochen, die ich dort lag, wurden Karten für das Burgtheater verteilt. Im Foyer wurden wir aufgehalten, und man bat uns, noch einen Augenblick zu warten. Nach einigen Minuten wurden wir zur Königsloge geführt, und wie ich hineinkomme, sehe ich, das Publikum ist aufgestanden, um uns zu grüßen, steht mit zum Hitlergruß erhobenen Armen und beginnt zu singen, irgend etwas, vielleicht das Deutschlandlied. Es war, um in den Erdboden zu versinken.

Im Juni 1943, nach ungefähr sechs Wochen, kam ich zurück, und meine Abteilung lag immer noch an fast derselben Stelle. Die Schlammzeit war vorbei, und kurz darauf, im Juli, ging es gewaltig los. Hitler hatte befohlen, die Stellungen bei Kursk zu halten. Das kam einem Todesurteil gleich. Ich hatte aber wieder einmal Glück. Mein Kommandeur war General von Saucken, ein «alter Preuße», der schon im Ersten Weltkrieg gekämpft hatte. Er dachte nicht daran, dem Wahnsinnsbefehl zu folgen, und wir zogen uns in eine sinnvolle Stellung zurück, ohne daß Hitler ihn zur Verantwortung zog. Am nächsten Tag begann im Morgengrauen unser Gegenangriff auf die nördlich von Kursk liegenden Höhen von Fatesch. Sie erwiesen sich bald als eine gefährliche Falle. In der Nacht hatten sich die Russen auf den Höhen mit allem, auch mit ihren Panzern, eingegraben. Wir selbst hatten eine gewaltige Anzahl von Panzern, ich bilde mir ein, es waren tausend, um diese Höhen zu überrennen. An der Spitze fuhren vielleicht dreißig oder vierzig Panzer, und ihnen folgten die anderen, immer mehr und immer mehr fluteten sie gegen den Höhenzug an. Die Russen wußten, die deutsche Luftwaffe, die Jäger, waren nicht vor sieben Uhr in der Luft. Wir waren schon durch die tiefe Senke und fuhren in Richtung auf die Höhen, als plötzlich überall russische Bomber waren und uns mit ihren Bomben zuharkten, ein Einschlag neben dem anderen. Und kein deutscher Jäger. Die ersten Panzer gingen in Flammen auf, und bald lagen überall Wracks. Aus ihren Stellungen begannen nun die Russen eine mörderische Kanonade aus Geschützen aller Kaliber. Wir versuchten zu wenden, aus dem Getümmel herauszukommen, aber von hinten drängten immer mehr nach, die nicht wußten, was vorn los war. Ein Panzer nach dem anderen flog in die Luft. Erst gegen Abend und nach fürchterlichen Verlusten, auch im Nahkampf, löste sich die gegenseitige Verklammerung. Ich stand mit einigen Männern und Panzern wieder unterhalb der Höhen von Fatesch. Eine Fünftonner-Zugmaschine, beladen mit Toten, kam von dort herab. Aus den übereinander geworfenen Körpern ragte ein Arm heraus und schlug beim Fahren gegen die Seitenwand. Als ich näher hinsah, erkannte ich die Uhr meines Freundes Wolfgang, mit dem ich mehrere Jahre sehr eng zusammen gewesen war. Für uns war es das Ende. Von Kursk ab waren wir nur noch die Gejagten.

Die Russen griffen tagsüber an Stellen an, die sie als schwach erkannt hatten. Sie durchbrachen die Front, und wir mußten zurück, und das lief fast immer gleich ab. Unsere Panzer fuhren zurück hinter die deutsche Linie, blieben stehen und sicherten die zurückgehenden Soldaten. Häufig genug aber hatten wir keine Panzer mehr, der Mangel an Material wurde immer größer, es fehlte an allem, selbst an Nahrungsmitteln. Wir begannen zu hungern. Zugleich wuchsen die Erschöpfung und Gleichgültigkeit, fast jeder Tag bedeutete neue Verwundete und Tote. Als ich nachts in einen Bunker kam, den meine Einheit als Gefechtsstand markiert hatte, lagen dort schlafend die Männer der Melderstaffel. Sie hatten sich die Toten, die sie in dem Bunker gefunden hatten, zurechtgelegt als Kopfkissen. Sie empfanden nichts mehr dabei, sich eine Leiche als Kopfkissen zu nehmen, obwohl sie alle liebenswerte Jungs waren.

Der Rückzug war von ständigen Kämpfen begleitet. Selten Nahkämpfe, denn die Russen brauchten sich darauf gar nicht einzulassen. Zwischen den zurückgehenden deutschen Divisionen waren so große Lücken, daß die Russen nachts einfach durchmarschiert sind und am Morgen in unserem Rücken auftauchten. Ich habe nie erlebt, daß die Russen besonders dolle Kämpfer waren. Manchmal allerdings weigerten sie sich, ihre zerschossenen Panzer zu verlassen. Sie glaubten ihrer Propaganda, wir seien brutal mordende Tiere, und wollten lieber in ihren Panzern verbrennen.

Wir hatten längst aufgehört, die Wochen, Tage oder gar

Stunden wahrzunehmen. Gezählt wurde nur noch, wie viele wir abends noch waren. Die Jungen, die zum erstenmal aus der Heimat an die Front kamen, überlebten häufig nur ein paar Tage. Zwischen den Einbrüchen und Rückzügen gab es auch Pausen, einige Tage, an denen man das Glück hatte zu wissen: Wahrscheinlich stirbst du heute nicht. Man war einsam. Die Freunde waren schnell tot. Nur einer blieb immer, den konnte ich in meiner rechten Jackentasche fühlen. Ich konnte mit ihm zusammen Schluß machen. Das hat mich am Leben erhalten: zu wissen, du kannst deine Pistole benutzen, wenn du den Wahnsinn nicht länger erträgst.

In der Erinnerung vermischt sich alles fast ohne Einzelheiten zu einem unentwegten Zurück. Alles, was ich wollte, war, rauszukommen und die Leute, die mir ans Herz gewachsen waren, mitzunehmen. Dabei war es fast unmöglich, Befehlen nicht zu gehorchen. Und wagte man's doch, dann mußte man großes Glück haben, um an einen anständigen Vorgesetzten zu geraten. Die Russen hatten uns über einen Fluß gedrängt. Wir lagen an dem einen, sie an dem anderen Ufer. Weil er von oben den Befehl bekommen hatte, verlangte General von Saucken von mir, ein Stoßtruppunternehmen zu führen. Morgens sollte die Artillerie Nebel schießen und wir mit den Booten übersetzen, um dort einen Brückenkopf zu erkämpfen. Es war aber vollkommen klar, daß keiner von uns dieses Unternehmen überlebt hätte. Ich habe nicht zu ihm gesagt, ich verweigere den Befehl, sondern ich habe ihn gebeten, mich von dieser Aufgabe zu entbinden. Ich sagte: «Ich kann dieses Kommando nicht durchführen. Ich kann es nicht vor meinen Leuten und auch nicht vor mir selbst verantworten. Das ist ein sinnloses Todeskommando.» Er guckte mich groß an durch sein Monokel und sagte nach kurzem Zögern zu einem meiner Offiziere: «Oberleutnant, wie ist noch der Name? Sie übernehmen das Kommando und bereiten es vor!», und zu mir gewandt: «Sie, Herr Hauptmann, bleiben zu meiner Verfügung, Sie werden von mir hören!» Da kam was auf mich zu, das wußte ich nun. Am nächsten Morgen lagen die Boote und die Männer bereit, um überzusetzen. Plötzlich hör ich einen Panzer angerannt kommen mit General von Saucken im Turm. «Übrigens, ich will Ihnen sagen», schnarrt er mich an, «Sie haben recht. Sie übernehmen wieder das Kommando, der Stoßtrupp wird abgeblasen», machte kehrt und fuhr weg.

Im September 1944 sollten wir in Polen in einem Grabengelände eine neue Verteidigung aufbauen. Wir konnten die Stellung nicht halten, ich hatte schon zu viele Leute verloren und mußte zurück. Dabei ist nicht weit von mir eine Granate eingeschlagen. Mein linker Arm war voller Splitter, aber auch das war wieder totales Glück. Ein Splitter hatte den Radialisnerv verletzt, und meine linke Hand hing schlaff herab. Ich bekam einen Gips und wurde mit einem der letzten Flugzeuge nach Deutschland geflogen. Aus einem Lazarett in Sachsen ließ ich mich nach Zittau in meine Heimatstadt verlegen, wo auch meine Frau und mein Sohn waren. Der Chef des Lazaretts, ein ungebrochener Nazi, wollte mich unbedingt wieder an die Front schicken. Ich sagte: «Was soll ich da? Der Krieg ist verloren!» Er hat mich als Defätist beschimpft und immer wieder versucht, mich fronttauglich zu schreiben. Aber auch die Stromstöße, die er mir versetzte, um zu sehen, ob sich die Hand bewegte, nutzten nichts. Den Arm noch im Gips, wurde ich schließlich als Taktiklehrer an eine Kriegsschule bei Dresden versetzt. Wir ahnten, daß Zittau an die Russen fallen würde, und ich nutzte ein Wochenende, um meine Frau und meinen Sohn an die Ostsee zu bringen, zur Familie meines Bruders, der sich als Kapitän eines Vorpostenbootes auf See herumschlug.

Während die Amerikaner bereits am Rhein standen und die Russen immer näher kamen, hatte ich weiterhin Offiziere auszubilden. Keiner glaubte mehr an den Endsieg, auch wenn niemand darüber sprach. Als die Russen näher kamen, haben wir uns Urlaubsscheine in die Heimat ausgestellt. Meinen Urlaubsschein hatte ich auf Lübeck ausgestellt, nur leider zu kurz, ich wußte ja nicht, daß der Krieg noch bis in den Mai gehen würde. Nach drei Wochen mußte ich mich beim Generalkommando in Lübeck melden. Ich mußte zwanzig Kilometer zu Fuß gehen, stand auf einer Kreuzung und sah ein paar Militärfahrzeuge kommen. Sie halten, und ich geh hin und frag, ob sie mich mitnehmen können. Es war SS, und ein Unterscharführer brüllt mich an: «Sind Sie verrückt, was bilden Sie sich ein, wer Sie sind! Wir sind das Begleitkommando von Heinrich Himmler. Wenn Sie nicht sofort die Schnauze halten, dann baumeln Sie am nächsten Baum.» Beschwerst du dich nun, daß ein Unterscharführer, ein Unteroffizier dich als Hauptmann zusammenbrüllt, oder gehst du einen Schritt zurück? Ich habe den Schritt gemacht, ich hatte schon zu viele an den Bäumen hängen sehen. Kurz danach flitzte Himmler vorbei, wahrscheinlich auf dem Weg zu Dönitz.

Auf dem Generalkommando hieß es: Ja, Sie sind eingeteilt beim Stab von Admiral Schall-Emden in Itzehoe bei Hamburg. «Ich bin froh, daß Sie da sind», sagte er hochnäsig, «ich hab von Landverteidigung keine Ahnung.» Ich baute im Dienstzimmer mein Bett auf, und ein paar Tage später kam der General der Flak, Lindner, der mit seinen Leuten auf dem Marsch nach Norden war. Er wollte orientiert werden, und nachdem ich ihm geschildert hatte, wie's stand, nämlich beschissen und aussichtslos, schaute er mich an und fragte: «Was soll ich denn nun tun, Herr Hauptmann?» – «Ich kann Ihnen nur einen Vorschlag machen», antwortete ich, «geben Sie Ihren Leuten Urlaubsscheine, und schicken Sie sie nach Hause.» – «Sie sind wohl verrückt», schrie er und zog wutschnaubend ab. In der Zwischenzeit hatte ich mir einen Zivilanzug und ein Fahrrad besorgt, die hinter der Kasernenmauer lagen. Der Admiral aber ließ mich nicht gehen, ich sollte mit ihm zusammen Itzehoe an die Engländer übergeben. Die Engländer waren nicht gerade freundlich, und nachdem wir die Stadt übergeben hatten, hab ich mich umgezogen, bin als Zivilist hinten über die Mauer geklettert, um mit dem Fahrrad an die Ostsee zu fahren.

Unterwegs ging mein Rad kaputt, und ich schob es in ein Dorf auf der Suche nach jemandem, der mir helfen konnte. Aber ich traf nur auf einen Trupp von Fremdarbeitern, die nach der Kapitulation frei umherzogen. Sie brachten mich in eine Ziegelei und sagten, ich sei verhaftet. «Mein Gott», bat ich, «ich will endlich nach Haus, nun laßt mich mal ziehen.» – «Ja», sagten sie, «aber nur, wenn du in drei Tagen wiederkommst!»

Von Lübeck geht Bruno Fichte im Frühjahr 1946 nach Hamburg, wo er von der zuständigen britischen Besatzungsbehörde einen Posten in der Kulturabteilung des Rundfunks erhält. Zwei Jahre später wechselt er in den Beruf, den er sich immer vorgestellt hat: Dokumentarfilmer. Seine ersten Filme dreht er für die Engländer, die im Rahmen ihrer Kulturpolitik für die britische Besatzungszone eine sogenannte Filmsection ins Leben gerufen haben. 1950 wird sie aufgelöst, und Bruno Fichte gründet eine eigene Produktionsfirma sowohl für Auftragsarbeiten wie auch für eigene Filmprojekte.

Seine Ehe ist kurz nach dem Krieg auseinandergegangen, und 1952 heiratet er erneut, aber auch diese Verbindung hält nur zwei Jahre. Erst in der dritten Beziehung, die nun fast dreißig Jahre dauert, sei das Vertrauen entstanden, das für ein Zusammenleben in gegenseitigem Respekt notwendig sei.

1972 verkauft er die Firma, da seine Auftraggeber, die zum Teil aus der deutschen Kulturpolitk kommen, immer mehr in seine Arbeit hineinregieren wollen. Während der nächsten fünfzehn Jahre dreht er seine Filme in Frankreich, bis schließlich die Werbung das Metier der Dokumentaristen so weit erobert hat, daß er ganz aufhört.

In den ersten Jahren nach 1945, erzählt Bruno Fichte, war der Verdrängungsprozeß so radikal, daß er selbst die Namen der großen Städte wie Minsk, Smolensk oder Thula, in denen er während des Krieges gewesen ist, vergessen hat. Nach den Erfahrungen nicht allein der Vernichtung von Menschen, Städten und Dörfern, sondern der Auflösung moralischer Grundwerte haben er und seine Freunde nur vorwärts, an eine von den alten Übeln befreite Gesellschaft denken können. Das aber hat sich, sagt er nicht ohne eine noch immer lebendige Wut, als eine große Illusion erwiesen. Keine Kreatur auf der Erde ist so irrational, so bedenkenlos im Umgang mit sich selbst und anderen wie der Mensch. Und dann auch noch so alt zu werden, fügt er mit einem halb entschuldigenden Lachen hinzu, ist eine Schande und erinnert ihn an die Eskimos, wo sich die Alten irgendwann auf eine ins Meer hinaustreibende Eisscholle setzen.

Friedrich Goldberg *Im Wartezimmer einer Arztpraxis, mir gegenüber kämpft eine Mutter mit ihrer über das Herumsitzen empörten kleinen Tochter, komme ich mit Friedrich Goldberg ins Gespräch. Er weist auf ein Buch in meiner Hand, auf das ich mich ohnehin nur halb konzentrieren kann, und fragt, was ich denn da lese. Es ist ein Buch mit Feldpostbriefen deutscher Soldaten aus dem Zweiten Weltkrieg, und ich erzähle ihm, wie es mich zugleich enttäuscht und verblüfft habe. Enttäuscht, weil darin so wenig vom Krieg erzählt wird, und verblüfft darüber, wie groß die Sorgen der Männer um ihre Angehörigen daheim sind. Ob die Frauen ihnen auch wirklich treu sind, wie es den Onkeln und Tanten geht und ob die gemeinsame Freundin Gerda sich nun endlich doch verlobt hat. Während ich erzähle, taucht im Gesicht von Friedrich Goldberg, das, rund, freundlich und fast faltenlos, wenig von seinem Alter verrät, ein Ausdruck von Skepsis auf, so daß ich ihn frage, ob er im Krieg gewesen sei. Fünf Jahre, sagt er, war er im Krieg, und was er erlebt habe, das könne man heute im Frieden und nach so langer Zeit kaum noch glauben. Es aufzuschreiben habe er schon lange überlegt, aber darüber zu reden, nein, das wisse er nicht. Schließlich tauschen wir die Adressen aus, und einige Tage später rufe ich ihn mit der Bitte um ein Gespräch an. Er ist sehr zurückhaltend. Ein zweites Telefonat einige Tage später zeigt ihn ein wenig unentschlossener, aber doch ablehnend. Enttäuscht denke ich, ein drittes Mal kannst du ihn nicht bedrängen. Wochen danach klingelt das Telefon, es ist Friedrich Goldberg, der mit leiser Empörung in der Stimme fragt, wo ich denn endlich bliebe.*

Wenig später treffe ich ihn in seinem in den fünfziger Jahren erbauten, sehr geräumigen weiß verputzten Haus in einem Vorort von Hamburg. In der Eingangshalle schaut von einem Treppenabsatz ein großer schwarz-weißer Wolfshund aus Stoff den Besucher an.

1913 wird Friedrich Goldberg in Bad Neuenahr in der Nähe von Bonn geboren. Der Vater ist Prokurist einer großen Mineralwasserfirma. Ihre Besitzer haben internationale Kontakte, so daß im Haus der Goldbergs häufig Besuch aus dem Ausland erscheint. Mit fünf Kindern, Friedrich Goldberg kommt nach seiner um ein Jahr älteren Schwester, ist die Mutter ganz ans Haus gebunden, eine große, einst für einen pensionierten englischen General erbaute Villa. Sie steht dort am Rhein, wo ehemals die Schlotbarone aus dem Ruhrgebiet ihre luxuriösen Altersresidenzen erbaut hatten. Die Eltern sind strenggläubige Katholiken, die Kinder werden ganz in der christlichen Tradition erzogen. In der Weimarer Republik wählt der Vater Zentrum und lehnt Hitler und den Nationalsozialismus ab, auch wenn er einige seiner politischen Forderungen wie das Ende der Reparationszahlungen für richtig hält.

Nach dem Abitur, das Friedrich Goldberg auch durch seine Begabung für Sprachen mit einem ungewöhnlich guten Zeugnis besteht, raten ihm die Eltern zu einer Laufbahn, die ihn nach drei Jahren zum Oberfinanzsekretär und von der Familie unabhängig machen würde. Dabei spielt nicht nur das häusliche Budget eine Rolle. Beide Eltern sind schwer krank, die Mutter leidet an Leukämie und der Vater als Folge einer nicht ausgeheilten Hepatitis an einer fortschreitenden Leberzirrhose. In dieser Situation rät die bereits todkranke Mutter dem Sohn, den sie versorgt sehen will, die Sicherheit einer Beamtenlaufbahn zu wählen.

Als ich 1932 auf dem Höhepunkt der Wirtschaftskrise Abitur machte, rieten mir meine Eltern, ins Finanzamt zu gehen. Mit fünf Kindern war das Geld in der Familie knapp, und ich sollte möglichst schnell selbständig werden. Beamte und die Aussicht, selbst Beamter zu werden, waren aber für mich und meine Klassenkameraden ein rotes Tuch. Wie mehrere andere aus meiner Abiturklasse wollte ich Mediziner werden, denn das war ein Beruf, in dem man selbständig sein konnte. Ich blieb in den Gesprächen mit meinen Eltern beharrlich und durfte schließlich in Bonn das Studium der Medizin beginnen.

Als Hitler kam, studierte ich schon. Was er über den Versailler Vertrag sagte, entsprach so sehr der Wahrheit, daß ich mich beeindrucken ließ, aber von zu Hause aus war ich katholisch erzogen, und die NSDAP blieb mir deswegen fern. Zwei oder drei Jahre später wollte sich aber ein mit mir befreundeter begabter Mediziner mit einer Arbeit über eine neue Form des EKGs habilitieren. Die Probevorlesung war in Ordnung, und er wurde vor ein Gremium gerufen, fünf Mann, alles Nazis. Sie sagten, «ja, das ist alles sehr schön, aber in welcher Parteigliederung sind Sie denn?» «In keiner», antwortete er. «Na, hören Sie mal, Sie werden doch irgendwo mal...» Er aber war praktizierender Katholik und stellte sich stur. Das reichte, um ihm die Sache vor die Füße zu knallen. Seine Professur, teilte man ihm mit, habe sich damit erledigt. Da sagte ich mir: Mensch, du mußt irgendwo Mitglied sein, so eine Panne darf dir nicht passieren. Ich hatte mich der Methodenlehre der therapeutischen Untersuchung verschrieben, mit der man die Wirksamkeit von Behandlungen zuverlässig beurteilen konnte. Es war ja ein Skandal, daß die Magengeschwüre in der einen Klinik mit eisgekühlten Fruchtsäften, was für ein Irrsinn, und in der nächsten mit feuchtem Käse behandelt wurden.

Aus Angst trat ich der NSDAP bei. Aber es kam anders. Wenige Monate nachdem ich 1937 meine Approbation als Arzt bekommen hatte, starb mein Vater. Ich ging zu meinem Professor, bei dem neben mir noch elf weitere approbierte Ärzte umsonst arbeiteten, das war damals üblich. «Es tut mir furchtbar leid», sagte ich, «ich muß irgendwo in einem kleineren Krankenhaus Geld verdienen» und gab ihm meine Unterlagen zur Methodenlehre, über die ich mich eigentlich hatte habilitieren wollen, zurück. Damit war meine wissenschaftliche Karriere zu Ende.

Mit Schwierigkeiten hatte ich mein Studium über die Bühne gebracht und war heilfroh, daß ich nun aus dem Gröbsten heraus war. Der Krieg war mir so unverständlich und kam mir so ungelegen, ich habe gedacht, der ist verrückt, der Hitler. Ich hatte mich sofort beim Wehrersatzkommando zu melden und wurde eingesetzt, um praktische Ärzte zu vertreten, die eingezogen worden waren. Nach genau zwei Jahren, im September 1941, wurde ich selber eingezogen. Drei Monate machte ich zusammen mit dreißig anderen Medizinern eine Grundausbildung in der Kraftfahrersatzabteilung Nr. 12 in Alsterdorf und wurde neben dem Militärischen zum Kraftfahrer ausgebildet. Von dort ging's zum Ersatzhaufen und dann gleich nach Rußland, im Januar 1942, ohne eine Vorbereitung auf den besonderen ärztlichen Einsatz, der uns erwartete.

Mit dem Gewehr in der Hand und drei Paar Unterhosen, die man uns statt Winterkleidung gegeben hatte, meldete ich mich in der Frontleitstelle und bekam ein Kommando nach Kaluga, ungefähr einhundertundfünfzig Kilometer südwestlich von Moskau. Ich stand schon auf dem Bahnhof, da drückten sie mir einen anderen Marschbefehl in die Hand. In Kaluga war die Katastrophe schon voll im Gange, und ich dachte mir, daß die da wahrscheinlich keinen Arzt mehr brauchten. Statt dessen wurde ich nach Weißruthenien als Truppenarzt zu einem Landesschützenbataillon geschickt. Weit, weit weg von der Front im Hinterland, das galt damals schon als das große Los.

Es war eine lange Zugfahrt, und als ich endlich in Minsk angekommen war, mußte ich dort übernachten, denn der Zug nach Glubokoje, wo mein Standort war, ging erst am nächsten Tag. Auf dem Weg zum Soldatenheim traf ich einen Landser, der auch dorthin wollte. Schon nach wenigen Schritten fing er an zu schimpfen: «Da kommen Juden aus Berlin, Berliner Juden auf offenen Güterwagen an, und die Hälfte von ihnen ist schon erfroren, die hatten nicht mal eine Decke, nichts! Was sind das für Menschen, die so was machen! Verbrecher!» Ich war in Offiziersuniform. Wenn ich etwas gesagt hätte, wäre das für ihn tödlich gewesen. Nur mühsam konnte ich ihn beruhigen, er war völlig außer sich. Wahrscheinlich hat er sich später um Kopf und Kragen geredet.

In Glubokoje sollte das Bataillon in der Hauptsache die Bahnlinie vor Partisanen schützen, aber nebenher war ein Teil der Männer zur Bewachung eines russischen Kriegsgefangenenlagers abgestellt. Da habe ich das erste Mal kennengelernt, was Dystrophie heißt. Das Verhungern von Menschen. Ich war beauftragt, einmal in der Woche durch das von russischen Ärzten geführte Lagerlazarett zu gehen und mir die Leute anzusehen. Das war ein schreckliches Elend. Man sah, daß sie alle innerhalb von wenigen Wochen tot sein würden. Sie hatten mehr als die Hälfte ihres Körpergewichts verloren, ich konnte mit Daumen und Zeigefinger ihren Oberarm umschließen. Die Menschen wußten genau, was ihnen passierte, denn sie hatten ja schon den Tod von Tausenden ihrer Kameraden erlebt. Von den ungefähr 19000 Mann, die da eingeliefert worden waren, lebten zum Schluß noch ungefähr 1000. Zugrunde gegangen an Dystrophie und Krankheiten wie Flecktyphus, der damals sehr verbreitet war. Es war streng verboten, Medikamente herauszugeben, aber ich habe mich strafbar gemacht – wahrscheinlich wäre ich degradiert worden – und gab den russischen Ärzten welche für die schlimmsten Fälle.

Es gab auf dem Lagergelände eine Kirche, in der sich zwei-, dreihundert Gefangene eingenistet hatten. Eines Tages brach der Dachstuhl zusammen, weil sie ihn in dem furchtbar kalten Winter zum Teil verheizt hatten. Es kam zu einer Untersuchung, und es hieß, es habe Kannibalismus gegeben. Sie standen kurz vor dem Hungertod und hatten ihre Toten verspeist. Alle, die sich in der Kirche aufgehalten hatten, wurden von den Wachmannschaften erschossen.

In Glubokoje lebten zwanzig- bis dreißigtausend Menschen, unter denen viele Juden waren. Man hatte sie in ein Ghetto gesperrt, zehntausend, vielleicht fünfzehntausend.

Einige von ihnen arbeiteten als Putzfrauen bei uns im Lazarett. Eines Tages sprachen sie mich an, weil sie im Ghetto überhaupt keine Medikamente hatten und zahlreiche Todkranke, die starke Schmerzen litten. Ich hatte Opiate en masse, aber ich sagte, «ich darf Ihnen nichts geben», denn so was war schon ein Grund, erschossen zu werden. Sie versicherten, daß alles ganz geheim bliebe. Da stellte ich ihnen ein Paket mit Betäubungsmitteln und Sulfonamiden zusammen.

Ich wußte davon noch nichts, aber schon damals hatte die Zivilverwaltung, die Partei, den Befehl erlassen, Weißruthenien judenfrei zu machen. Eines Abends kamen einige Sanitätsfeldwebel, um mir ihr Herz auszuschütten. Sie waren zu den Erschießungen abkommandiert worden, um den Tod der Juden festzustellen. In vielen Dörfern gab es eine große Zahl Juden, die wurden von der Landespolizei und der SS zusammengetrieben, aufs freie Feld an Gräben gebracht und dort erschossen. Die Männer mußten das loswerden, aber ich konnte nichts dazu sagen, darüber zu sprechen war schon ein Verbrechen. Es war furchtbar. Sie kamen nicht einmal, sondern drei-, vier-, fünfmal, so hat es sie mitgenommen. Das war für mich der größte seelische Einbruch im ganzen Krieg, daß ich erleben mußte, wie eine ganze Region «judenfrei» gemacht wurde. Männlein, Weiblein, Kinder, Säuglinge, alles wurde umgelegt. Das war noch vor der Wannseekonferenz. Mit der Partei war ich fertig. Später habe ich zu meinen Angehörigen gesagt, wenn die den Krieg gewinnen, dann erleben wir noch was! Damals war der Glaube an den Sieg ja noch überall da. Nachdem ich die Massenerschießungen der Juden erlebt hatte, war für mich sicher, daß Hitler auch die christlichen Konfessionen ausrotten würde. Niemand war vor denen sicher.

Eines Tages kam ein Kollege, ein Assistenzarzt, und fragte, «haben Sie nicht Lust, mal Skat zu spielen?» Ich hatte viel Zeit, das Lazarett bestand aus vierzig Betten, in drei Stunden war das erledigt. Ich ging also mit und kam in ein Haus, da saßen drei dieser Goldfasane aus dem Hunsrück, dicke, wohlgenährte und selbstzufriedene Männer. Sie zu sehen machte mich schon sauer. Es wurde sehr viel getrunken, und mir war so widerlich zumute, ich habe den Wodka in mich hineingeschüttet. Zur vorgerückten Stunde sagte der Leiter dieser ganzen Bagage: «Wenn ich mal schlecht geschlafen habe, dann haben die Juden im Ghetto ihren letzten Schiß getan.» Wörtlich! Es war so widerlich, daß ich mich auf der Toilette übergeben mußte. Ich erbrach mich nicht nur, ich bekam auch Durchfall, und damit war die Skatrunde beendet. Der Assistenzarzt, der sicher mit der Gestapo kungelte, hatte breitgetreten, was vorgefallen war. Es hieß, ich hätte als Offizier Schwäche und ein unmögliches Benehmen gezeigt. Zur Strafe versetzten sie mich zu einem Ersatzhaufen.

Mit meinem Gepäck stand ich da, als dieser Scheißkerl noch zu mir sagte, «dann werden Sie wahrscheinlich an die russische Front kommen, und dort können Sie dann für den Sieg kämpfen. Ich selbst bedauere es sehr, daß ich nicht in der Lage bin, für den Sieg zu kämpfen.» Ich dachte, du Arschloch, was du denkst, das weiß ich ganz genau. Du hast hier einen Posten, der dich warm hält und wo du nichts auszuhalten hast.

Bevor ich aber in den nächsten Einsatz mußte, hatte ich Urlaub. Zu Hause erfuhr ich von meiner Freundin, daß sie im dritten Monat schwanger war. Ich habe gesagt, «ja, dann müssen wir heiraten, wenn mir etwas passiert, soll das Kind meinen Namen haben.» Nach der Heirat, der Krieg hatte den Standesämtern Beine gemacht, meldete ich mich in Schwerin beim Marschbatallion der 19. Panzerdivision, das war im Frühjahr 1942. Da war die Hälfte der Leute, die mit mir zusammen eingezogen worden waren, ausgewachsene Ärzte, bereits tot. Von den dreißig Kollegen, mit denen ich den Marschbefehl erhalten hatte, waren fünfzehn beim Rückzug vor Moskau umgekommen.

Ich kam ins Pionierbataillon der Division. Wir waren die Feuerwehr und wurden von einer Katastrophe in die andere geschickt, um sie wieder auszubügeln. Wir hatten siebzehn Kisten Sanitätsausstattung, die ich nie zu Gesicht bekam. Sie lagen immer beim Troß und waren unnötiger Ballast. Ich war für die Erstversorgung der Verwundeten zuständig. Das weitere passierte auf dem Hauptverbandsplatz, wo Spezialisten wie die Chirurgen saßen, die sich zum Beispiel um Bauchschüsse kümmerten. Wir hatten ja kein Penizillin, sondern nur Sulfonamide, um Infektionen zu behandeln. Und an den Wundinfektionen sind auch die meisten gestorben.

Die Truppe hatte einige Jahre Krieg hinter sich, und die Sanitäter, aber auch die Infanteristen selbst waren so perfekt, daß sie die Verbände schon gemacht hatten. Ich kontrollierte das, untersuchte sie und stellte Diagnosen. Ich hatte trotz der häufigen Gefechte nicht viel zu tun und fühlte mich manchmal völlig überflüssig, aber es mußte jemand da sein, der verantwortlich war, auch für die Sanitätsdienstgrade, deren Vorgesetzter ich war. Wenn nichts los war, mußte ich eine Rundreise machen durch alle Abteilungen, die zum Einsatz kommen konnten. 1942 war der Gesundheitszustand der Truppe, in der ich war, recht gut. Es gab ausreichend Verpflegung und medizinische Versorgung. Später sollte sich das ändern.

In dieser Zeit bekam ich aus Glubokoje einen Feldpostbrief von einem Leutnant der Landespolizei. Er schrieb, sie hätten das Ghetto aufgelöst, und daß man alle Juden, 14000 Menschen, erschossen habe. Das war ein kleiner Nebensatz in seinem Brief, die beiläufige Feststellung einer Tatsache.

Den ganzen Sommer waren wir unterwegs gewesen, von einem Einsatzort zum anderen. Auf einmal bekam ich Fieber und hätte Tag und Nacht schlafen können. Ich wußte, daß ich in der oberen linken Lunge einen Tuberkuloseherd hatte. Als sie mich einberiefen, war ich jedoch fieberfrei gewesen, die Senkung war normal, und ich hätte es für übertrieben gehalten, wenn ich damit eine Wehruntauglichkeit herausgeschunden hätte. Mit meinem Gewissen war das damals nicht vereinbar. Der Herd war jetzt akut geworden, und ich kam zurück nach Deutschland in die Nähe von Dresden in eine Lungenheilstätte.

Als es mir wieder besserging, kam ich erst zu einem Ersatzhaufen und dann nach Polen, nach Radom ins Generalgouvernement in ein großes Kriegslazarett, das in einer ehemaligen Kaserne eingerichtet worden war. Dort hatte ich sehr viel zu tun, wenn die Transporte mit Verwundeten aus Rußland kamen. Dann wurde rund um die Uhr gearbeitet. Ich hatte allein dreihundert Patienten zu versorgen, das war soviel wie sonst ein ganzes Lazarett. Früh am Morgen ging ich los, der Sanitäter hatte bereits den Verband abgemacht, ich stellte den Befund, schon ging es ab zum nächsten, bis in den Nachmittag hinein. In dem ganzen Komplex lagen zu den Zeiten, wo an der Front schwere Kämpfe waren, drei- bis viertausend Verwundete und Kranke. Es waren viele Schwerstverletzte darunter, die nur noch die halbe Schädeldecke hatten, denen beide Beine fehlten oder die keine Arme mehr hatten. Es gab Männer, denen war der Kiefer weggeschossen worden, anderen hatten Granatsplitter das ganze Gesicht zerfetzt, und es gab Verbrannte, denen hing die Haut in Fetzen herunter. Da ist nichts, was diese Kriegswalze einem Menschen nicht antun könnte. Die Phantasie reicht dazu nicht aus.

Es gab viele chirurgische Eingriffe. Wenn jemand zum Beispiel eine Infektion des Unterschenkels hatte, mußte amputiert werden, weil es keine Antibiotika gab. Bei solchen Operationen habe ich dann assistiert. Bei Amputationen wurden die Männer nicht gefragt. Es wurde ihnen klargemacht, wenn nicht amputiert wird und die Infektion geht weiter, dann bist du weg. Mit einem Bein aber kann man leben. Wir hatten allerdings einen, den Beinroller nannten wir den. Egal was war, er amputierte immer sofort, um ganz sicherzugehen. Später wurde festgestellt, daß er Amputationen vorgenommen hatte, die völlig überflüssig gewesen waren, und man hat ihn abserviert. Männer mit Infektionen waren gefährdet und auch die ganz Ausgebluteten, wo man am Tag zehn, zwanzig

Infusionen machte, damit die noch über den Berg kamen. Es war eine große körperliche Belastung, seelisch war man ja schon allerlei gewöhnt. Die Stimmung unter den Ärzten war schlecht. 1943 glaubten nur noch wenige, da je wieder lebend herauszukommen.

Ende 1943 kam ich wieder an die Front. Dort war der Optimismus längst verflogen. Während der Rückzüge hatte es hohe Verluste gegeben, und die noch davongekommen waren, die sahen, daß ihre Überlebenschance von Tag zu Tag kleiner wurde. Man kämpfte nicht nur gegen die Russen, sondern auch gegen eine bleierne Erschöpfung und Hoffnungslosigkeit. Im Februar 1943 waren wir vor Rogatschew in Weißrußland, die Beresina, ein großer Fluß, der in den Dnjepr mündet, lag in unserem Rücken. Eines Tages bekamen wir einen NSFO, einen Nationalsozialistischen Führungsoffizier, der sollte uns auf den Heldentod vorbereiten. Eines Abends haben wir ihn so besoffen gemacht, da fing er an, aus dem Nähkästchen zu plaudern. «Hinter den russischen Fronttruppen liegen dreihundertundfünfzig frisch ausgebildete russische Divisionen, die tun nichts, die liegen dort im Skat und warten auf den großen Knall. Der Führer hat befohlen, daß wir uns zusammen mit zwei anderen Divisionen in Bobruisk einschließen lassen.» Fester Punkt Bobruisk nannte er es. Das hieß, zu kämpfen bis zum letzten Blutstropfen, um den ganzen Schwall, der über uns kommen würde, aufzuhalten. «Wir, die Offiziere», sagte er, «haben keine Chance zu überleben, wir werden alle zur Schlachtbank gebracht.» Na, dachte ich, wir haben schon einiges hinter uns gebracht. Wir waren x-mal von den Russen eingeschlossen, wir haben einen Rückzug, zweihundertundfünfzig Kilometer lang, durch ein Gebiet gemacht, in dem es vor Partisanen wimmelte, wir haben uns überall rausgehauen. Doch er hat in seinem Zustand von einem aufs andere Mal wiederholt, wir alle hätten keine Chance, lebend dort wieder rauszukommen. Ganz nebenbei aber sagte er zu mir: «Sie, Doktor, Sie haben eine Chance. Sie müssen nur sofort bei der Gefangennahme sagen, daß Sie Arzt sind, die Russen haben einen Mordsrespekt vor einem deutschen Arzt und lassen Sie am Leben.» Mein Gott, hab ich mir gedacht, das ist vielleicht doch deine einzige Möglichkeit. Du darfst nur nicht verwundet sein, mit Verwundeten machen sie kurzen Prozeß. Den Führungsoffizier haben sie wahrscheinlich abgeholt und vor ein Kriegsgericht gestellt. Was er uns erzählt hatte, ging ja wie ein Lauffeuer durch die ganze Division.

Meine Frau hatte mir geschrieben, daß sie gern ein zweites Kind haben wollte. Unser Sohn war schon ein Jahr alt. Ich hatte ihn im letzten Urlaub zum erstenmal gesehen, und er war so süß und begeisterte mich so, daß ich viele, viele Photos von ihm machte. Wir haben abgesprochen, ich sollte versuchen, meinen Urlaub in ihrer empfängnisbereiten Zeit zu bekommen. Im März war es soweit, aber die Abfahrt war ein Drama. In Bobruisk, das war die nächste Bahnstation, sah es so aus, als stünde der Angriff der Russen kurz bevor. Überall liefen die Leute hektisch und nervös durcheinander, und ich glaubte, sie würden mich jeden Momant zurückholen. Doch die Russen warteten weiter ab, und ich konnte fahren.

Meiner Frau habe ich nicht gesagt, daß ich keine Chancen hatte, zurückzukommen, es sei denn, daß es mir gelang, in russische Kriegsgefangenschaft zu kommen. Ich war der Meinung, sie würde die Kinder auch ohne mich durchbringen, wenn der Krieg verloren war. Erst kurz bevor ich abfuhr, habe ich ihr davon erzählt, was der NS-Führungsoffizier uns offenbart hatte. Wir haben sonst über das, was ich an der Front erlebt hatte, nicht gesprochen, es war einfach zu gefährlich.

Die Russen begannen ihre Offensive im Juni 1944, einige Wochen nach meiner Rückkehr an die Front. Ich erlebte ein schreckliches Rückzugsgefecht. Alles brach unter der russischen Kavalkade zusammen. Mein Kommandeur war plötzlich weg, ich stand allein in unserem Gefechtsstand und zwei-, dreihundert Meter entfernt der Russe. Da habe ich mir zum erstenmal in diesem Krieg ein Gewehr geschnappt und auf einen Russen geschossen. Aber das war völlig sinnlos. Ich konnte die Stellung natürlich nicht halten. Draußen sah ich, wie die Frauen aus dem Dorf schon die russischen Soldaten als ihre Befreier begrüßten. Ich mußte weg und bin weiter zurück, obwohl es gar kein Zurück mehr gab, wir waren ja eingeschlossen. Links vom Dorfeingang befanden sich die Russen, und ich ging also nach rechts, hintenherum an den Häusern vorbei, und kam auf einen Platz, auf dem standen fünf höhere Offiziere aus der Division, von denen ich einen kannte. Während sie noch miteinander redeten, fuhr plötzlich ein VW-Schwimmwagen um die Ecke. Sie wollten sich mit dem offenbar über die Beresina absetzen. Ich stand allein, sie stiegen ein, der Wagen fuhr an, da rief der Offizier, «springen Sie hinten auf!» Durch den Staub über der Rollbahn, es war Hochsommer, lief ich hinter dem Schwimmwagen her und sprang hinten auf die Schraube auf. Mit Karacho fuhr der Wagen die Dorfstraße hoch und zweihundert Meter weiter östlich auf die Hauptrollbahn. Die Rollbahn wurde von allen Seiten von den Russen beschossen und überall lagen Tote und Verwundete, Soldaten wie Trümmerhaufen, und ich konnte nichts machen, ich hatte nichts, keine Sanitätstasche. Ich war nackt.

Im Slalom erreichten wir das nächste Dorf, dort war die ganze Division zusammengepfercht. Ich stieg aus, der Offizier, den ich kannte, sagte, «kommen Sie mit! Kommen Sie mit», aber ich wollte nicht. Jetzt ist der Krieg für dich zu Ende, dachte ich, du mußt nur heil bleiben und denen, die dich gefangennehmen, sofort sagen, daß du Arzt bist. Es war gegen acht Uhr abends. Da kam einer, der wollte auch Schluß machen, ein Feldwebel, der riß sich schon die Epauletten ab. Feldwebel, die waren gleich geliefert bei den Russen. Ich habe mich zusammen mit ihm in einem Panzerdeckungsloch versteckt. Es wurde ihm aber mulmig, vielleicht hatte er Angst, als Deserteur gefaßt zu werden, vielleicht wollte er aber doch noch versuchen, mit den anderen auszubrechen, er verschwand jedenfalls. Und ich dachte, verdammt noch mal, in diese Panzerdeckungslöcher, sie waren am Rande eines Kornfelds, werden die Russen bestimmt hineinschießen. Ich bin in ein kleines Haus gegangen, das in der Nähe war, und traf dort einen alten Mann, hoch in den Siebzigern. Er sagte zu mir auf russisch, das ich mittlerweile ganz gut verstand, «los, weg nach dem Westen, weg, weg, weg, hier kommen schlimme Leute!»

Ich habe erst mal meine Offizierspistole auseinandergenommen, für die wir kurz zuvor drei Schuß bekommen hatten: zwei für einen Russen, den wir mitnehmen sollten, und einen für uns selbst. Zusammen mit der Munition habe ich sie in ein Kornfeld geworfen, damit du nicht in die Versuchung kommst, dir etwas anzutun. Zurück im Haus, saßen dort jetzt zwei Frauen, die eine mit einem kleinen Kind von vielleicht einem halben Jahr auf der Schulter. Sie tröstete ihre Nachbarin und sagte, «nein, ich glaube nicht, daß das so schlimm wird, wie alle sagen.» Der gute alte Mann brachte einen Topf Milch und ein Brot, stellte es auf den Tisch und sagte, «kuscheidir», «essen Sie». Nie zuvor hatte ich etwas angerührt, was den Russen gehörte. Und nie zuvor habe ich einen Topf Milch und ein Brot so genossen wie dort. Tagelang hatten wir ja nichts zu essen bekommen, und ich hatte einen solchen Hunger.

Die Frau mit dem Kind wandte sich jetzt zu mir und sagte noch einmal, «es wird nicht so schlimm werden, wie alle Leute sagen.» – «Es wird aber vielleicht eine schlimme Sache sein, wenn Sie mit mir zusammen gefunden werden», antwortete ich ihr. «Dann sind wir alle sofort dran, bevor ich überhaupt einen Ton sagen kann.» Da sind sie gegangen. Der alte Mann war schon vorher weggelaufen, weil er nicht mit mir zusammen gesehen werden wollte, und ich war nun allein im Haus.

Unter einem großen zweischläfrigen Bett hab ich mir ein

Versteck gesucht. Ich bin daruntergekrochen, habe eine Bohle aus dem Fußboden hochgekippt, sie schloß mit dem Bett fast ab, und habe mich dahinter in eine Zeltbahn gekuschelt und geschlafen, so todmüde war ich. Plötzlich knallte es, ich hatte vergessen die Tür aufzuschließen. Das war ein Fehler. Der Russe, der die Tür aufgetreten hatte, kam rein und schoß in jede Ritze. Dann hörte er auf, lief fort und ich habe gedacht, das war die Durchsuchung, jetzt hast du Ruhe und kannst weiterschlafen. Erst am nächsten Mittag bin ich wieder aufgewacht. Draußen war alles sehr ruhig. Ich bin aus dem Versteck gekrochen und hab mich im Haus auf die Bank gesetzt und hab gedacht, «du brauchst dich gar nicht zu rühren, du hast Zeit genug.» Nach ein oder zwei Stunden hielt ein LKW mit zwei russischen Soldaten vor dem Haus. Der eine lugte durch das zerbrochene Fenster und sah mich dort sitzen. Ich wurde herausgezerrt, und dann zogen sie mich erst mal aus. Meine guten Offiziersstiefel, das Koppel und der Inhalt meiner Taschen waren sofort weg. Sie rissen mir meinen Brustbeutel mit Photographien ab und warfen sie auf den Boden. Ich hatte sie bei meinem letzten Urlaub zu Haus gemacht, von meinem Sohn, eineinhalb Jahre war er da alt, ein ganz süßer Bengel. Diese Photographien trug ich immer bei mir, sie haben mich am Leben erhalten. Seelenruhig habe ich die Bilder wieder vom Boden aufgesammelt. Plötzlich sagte der eine Soldat, «idi, poschei!» «hau ab» – ins nächste Kornfeld. Er nahm die entsicherte Maschinenpistole in den Anschlag, und ich dachte, «wenn du dich jetzt rumdrehst, dann knallt es, und dann bist du tot.» Ich bin auf den zugegangen und habe ihm in ganz klarem Russisch gesagt, so ein Russisch hatte er noch nie gehört, aber er verstand es, ich habe ihm gesagt, «ich bin Arzt, wo ist Ihr Kommandeur, bringen Sie mich sofort zu Ihrem Stab! nemedejeno, sofort!» Das Haus lag etwas erhöht, und dreihundert Meter weiter, unten am Dorfeingang, sah man eine Gruppe russischer Soldaten stehen, das waren offenbar Offiziere. Der Soldat mit der Maschinenpistole befahl seinem Kameraden, mich dort hinzubringen. Als wir losgingen zog er eine Pistole, eine 08. Unter uns hieß es, die haben sie alle, die Genickschußpistole nannten wir sie. Ich drehte mich zu ihm um und sagte, «beritje do ne nado», das tun Sie mal weg, das Ding, das ist nicht nötig. Er grinste und steckte sie wieder ein. Ich wurde bei dem Haufen Offiziere abgeliefert, und die haben mich dann ganz korrekt behandelt.

Ich habe nicht gekämpft bis zum letzten Blutstropfen. Der Krieg war nicht mein Krieg. Doch er ging auch in der Kriegsgefangenschaft in anderer Form weiter. Da hat es mir geholfen, daß ich mich ein wenig mit der russischen Sprache befaßt hatte, schon als der Krieg mit der Sowjetunion ausbrach. Schließlich konnte ich so viel Russisch, daß ich mich verständlich machen konnte.

Während ich dort wartete, kamen Gefangene aus dem Dorf. Sie sahen furchtbar aus. Zerschunden, aus sämtlichen Körperteilen blutend, wurden sie mit Kolbenschlägen hochgeprügelt, wenn sie hinfielen. An mir vorbei prügelten sie die Russen hinter einen Schneezaun, der neben der Straße stand. Und dann knallte es aus Maschinenpistolen, und dann waren sie tot. Zu dem russischen Major, neben dem ich stand, wir sahen das zusammen durch den Schneezaun an, habe ich gesagt, «wenn Sie mich auch erschießen wollen, dann tun Sie es gleich.» «Nein, nein», antwortete er, «wir erschießen Sie nicht. Sie kommen zurück zum Divisionsgefechtsstand, und von dort kommen Sie in ein Gefangenenlager.» «Und was ist das hier?» fragte ich ihn. «Das sind Angehörige der Wlassowarmee. Von der Wlassowarmee aber gab es bei uns niemanden. Dort wurden Russen erschossen, die als Hilfswillige in der Wehrmacht gearbeitet hatten. In unserer Division waren es Hunderte, die so versuchten, zum Beispiel als Pferdepfleger oder Essenträger, den Krieg zu überleben. Als Kriegsgefangene wäre der größte Teil von ihnen umgekommen, so wie später die deutschen Soldaten in russischer Gefangenschaft.

Zwischen dem Schneezaun und der Rollbahn war ein Streifen von ungefähr zwanzig Metern. Dort hatten sie begonnen, Gräben auszuheben, so weit ich sehen konnte, kilometerweit. Sie waren so breit und so tief, daß man dort einen Menschen unterbringen konnte, wenn die Totenstarre noch nicht eingetreten war. Der Offizier drückte mir einen Spaten in die Hand und forderte mich auf, diese Gräber mit auszuheben. «Nein», habe ich gesagt, «das will ich nicht.»

«Sie wollen nicht arbeiten!»

«Doch, arbeiten will ich, aber so etwas möchte ich nicht tun.» Und damit war er einverstanden. Kurz darauf kam ein aus Amerika stammender Jeep, ich mußte aufsteigen und wurde zurückgefahren zum Regimentsgefechtsstand.

Mehrere Tage vor ihrer Offensive hatten die Russen ihren Soldaten einen Tonfilm vorgeführt. Darin wurden deutsche Ärzte gezeigt, die russische Kinder zur Ader ließen, bis sie tot waren. Ihre kleinen Leichen wurden dann auf einen Abfallhaufen geworfen. Die Deutschen, hieß es, brauchten Blutkonserven. Es war makaber und furchtbar. Aber die russischen Soldaten haben diese Lüge geglaubt. Auf dem Regimentsgefechtsstand kam einer zu mir und sagte, «das ist ein schöner Beruf, was!» Er fing an, zu erzählen, was er in dem Film gesehen hatte. Und dann ging er auf mich los, zog die Pistole und hätte mich erschossen, wenn nicht ein anderer Russe ihn weggeschoben hätte. Der Arztberuf war nun nicht mehr lebensrettend, wie der NSFO erzählt hatte. Er war lebensgefährlich geworden.

Der russische Regimentsgefechtsstand machte einen Stellungswechsel, und ich kam in ein Lager von ungefähr fünfhundert Mann. Dort gab es keine Offiziere und Unteroffiziere, vielleicht hatten sie schon ihre Schulterklappen abgerissen. Ich war als Arzt der einzige Offizier. Später kam noch ein Leutnant unserer Infanterie, ein Sudetendeutscher, der perfekt Russisch und Tschechisch konnte, und ein Offizier, der sich als Österreicher ausgab. Der Leutnant war klein und ziemlich kräftig und hatte mehrere Durchschüsse in den Armen und Beinen, aber keine Knochenbrüche, es war alles gut verlaufen. Bevor sie ihm den Gnadenschuß geben konnten, hat er sie auf russisch angesprochen, und daraufhin schoben sie ihn ab zum Divisionsgefechtsstand. Da hockten die höheren Offiziere, natürlich alle besoffen, die Sache war ja schon beendet, der ganze Kessel war schon ausgeräumt. Er wurde vernommen, und er hat auch bereitwillig Auskunft gegeben. Sie haben ihm nichts getan, im Gegenteil, er wurde anständig behandelt. Dann fragte der eine, «wer gewinnt denn hier den Krieg?» Und da hat er sofort gesagt, «natürlich wird Hitler den Krieg gewinnen!» Und dann schlugen sie sich auf die Schenkel und grölten «Molodjez», das heißt Menschenskind, doller Bursche.

Ich wurde von hochrangigen Sanitätsoffizieren vernommen und ausgefragt, was wir für Krankheiten hätten. Ob wir Ruhr oder Typhus hätten? «Nein», sagte ich, «überhaupt kein einziger Fall.» Wir hatten in all der Zeit zwei Verdachtsfälle auf Salmonellen, aber ich habe keinen Fall von Ruhr oder Typhus erlebt, obwohl ich jahrelang als Truppenarzt tätig war. Die Russen hatten furchtbar unter diesen Krankheiten zu leiden. Bei ihnen war die Hygiene schlecht und bei uns war sie fast immer den Umständen entsprechend gut. In jedem Schützengraben war ein Loch gebuddelt und jeder mußte sich entsprechend verhalten, es mit Chlorkalk abdecken. Sie schüttelten die Köpfe und hielten es für eine Lüge.

Dann kam einer dazu und sagte, «wie ist denn das mit den Kindern gewesen, die ausgeblutet wurden, um Blutkonserven herzustellen?»

«Was, davon weiß ich nichts.»

«Das wissen Sie nicht», sagte ein anderer, «ich hab das selbst gesehen, ich war Augenzeuge, wie das gemacht wurde.»

«Davon hab ich nichts gehört und nichts gesehen. Das einzige, was ich Ihnen sagen kann: Wenn deutschen Ärzten so etwas zugemutet worden wäre, dann hätte das eine Revolution unter den Ärzten gegeben.» Das hat ihnen imponiert, eine Revolution unter den Ärzten! Der Augenzeuge wurde beiseite geschoben, und ich war freigesprochen.

Auf dem Marsch bekamen wir trocken Brot, so hart, daß man es nur essen konnte, nachdem man es in Wasser aufgeweicht hatte. Das waren irre Mengen, die konnten wir gar nicht unterbringen, wir hatten ja keinen Rucksack. Ich habe es verteilt und gesagt, hier, das ist für morgen, die großen Säcke. Dann wurde geschlafen. Am anderen Morgen war das Brot verschwunden. Die Wachposten haben es kassiert und verscherbelt. Das war eine Erfahrung, die ich sammeln mußte.

An diesem Morgen wurde gefragt, wieviel Verwundete ich hätte. Fünfunddreißig Leute, hab ich gesagt, die nicht gehen können. Gut, wurde geantwortet, es kommen Fahrzeuge, die fahren die Leute zum nächsten Gefangenenlager. Die gehen konnten, wurden auf die Rollbahn zurückgetrieben. Es war bullenheiß. Ich hatte ein Kochgeschirr mit Wasser. Die ganzen Leute, es war im Juli, waren am Verdursten. Da hörte ich eine Stimme in der Kolonne – von vielleicht fünfhundert Leuten –, die schrie: «Warum erschießt ihr uns nicht!» Neben mir ging ein Leutnant vom NKWD, der sagte auf jiddisch, «wir erschießen euch nicht, ihr kommt nach Sibirien und könnt dort langsam verrecken!» Das waren die Aussichten, die wir hatten.

Die Rollbahn überquerte einen Bach. Auf der einen Seite waren vielleicht fünfhundert deutsche Kriegsgefangene. Auf der anderen russische Zivilisten, Männer und Frauen. Das ganze Dorf haben sie durchgekämmt, und alle, die mit den Deutschen zusammengearbeitet hatten, wurden rausgeholt. Auch die zwei Frauen, die mit mir zusammen in der Hütte gesessen hatten, befanden sich darunter. Aber das Kind war nicht dabei. Ich fragte einen russischen Offizier nach dem Kind, aber er drehte sich einfach um.

Ein russischer Leutnant stand einige Meter von mir entfernt mit zwei Untergebenen, einem Feldwebel und einem einfachen Rotarmisten. Die kriegten von ihm einen Befehl, und er wies auf ein Wäldchen, sechs- bis achthundert Meter entfernt. Nun gingen sie zu der Kolonne, wo die Russen waren, und holten dort zehn bis zwanzig Leute raus. Mit denen gingen sie dann auf das Wäldchen zu, wo sie verschwanden. Dann kamen die beiden russischen Soldaten zurück: ohne die Menschen. Der Feldwebel machte dem Leutnant gegenüber eine Meldung. Er wußte ja nicht, daß der Sudetendeutsche fließend Russisch konnte. Das ging den ganzen Tag. Sie verschwanden mit den Zivilisten – sie waren alle aus dem Ort, wo wir herkamen – hinter dem Wäldchen, kamen ohne sie zurück und machten Meldung.

Ich fragte den Sudetendeutschen, «was hat der zu melden?» Er antwortete, «der meldet nur den Verschuß von Munition.» Das hört man und kann nur schweigen.

Wir kamen in ein größeres Lager, mit dreimal soviel Leuten, und ich war immer noch der einzige Sanitätsoffizier. Plötzlich wurde mein Name gerufen, und ich mußte auf die Kommandantur. Dort saßen ungefähr zehn Offiziere vom NKWD, die mich verhörten. Ich hab erzählt, was ich wußte, es waren ja keine Geheimnisse. Am Ende der ganzen Vernehmung fragte einer: «Wie war das denn mit den russischen Mädchen, die waren doch gut, was?» Ich stellte mich dumm und taub, aber er fragte wieder, «die waren doch gut!» Daraufhin sagte ich, «ich bin verheiratet, ich habe keinen Verkehr mit russischen Mädchen gehabt.» Es kam ein Echo wie aus einem Mund: Nationalist! Ich war ein Nationalist und Mistkerl! Das vergeß ich nie im Leben. Die Leute vom NKWD, das war ein Saupack.

Das Lager lag am Dnjepr, er bildete die Begrenzung. Nach einiger Zeit wurden wir über eine Notbrücke zu einer Bahnstation getrieben. Dort haben sie uns bei unausstehlicher Hitze in Eisenbahnwaggons verladen. Die Wagen waren total verbarrikadiert, wir konnten nicht einmal unsere Notdurft verrichten. Schließlich gelang es uns während der Fahrt, oben in zwei Meter Höhe eine verschlossene Klappe herauszubrechen. Dort mußte man hinauf, um sein Geschäft zu verrichten. Groß und klein. Das war widerlich. Wenn einer sein Geschäft auf der falschen Seite verrichtete, fegten der Urin und Kot durch die Türritzen herein. Wir hatten Durchfälle, Ruhr und Typhus und verseuchten uns gegenseitig. Ich war zuständig für zwei, drei Waggons, die ich versorgen sollte, aber es gab kein Sanitätsmaterial. Die Toten und Schwerkranken wurden ausgeladen, wenn wir hielten. Was mit den noch Lebenden passierte, haben wir nicht erfahren. Auch auf den Märschen erfuhren wir nicht, was sie mit denen machten, die nicht weiterkonnten und am Rand der Rollbahn liegenblieben. Ich habe nicht gesehen, daß sie erschossen wurden, aber ich bin davon überzeugt.

Der Gefangenenzug fuhr bis Moskau. Dort kamen wir in eine große Kaserne, wo wir Seife und Handtücher erhielten und uns duschen konnten. Ich war immer noch der einzige Arzt. Ein russischer Sanitätsoffizier holte mich zwischen den anderen heraus und bewirtete mich mit süßem Tee und Kuchen. Er wollte mir etwas Gutes tun. Eine Woche lang lagerten wir auf der großen Wiese einer Moskauer Pferderennbahn. Zu essen gab es soviel, wie wir wollten. Nach ungefähr acht Tagen mußten wir uns in Kolonnen aufstellen, um durch Moskau zu marschieren. Ich stand ganz vorne in der Kolonne als linker Flügelmann in einer 24er-Reihe. Vor mir ging in einem kleinen Abstand eine Gruppe hochrangiger Offiziere. Die ganze Bevölkerung war erst mucksmäuschenstill. Dann hörten wir Rufe, Hetztiraden gegen die Deutschen, gegen die Verbrecher. Aber das waren nicht viele, es machte den Eindruck, als sei das organisiert. Schließlich aber mußte uns die Bewachung zu Pferd vor der Wut der Bevölkerung schützen. Über drei Stunden marschierten wir durch Moskau.

Anschließend wurden wir verladen und kamen ungefähr

auf dem halben Weg zwischen Moskau und Archangelsk in das Offizierslager Grjas, Drecksnest auf deutsch. Da waren nur Offiziere, einige tausend. Und in diesem Lager habe ich die Leute von meiner Division wiedergesehen, die überlebt hatten, unter anderen auch meinen Kommandeur, der plötzlich weg gewesen war, als die Russen vor seinem Gefechtsstand standen. Von den Truppenärzten unserer Division, ungefähr fünfzehn Mann, war ich wahrscheinlich der einzige, der mit dem Leben davongekommen ist. Das Lager befand sich auf dem Gelände eines ehemaligen Klosters. Die Unterbringung war unglaublich primitiv. Im ehemaligen Weinkeller lagen wir in den Abseiten für die Fässer. Es war so eng, daß wir uns nur auf Kommando umdrehen konnten. Nachts mußte einer nach dem anderen raus zum Wasserlassen. Sie hievten sich aus diesen Löchern und mußten sich wieder reinzwängen, wenn sie zurückkamen. Die ganze Nacht herrschte ein furchtbares Theater. Die höheren Offiziere wie mein Kommandeur lagen in besseren, menschenwürdigen Unterkünften. In diesen Fragen hielten die Russen offenbar nichts vom Kommunismus.

Ich bekam dort eine Kieferhöhlenentzündung mit starken Schmerzen. Das Lazarett war so voll, daß da kein Platz mehr war. Ich lag mit über 40 Grad Fieber hinter einer Durchgangstür mit meinem Eßgeschirr als Kopfkissen. Die Kieferhöhle brach auf, es lief literweise Eiter heraus. Das Fieber ging weg, und dann ist es ausgeheilt. Das war das einschneidendste Erlebnis in diesem Kriegsgefangenenlager. Jede Krankheit, jede Infektion konnte den Tod bedeuten. Wir waren nichts mehr. Hunger, Hunger, Hunger war unser ständiger Begleiter und das erste Thema.

Im Dezember 1944 wurde ich zusammen mit fünfzehn Sanitätsoffizieren für das Lager Karaganda in Kasachstan ausgesucht. Das war ein reines Mannschaftslager ohne Offiziere. Nach unserer Ankunft wurden wir untersucht, und die Ärztin stellte fest, daß wir alle Träger von Diphtheriebakterien waren. Sechs Wochen haben wir in Quarantäne gelegen. Alles Ärzte. Einer von ihnen hatte ein Lehrbuch der Inneren Medizin gerettet. Wir haben es dort von A bis Z durchgenommen, immer einer trug ein Kapitel vor. Ich hätte am Schluß fast das ganze Buch auswendig hersagen können.

Aus der Quarantäne entlassen, war ich zusammen mit dem deutschen Vertrauensarzt in einer Baracke. Er war in Stalingrad gefangengenommen worden und gehörte zu den ungefähr 90 000, die lebend die Gefangenenlager erreichten. Dort, er war im Lager Begetowka, erzählte er mir, sei der russische Lagerarzt zu ihm gekommen und habe gesagt: «Herr Kollege, das Lager ist so konzipiert, daß ein Mensch nach drei bis vier Monaten tot ist. Aber ich habe dafür gesorgt, daß die Ärzte eine Sonderverpflegung bekommen. Sie brauchen nicht zu sterben.» Aus Stalingrad, aus der Gefangenschaft, sind nur 5000 lebend zurückgekommen. Und auch in dem Lager, in dem ich nun war, mußten die Leuten arbeiten, bis sie tot umfielen. Arbeit und kaum Essen. Die Sterblichkeitsrate betrug in den schlimmsten Zeiten ein Prozent täglich. Von den sechstausend Mann starben am Tag ungefähr sechzig, und in hundert Tagen waren tatsächlich fast alle tot.

Dieser Arzt aus Stalingrad leitete das Ambulatorium, schrieb die Leute, die weniger als die Hälfte ihres Körpergewichts hatten, krank. Sie mußten sonst Schwerstarbeit machen. Er war sehr beliebt, und fast jeder kannte ihn. Deswegen scheute sich der Kommissar, ihn in die Baugrube zu schicken. Ich aber war neu in dem Lager, und er sagte sich: Keiner kennt ihn, dann nehm ich doch den, der muß parieren. Ich bekam also die Leitung des Ambulatoriums und schwor mir, es genauso zu machen wie mein Vorgänger. Ich zog also jeden Tag bis zu dreißig Leute, die vor dem Hungertod standen, aus dem Arbeitsprozeß heraus. Nach einiger Zeit kam der Kommissar und brüllte, ich sei ein Faschist und Saboteur. Ich habe gesagt, «es geht nicht. Wenn die Leute zur Arbeit gehen, sind sie in drei bis vier Wochen tot. Das geht nicht.»

«Wenn Sie nicht so arbeiten, wie wir wollen», antwortete er, «dann gehen Sie selbst in die Baugrube!» «Das kann ich nicht ändern», hab ich gesagt, «aber ich werde nur tun, was ich mit meinem ärztlichen Gewissen vereinbaren kann.» Vierzehn Tage ging das gut, dann kam er wieder, die ganze Szene wiederholte sich, bis ich mich schließlich unten in der Grube wiederfand. Die Geschichte sprach sich rum, und es war dem Kommissar unangenehm, daß jeder wußte, warum ich in der Baugrube saß. Er sollte uns ja mit seinen deutschen Helfershelfern zu Kommunisten erziehen.

Es war Sommer, und ich stand von morgens bis abends in der Baugrube und schaufelte bei 40 bis 50 Grad Hitze Sand, und nichts zu trinken. Die Grube, fünfzig Meter breit und hundert Meter lang, ging konisch zu. Das waren wahrscheinlich Gruben für Atombunker, tief genug waren sie. Zwanzig, dreißig Meter weit unten stand ein Mann mit der Schaufel und warf die Erde 2,50 Meter hoch. Da stand der nächste, der warf sie wieder 2,50 Meter hoch und immer so weiter, bis sie oben heraus war. In der Grube fand ich ein Loch, das überwuchert war von Algen. Wahrscheinlich war es eine Kloake gewesen. Ich legte mich hin, schob die Algen auseinander, und darunter war reines klares Wasser, in das ich den Kopf steckte und mich vollsog. So habe ich es einige Wochen in dieser schlimmen Hitze ausgehalten, bis eine Ärztin, die mich kannte, kam, um eine Gesundheitskontrolle durchzuführen. Nachdem sie mit dem deutschen Brigadier, einem der Antreiber, gesprochen hatte, holte sie mich aus der Grube heraus. Für vier bis sechs Wochen war ich dann in einem anderen, nicht so schlimmen Kommando und konnte mich etwas erholen. Nach einigen Monaten, Anfang 1946, kam ich wieder in ein Lazarett, wo ungefähr zweihundert Mann waren, die ich betreuen sollte. Fast zwei Jahre war ich jetzt in russischer Kriegsgefangenschaft.

Im Lager waren ungefähr zur Hälfte Rumänen und Deutsche. Ich hatte einem Rumänen auf den Schlips getreten. Er hatte sich in der Lazarettküche, die ich zu verantworten hatte, erst mal vollgefressen, bis der Rest an die Kranken ging. Er war Brigadier, ein Kapo also, der eine gute Nummer beim Kommissar hatte. «Mein lieber Freund», habe ich zu ihm gesagt, «das möchte ich nicht mehr miterleben. Vor der Essenausgabe möchte ich dich in der Küche nicht mehr sehen!» Kurz darauf wurde ich denunziert, ich schriebe die Rumänen gesund und schickte sie zur Arbeit, während ich die Deutschen im Lazarett behielte. Eine Kommission stellte dann aber fest, es war alles in Ordnung in meinem Lazarett.

Im Winter landete ich jedoch wieder in einem Verhör. Eines Tages holten sie mich heraus, und ich wurde, so wie ich war, ich trug eine Feldbluse, ohne jeden Kommentar bei zwanzig, dreißig Grad unter Null in einen Lattenverschlag gesperrt. «Bei dieser Kälte», dachte ich mir, «frierst du dir die Beine ab.» Das wäre nicht das erste Mal gewesen. Ich hatte schon einige gesehen, die sie so behandelt hatten und denen hinterher die Beine abgenommen werden mußten. Zu meinem Glück fand ich in einer Ecke einen Haufen alter Kohlensäcke, in die ich mich hineinwühlte. Ich habe dort versucht zu schlafen, wurde ständig wach und habe gefroren und gefroren. Dann bin ich in dem Lattenverschlag herumgelaufen und habe Freiübungen gemacht, um nicht zu erfrieren. Zwei, drei Tage vegetierte ich in diesem Loch, bis schließlich, wir nannten ihn den Totenvogel, der Bursche des Kommissars kam. Er brachte mich zum Verhör. Als erstes fragte mich der Kommissar, ob es im Lager Faschisten gäbe. Ich sollte ein wenig auspacken, weil er der Meinung war, ich verkehrte im Lager mit Faschisten. Ich sagte, «wissen Sie, wir haben doch vor einiger Zeit in der Prawda Berichte erhalten über das Konzentrationslager Sachsenhausen. Dort haben die Faschisten viele Menschen umgebracht. Solche Menschen kenne ich nicht, und es sind auch keine im Lager.» Dabei habe ich Sachsenhausen so geschildert, so schlimm wie das Lager, in dem ich selber saß. Der Dolmetscher wollte das nicht übersetzen, und ich sagte zu ihm, «bitte übersetzen Sie das genau so, wie ich es gesagt habe.» Ich konnte es ja kontrollieren. Dann mußte ich meinen ganzen Lebenslauf erzählen, und als gläubiger Katholik war der ja ganz ordentlich. Irgendwann wurde das Verhör abrupt unterbrochen, und ich wurde vom Totenvogel zurückgebracht ins Lazarett, als ob nichts gewesen sei.

Von da an galt ich wahrscheinlich als Unverbesserlicher und kam in ein Regimelager, also in ein Straflager. Da vegetierten Leute, von denen die Hälfte verurteilt wurden. Jeden Tag wurden Männer aus den Baracken zum Verhör herausgeholt. Fünfundzwanzig bis dreißig Kommissare arbeiteten pausenlos. Sie quetschten die Häftlinge aus, bis sie irgendwelche Verbrechen gestanden, die sie nie begangen hatten. Die wurden dann verurteilt. Fünfundzwanzig Jahre war der Satz. Und dann waren sie weg. Manchmal kamen einige auch von den Verhören zurück.

Nach Schwerstarbeit der übelsten Sorte, mit dem Arzt war's ja vorbei, avancierte ich zum Maurergehilfen. Ich war ein Spezialist für den Bau von Stubenöfen. Das war eine ganz ordentliche Arbeit, aber ich hätte in dem Regimelager nicht überlebt ohne ein paar hundert Rubel, die ich in meine Jacke hatte einnähen lassen, bevor ich dort hinkam. Das Geld kam aus dem Verkauf von einem Paar Schuhen, die ich mir in einem anderen Lager hatte machen lassen, und einer Damenuhr. Ein Kranker gab sie mir, damit ich sie vor den Russen bewahrte. Er starb, und ich trug die Uhr dann eine ganze Zeit, bevor ich sie über einen Brigadier verkaufte, der mich natürlich dabei betrog.

In den härtesten Zeiten im Regimelager konnte ich mir also täglich ein halbes Pfund Brot kaufen. Dazu mußte man jemanden Vertrauenswürdigen kennen, der einem das Brot besorgte und dem man dafür ein Stück abgab. Das hat mir über den Berg geholfen.

Der Adjutant des obersten Lagerarztes, Major Bely, hatte mich ins Herz geschlossen. Zwei- bis dreimal hat er mich aus dem Schacht herausgeholt und hat mir Posten gegeben, auf denen ich gut untergebracht war. Als der letzte Transport für das Jahr 1949 zusammengestellt wurde, bin ich zu dem Mann gegangen, der die Liste führte, und hab gesagt, «guck mal nach, wie is denn das, steh ich drauf?» Er sieht drauf und schüttelt den Kopf: «Näh! du bist nicht drauf.» Ich ging durchs Lager, und als ich dem Adjutanten begegnete, sagte er, «ach ja, jetzt wirst du wieder als Arzt arbeiten.» «Was», rief ich, «als Arzt arbeiten, ich will nach Haus!!» «Ja, das wird kommen.» Ich hab den beharkt eine Viertelstunde lang mit allem, was ich hatte: daß ich Vater von zwei kleinen Kindern war, die einen Ernährer brauchten, daß meine Frau wartete und daß ich mein jüngstes Kind, das jetzt schon fünf Jahre alt war, noch nie gesehen hatte. «Ja, ja», versuchte er mich zu beruhigen, «du wirst auch nach Hause kommen, später.» «Nee», sag ich, «ich will jetzt. Jetzt!» Und dann hab ich darauf gepocht, jetzt nach Hause, das war der letzte Transport in diesem Jahr. Dann muß es wohl eine ziemliche Diskussion gegeben haben hinter den Kulissen um meine Person. Am nächsten Tag wurden die Leute, die auf der Liste standen, überprüft. Ich war nicht dabei. Mitten in der Nacht jedoch wurde ich rausgeholt und mußte in die Banja, wo der Kontrolleur des Kommissars seit dem Morgen mit seiner Liste saß. «Familienname, Vorname, Vatersname», fragte er. Ich machte meine Angaben, und er schaute mich an, er war hundemüde und sagte: «Na ja, nun fährst du also auch nach Haus.»

Als in Heiligenstadt der Transport über die Zonengrenze in den Westen fährt, atmet Friedrich Goldberg auf. In Frankfurt/Oder hatten die Russen noch mehrere Männer aus dem Zug herausgeholt und zurückgeschickt, aber nun kann nichts mehr passieren.

Zu Hause erfährt Friedrich Goldberg, daß seine Frau während seiner Gefangenschaft «ihren Traummann» gefunden hat. Es ist, wie er später erfährt, ein ehemaliger Mitarbeiter von Wernher von Braun in Peenemünde, der 1945 im Harz in russische Gefangen-

schaft gerät und im selben Jahr, nachdem er sich den Russen verpflichtet hat, in Kiel in ein Ministerium eingeschleust wird – unter dem russischen Decknamen Nikto, was zu deutsch Herr Niemand heißt.

In dieser Lage sagt sich Friedrich Goldberg: Ich habe fast drei Jahre an der Front und sechs Jahre in der Kriegsgefangenschaft überlebt; «diesen Burschen steh ich aus». Er akzeptiert den Liebhaber seiner Frau und eröffnet eine internistische Praxis in einem Vorort von Hamburg, in der er sehr viel arbeitet und häufig auch noch nachts Hausbesuche macht. Ende 1950 wird Friedrich Goldberg noch einmal Vater und baut ein Haus «für mindestens zehn Personen», in das er 1953 mit der Familie einzieht. Trotz allem geht die Ehe einige Jahre später auseinander.

Mitte der fünfziger Jahre erhält er Besuch von einem ehemaligen Mitgefangenen, der ein Buch über die russischen Kriegsgefangenenlager veröffentlichen will. Friedrich Goldberg soll darin ein Kapitel über die hohe Sterblichkeit in den Lagern schreiben. Er lehnt ab, denn er ist davon überzeugt, daß eines Tages die Russen in die Bundesrepublik einmarschieren und er dann zu den ersten gehört, die in einem sibirischen Lager verschwinden. Erst zehn Jahre später kann er sich von diesem Schreckgespenst befreien.

Anfang der sechziger Jahre erleidet Friedrich Goldberg mit fünfzig Jahren einen Herzinfarkt und beginnt daraufhin, seine Arbeit auf ein erträgliches Maß zu reduzieren.

Ernst Röpke

Als wir das erste Mal miteinander telefonieren, reagiert Ernst Röpke zögerlich. Er zählt unwillig all die Termine auf, die er in der letzten Zeit hatte, beim Ohren-, beim Augen- und beim Zahnarzt. Außerdem habe ihn ja bisher noch nie jemand gefragt, und er wisse weder, ob er über den Krieg sprechen könne, noch wann er Zeit habe. Wir verabreden, erneut miteinander zu telefonieren.

Beim zweiten Telefonat habe ich seine ungeliebten Arzttermine schon halb vergessen und sage, um seine wieder aufsteigenden Bedenken zu zerstreuen, daß wir doch für das Ende der eben angebrochenen Woche «einen Termin» machen könnten. Von Terminen, heißt es da sehr energisch, habe er nun wirklich die Nase voll, aber wir könnten es mal versuchen. Seine Frau allerdings mache ein solcher Besuch in ihrer Zweizimmerwohnung nervös. Wir entscheiden uns für ein Café in seiner Nähe.

Am verabredeten Tag biege ich morgens mit dem Auto in die Bremer Straße ein, in der Herr Röpke seit neunzehn Jahren mit seiner Frau lebt. Hinter Linden, die mit ihren Kronen bis hinauf zu den Dächern reichen, stehen rechts und links dreistöckige rotgeklinkerte Wohnhäuser. Als ich auf die angegebene Hausnummer zusteuere, sehe ich einen Mann auf dem Bürgersteig stehen. Es ist nicht allein das üppige, noch immer kaum zu bändigende weiße Haar oder die Sorgfalt, mit der er gekleidet ist, die ihn auffällig machen. Ihn umgibt eine Selbstsicherheit und Altmännereleganz, die man weniger hier als in einem der Geschäfte der noblen Herrenausstatter in der Bremer Innenstadt erwartet. Wir begrüßen uns, und bevor Ernst Röpke in meinen Wagen steigt, drehen wir fachsimpelnd zwei Runden um seinen direkt vor seiner Tür stehenden türkisblauen Golf, der aussieht, als sei er eben aus dem Ausstellungsraum eines Autohändlers gefahren worden und nicht schon zehn Jahre alt.

1915 wird Ernst Röpke in Bremen-Gröpelingen geboren. Der Vater ist während seiner ersten drei Lebensjahre Soldat an der Westfront. In einem der endlosen Artilleriebombardements des Stellungskriegs wird er verschüttet und kehrt unter dem Eindruck dieses Erlebnisses 1918 zurück. In den Nachkriegsjahren leidet die Familie keine Not, der Vater wird als Barkassenführer im Bremer Hafen besser bezahlt als manch anderer. Und aus Verbundenheit mit der SPD begrüßt man nach der Novemberrevolution in Ernst Röpkes Familie die neue Zeit und sieht sich politisch bestätigt. Er hatte, sagt Ernst Röpke rückblickend, soo eine Kindheit und winkelt dabei den erhobenen Arm an, als wolle er die Muskeln spielen lassen.

Erst in den späten zwanziger Jahren trübt sich das Bild für ihn. Seinem Wunsch, auf die Realschule zu gehen, begegnen die Eltern unwiderruflich mit dem Satz: «Dat brukst du nich, dat hebt wi ok nich hat.» Dieses elterliche Dekret empfindet Ernst Röpke als Niederlage. Nicht lange danach reicht seine Mutter die Scheidung ein. Sie heiratet erneut, aber der Stiefvater, mit dem sie zwei weitere Söhne hat, spielt ein wenig zu gern Karten und ist auch dem Alkohol nicht abgeneigt.

Als junge Menschen waren wir 1933 doch saublöd. Drei Jahre zuvor hatte ich meine Lehre als Grobschmied begonnen, Hufbeschlag und Wagenbau. 1934 hatte ich ausgelernt und mit meinem Gesellenstück den ersten Preis gemacht. Da kam der Meister und sagte: «Ernst, wir haben nichts mehr zu tun.» Als Achtzehnjähriger laufen dir dann die Tränen runter. Meine Angehörigen waren ja auch alle erwerbslos. Ich bin stempeln gegangen und bekam fünf Mark und zehn Pfennige die Woche. Fünf Mark hat die Mutter gekriegt und zehn Pfennige waren mein Taschengeld. Freunde, die ich auf der Straße traf, sagten: «Mensch, Ernst, du bist doch Schmied, die berittene Polizei, die sucht doch welche.» Das gefiel mir nicht, ich hatte einen Bammel vor der Polizei. Schließlich bin ich aber doch hingegangen, und sie haben mich genommen. Nun trug ich die Polizeiuniform der berittenen Landespolizei mit Kokarden dran, einen langen Säbel und Sporen. Neunzehn Jahre war ich alt, und da ist man noch stolz und freut sich. Das wichtigste aber war: ich hatte Arbeit und Brot. Schon viel früher hieß es: Dem Herren will ich dienen, der mir Brot und Arbeit gibt.

In dem halben Jahr Grundausbildung stand das Reiten obenan, in der Halle und im Gelände, wo wir Sturm und Attacke mit gezogenem blanken Säbel übten. Sonst war es wie heute auch noch: hinlegen, auf, auf, marsch, marsch. Wir hatten nichts mit der Ordnungspolizei zu tun, wir waren eigentlich Soldaten. Nach einem halben Jahr begann ich meine Arbeit als Schmied und besohlte die Pferde. Morgens um sieben ging es los, acht Stunden lang bis nachmittags. Ich lag im Wirtschaftsteil der Kaserne zusammen mit dem Küchenchef auf einer Stube, da hatte ich immer ordentlich was zu essen. Daran haperte es nicht. Aber das Strafexerzieren, das gefiel mir nicht. Bei unserem Oberleutnant, einem ganz Unangenehmen, wußte man nicht mal warum. Auf ein Jahr hatte ich mich verpflichtet und war nun ungefähr zehn Monate da. Ich ging zum Hauptwachtmeister meiner Hundertschaft, dem Spieß, und sagte: «Ich will jetzt nicht mehr! Im Oktober ist meine Zeit abgelaufen.» «Da hättste eher kommen sollen», sagte er, «das geht nicht mehr.» Ich blieb und wurde Wachtmeister, später dann Gefreiter und Obergefreiter. In die Partei bin ich aber nicht gegangen. Früher haben wir ja SPD gewählt, und das Hemd, das wechselt man nicht einfach.

Ab 1936 war ich in einer Kaserne in der Nähe von Bremen, und da wurde schon gemunkelt, daß es Krieg geben würde. Das zog sich dann hin, er hatte wohl noch nicht alles zusammen, der Adolf Hitler. Die Mobilmachung kam, wir waren alle baß erstaunt, und keiner war froh über den Krieg. Tag und Nacht mußten wir in der Schmiede Pferde beschlagen. Wenig später wurde ich in die Wehrmacht übernommen und kam auf einen Transport in die Eifel, nach Mechernich. Wir wurden ausgeladen und marschierten nach Hallschlag, so dreißig Kilometer. Meine Pferde wollten nicht so recht laufen, und der Bataillonер gab mir den Auftrag, ich war zu der Zeit Beschlag-Unteroffizier: «Kommen Sie hinterher.» Bergauf, bergab ging's, und unterwegs war auch mal eine Kneipe da, und die wurde dann ja auch mitgenommen. Zum Schluß saß man auf dem Feldwagen und sang «ein Tag so wunderschön wie heute.» Die Zeit war gut. Auch das Essen war gut, es hat mir Spaß gemacht.

Die nächste Station war das Sudetenland. In dem Dorf Domstadtl haben wir unsere Pferde an Bauern verliehen für die Feldarbeit. Hafer für die Gäule mußten sie uns geben, aber nicht mehr. Der Spieß aber, der eh schon genug hatte, er besaß ein großes Lokal in Mainz, der nahm hintenherum Geld. Ich war damals schon ein bißchen für die Ordnung und hab ihn heruntergeputzt. Solche Leute gab's überall, aber ich und die meisten anderen machten ihre Arbeit wie immer. Es heißt ja auch in einem Spruch: «Stets erhalte so den Huf, wie der Schöpfer ihn erschuf, gib ihm bei bester Pflege immer ein gut Beschläge. Ob Friede oder Völkerstreit, ohne Schmied kommt ein Heer nicht weit.» Das stimmt, der Schmied war ein wichtiger Mann.

Plötzlich hatten wir Krieg mit Rußland. Als wir den Bug überschritten, hatten wir die ersten Toten. Ich hab sie aber nicht gesehen, ich war ja beim Troß eines Infanteriebataillons und zog immer hinterher. Wir sind keinen Tag unter dreißig Kilometer marschiert, manchmal vierzig Kilometer, über Stock und Stein. Ich lief neben dem Feldschmiedewagen, den zwei dicke Pferde zogen, Hans und Elli. Hans legte sich dann eines Tages unterwegs hin, und tot war er. Das war ein guter Tod. Dann kamen Panjepferde davor. Die dicke Elli und zwei kleine Panjepferde, die mußten nun den Wagen ziehen. Es war eine schlimme Zeit. Die Russen flohen, die hatten ja nichts, das waren lauter zerlumpte Gestalten. Die Kommissare forderten sie auf, «holt es euch da drüben, die haben genug.» Und dann haben sie sich es manchmal von uns geholt, durch Überfälle. Wenn wir dann einige von ihnen schnappten, fanden wir die Konserven, die sie uns geklaut hatten.

An der Straße lagen die toten Russen. Dann hat man sich daneben gesetzt und was gegessen. So war das im Krieg. Elend hat man genug gesehen. In den Dörfern waren nur Frauen und Kinder, die Kerle waren weg.

Wir haben in einem Dorf, das völlig zerstört war, Rast gemacht. Unten am Fluß gab es einen Fliederbeerbaum. Ich ging zum Koch, der mußte mir Mehl geben, und ich hab auf einem Spritkocher Fliederbeersuppe gekocht. In einem halb zerstörten Haus wohnte eine Russin mit ihren sechs Gören, wie die Orgelpfeifen. Sie sollten auch was mitessen, aber sie wollten nicht. Das war Gift. Die dachten ja auch, daß wir die Kinder mit der Zunge an den Tisch annageln.

Ich habe meinen Dienst selber eingeteilt. Ich hatte noch zwei Mann, die mir helfen mußten, und wir haben an den Tagen, an denen wir nicht unterwegs waren, acht bis zehn Pferde besohlt. Alles, was ich dazu brauchte, war auf meinem Wagen. Man braucht mit nem Helfer ne Stunde für ein Pferd, aber ich war ein ganz guter Schmied, und es ging schneller. In der Früh ging's hoch, man hat die Pferde ausgesucht, oder die Leute kamen auch selber. In diesen Zeiten mußten die Pferde so alle vier Wochen beschlagen werden. Ich besohlte aber nicht nur, ich kümmerte mich auch um Wunden und Krankheiten der Pferde, Hufverletzungen, Scheuerstellen oder einen Katarrh der oberen Luftwege. Es gab einen Veterinär, aber der war weit weg, zwanzig oder dreißig Kilometer beim Bataillonsstab. Es gab wenig Schlaf und viel Arbeit, auch nachts.

Wir sind dann auf die Krim gekommen und lagen vor Sewastopol. Dort lebten hauptsächlich Tataren, die waren sehr deutschfreundlich und haben uns beigestanden. Zu dieser Zeit hatten wir auch schon russische Hiwis für bestimmte Arbeiten. Die waren prima in Ordnung, wie der Peter und Paul, mit solchen Muskeln, und sie sahen gut aus.

In der Zeit gab es kaum eine Gefahr durch die Russen. Als Schmiedewageninhaber hatte ich ne Kochgelegenheit und mir dazu Pötte besorgt. Man hat natürlich auch ein bißchen organisiert, nicht geklaut. Es war ja ein scharfer Winter, eisigkalt, und unser Koch kriegte mehr Verpflegung, zum Beispiel einen ganzen Sack Zucker und Kaffee oder einen Haufen Knäckebrot. Dem Koch wurde das da hingestellt, und er mußte sehen, wo er damit blieb. Mein Schmiedewagen wog zwar schon mehr als er sollte, fast eine Tonne, aber ich hab dann doch was für ihn mitgenommen. Nach einer Woche sag ich zum Koch: «Ludwig, nun geht das nicht mehr, mein Wagen ist zu schwer, einen Achsbruch hab ich schon gehabt, und ein bißchen Platz brauch ich ja auch.» Er hat sich nicht drum gekümmert, und da hab ich mir den Kaffee geschnuppert. Als er dann nach vier Wochen kam und fragte: «Ernst, hast du noch Kaffee auf deinem Wagen?» Da hab ich gesagt: «Der Kaffee ist ganz da hinten, den wolltest du nicht haben, tagelang ist das her, da hab ich ihn abgestellt.» So war das mit dem Organisieren, man mußte sehen, wie man zurechtkam und hier und da was zum Schnuppern fand.

Hinter der Front, wo wir in der Etappe lagen, hörte man öfters Maschinengewehre schießen. Warum das war, wußte man nicht. Dann kam ein Soldat von der Wehrmacht zu unsrer Feldküche und bat um Essen. Der war mit den Nerven ganz fertig und hat uns dann erzählt: Er mußte mit, Leute erschießen, Juden oder Partisanen. Er ist ausgekniffen, und was mit ihm später passiert ist, weiß ich nicht. Sie haben viele Leute umgebracht, die Krim war ja groß.

Sewastopol fiel und es hieß, jetzt geht es nach Afrika. Ich mußte meine Pferde abgeben und mein Werkzeug. Alles war plötzlich weg, und ich hatte meine Sachen so gut in Ordnung gehalten. Nun mußten wir Chinin fressen, damit wir tropentauglich wurden. Bei Feodosia am Schwarzen Meer wurden wir im August 1942 gesammelt. Wir hatten da einen Hund, der hieß Lux. Mit ihm und einem Kumpel bin ich zum Bahnhof, wo die Waggons standen, mit denen wir fahren sollten. Wir sind in einen Waggon geklettert, und mein Hund lief weg. Beide sind wir hinterher, um ihn zu suchen. Wir waren eben ein Stück gegangen, da kamen die Russen mit Flugzeugen, und ihre Bomben, die krachten ganz schön. Am nächsten Morgen bin ich da noch mal hin. Den Waggon, in dem wir waren, hat eine Bombe getroffen. Von uns wär nichts übriggeblieben. Ich hab den Lux gestreichelt und zu ihm gesagt: «Mensch, Lux, du bist ne Wucht!»

Mit der Bahn sind wir über Sofia nach Griechenland in den Hafen von Piräus. Ich mußte dort zum Bataillonskommandeur kommen. Der war nicht mal Hauptmann, als Oberleutnant war der Kommandeur. Die Leute waren knapp, die waren gefallen oder krank. Ich kam rein und hab meinen Senf runtergebetet, und der sagt dann zu mir: «Röpke, Sie müssen die Verpflegung machen», also den Verpflegungsminister für ungefähr 1 300 Mann. Ich sag, «Herr Oberleutnant, das kann ich nicht!» – «Sie sind Oberfeldwebel, das müssen Sie können!» – «Ist gut», sag ich, «wenn ich Scheiße baue, ich kann nichts dafür.» Ich hatte nicht viel Respekt vor dem Mann. 1942 war ich ja nun schon seit ganz schönen Jahren dabei.

Im Hafen von Piräus holte ich dann die Verpflegung, und das ging auch alles ganz gut. Beklaut haben sie mich natürlich am Anfang, aber nicht lang. Es gab viel Graupen und Erbsen, aber unser Koch, der Dicke, der war gut, er hat, auf deutsch gesagt, auch noch aus Scheiße was gemacht. Irgendwo hatte er ein bißchen Fleisch her, und dann schwammen auf der Suppe doch ein paar Fettaugen drauf. Die Griechen selbst hatten nichts zu fressen, und wenn man denen eine Scheibe Brot gab, konnte man alles kriegen. Auch von einigen Frauen.

Im Oktober oder November hieß es für mich: zurück nach Bremen und bei der Veterinärkompanie melden. Ich war ja erwerbslos, in Afrika gab's gar keine Pferde. Die hatten Kamele. Zu Haus, ich hatte ein paar Tage Urlaub, war noch alles in Ordnung. 1943, als meine Familie ausgebombt wurde, bekam ich noch mal mit Hängen und Würgen Urlaub. Ich suchte meine Tante und stand auf einem riesigen Haufen Steine. Jemand kam vorbei, und ich fragte: «Wo ist denn hier die Groniger Straße?» – «Sie stehen genau drauf», sagte der, und es sah wirklich schrecklich aus. Die ganze Stadt in Schutt und Asche.

Bei der Veterinärkompanie hab ich mich nach dem Urlaub beim Spieß gemeldet, und der sagt: «Willst du noch Urlaub haben?» Ich guck ihn an, und er fragt wieder: «Willst du noch Urlaub haben?» – «Ja», sag ich, und da geht das Telefon. Irgendwie hatte ich so n komisches Gefühl. Und dann hörte ich, wie er sagte: «Ja, zweihundert Mann, ja, das sind alles schon altgediente Kämpfer.»

Es ging wieder nach Rußland zu einer Luftwaffenfelddivision, und das Elend fing von vorne an. Ich kriegte ne blaue Luftwaffenuniform und betreute 167 Pferde. Mittlerweile war ich Oberfeldwebel oder auch Oberbeschlagmeister. Wir lagen in einer vorgeschobenen Stellung und waren von den Russen fast eingekreist. Meine Feldschmiede stand ziemlich offen, und ich war dabei, die Pferde zu besohlen, als drei russische Flugzeuge, dicke Dinger, aus Westen kamen, wo man sie nicht erwartete. Wir dachten erst, das sind Deutsche. Sie flogen so tief, ich konnte die Piloten sehen. Und dann warfen sie die Bomben direkt auf unsere Stellung. Überall Tote. In unserem Quartier gab's damals ein Radio. In den Nachrichten hörten wir, was wir alles erobert hatten, und dabei hatte unser Bataillon an diesem Tag zweihundert Tote. Da machten wir uns schon Gedanken: Wie ist das überhaupt möglich, im Radio lauter Siegesmeldungen und bei uns so viele Tote? Und wir wußten auch von Stalingrad und daß es nicht mehr so rosig aussah. Es hieß dann aber doch, der Adolf macht das schon. Man war Soldat.

Die Zeiten waren schlecht, und es gab viel Unfähigkeit. Der Chef, der die Truppe führen sollte, wußte nicht mal, wie viele Pferde zur Verfügung standen. Und der Futtermeister, ein Feldwebel, der konnte noch nicht mal ausrechnen, wieviel Hafer er brauchte, wenn jedem Pferd vier Pfund am Tag zustanden. Dem habe ich mal eine in die Fresse gehauen und mir fast einen Tatbericht an den Hals geholt. Ich hatte mit den Pferden zu tun und er als Kolonnenführer mit den Hiwis. Die hat er beschissen bis dorthinaus. Er behielt einfach, was ihnen zustand, Zigaretten, sechs am Tag, Drops und was alles noch so war. Da hatte ich natürlich keine Achtung vor ihm, und als ich etwas von ihm wollte und er ablehnte, hab ich zugehauen, und er lag lang. Beim Offizier hat der mich dann angeschissen. Der hat mich befragt und dann die Sache unter den Tisch fallenlassen. Es gab wirklich verdammt blöde Leute, und die alten, mit denen ich groß geworden war, die waren ja mittlerweile alle weg.

Eineinhalb Jahre war ich nun mit meinen Pferden durch halb Rußland gezogen, immer nur voran. Und jetzt ging's auf einmal immer nur zurück. Ein ganzes Jahr lang, die Russen immer hinter uns her, bis wir schließlich in Rumänien angekommen waren. In einem Ort, wo wir haltgemacht hatten, sollte ich mich beim Oberstveterinär melden. Es war ein sehr warmer Tag im Juni 1944. Ich hab die Schuh geputzt und das Koppel, den Stahlhelm aufgesetzt. Ich mußte mich ja im Dienstanzug melden. Beim Schreiber mußte ich mich melden, einem Unteroffizier. «Ich soll mich beim Oberstveterinär melden.» – «Ja», sagte er, «der schläft.» Nun stand ich da mit dem Stahlhelm auf, und der schlief. Einer lief mit der Turnhose an mir vorbei durch die Tür, und ich frag: «Wer ist das denn?» – «Das ist der Oberstabsarzt.» – «Kann man nicht sehen», sag ich, denn eigentlich hätt ich grüßen müssen. Nach einer halben Stunde kommt er dann raus, der Oberstveterinär, und als ich ihn seh, denk ich: Nee, das kann nicht sein. Es war mein Chef aus Bremen, wo ich damals angefangen hatte. «Mensch, Vize, wie geht's denn?», und dann haute er mir auf die Schulter und gab mir ne Zigarre, ne echte. Für kurze Zeit war's noch mal ganz schön, aber dann ging das Elend weiter.

Wir bekamen keinen Nachschub mehr, und auch die Pferde hatten nichts zu fressen. Nur zwei Heuhaufen waren noch da, als Reserve. Ich bin zum Oberstveterinär gegangen und hab gesagt: «Wie ist das mit den Heuhaufen? Jetzt haben die Pferde nichts zu beißen, und morgen oder übermorgen kommen bestimmt die Russen.» Er wurde wütend und hat mich weggeschickt. Ich bin zu dem dortigen Futtermeister gegangen, hab ihn beiseite genommen und gesagt: «Weißt du was, wenn der Oberstveterinär weg ist, gehst du hin, machst ein Loch und ziehst das Heu raus, aber du mußt aufpassen, daß die Haufen nicht zusammenfallen.»

Kurz darauf kam der Russe mit Panzern und Infanterie, und wir mußten wieder flüchten. Fünf Tage lang sind wir zurück, immer nach Westen, kaum etwas zu essen und keinen Schlaf. Ich bin dann aber im August 1944 nicht von den Russen, sondern von den Rumänen gefangengenommen worden. Von einem Hauptmann, in dessen Kompanie ich einige Zeit zuvor für acht Tage die Pferde besohlt hatte, weil es da wohl keinen Schmied gab, der was taugte. Ich kriegte das Essen der Offiziere und durfte auch bei denen schlafen. Die Unteroffiziere kriegten auch ein besonderes Essen und die Mannschaften den Fraß. Dieser Hauptmann nahm mich zusammen mit ungefähr dreißig meiner Kameraden gefangen. Er ging auf mich zu und sagte: «Geben Sie die Waffen ab.» Ich guck und sag erstaunt: «Herr Hauptmann, aber ...» – «Ja», sagt er noch mal. «Geben Sie die Waffen ab, Sie kommen nach Hause, es ist aus.» Ich hab meine Pistole herausgenommen und sie ihm gegeben. Ein Oberleutnant, der dabei war, drehte durch und wollte auf die Rumänen los, mit Handgranaten, die auf einem Panjewagen lagen. Die hatten sich ein paar Oberschlaue geschnuppert. Ganz sinnlos, wer Widerstand versuchte, wurde beiseite gezerrt, da waren Gebüsche, und dann hörte man die Maschinenpistolen rattern. Ein Feldwebel, ein Großschnauz, der die letzte Patrone für sich aufheben wollte, aber es dann vergessen hat, wollte seine Pistole nicht abgeben.

Da führten sie ihn auch weg. Ich hab zu dem rumänischen Hauptmann gesagt: «Herr Hauptmann, bitte!» Er gab einen Befehl, und der kam zurück.

Es ging jetzt wieder nach Osten, am Weg standen Offiziere, die befahlen uns, wohin wir gehen sollten; den Weg direkt ins Verderben, in russische Gefangenschaft. Zuerst kamen wir nach Bukarest, in eine alte Munitionsfabrik, und plötzlich war ich da für sechzig Mann der Chef. Ich hab die Leute zur Arbeit eingeteilt und mußte für Verpflegung sorgen. Wir waren da noch bei den Rumänen, und die hatten für uns eine wunderbare dicke Bohnensuppe gekocht, in einem Faß. Mit einem alten Flachwagen und zwei Mann holte ich das aus der Küche ab. Auf dem Weg zurück, ich mußte nicht schieben, ich war ja der Boß, kam ein LKW mit Russen drauf. Die bremsten, sprangen ab, sagten etwas zu mir, was ich natürlich nicht verstand, und dann warfen sie das Faß vom Wagen. Sie wollten sich totlachen, aber Schläge haben wir nicht bekommen.

Die anderen, die zur Arbeit gingen, kamen mit Zigaretten, manchmal auch mit einem ganzen Brot unter dem Arm zurück. Das hatten sie von der Bevölkerung, die war nett. Ich hab mir gesagt: Mensch, Ernst, du bist ja verrückt! Du teilst hier die Leute ein, und die anderen kriegen was zu essen. Da bin ich auch mit zum Saubermachen ins Krankenhaus gegangen, das in der Nähe lag. Ich mußte die Toilettengrube leeren und roch, das kann man nicht beschreiben. Während ich da arbeitete, kam eines Tages ein Russe, der lag dort im Krankenhaus. Er trug ein halbes Brot unter dem Arm. Das gab er mir mit der linken Hand und mit der Rechten gab er mir eine. Ich fiel hin, schwach waren wir ja, arme Schweine und hilflos. Das Brot durfte ich behalten. Das hab ich gefressen und war froh, was im Magen zu haben. Und bis heute bin ich überzeugt, mit der Linken geben die Russen und mit der Rechten, da kriegst du eine!

Wir wurden nach einiger Zeit Gefangene der Russen, und dann ging es richtig los. Wir mußten alles ausziehen und standen da, wie Jesus am Kreuz. Sie haben uns alles weggenommen. Ich war der erste, der die Glatze kriegte. Die Russen schnitten uns die Haare ab, und die anderen wollten nicht. Und dann verluden sie uns in Viehwaggons. Wir hatten einen Ofen im Wagen, aber kein Holz. Es war eisig kalt. Auch ein altes Ölfaß gab's, das war mit Stroh ausgebrannt worden, aber die Rückstände hingen da trotzdem alle noch drin. Das Faß wurde auf Steine gestellt, damit man Feuer drunter machen konnte. Der Waggon wurde nun von den Russen zugenagelt, und so fuhren sie mit uns los. 56 Mann waren in diesem Waggon, und der war nicht groß. Acht oder neun lagen in der Mitte mit dem Oberkörper auf unseren Beinen. Auf der einen Seite war in der Waggonwand ein Loch mit einem Brett durch. Auf das Brett machten wir unsere Notdurft.

Nach drei Tagen bekamen wir das erste Essen. Eine Erbsensuppe, die in dem Faß gekocht wurde. Was da rauskam, das war ein saurer ekliger Schaum. Aber wenn man drei Tage lang nichts gegessen hat, dann fragt man nicht. Es ging oben rein und unten raus. Es starb nicht lange danach der erste, der zweite, jeden Tag war einer tot im Waggon. Die haben sie dann meistens auch rausgeholt. Sie kamen in die letzten Waggons, die Zahl mußte ja stimmen.

Nach Tagen kamen wir nach Moskau. Da gab's gutes Essen, und die Leute stürzten sich darauf wie die Tiere. Ich war einer der kräftigsten und mußte versuchen, Ordnung zu halten, damit jeder etwas bekam. Der Pott mit dem Essen war noch nicht halb leer, als die Russen ihn wieder wegholten. Ich bekam noch ne Hand ab, wir hatten ja allenfalls Blechdosen, manche gar nichts. Bis weit hinter Moskau ging die Fahrt. Irgendwo zwischendurch hielten wir auf einem Abstellgleis, und die Tür ging auf. Es war Dezember, und man war sofort halb blind vom Schnee. Grade so, als ob man besoffen war. Wir mußten Säcke mit getrocknetem Brot umladen. Und wenn die Russen sahen, man steckte was ein, dann haben sie's weggenommen. Ohne Schläge, ich habe niemanden gesehen, der von den Russen fürchterlich geschlagen wurde. Als wir dann schließlich nach drei Wochen im Lager ankamen, lebten noch 1200 Mann. Mit 3000 waren wir losgefahren.

Wir wurden ausgeladen. Ich seh sie noch vor mir, eine russische Majorin, die sprach gutes Deutsch. «Kameraden. Kameraden, ihr müßt jetzt noch fünf Kilometer laufen», das hör ich heute noch, «und Kameraden, laßt bitte keinen Kameraden liegen, in fünf Kilometern ist eine Fabrik, da kriegt ihr Essen und da kriegt ihr warmen Tee. Kameraden, laßt keinen Kameraden liegen.» Ich könnte sie heute noch erschlagen. Es waren keine fünf, es waren fünfzig Kilometer bis zu dem Lager. Ich war noch einigermaßen stabil und hatte sogar noch ne alte Pfeife. In Moskau hatten wir tatsächlich Tabak bekommen, das war ein Ereignis, fünfzig Gramm Machorka. Die Pfeife teilte ich mit meinem Kumpel, auch ein Oberbeschlagmeister, wir hatten uns so ein bißchen zusammengerottet. Nach zehn Kilometern gab es lauwarmes Wasser als Tee. Jetzt waren die Leute schon so geschwächt, das glaubt heute keiner mehr. Auf dem Weg zwischen Wald und Sumpf, da fielen sie um wie die Fliegen, völlig entkräftet. Die blieben liegen und wurden erschossen. Sie schossen ihnen in den Kopf oder ins Herz. Drei, vier Tage ging das so. Nachts wurden wir in Schuppen gepfercht und einmal in eine Art Lager, wo die Baracken Fenster hatten. Am anderen Morgen hingen sie am Fensterkreuz, da hatten sie sich aufgehängt.

Endlich kamen wir im Lager an. Wir wurden entlaust und konnten uns waschen, für jeden Mann zwei Liter und ein winziges Stück Seife.

Von den Russen wurde uns allerlei versprochen, aber wir haben immer noch gehofft, im März 1945, daß die Deutschen uns befreien würden. Die Parole ging um, die Panzer müssen bald da sein, die holen uns hier raus. Wir waren wie Todkranke, die glauben, wenn ihnen jemand sagt: Ach, es wird doch noch alles gut, morgen sitzt du wieder in deinem Garten.

In den nächsten Wochen ging es rapide bergab. Früher

hatte ich hundertfünfzig Pfund gewogen, jetzt waren es noch fünfzig. Es war nichts mehr da, nur die Knochen. Ich konnte nicht mehr alleine laufen und wollte weg, in den Himmel rein. Dann kommt wieder einer, vielleicht einer aus Gröpelingen, und sagt: «O nee, dat geit doch nich, du wullt doch weder nach Hus.» Und dann ging es wieder.

Obwohl wir kaum laufen konnten, wurden wir zusammengetrommelt und mußten Holz auf Loren laden. Meterholz war das, zwanzig, dreißig Zentimeter dick und drei Meter lang. Das lag in großen Stapeln, und wir mußten es zu den Loren tragen und aufladen. Ich konnte mit einem Kumpel zusammen so einen Stamm gerade noch hochheben. Er war auch Schmiedemeister und hatte eine eigene Schmiede in Thüringen. «Wenn wir nach Haus kommen», sagte er immer, «dann kommst du zu mir, und wir machen beide die Schmiede.» Eines Tages, es war hoher Schnee, ging er als erster und ich in seinen Fußstapfen. Mit einem Mal ein harter Knall, und er fiel auf den Bauch. Ich fiel über ihn, und dann war gleich ein Russe da und riß mich zurück. Einer von den russischen Posten hatte ihn erschossen. Der deutsche Lagerführer, der verwarnte mich und sagte: «Wenn du ein Wort im Lager erzählst, dann geht es dir morgen genauso!» Ich hatte Schiß und hab dann auch nichts gesagt. Ich kam nach Hause am Nachmittag, und da gab's Brot, 200 Gramm Krümmelbrot für die geleistete Arbeit. Ich bekam seins auch, das hab ich einem anderen gegeben. Ich konnt das nicht essen. Später hat man gesagt, er wollte flüchten, aber da war nichts zu flüchten.

Ostern 1948 war ich so dünn, so verhungert, ich sollte nach Hause. Und dann brach eine Typhusepidemie aus. Auch von meinen Kumpeln sind einige gestorben. Sie haben mir noch ihr Essen gegeben, aber ich hab gesagt: «Nein, nein, eßt das selbst!» Aber sie stopften es rein, und hinten kam es wieder raus, das dauerte keine fünf Minuten. Die haben sich praktisch totgeschissen. Vier, sechs Wochen lagen wir in Quarantäne. Wir sind zum Lagerführer gegangen, weil wir was tun wollten. «Nein», sagte er, «ihr dürft und sollt nicht mehr arbeiten.» Ich kam dann später doch in die Küche der Wachmannschaft. Der russische Koch, Toni, war ein großer starker Kerl. Ich mußte Holz hacken und das Wasser holen. Im Eimer war kaum Wasser drin, aber wenn ich den tragen mußte, schwitzte ich mich schon klatschnaß, so schwach war ich. Wenn Toni ein bißchen Essen übrig hatte, schickte er mich damit hinters Haus, und da hab ich das weggefressen. Einmal hab ich in der Küche eine Handvoll Sauerkraut geklaut. In dem Moment kommt der russische Sergeant, der Aufpasser, rein. Ich wußte in meiner Hilflosigkeit nicht, was ich machen sollte. Ich stand noch neben dem Faß und sagte unwillkürlich zu ihm, ob er nicht auch was haben wollte. Da sagt er auf plattdeutsch zu mir: «Fret din Schiet alleen!» Das hör ich heute noch. Später haben sie mir erzählt, daß seine Mutter Deutsche war. Sie hatte ihm gesagt, daß er die Gefangenen gut behandeln soll.

Es gab aber auch andere in dem Lager. Eines Abends wurde ich zum NKWD zum Verhör gebracht. Der Offizier, ein Oberleutnant, war ein richtiger Bulle, so rund, daß er gar keinen Hals mehr hatte. Ich saß ihm mit bloßem Oberkörper gegenüber und mußte in die Lampe schauen. Er wollte, daß ich sagte, ich gehöre zur SS. Er sagte immer: «Warum lugen Sie! Sie sagen, wieviel Sie erschossen und was du haben auf Arm!» Das war ein rundes Muttermal. Für ihn war es eine SS-Tätowierung. Die SS-Männer hatten ja die Blutgruppe auf den Arm tätowiert. Dreimal hat er mich mehrere Stunden verhört. Schließlich sagte er: «Kommen Sie morgen, sagen Sie, daß Sie SS waren!» Ich bin aufgestanden und habe gesagt: «Warum erpressen Sie mich?» Dann bin ich zur Tür, hab mich umgedreht und ihn gegrüßt, er war ja Offizier, und dann bin ich raus.

Am anderen Morgen hab ich mich bei ihm gemeldet. Er stand da, schwarzhaarig, ein Trumm von Kerl. «Ach ja», sagt er, «der Oberfeldwebel! Ach, wissen Sie, Oberfeldwebel, heute is Sonnabend, heute ich nix arbeiten. Kommen Sie morgen. Moment, morgen is Sonntag. Gehen Sie, Oberfeldwebel, gehen Sie.» Mir fiel ein Stein vom Herzen. Gott, dachte ich, du bist frei. Sie wollten mich ja als Kriegsverbrecher verurteilen. Einige Monate später, im Dezember 1949, durfte ich nach Hause fahren.

Am 10. Dezember 1949 kommt Ernst Röpke nach sechs Jahren Krieg und fünf Jahren Gefangenschaft zurück nach Bremen. Er leidet an starker Unterernährung und wiegt doch fast zwei Zentner, denn er hat Wasser. Acht Jahre lang wird er brauchen, bis seine Gesundheit einigermaßen wiederhergestellt ist. Das in den Jahren beim Militär ersparte Geld hat die Währungsreform vernichtet, und in dem Dorf nahe Rendsburg, wo seine Mutter seit 1943 als Ausgebombte lebt, wird er von den Bauern gemustert und hört dann: De mogt dat ok nich mehr as n Jahr.

Überall, wo er sich in den folgenden drei Jahren bewirbt, bei der Bundesbahn, der Post oder dem Schlosser nebenan, wird er abgewiesen. 1952 kann er dann doch auf einer Bremer Werft anfangen und ist dort im handwerklichen Bereich Mädchen für alles. Drei Jahre später, als die Massenarbeitslosigkeit der späten vierziger und frühen fünfziger Jahre zu Ende geht, wechselt er in einen Betrieb der Elektroindustrie. In dieser Zeit lernt er auch seine fast gleichaltrige Frau kennen, die er 1960 mit fünfundvierzig Jahren heiratet. Das ist auch das Jahr, in dem er seinem Beruf den Rücken kehrt und mit Hilfe des Rabbiners der Jüdischen Gemeinde in den Staatsdienst wechselt. Fünfzehn Jahre lang arbeitet er als Gefängnisbeamter im Aufsichtsdienst und wird 1975 mit sechzig pensioniert. Seitdem ist das Ehepaar zwei- oder dreimal im Jahr quer durch Deutschland zu Freunden gefahren, von denen Ernst Röpke einige auch im Krieg kennengelernt hat. Heute jedoch steht der türkisfarbene Golf bis auf kleine Ausfahrten meist nur vor der Tür, denn die Freunde sind fast alle tot, und das Ehepaar Röpke fühlt sich den langen Fahrten auch nicht mehr recht gewachsen.

Fritz Lichtenberg *Fast ganz am Rande der Stadt, zwischen kantigen großen neuen Villen, die wie Trutzburgen in ihren Gärten stehen, liegt der mit einem Flachdach versehene Winkelbungalow von Fritz Lichtenberg, den er in den fünfziger Jahren für seine sechsköpfige Familie hat bauen lassen. Den einen Trakt für seine vier Söhne, den anderen für seine Frau und sich. In der Diele stehen neben dem mit Hundeleinen, massiven Würgehalsbändern aus Chromstahl und ledernen Reitgerten beladenen Garderobenständer ein Paar Reitstiefel und Joggingschuhe. Das Wohnzimmer, in das Fritz Lichtenberg bittet, ist azurblau gestrichen mit vielen Ölbildern an den Wänden. Es sind nicht die alten, schönen Möbel oder der Kristalleuchter an der Holzdecke, es sind die Vielzahl der Bilder und ihre Motive, die dem Raum den Anflug einer musealen Atmosphäre verleihen. Immer wieder steht Paul Lichtenberg auf, um die Bedeutung eines Bildes zu erklären. Er ist mittelgroß, sehr schlank, mit markanten Falten zwischen Nase und Wangenknochen. Seine lebendige Stimme paßt zu den ausdrucksvollen Bewegungen, mit denen er über die Darstellungen auf den Bildern spricht. Männer, die rotglühende Eisenteile in einer der Werkhallen der väterlichen Fabrik bearbeiten, das Haus der Familie, eine Jugendstilvilla aus dem Jahre 1909, und die Porträts vom Großvater, Vater und Onkel neben dem von Fritz Lichtenbergs Frau, auf dem sie fast lebensgroß zu sehen ist, zwischen zwei den Betrachter grimmig fixierenden Doggen.*

1915 kommt Fritz Lichtenberg in einer Industriellenfamilie zur Welt, die seit zwei Generationen in einer Kleinstadt mitten in Westfalen ansässig ist. Das Unternehmen, in dem Räder, Achsen, Bremsen und Kupplungen für die Eisenbahn hergestellt werden, hat der Großvater im späten 19. Jahrhundert gegründet. Als er Anfang der zwanziger Jahre stirbt, führt Lichtenbergs Vater zu-

sammen mit seinem Bruder das Unternehmen fort. Es ist die Zeit des großen geschäftlichen Aufschwungs für die Familie. Im Versailler Friedensvertrag sind dem Deutschen Reich hohe Reparationen auferlegt worden, von denen unter anderen die Reichsbahn betroffen ist. Sie verliert große Teile ihrer Ausrüstung an die Siegermächte und schließt nun nach und nach diese Lücken mit Erzeugnissen auch aus der Fabrik der Lichtenbergs. Der in der Familie dominierende Vater ist ein außerordentlich national gesinnter Mann und zugleich Anhänger von Friedrich Naumann und den Liberalen. Die Mutter, die ebenfalls aus einer Fabrikantenfamilie stammt, führt den Haushalt, in dem mehrere Dienstboten beschäftigt sind. Ihr Interesse für Kunst und Literatur trägt mit dazu bei, daß Fritz Lichtenberg sein Elternhaus als aufgeschlossen und weltoffen in Erinnerung hat. Zugleich ist man nicht ohne Stolz auf das Erreichte und die damit verbundene gesellschaftliche Stellung und Anerkennung der Familie.

1930 scheidet der stark an Asthma leidende Vater aus der Firma aus, die sich durch die Wirtschaftskrise im Niedergang befindet. Sie wird, mit seinem Bruder als Direktor, von einem Stahlkonzern aus dem Ruhrgebiet übernommen. In diesem Jahr wechselt Fritz Lichtenberg von der örtlichen Schule ins Gymnasium der nahegelegenen Kreisstadt. Er ist Mitglied der Bündischen Jugend, will mitmachen, dazugehören und tritt, es entspricht seiner damaligen nationalkonservativen Gesinnung, auch dem Jungstahlhelm bei.

1933 sollte der Jungstahlhelm in die SA überführt werden. Zur Übergabe, ein feierlicher Akt, waren alle Jungstahlhelmer aufmarschiert. Mitten in der Vereidigung trat plötzlich ein SA-Mitglied vor, ein Mann aus meinem Ort. Er zeigte auf mich und sagte, «dieser Mann darf nicht als SA-Mann vereidigt werden, dieser Mann ist Jude!» Ich war völlig überrascht, ich hörte zum erstenmal, daß mein Vater Jude sei. Assimilation ist bei uns nie ein Thema gewesen. Wir waren Deutsche und wir waren Protestanten, aber wir waren keine Juden. Jetzt sollte ich plötzlich «Mischling ersten Grades» sein, ein «Halbjude», das war ein tiefer Schock.

In der Schule bekam ich Probleme. Als die Klasse auf ein Seminar fuhr, hieß es: Der Lichtenberg kann nicht mit, der ist kein Arier. Auf den Tennisplatz traute ich mich nicht mehr, denn die Balljungen waren in der Hitlerjugend, und ich wollte mich keinen Rempeleien aussetzen. Ich wußte nicht, wo ich hingehen konnte oder wo ich es besser bleiben ließ, ich gehörte nun nicht mehr so einfach dazu. Als ich im nächsten Jahr auf der Schule die Klasse wechselte, wurde es aber ein bißchen besser. Mit meinen Klassenkameraden hatte ich dort keine Probleme mehr, aber dafür mit den Lehrern. Nach 1933 trugen sie fast alle das Parteiabzeichen am Revers und ließen mich ständig merken, daß ich ein Mischling ersten Grades, daß ich in ihren Augen nicht vollwertig war. Sie sprachen es nie aus, aber sie waren zum Teil niederträchtig und gaben mir schlechte Zensuren und Beurteilungen.

1936 machte ich Abitur und ging nach Köln zu Humboldt-Deutz, um dort ein Praktikum zu absolvieren, denn ich wollte Maschinenbau studieren, das hatte in meiner Familie Tradition. Schon das Praktikum zu bekommen war nicht einfach, und als ich dort war, sah ich, daß fast alle anderen Praktikanten, siebzig Figuren, in HJ-Uniform herumliefen. Na, dachte ich, geht das gut? Wenn die rausfinden, wer du bist, sieht's schlecht aus. Ich blieb also ein wenig im Abseits und sah zu, nicht auf die falschen Leute zu treffen. Anfang 1937 schloß ich das Praktikum ab und suchte nun nach einem Studienplatz an einer Technischen Hochschule. Im Universitätssekretariat in Aachen gaben sie mir einen Anmeldebogen, und das erste, was ich sah, war die Frage nach dem «Ariernachweis». Nein, dachte ich, das versuchst du nicht, es ist zu gefährlich. Ich probierte es in München, aber es war das gleiche: Weisen Sie Ihre arische Abstammung nach! Was nun? Ein Freund meines Vaters, ein jüdischer Fabrikant, Lebemann und Hüne von Mann, hatte Beziehungen zur Universität in Karlsruhe, und die sagten nach einigem Hin und Her: Ja, der Lichtenberg, der ist ja der Sohn eines bekannten Fabrikanten, er kann hier anfangen. Aber wie? Was macht man als «Mischling», wenn man sich bei den Assistenten der Lehrstühle melden mußte? Grüßt man da mit «Heil Hitler» oder ließ man es sein? Später war ich abgebrüht und wußte, vor wem ich ein zackiges «Heil Hitler» zu schmettern hatte und wo es eher unbeliebt war.

Mein Vater vertrat zu dieser Zeit noch die Ruhrgas und vermittelte Gasanschlüsse für Gemeinden und Betriebe. Eines Tages kam er nach Haus und erzählte, die Ruhrgas habe ihm gesagt: «Herr Lichtenberg, es tut uns leid, aber in Ihrer Situation, Sie können uns nicht länger vertreten. Wir müssen uns von Ihnen trennen.» Finanziell ging es meiner Familie immer schlechter bis hin zum Verkauf unseres Hauses kurz nach der Kristallnacht 1938.

Vier Wochen vor Kriegsbeginn kamen wir von der Universität aus in den Ernteeinsatz nach Niederschlesien. Zurück fuhren wir über Wien, wo wir uns schrecklich besoffen haben, denn Schlesien war eine trostlose Ödnis am Arsch der Welt. Zu Hause angekommen, lag am 6. September 1939 in Karlsruhe der Einberufungsbescheid auf dem Tisch. Den Krieg, der einige Tage zuvor begonnen hatte, fanden wir schlimm, aber wir haben gedacht, nach Polen wird es irgendwie zu einer Regelung kommen. Wir konnten uns nicht vorstellen, daß er weiterging.

Bevor ich mich in der Priesterwald-Kaserne in Heilbronn meldete, besuchte ich noch einmal meine Eltern. Am Bahnhof mußte ich durch eine Unterführung gehen, in der ein Plakat mit den Schattenrissen der feindlichen Bomber und Jagdflugzeuge hing. Ich kannte mich mit der deutschen Luftwaffe etwas aus. So was, dachte ich erschrocken, haben wir ja gar nicht, solch gewaltige Bomber, so viele unterschiedliche Kampfflugzeuge. Einen Moment war ich unsicher, ob wir diesen Krieg gewinnen könnten. Für meine Eltern aber war etwas ganz anderes wichtig. «Du wirst wirklich Soldat!» sagten sie zu mir, «jetzt kann uns nichts mehr passieren, Gott sei Dank!» Mir war weniger wohl zumute, weil ich nicht wußte, was auf mich zukam. Die anderen hatten Erfahrungen aus der HJ und aus dem Arbeitsdienst, aber für mich würde alles neu und fremd sein.

Sie steckten mich in eine Abteilung der bespannten Artillerie. Eine Abteilung der Artillerie ist das gleiche wie ein Bataillon der Infanterie. Dort setzt es sich aus drei Kompanien zusammen und hier die Abteilung aus drei Batterien mit je vier Geschützen. Schon am dritten Tag stand ich im Stall, schaufelte Mist und sollte die Pferde pflegen. Ausgerechnet Pferde! Ich interessierte mich für Flugmotoren und für Panzer, die motorentechnisch aufwendig waren, aber nicht für Pferdemist. Als Rekruten wurden wir jedoch erst einmal kleingemacht: Exerzieren, Marschieren, Stallausmisten und Reitstunden, die auch nicht meine Sache waren. Wir paar Figuren, die von der Hochschule kamen und nicht reiten konnten, wurden richtig rangenommen. In den Reitbahnen trabten wir neben den Pferden durch den tiefen Sand. Das war Schikane, aber ich sagte mir, die gibt es überall. Und außerdem waren da immer der Zweifel und die Angst: Menschenskind, wenn du dich wehrst, was kannst du riskieren? Wissen die, daß du ein «Mischling» bist, oder wissen sie es nicht?

Bei allem sah es aber nicht wie Krieg aus. Man saß in der Kaserne, richtete sich in der Freizeit auf der Stube ein, schrieb nach Hause, telefonierte mit der Freundin und wartete darauf, daß sie zu Besuch kommen konnte. Wir lasen Zeitung, hörten Radio und kriegten auch mit, daß der Krieg in Polen nach wenigen Wochen vorbei war. Dann aber ging die Verbindung zur Außenwelt ein bißchen verloren. Wir lebten als Rekruten hinter den Mauern der Kaserne, eingeschlossen in eine Welt für sich, und ich war nun wie jeder andere ganz ein Soldat.

Im November verluden wir unter großer Geheimnistuerei der Offiziere die Pferde und Geschütze in einen Eisenbahnzug. Eine Artillerieabteilung mit fast 500 Pferden zu verladen, das war eine harte Tour. Beim Ausladen in Thüringen auf dem Schießplatz herrschte Verdunkelung, und mir lief ein Pferd weg. Später in Rußland konnten wir das Ausladen sehr gut, wenn es schnell gehen mußte und wir als bespannte Truppe mit unseren Haubitzen und Pferden in Zügen hinter den Panzern herfuhren. Mit Haubitzen schießt man über eine Deckung. Man kann irgendwo versteckt stehen und zum Beispiel über einen Berg schießen. Vorne an der Hauptkampflinie sitzt der vorgeschobene Beobachter und lenkt das Feuer auf die feindlichen Ziele. Aber nicht allein das Schießen muß gewaltig geübt werden, sondern auch der Stellungswechsel der Geschütze. Die Pferde wurden vor die Haubitzen und vor den Munitions- und den Nachrichtenwagen gespannt, und in dieser Reihenfolge ging es nach vorne. Vor der Kanone waren sechs Zugpferde, auf jedem saß ein Mann. Der sogenannte Stangenfahrer, der die Hauptverantwortung trug, befand sich mit seinem großen starken Pferd an der Deichsel, und vor ihm gingen die Mittelpferde und die Vorderpferde. Da haben sie uns aber nie rangelassen, diese Leute, die häufig vom Lande kamen, mußten was können, um mit den schweren Geschützen durch Schlamm und unwegsames Gelände zu kommen. Wir saßen hinten auf der zweirädrigen Protze, auf die wir die Kanone, die auch zwei Räder hatte, aufgedeichselt hatten. Seit 1870/71 fuhr man auf diese Weise vierrädrig mit den Kanonen über Stock und Stein, bis es plötzlich hieß: Schnell, schnell runter, da vorne ist der Feind, die Pferde weg, die Pferde weg! Dann mußten die Kanonen in die Stellung gerollt, die Munition gebunkert werden, und die Kanoniere verteilten sich auf die Geschütze. Andere, zu denen ich später auch gehörte, gingen mit der Infanterie nach vorne und lenkten als vorgeschobene Beobachter das Feuer. Fünf Kanoniere bedienten das Geschütz. Im Gegensatz zur Flak, die mit fertigen Granaten schoß, gab es bei uns Kartuschen, die mit Pulver gefüllt wurden, je nachdem, wie weit man schießen wollte. In kleine weiße Säckchen abgefüllt lag das Pulver in Holzkisten. Bevor es losging, wurden die großen Messing- oder

Stahlhülsen gefüllt und standen schon bereit. Oben auf die Kartusche kam das Geschoß und die Granate war fertig. Wenn man sehr gut war, schaffte man sechs Schuß in der Minute. Später im Krieg, wenn es ganz hart wurde und ringsum die russischen Granaten einschlugen, kamen wir auf vier Schuß. Die Vorbereitung auf den Kampf war nicht lästig für uns. Lästig waren die Banalitätentage, wo es um die Pflege des Gewehrs, der Uniform und aller Ausrüstungsgegenstände ging. Und immer wieder Stall- und Munitionswache oder auch Maskenball, dann mußte man in zwanzig Minuten dreimal die Uniform wechseln, zack raus antreten, und die Batterie mußte wieder stehen. Das hat uns erst belastet, aber nachher wurde die Schnelligkeit zur bitteren Not des Überlebens.

Anfang 1940 ging es nach Niederschlesien zur weiteren Ausbildung. Wir lagen in Kotzenau, und dort lernte ich ein hübsches Mädchen kennen. Ohne Uniform riskierte ich es, im Zivilanzug ihres Bruders, mit ihr in die Oper nach Breslau zu fahren, wo wir dann die Nacht im Hotel verbrachten. Rassenschande nannten das die Nationalsozialisten.

Einige Zeit zuvor, da lagen wir noch am Rhein, hatten mich meine Eltern besucht. Mitten im Krieg fuhren sie noch Auto – das war schon ungewöhnlich genug – und besuchten ihren Sohn. Eine makabre Situation. Mein Vater besucht mich, den Soldaten Adolf Hitlers, und kein Jahr später ist er tot. Zugrunde gegangen im Israelitischen Krankenhaus in Köln, wo es für ihn, der nun als Jude galt, kaum etwas zu essen und keine ausreichende medizinische Versorgung gab. Als er im Krankenhaus lag, konnte ich Urlaub bekommen, um ihn zu besuchen. Ich erschien in Uniform mit Sporen an den Stiefeln in seinem Krankenzimmer, eine absurde, bedrohliche Erscheinung für die Juden, die dort entweder Personal oder Patienten waren. Das war das letzte Mal, daß ich ihn gesehen habe. Als ich das nächste Mal dort hinkam, habe ich seinen Totenschein abgeholt, um ihn aufs Standesamt zu tragen. Im

Büro saß ein Nazibonze, dick und rund. Zackig mit «Heil Hitler» bin ich durch die Tür in sein Zimmer. Er guckte auf den Totenschein, guckte mich an und fragte, «was steht hier, wo ist Ihr Vater gestorben?» Er konnte es nicht verstehen. Ich stand da in Uniform, und mein Vater war im Krankenhaus der Juden gestorben. «Mein Vater», antwortete ich ihm, «heißt nicht Paul Israel Lichtenberg. Sein Vorname ist Paul, setzen Sie den Israel in Klammern!» Das hat der Mann auch getan. Er kam einfach nicht darüber hinweg. Ich ein Soldat der deutschen Wehrmacht und mein Vater Jude. Doch bei alledem wußte ich nie genau, wie weit ich gehen konnte. Greift der Mann nun zum Telefon und ruft in meiner Heimatstadt an: Hier steht ein Gefreiter, dessen Vater ist aber bei den Juden in ihrem Krankenhaus gestorben. Was ist los mit dem, was macht ihr da eigentlich bei euch, Parteigenossen?

Mein Vater lebte schon nicht mehr, als wir im Sommer 1940 in den ersten Einsatz kamen, ins Generalgouvernement. Das war ein Schock. In Lublin sahen wir überall leere Häuser und auf den Straßen Frauen und Kinder mit dem gelben Stern auf der Brust. Da war ein Geraune, und man hörte zum ersten Mal, daß alle Juden von Sondereinheiten der SS abtransportiert werden, die Männer waren schon weg. Dieses Gerücht ging um, aber man wollte es eigentlich nicht hören, nichts damit zu tun haben.

Wir waren im Generalgouvernement, um Präsenz zu zeigen, denn auf der anderen Seite der Demarkationslinie, die Polen nun trennte, standen die Russen. Wir übten also, machten kleine Manöver, bis wir im Winter 1940/41 zurückverlegt wurden ins Erzgebirge und dort in einem Dorf lagen. Da wurden wir gewaltig gefeiert. Oh, hieß es, die kommen aus Polen zurück, die gehören zu unseren siegreichen Truppen. Wer bei den Bauern in Quartier lag, wurde zum Essen geholt, und der Schützenverein lud die Batterie in die Dorfkneipe ein. Die Mädchen bewunderten uns, und es gab heftige Rivalitäten um ihre Gunst. So wie dort, wo man abends auf dem Heuboden verschwand, hab ich's nie wieder erlebt. Ein bißchen fühlten wir uns wie die Landsknechte in der Etappe, auch wenn wir bis dahin noch keinen einzigen Schuß abgegeben hatten.

Im Frühjahr 1941 wurden wir nach Ostpreußen in die Gegend von Allenstein verlegt. Acht Wochen lang lagen wir dort, und alles war voller Soldaten. Niemand wußte genau, warum wir da waren. Gerüchte kursierten, jede Woche ein anderes. Und sie haben uns gedrillt. Immer wieder rückten wir aus, um in großen Verbänden zu üben. Die Kanoniere saßen auf der Protze, die Fahrer auf den Pferden, die das Geschütz oder einen Wagen zogen. Das bißchen Stab, der zur Abteilung gehörte, der Batteriechef, sein Adjutant, die Nachrichtenleute, sie waren alle Einzelreiter. Ich gehörte dazu, denn mittlerweile war ich Nachrichtenmann geworden.

Eines Nachts hatte ich Wache und saß vor dem Funkgerät, als Hitlers Stimme aus dem Lautsprecher kam: In diesem Augenblick greifen unsere tapferen Soldaten den jüdisch-bolschewistischen Erzfeind an – und dann hörte ich die Bomber und Stukas über uns hinwegbrausen und weckte die anderen: Mensch, jetzt geht's los!

Am nächsten Tag ging's über die Grenze nach Litauen durch Wälder und Ackerlandschaft. Die motorisierte Wehrmacht hatte schon die Russen aus dem Weg geräumt und überall Kessel gebildet, in denen sie gefangengenommen wurden. Rechts und links von der Straße sahen wir unzählige zerschossene russische Panzer, klein und mickrig, sie hatten offenbar nur zweitklassiges Material. Richtige Siege waren es damals.

Auf den großen Gütern, auf denen wir während des Vormarschs unsere Pferde unterstellten, sahen wir, daß die Russen sich Litauen schon vor uns einverleibt hatten. In den Schuppen und Ställen fanden wir Autos aus sowjetischer Produktion, die uns ganz unbekannt waren. Und in den Orten hingen Transparente mit dem Sowjetstern und Parolen drauf, die wir nicht lesen konnten, aber ich habe gedacht: Sie sind nicht anders als die Hitler-Transparente. Erschlagen war ich, als ich dann sah, daß auch hier in jüdischen Ortschaften die Frauen und Kinder den Judenstern an den Jacken trugen. Wie in Polen sah man bereits fast keine Männer mehr und begegnete besonderen Truppen der SS, ohne zu wissen, daß es die Einsatzgruppen waren. Wir glaubten noch immer, die Menschen würden als Zwangsarbeiter nach Deutschland geschafft. Ich war besonders vorsichtig und dachte: Bloß nicht fragen, bloß nicht in ein heikles Gespräch hineingezogen werden.

Bis in den September hinein zogen wir mit unseren Pferden über Wilna nach Weißrußland. Eine Batterie hatte 120 Pferde und eine Abteilung fast 500 Pferde. Man kann sich das heute nicht mehr vorstellen, aber auf die Front verteilt waren das Hunderttausende von Pferden. Die Vormärsche, es gab kaum einen Halt, waren eine große Strapaze, obwohl wir in keine Schießereien verwickelt waren. Vor uns die Front und wir immer hinterher. Wir kamen durch lockere Wälder, meist Birken, Kiefern und Tannen, an großen Kolchosfeldern und Weiden vorbei. Die Kolchosen mit den Ställen bestanden aus langen Baracken, die meist etwas erhöht lagen, denn es gab sehr viel Sumpf. Windräder und Lokomobile, die riesigen, nach amerikanischem Vorbild gebauten Traktoren, standen auf den Feldern. Es sah trist und ungepflegt aus, und wir sagten uns: Herrje, das ist nun die berühmte Kolchoswirtschaft. Die Straßen waren unbefestigt, und die Dörfer wurden immer elender. Alte Frauen und Männer waren in ihnen zurückgeblieben, und manchmal gab's auch noch ein bißchen Vieh und ein paar Hühner, wenn der Ort ganz schnell überrollt worden war. Wir kamen zwei Tage später, wenn schon alles vorbei war.

Ende September erreichten wir eine Linie, an der unser Vormarsch ins Stocken geraten war. Unsere Haubitzen standen zwei oder drei Kilometer hinter der Front, und vorne rückte die Infanterie wieder vor. Ich war als vorgeschobener

Beobachter dabei, um unsere Kanonen, die über die eigene Truppe hinweg auf die Russen schossen, einzuweisen. Wir beobachteten die Russen, die vielleicht zwei oder drei Kilometer entfernt in einem Wald saßen, mit unseren Ferngläsern aus einem Bauernhaus heraus. Es krachte furchtbar, das Haus war voller Dampf und Qualm, und Trümmer und Splitter der Granate flogen herum. Einer ging durch meine Rocktasche und zerfetzte die Brieftasche mit meinen Bildern von zu Haus.

Am nächsten Tag mußte ich mit dem schweren Funkgerät in einen Infanterieangriff über ein freies Feld. Rechts und links schossen die Erdfontänen der explodierenden russischen Granaten hoch, es krachte, die Splitter jaulten über einen hinweg, und dann weiß man nicht wohin, wo findest du Deckung. Das erste Mal, als die Granate durch das Dach schlug, war ich nur entgeistert, jetzt aber hatte ich Angst. Aber man denkt im Grunde nicht viel, es ist Krieg, man ist dazwischen, und die anderen laufen auch. Aber die Russen schossen uns furchtbar zusammen, und als wir endlich vorne waren, da kriegten wir keine Verbindung. Das war höchst peinlich, aber schließlich schossen unsere Kanonen doch, denn es gab parallel noch eine Fernsprechverbindung über ein Kabel, das andere Nachrichtenleute gelegt hatten.

Als vorgeschobener Beobachter stecktest du meistens in einer ziemlich heiklen Situation. Die Infanterie war verteilt kurz hinter der Hauptkampflinie, und an einer Ecke ganz vorne saß der Beobachter der Artillerie. Wir guckten nach den vorgeschobenen Beobachtern der Russen, und die Russen taten das gleiche mit uns. Dann sagte man der Infanterie: da vorn in dem Waldstück ist der VB der Russen, seht doch zu, daß ihr die kriegt! Und drüben machten sie's nicht anders. Manchmal war's schon eine Art Himmelfahrtskommando, wenn wir von dort vorn die Feuerwalze der Geschütze lenkten. Wenn zwölf Haubitzen zu schießen anfangen, dann ist es, als ob die Welt in die Höhe geschleudert wird und auseinanderbricht. Und wenn die vorgeschobenen Beobachter gut waren, ließen sie die Russen näher kommen, immer näher, bis sie fünfzig Meter vor den eigenen Leuten lagen, und dann brach die Feuerwalze los. Da kam kein Mensch mehr raus, wenn die Einschläge der Granaten dicht bei dicht lagen. Es ist schrecklich.

Im Winter war alles noch viel riskanter. Tags, wenn es hell wurde, war es fast unmöglich, auch mit Tarnanzügen im Schnee Deckung zu finden. Und im ersten Winter hatten wir nicht einmal diese Tarnanzüge, da nahmen wir Bettücher. Hier erlebten wir auch die ersten Scharfschützen. Die Russen saßen irgendwo in den Bäumen und warteten. Und wenn einer von uns nicht aufpaßte, war's schnell um ihn geschehen. Ganz grausam war es aber, Abpraller zu schießen. Dann schoß man in einem solchen Winkel, daß die Granate von dem steinhart gefrorenen Boden absprang und erst dann über dem Erdboden explodierte. Das war ganz niederträchtig. Eine normale Granate wühlt sich erst in den Boden, und dann kommen die Splitter rechts und links, aber bei den Abprallern verteilen sich die Splitter wie ein Schirm, unter dem alle Menschen zerfetzt werden.

Bis südlich vor Moskau ging es in diesem ersten Winter immer weiter vor. Die Märsche wurden wegen der früher einsetzenden Dunkelheit kürzer, das Quartiermachen in den Dörfern wegen der Kälte viel rücksichtsloser. Schließlich saßen wir Weihnachten 1941 mit zwei Divisionen im Kessel von Suchinischi. Fünf Wochen, bis Ende Januar 1942. Das war schlimm. Rundrum die Russen, die waren auch schlecht ausgerüstet, aber sie hatten wenigstens Winterkleidung. Wir standen da in unserer Sommeruniform. Aber von oben angefangen hatte dann plötzlich der Leutnant Soundso einen Pelzmantel von einem toten Russen und ein anderer, der auch organisieren konnte, Filzstiefel. Wir froren ja alle furchtbar an den Füßen, und ich sagte, «Mensch, ich muß unbedingt auch Filzstiefel haben!» «Ja», hieß es, «da wird ein Stoßtrupp gemacht, wir besorgen dir welche.» Und dann hatten wir zu zweit ein Paar Filzstiefel, mit denen wir abwechselnd auf Wache gingen.

Jetzt wird's schlimm, merkten wir. Die Russen schossen in den Kessel hinein und wir, sparsam mit unserer Munition, hinaus. Sie trafen das Lazarett, sie trafen die Ställe mit den Pferden. Es war Terror. Kein Dauerbombardement, aber immer wieder Granateinschläge hier, Granateinschläge dort, und die Verluste wuchsen.

Tagsüber kamen häufig die Ju 52 und warfen Nachschub mit dem Fallschirm ab. Und Weihnachten, das sah ich zum ersten Mal, erschien ein Segelgleiter, geschleppt von einer Ju 52. Er wurde ausgeklinkt, landete, und wir rannten alle hin. Der Gleiter war vollgeladen mit Post, Medikamenten und komprimiertem Pferdefutter, wie Ziegelsteine. Trotzdem wurde es immer kritischer. Wir hatten immer weniger Munition, Verpflegung und Medikamente. Gerüchte kursierten schlimmer als heute die Bildzeitung: Morgen werden wir rausgehauen; die Russen bringen neue Geschütze heran; der Führer hat der tapferen Besatzung gratuliert; im Südteil des Kessels sind unsere Leute bald alle tot – es ging immer auf und ab. Schließlich erreichten unsere Panzer den Kessel und brachen ihn auf. Es ging zurück in unentwegten Märschen, Tag und Nacht, drei Tage lang bis zur völligen Erschöpfung. Das größte Problem waren die Verwundeten. Ohne Unterkünfte über Nacht, ohne richtige medizinische Versorgung waren sie von vornherein zum Tod verurteilt. Auf ihren Panjeschlitten liegend sind sie fast alle während des Marschs erfroren oder an ihren Verletzungen zugrunde gegangen. Am Tag waren es um die fünfzehn und in der Nacht um die fünfundzwanzig Grad unter Null.

Beim Ausbruch führte ich ein Pferd, das einen Schlitten mit Funkgeräten und Munition zog. Aus dem Wald wurden wir mit Granatwerfern beschossen. Immer wieder wurden erfahrene Infanterieleute in den Wald geschickt, und es hieß: macht die da mal fertig! Obwohl uns die Russen in diesem

Winter den ersten schweren Schlag vor Moskau versetzt hatten und wir eben nach fünf Wochen voll furchtbarer Erfahrungen aus dem Kessel kamen, befanden wir uns immer noch in dieser Stimmung der Überlegenheit: und nun machen wir die mal fertig. Aber der Beschuß ging weiter. In einem Dorf krachte es neben mir, und das Pferd brach halb zerfetzt zusammen. Ich wollte es aus dem Geschirr schneiden, der Schlitten mußte auf die Seite, damit die hinter mir weiter konnten, es gab nur einen ganz schmalen Weg durch die Schneemassen. Es krachte erneut. War es der Schock oder der Schlag, ich fiel jedenfalls um. Mehrere Granatsplitter hatten mich in die Beine und Arme getroffen. Ich hockte blutend im Schnee, bis ich wieder bei Besinnung war und zu einem fünfzig Meter entfernt liegenden Sanitätsposten im Dorf humpelte. Dort schnitten sie mir die Hose auf und sagten, «es ist nicht so schlimm, es sieht wüster aus, als es ist.» Und es war auch nicht so schlimm, es tat nur saumäßig weh. «Was ist mit meinem Gepäck, fragte ich, »was wird aus meinem Gepäck?» Das bißchen, was man dort draußen hatte, wollte man nicht verlieren.

Den ganzen Tag über saß ich unter einer Pferdedecke auf dem Boden einer Hütte, denn so schnell, wie wir weggelaufen waren, konnten die Russen nicht hinterher. Am nächsten Morgen brachten sie mich weiter zurück in eine Auffangstellung. Dort bekam ich Fieber, das Bein wurde dick und begann zu eitern. Schließlich zog ein Sanitäter mit einer Pinzette ein Stück meines Mantels und einen Rest vom Splitter aus dem Loch im Bein. Das Fieber verschwand, aber die Wunde heilte nicht. Trotzdem wollte ich nicht in ein Lazarett, nicht in einen Verwundetentransport. «Laßt mich bloß hier!» bat ich, «ich kann noch laufen, es wird schon gehen.» Ich hatte ja erlebt, was mit den Verwundeten auf dem Rückzug geschah, ohne daß jemand helfen konnte. Mit den Verwundungen saß ich wieder auf einem Schlitten, Heftpflaster auf den Löchern, und es ging weiter. Ich wollte von dem Haufen, mit dem ich soviel mitgemacht hatte, von dem wollte ich nicht weg. Auf den konnte ich mich verlassen, auf den nicht, der war gut, der war ein Schwätzer. Wir waren seit Heilbronn miteinander, und das Zusammengehörigkeitsgefühl war groß. Es gibt keine Einzelkämpfer, man gehört zusammen.

Einige Zeit später wurden wir in ein Dorf geschickt, um es zusammen mit der Infanterie zu verteidigen, die schon lange dort lag und völlig zermürbt war vom Nahkampf um jedes einzelne Haus, denn die Russen hatten sich auch in dem Ort festgebissen. Es gab dort keine Panzerabwehrkanonen und keine Flak, und da sagte der Stab: Das macht ihr, das könnt ihr auch mit euren Haubitzen. Abends in der Dämmerung kamen wir an, und ich fand in dem Haus, wo wir Stellung bezogen hatten, ein Stück Speck, ich seh's vor mir und kann's noch riechen. Es sind auch diese Kleinigkeiten, die man nicht vergißt.

Morgens im Dunst hörten wir erst Stimmen und sahen dann einen Panzer, er mahlte mit den Ketten und hatte sich festgefahren. «Mensch», haben wir gesagt, «den nehmen wir mit.» Wir fühlten uns wie Jäger und dachten: Denen müssen wir's zeigen, die müssen weg! «Wenig Pulver ganz flach, dann müssen wir's hinkriegen. Kannst du's mal ausrechnen», sagte Felix, mit dem ich befreundet war. Wir haben die Kanone um die Hausecke geschoben, der Schuß krachte, am Panzer flog irgend etwas hoch und noch eine Granate hinterher. Die Russen liefen weg, einige waren tot, auch die Panzerbesatzung. Aber dann schossen die Russen aus einem gegenüberliegenden Haus. Einer unserer Offiziere hatte gesagt, «wir kriegen unsere Geschütze da raus. Es kommt ein Panzer, und ihr müßt sehen, daß ihr das Geschütz mit einer Kette dranhängt.» Werner Dast, er war Schlosser, versuchte eine Kette ans Geschütz zu machen, fiel um und war tot. Ein anderer wollte nun die Kette befestigen, wird dabei auch getroffen und fällt um. Nun war ich dran und hab es geduckt irgendwie geschafft, die Kette festzumachen, ohne daß ich getroffen wurde. Die Vorstellung, eine Waffe zu verlieren, war furchtbar. Es wurde alles getan, bloß damit sie den anderen nicht in die Hände fiel. Wenn man die kostbare Kanone verlor, war man als Artillerist, die als Spezialisten etwas Besonderes waren, nicht mehr viel wert. Der Panzer kam endlich und zog das Geschütz über die Straße auf den Dorfausgang zu. Wir haben unsere Stahlhelme abgenommen und oben auf den Panzer geworfen, wo schon lauter Gerümpel lag. Die Russen schossen nun mit Gewehrgranaten auf die Stahlhelme, sie glaubten, wir lägen da oben zwischen dem Zeug, den Ersatzketten und Werkzeugen. Wir liefen neben dem Panzer her, es knallt, ich laß den Panzer, laß das Gewehr los und lieg da. Felix zerrt an mir rum und ich stöhn und sag, «jetzt hat's mich doch geschafft.» «Mensch», ruft er, «komm steh wieder auf!» – «Ich kann doch nicht mehr, es blutet doch alles.» – «Komm!» sagt er noch mal, und dann hab ich mich berappelt, und er hat mich an die Hand genommen. Plötzlich kam uns ein Haufen Stabsoffiziere entgegen. «Halt, halt!» brüllten sie, «was ist denn hier los, zurück, das Dorf wird verteidigt!» Felix und ich durften aber weiter zum Verbandsplatz. Hier zog der Sani mir mit einer Pinzette einen kleinen Splitter von einer Gewehrgranate aus meiner Schläfe.

Draußen gab es mittlerweile ein großes Geschrei, denn nicht nur wir, sondern auch die Infanteristen waren weggelaufen. Die Offiziere haben sie zurückgeschickt, denn das durfte es nicht geben, das hieß bei ihnen Feigheit vor dem Feind. Die Sache wurde aber vertuscht, und wir wurden sogar für diesen Einsatz zum EK II eingereicht. Und dann hörte ich, daß einer der Feldwebel, der auch SS-Mitglied war, gesagt hatte: Das geht nicht, der Lichtenberg ist doch Mischling, der darf kein deutsches Ehrenzeichen erhalten. Das war das einzige Mal, daß so etwas offen in meiner Einheit gesagt wurde. Und das EK II bekam ich doch, in einem dunklen Papiertütchen, auf dem stand: Ein kleiner Dank des Führers an seine Soldaten. Orden spielten eine große Rolle, gerade bei den gehobenen Dienstgraden und Berufsoffizieren. Unser Spieß, auch Berufssoldat, wollte nun unbedingt das EK I haben. Wir mußten raus in einen ganz schwierigen Einsatz, in dem auch einer fiel, aber er hatte dann seinen Orden. Man faßt sich an den Kopf, aber es war so.

Im folgenden Jahr, vom Frühjahr 1942 bis in die ersten Monate 1943, steckten wir ständig in Stellungskämpfen, erst im Mittelabschnitt und dann ab Mitte 1942 nördlich von Schistra. In diesem Sommer begann eine schlimme Zeit für mich. Meine Mutter schrieb mir, sie hätte schon länger nichts mehr von meinem heißgeliebten Onkel Alfred gehört, den die Nazis eines Tages aus dem Haus geholt und nach Theresienstadt gebracht hatten. Wegen der Zensur antwortete ich ihr sehr vorsichtig: Mein Gott, wo ist denn A.? Ist er nicht mehr in T.? Nein, schrieb sie zurück, in T. ist er nicht mehr. Wir wissen nicht, was ist. Sie hatten ihn, aber das erfuhr ich erst lange nach dem Krieg, von Theresienstadt nach Auschwitz gebracht und vergast.

Die Unsicherheit hat mich ständig gequält und war eine große Belastung. Ich wollte wissen, was geschehen war, und zugleich hab ich es nicht riskiert, zu Ende zu denken, was passiert sein könnte. Einmal sprach ich mit meinem Batteriechef darüber und sagte: «Sie haben meinen Onkel aus unserem Haus weggeholt und in ein Lager in die Tschechei gebracht, ich weiß nicht, was mit ihm ist.» – «Das kann doch nicht wahr sein», hat er geantwortet, «wie kann denn so was passieren, was geht denn da vor?» – «Fragen Sie den Chef», hab ich gesagt, «der weiß das auch!» Und so war es. Je höher die Leute in den Rängen waren, desto mehr wußten sie oder konnten sie wissen, auch wenn sie über die «Endlösung» und Auschwitz nichts gehört hatten. Am nächsten Tag fiel mein Batteriechef, und es war niemand mehr da, mit dem ich sprechen konnte. Ich war allein damit. Und hatte ich es gerade ein wenig verdrängt, geschah etwas, was mich erinnerte. Und war es nur eine SS-Einheit, neben der wir eine Zeitlang lagen und das Gefühl hatten: Oh, Vorsicht, bloß nichts mit ihnen zu tun kriegen. Es war schon zu viel durchgesickert über ihren Umgang mit russischen Soldaten und Zivilisten.

Aus dieser Nachbarschaft zogen wir in die Nähe eines Dorfes, das in einer hügeligen, von Wiesen überzogenen Gegend lag. Im ersten Winter haben wir immer versucht, in Ortschaften Ställe für die Pferde zu finden, aber dann merkten wir, wie wunderbar sie sich anpaßten und schließlich ein so dickes Fell hatten, daß sie im Winter draußen standen, wenn es ging, ein wenig geschützt vor dem Wind. Dadurch kamen wir aus den Dörfern raus, in denen wir uns bei einem Feuerüberfall der Russen wie auf einem Tablett präsentierten. Jetzt gruben wir in dieser Stellung Bunker in den Hang und standen mit den Geschützen in der Talsenke, aus der man über die Hügel hinwegschießen konnte. Aus dem Dorf kamen Mädchen, die unsere Sachen wuschen. Waschen, waschen, waschen war die einzige Möglichkeit, mit der du vielleicht die Läuse los wurdest. Eine von den Russinnen konnte Deutsch, und wir haben uns unterhalten, es war alles recht nett. Einige Tage später brachten wie jeden Mittag russische Kriegsgefangene auf kleinen Panjewägelchen unser Essen. Eben luden sie die Kübel ab, als ein Jaulen und Fauchen in der Luft war, und da krachte es auch schon. Wir rasten weg, aber unter den Russen gab es viele Tote. In dieser Senke hatten wir uns ziemlich sicher gefühlt, und nun wurde uns klar: Die russischen Mädchen, die deutschsprechende war die Lehrerin, hatten den Partisanen genau erzählt, wo wir lagen, und sie hatten uns mit einem Raketenwerferangriff überrascht. Die Partisanen waren überall hinter der Front zu einer Bedrohung geworden. Und die berittenen Truppen wurden häufig im rückwärtigen Gebiet zu ihrer Bekämpfung eingesetzt. Wenn der Schnee taute, ging nichts mehr, aber mit den Pferden kam man überall durch. Es hieß dann: Die Infanterie ist dort vorn auf Partisanen gestoßen, nehmt mal diese Gegend oder diesen Ort unter Feuer. Es war ein Fernkampf, in dem uns die Partisanen nie gegenüberstanden. Die Rollkommandos der Infanterie, die sich direkt mit ihnen anlegen mußten, hatten es schwerer. Und wenn sie die Partisanen gefangennahmen, dann wurden die ja wahrscheinlich erschossen.

Im Frühjahr 1943 wurde unsere Abteilung für längere Zeit ein ganzes Stück hinter die Front in ein noch nicht zerstörtes Dorf kommandiert. Dort wurde der schon seit Ewigkeiten herumliegende Mist auf die Felder gefahren, die Häuser wurden mit Farbe angestrichen und selbst Vorgärten angelegt. Da hab ich gedacht: Mein Gott, was man im Krieg nicht alles veranstalten kann, wir werden noch den ersten Preis fürs schönste Dorf gewinnen. Dabei wollten aber die Leute es den Russen auch bißchen zeigen: Die Deutschen waren wer, und Kultur hatten sie auch.

In dieser Stellung ein Stück weit ab vom Krieg erlebte ich auch zum ersten Mal Truppenbetreuung. Hans Stuck, der Rennfahrer, kam, erzählte von seinen Siegen für die Auto Union, und wir haben ihm gerne zugehört. Die Schauspieler eines Wandertheaters traten auf, und wer ganz großes Glück hatte, konnte in eine der rückwärtigen Städte zu einem Orchesterabend fahren. In der Freizeit las ich in einem Gedichtband von Heinrich Heine, den ich immer bei mir hatte, und über die Feldbücherei bekam ich Ibsen und Hamsun. Man schrieb Briefe und brachte seine Kleidung in Ordnung, denn dafür gab es sonst kaum Gelegenheit. Manchmal kriegten wir auch eine Flasche Schnaps oder Tee mit Rum, und sofort wurde über das Thema eins gesprochen: Mädchen, wann, wo, wie oft man es getrieben hatte. Wer noch nicht im Puff gewesen war.

Von hier aus fuhr ich in Urlaub, besuchte meine Mutter, meine Freunde in Karlsruhe und war zwischen beiden immer ein wenig hin und her gerissen. Kurz nachdem ich im Juni 1943 zurück war, meine Abteilung lag noch immer in der Nähe von Minsk, hieß es: «Lichtenberg, Sie werden aus der Wehrmacht entlassen. Es geht nicht anders, als Mischling ersten Grades können Sie kein deutscher Soldat sein.» Ich hatte mich daran gewöhnt, nicht befördert zu werden, weil ich kein «Arier» war. Aber die Entlassung kam für mich völlig überraschend, denn ich war so lange dabei, ein erfahrener Soldat, ich gehörte dazu.

Die Situation war sehr zweischneidig für mich. Jetzt, dachte ich, kannst du dein Diplom fertig machen, und zugleich war da das Gefühl, oje, jetzt verlierst du den Schutz, den du in der Armee hast. Wo war jetzt mein Rückhalt? Ich war die ganze Zeit bei derselben Einheit gewesen, jeder kannte jeden, und ich hatte ein gutes Verhältnis mit dem Kommandeur, der auch von der Universität in Karlsruhe kam. Das Schicksal meines Onkels, der nach Theresienstadt gekommen war, dieses ungewisse, bedrohliche Schicksal hing ja immer über mir. Von den Konzentrationslagern wußte ich kaum etwas. Es hieß nur: in Dachau, da gibt's ein Konzentrationslager, und wer nicht aufpaßt, der kommt da hin. Von Auschwitz habe ich während des Kriegs nie gehört. Allerdings fragten wir uns, was mit den vielen Juden in Polen geschehen war. Da mußte doch irgend etwas sein, aber was, das hab ich nicht einmal geahnt. Der normale Soldat hatte keine Möglichkeit, nachzuforschen, selbst ich nicht, und ich hatte ja Anlaß.

Ich kam zurück nach Punzlau in Schlesien, um dort entlassen zu werden. Der Chef der Ersatztruppe war groß erstaunt. Er konnte es nicht verstehen, aber er mußte in meinen Wehrpaß einen großen Stempel machen, in dem stand: entlassen nach der Ariergesetzgebung auf die Technische Hochschule in Karlsruhe. Allerdings mit dem Zusatz: kv, also kriegsverwendungsfähig. Wenn ich später von der Feldgendarmerie oder Polizei kontrolliert wurde, gab es keinen, der das verstand, und dann sagten die Leute, «ist ja phantastisch, der muß nicht an die Front, der kann studieren.» Das war sehr hilfreich, und ich habe meinen Wehrpaß immer bei mir getragen und auch einen Brief, den mir einige Wochen nach meiner

Entlassung mein Abteilungschef, Hauptmann Theiß, geschrieben hatte: «Lieber Lichtenberg, vielen Dank für Deinen Brief. Wenn noch niemand von sich hören ließ, dann nicht, weil Du vergessen bist, sondern weil durch Umzug und so weiter niemand zum Schreiben kam. Ich habe veranlaßt, daß Dir von der vorgesetzten Wehrmachtsbehörde das Dienstleistungszeugnis zugeteilt wird. Wir liegen in einer phantastisch nahrhaften Gegend, leben von Milch und Honig und anderen willkommenen Landeserzeugnissen. Unsere Pferde sind den ganzen Tag auf der Weide. Der Dienst ist wenig anstrengend, unser Gebiet war, so weit wir mit unseren zwölf Kanonen schießen konnten, sehr bald und gründlich bereinigt und befriedet. Allerdings schießen wir trotzdem fast täglich, um der Infanterie in ihren dauernden Plänkeleien mit den Partisanen zu helfen. Nun laß es Dir gutgehen und laß gelegentlich von Dir hören. Falls es irgendwelche Schwierigkeiten geben sollte, bitte ich Dich, mir umgehend zu schreiben. Für Deinen steten Einsatzwillen hab Dank. Herzlichst Dein T.»

Aber wie verhält man sich jetzt als Zivilist? Ich hab meine Orden und Ehrenabzeichen ins Knopfloch gesteckt und war nun ein Student, der Soldat war. Und als Student mußte ich mich als nichtarischer Mischling beim Reichserziehungsminister Rust um eine Genehmigung für mein Diplom bemühen. Der Rektor der Universität, er war ein ganz schlimmer Nazi und sah aus wie zehn Juden, mußte zustimmen. Ich kam bei ihm an, zackig mit Ordensschnalle und Heil Hitler, und nachdem er festgestellt hatte, daß ich keine «jüdischen Merkmale» aufwies, hat ausgerechnet dieser Topnazi mich unterstützt und später sogar gedrängt, als das Reichserziehungsministerium mit meiner Zulassung auf sich warten ließ.

Meine Mutter in Verdohl habe ich in den zwei Jahren bis Kriegsende nicht mehr besucht, es erschien uns beiden als zu gefährlich. Sie traf auf der Straße einen meiner Klassenkameraden, der an der Front ein Bein verloren hatte. Er fragte, «wo ist Fritz? Haben Sie was von ihm gehört?» – «Sprich mich nicht an!» sagte meine Mutter, und als er nicht begriff und weiter fragte, ließ sie ihn stehen. Am nächsten Tag war der Ortsgruppenleiter bei seinem Vater und dröhnte: «Dein Sohn hat in Uniform mit der Lichtenberg gesprochen. Seht euch ja vor!» Dabei war meine Mutter ja «Arierin», aber der Haß, den die Bonzen in der Kleinstadt züchteten, war groß. Ich blieb also in Karlsruhe und fand dort trotz allem alte und auch neue Freunde, mehr Mädchen als junge Männer. Das half mir, meine Angst und das Niedergedrücktsein zu überspielen. Hatte ich aber ein bißchen Vertrauen gefaßt, machte ich immer noch denselben Fehler wie vor dem Krieg: ihnen zu erklären, in welcher Situation ich steckte. Nicht anders ging es mir mit einer jungen hübschen Offizierswitwe, deren Mann gerade gefallen war. Ihre Freundin, mit der sie zusammenlebte, hatte das goldene Parteiabzeichen. Also sagten wir uns: Nein, wir müssen aufpassen, die darf weder merken, daß wir etwas miteinander haben, noch warum ich nicht mehr in der Wehrmacht bin. Natürlich merkte sie es doch. Wir haben uns aber gut verstanden, und nach dem Krieg mußte ich ihr einen Persilschein schreiben. Sie war mit einem «Mischling» befreundet gewesen und hatte zugesehen, wie wir vor ihren Augen «Rassenschande» trieben.

Anfang 1944 schloß ich meine Diplomarbeit ab und kriegte in dem Institut der I. G. Farben in Frankfurt-Hoechst, wo ich die dafür notwendigen Versuche gemacht hatte, eine Assistentenstelle als Diplomingenieur mit 333 Reichsmark Gehalt. Die Front rückte immer näher, und der Institutsleiter, Professor Hohlbach, war nicht nur ein Fuchs auf seinem wissenschaftlichen Gebiet. Er dachte: Na, das Kriegsende kommt bestimmt, und der Lichtenberg gefällt mir, vielleicht gefall ich ihm auch. Und so wurde ich sein guter Privatjude, den er später vorweisen konnte.

Ich pendelte nun zwischen Frankfurt und Karlsruhe, wo ich mein Zimmer behalten hatte. Es war mir außerordentlich wichtig, daß meine Kontakte in Karlsruhe nicht abrissen, weil ich es als Gefahr empfand, in der Anonymität zu leben. Ich fiel ja auf. Ich war jung, gesund und kein Soldat. Was machst du eigentlich hier, das war eine Frage, die überall gestellt wurde. Und kanntest du dann keinen und hattest keinen Rückhalt, dann wuchs die Bedrohung, die ich ständig spürte. Anfang 1945 lag auch ein Schreiben in meiner Post: Melden Sie sich umgehend bei der Organisation Todt. Alle Ingenieure wurden nun entweder in die Fabrik bei Nordhausen im Harz geschickt, wo die V 1 gebaut wurde, oder sie kamen zu Reparaturen auf Baustellen in irgendwelchen zerbombten Industrieanlagen. Das wollte ich nicht und dachte: Ach was, du doch nicht! Als Soldat bist du durch alle Kriegsgefahren gekommen, du gehst da einfach nicht hin, was soll dir schon passieren. Dreimal wurde ich aufgefordert, zur OT zu kommen, und dreimal hab ich's ignoriert. Ich hatte Angst und war zugleich maßlos leichtsinnig. Drei Wochen bevor die Amerikaner in Frankfurt einrückten, kam ein Schreiben der Gestapo an meinen Institutsleiter: der Diplomingenieur Lichtenberg hat sich unverzüglich bei der Geheimen Staatspolizei zu melden, nachdem er der dreimaligen Einberufung zur OT nicht gefolgt ist. Das war ein Schlag. Was nun? Professor Hohlbach, der mir unbedingt helfen wollte, schrieb einen Brief, in dem er erklärte, meine Arbeit sei für die I. G. Farben unverzichtbar. «Diesen Brief», sagte er mir, «müssen Sie unbedingt zur Gestapo in Frankfurt in die Lindenstraße bringen.» Jeder wußte aber, wer der Gestapo dort in die Finger fiel, der war schlecht dran, die suchten auch jetzt noch nach Juden und Wehrkraftzersetzern. Ich hab den Brief genommen, hab geguckt, ob meine Ordensschnallen auch richtig sitzen, und bin dort hin. Unten in der Portiersloge saßen zwei oder drei Gestapoleute, und mir war gar nicht wohl zumute. Ich hab gegrüßt, «Heil Hitler», und ihnen den Brief gereicht. Und bevor sie groß fragen konnten, heulten die Sirenen, Bombenalarm, und ich war weg. Das ganze Wochenende lebte ich in großer Spannung zwischen Angst und gespielter Gelassenheit. Montagmorgen im Institut sagte Professor Hohlbach, «kommen Sie nicht in mein Sekretariat, fallen Sie nicht weiter auf, Sie können bleiben.» Und einige Zeit später haben wir das feste gefeiert.

Die Amerikaner waren nicht mehr weit von Frankfurt entfernt, und als es hieß, sie sind schon in Wiesbaden, da waren auf einmal die eben noch überall gegenwärtigen Parteimitglieder wie vom Erdboden verschluckt. Ich ging in die Wohnung einer Freundin, in der schon einige ihrer Bekannten saßen, und dann wurde überlegt: Wo gibt's noch was zu trinken, Wein, Schnaps, jetzt ist der Krieg doch schon fast aus. Schließlich sagten sie zu mir, «Du sprichst doch Englisch, geh mal runter und guck, ob die Amerikaner schon da sind.» Ich ging auf die Eschenheimer Landstraße, und richtig, an der Ecke sah ich den ersten amerikanischen Soldaten in seiner olivgrünen Uniform. Ich hab irgend etwas gerufen, ich weiß nicht mehr was, und er kam mit einem kleinen Kistchen in der Hand auf mich zu. Und als wir einander gegenüberstanden, sah er mich an, hielt mir grinsend das Kistchen entgegen und sagte, «hey man, do you want a cigar?»

Den ersten Weg im Frieden macht Fritz Lichtenberg zur Militärkommandantur der Amerikaner, um sich dort nach Theresienstadt und seinem Onkel Alfred zu erkundigen. Der Besatzungsoffizier will ihm aber seine Geschichte nicht glauben, weil er Soldat bei der Wehrmacht war, und beschimpft ihn als Nazi. Auch später, als er ein wenig seine Skepsis verliert, weigert er sich, ihm eine Fahrt nach Theresienstadt zu ermöglichen. Einige Tage später nimmt ihn aber ein Lastwagenfahrer mit in seinen Heimatort. Von dort aus versuchen seine Mutter und er vergeblich, Auskunft über den verschleppten Onkel von der jüdischen Gemeinde in Dortmund zu erhalten. Nein, heißt es dort, wir können keine weiteren Nachforschungen anstellen, Alfred Lichtenberg war kein Mitglied der jüdischen Gemeinde. Auch im Falle des Vaters von Fritz Lichtenberg geht es seiner Mutter nicht viel anders. Sieben Jahre muß sie mit Ämtern und Behörden streiten, bis diese anerkennen, daß ihr Mann laut den rassenpolitischen Gesetzen der Nationalsozialisten ein Jude war und sie als seine Witwe Anspruch auf eine Entschädigung hat.

In Lüdenscheid bekommt Fritz Lichtenberg Arbeit bei der britischen Besatzungsmacht, für die er die vorhandenen Autowerkstätten wieder in Schwung bringt. Hier lernt er auch seine Frau kennen, die als Dolmetscherin arbeitet. 1946 geht er als Werksleiter in eine nicht beschädigte Metallfabrik, in der tiefziehfähige Ronden und Neusilberbleche hergestellt werden. Aus den Ronden, die früher zur Herstellung von Patronen verwandt wurden, werden nun Münzrohlinge gemacht und aus den versilberten Blechen Eßbesteck. Im selben Jahr heiratet Fritz Lichtenberg, und kurz darauf kommt ein Sohn zur Welt, dem später im Abstand von wenigen Jahren noch drei weitere folgen werden.

Nach einem beruflichen Intermezzo in Frankfurt wechselt Fritz Lichtenberg 1951 nach Norddeutschland und leitet von nun an eine von ihm aufgebaute größere Fabrik, in der ein amerikanischer Konzern Verpackungsmaterial herstellen läßt. 1975, als er sechzig ist, endet sein Vertrag, er wechselt ins technische Ersatzteilgeschäft und geht im Auftrag seiner neuen Firma nach Afrika. 1982 wird Fritz Lichtenberg Rentner und beschäftigt sich noch einige Zeit, junge Unternehmen zu beraten. Zum Stillstand ist sein Leben aber nicht gekommen, als «laufsüchtig», als einen begeisterten Dauerläufer bezeichnet er sich und weist dabei auf die Joggingschuhe in seiner Diele.

Vom Krieg will Fritz Lichtenberg in diesen Jahrzehnten nichts mehr wissen. Treu, sagt er selbst, habe er sich an das Verdrängen gehalten. Auch seine Söhne hätten vom Krieg und seinen Erfahrungen nichts wissen wollen, und auf ihrer Schule habe es geheißen: Ach, die Soldaten, das waren doch alles alte Nazis, die haben doch alle was auf dem Gewissen. Als Siebzigjähriger habe er Mitte der achtziger Jahre die Quittung gleich in zweifacher Ausfertigung bekommen. Ihm sei bewußt geworden, daß auch hartnäckige Ab-

wehr ihn nicht länger vor der Erinnerung an den Krieg beschützen könne. Und schlimmer noch habe sich seitdem eine ständig bohrende Frage eingestellt: Warum hast du damals deinem Onkel nicht helfen können? Warum haben sie ihn geholt und in Auschwitz umgebracht und warum dich nicht?

Otto Walter *Obwohl die Abenddämmerung heraufzieht, hat Otto Walter im Wohnzimmer kein Licht gemacht. Zurückgelehnt in die Ecke seines Sofas sitzt er im Halbschatten und schaut zu, wie ich versuche, das Tonbandgerät in Gang zu setzen. Als ich ihn um eine Sprechprobe bitte, sagt er: «Wenn Sie von mir etwas über den Krieg hören wollen, werden Sie bestimmt enttäuscht sein. Ich habe nie auch nur eine Schramme abgekriegt. Ich habe mich für mein Vaterland eingesetzt, auch wenn man heute so etwas nicht mehr sagen darf, aber ich war ein Unsoldat!»*

Mit sieben Jahren wird Otto Walter 1923 in einem Vorort Hamburgs eingeschult und kommt vier Jahre später auf die Realschule. In der Weltwirtschaftskrise 1929 leidet die Firma seines Vaters, eine Großhandlung für Baustoffe, so stark, daß die Mutter einen Laden eröffnet für den Kleinverkauf an Handwerker und Bastler. 1932 tritt der Vater in die NSDAP ein und verläßt sie vier Jahre später im Krach, den sein Sohn heute weniger im Politischen als in der Neigung des Vaters zum Streit sieht, die ihn ein Leben lang immer wieder dazu bewegt, vor Gericht zu ziehen.

Mein Elternhaus war nicht so sehr schön. Mein Vater war verheiratet vor dem Ersten Weltkrieg. Die Frau ist ihm davongelaufen, und er blieb mit zwei Jungen allein, der eine 1905 und der andere 1907 geboren. Damit sie die Kinder versorgte, stellte er meine Mutter als Hausdame ein. 1914, als der Erste Weltkrieg ausbrach, wollte er die Kinder ins Waisenhaus bringen. Meine Mutter sagte, «ich bleibe bei den Kindern, Sie müssen sie nicht ins Waisenhaus bringen.» Er erwiderte, «dann müssen wir heiraten.» Von Liebe war da kaum eine Spur. 1916 kam ich dann gegen den Wunsch meines Vaters zur Welt, und ich habe nie ein enges, gutes Verhältnis zu ihm finden können. Er war außerordentlich egoistisch und kümmerte sich kaum um die Familie. Seine Frau mußte ihn abends begleiten, wenn er regelmäßig in die Wirtschaft ging und viel Geld beim Skat verspielte. Es war viel Unfrieden bei uns im Haus.

Auf der Schule war ich mit einem Jungen befreundet, der schon vor 1933 in die Hitlerjugend eingetreten war. Immer wieder versuchte er, mich zum Eintritt in die HJ zu bewegen, aber ich lehnte es ab. Ich bin immer ein Einzelgänger gewesen. Nachdem Hitler Reichskanzler geworden war, kam er erneut und sagte: «Nun aber!» «Nein», antwortete ich, «nun nicht mehr. Nachdem ihr das alles erkämpft habt und ich nur daneben stand, habe ich nicht mehr das Recht, mitzumachen.»

In der Berufsschule tauchten einige Zeit später junge Leute auf, die für die Nationalsozialistischen Jugendbetriebszellen warben. Mein Schulfreund war auch dabei und sagte: «Wenn du das jetzt nicht unterschreibst, bist du die längste Zeit mein Freund gewesen!» Wie man so schwatzt, aber ich nahm es ernst und unterschrieb. Wenige Wochen später kam ein Pimpf, ein kleiner junger Kerl, und sagte: «Du sollst zum Dienst kommen!» «Was für ein Dienst», sagte ich, «ich habe keine Zeit für so etwas!» Aber mir blieb nichts anderes übrig, als hinzugehen. In der Böckmannstraße, wo ich mich meldete, traf ich auf eine Gruppe von Jungs, sieben oder acht an der Zahl. Es hieß, am nächsten Wochenende gehen wir auf Fahrt. Auf Fahrt? Ich hatte nie so etwas gehört oder gar mitgemacht. Ich bin immer allein gewesen, hatte keine Beziehung zu den Jungs auf der Straße. Plötzlich war eine kleine Gemeinschaft um mich herum, und ich war selig. Wenn ich jetzt auf meiner Lehrstelle die Post austrug, pfiff ich vor Freude und Vergnügen. Ich war nicht mehr allein.

Meine Lehre hatte ich 1933 begonnen, obwohl ich nicht wußte, was ich werden wollte. Ein Junge von sechzehn Jahren, der damals auf der Schulbank saß, hatte kaum eine Ahnung, was irgendein Beruf ihm bringen könnte. Mein Vater war dafür, daß auch ich Kaufmann werden sollte. Ich konnte mir darunter nichts vorstellen, wurde aber trotzdem Lehrling in einer ganz kleinen Exportfirma, die er für mich ausgesucht hatte. Gelernt habe ich nicht viel. Mir wurde beigebracht zu arbeiten, von morgens um sieben bis manchmal abends um zehn. 1936, das letzte Vierteljahr der Lehre hatte man mir erlassen, sollte ich mit einem Gehalt von 90 Mark eingestellt werden. 90 Mark waren auch damals nicht sehr viel. Ich verlangte also 100 Mark. Sie wollten mir aber das Geld nicht geben, und ich kündigte wegen der fehlenden zehn Mark. Das war wie eine Fügung, denn meine Mutter wurde sehr krank. Der ewige Zank und Streit zu Hause hatte ihre Nerven angegriffen, denn plötzlich war sie halb gelähmt. Ich konnte sie ein Vierteljahr lang betreuen, zog sie an, kochte und machte den ganzen Haushalt, bis es ihr besserging.

Im April 1937 kam ich zum Arbeitsdienst. Da ich begeisterungsfähig war, verpflichtete ich mich dort für eine Laufbahn als Arbeitsdienstführer und kam zum Deichbau an die Oste. Zu Hause in Hamburg sagte man mir aber, «Freundchen, du bist ja wohl wahnsinnig, dich beim Arbeitsdienst zu verpflichten.» Mein Zugführer beim Arbeitsdienst war sehr verständnisvoll und half mir, dort wieder herauszukommen, in dem ich behauptete, meine Familie sei in einer wirtschaftlichen Krise. Ich machte also nur das reguläre halbe Jahr und ging im September 1937 in eine Firma, die im Ex- und Importgeschäft mit vielen alltäglichen Gebrauchsgegenständen handelte.

An sich bin ich ein Unsoldat durch und durch, aber ich meldete mich dennoch für die Luftwaffe. Als ich im November 1938 eingezogen werden sollte, wurde der Termin noch einmal um vier Wochen zurückgestellt. In der Firma fragte ich deshalb, ob ich noch vier Wochen bleiben dürfte. «Ach», sagte der Chef, «das trifft sich gut, ich werde Sie freistellen lassen, Sie gehen für uns nach Nigeria.» Ich lehnte ab. Zwei Jahre zu dienen und dann frei zu sein, darauf hatte ich mich eingestellt.

Der Wehrdienst in Hamburg-Osdorf begann bei der leichten Flak. Die Ausbildung war für uns ganz selbstverständlich. Ich habe sie zusammen mit vielen anderen nicht als schlimm empfunden, das Vaterland zählte ja noch für uns. Die Kasernenhofzeit war aber nicht immer schön, weiß Gott nicht, und ich habe, wenn wir geschliffen wurden, auch meine Schwierigkeiten gehabt, aber sie waren körperlicher, nicht seelischer Natur.

Nach der Ausbildung kam ich auf die Schreibstube und war dort auch bei Ausbruch des Krieges. In dieser Zeit waren wir alle aufgeregt und fühlten uns bedroht. Um so bereiter waren wir, Deutschland zu verteidigen. Das war völlig selbstverständlich. Der Krieg, dachten wir, geht bald zu Ende. Daß er so lange dauern und so schrecklich werden würde, ja, daß wir den Krieg verlieren könnten, niemand in meiner Umgebung hat so etwas zu denken gewagt.

Wenige Tage vor dem Angriff auf Polen waren wir nach Rotenburg an der Wümme verlegt worden. Wir gehörten zur leichten Flak, 2 cm, und sollten dort einen Feldflugplatz beschützen, der aber zu unserer Zeit nie in Betrieb genommen wurde. Dann bezogen wir an der Westfront im Saarland Stellung, es war ruhig, und als im Sommer 1940 der Frankreichfeldzug begann, ging alles so schnell, daß wir kaum etwas davon mitbekamen. Einige Zeit später wurde ich als Gefreiter für ein Vierteljahr an die Schreibstube einen Stabes in Dijon ausgeliehen.

Als ich zurück zu meiner Einheit sollte, mußte ich sie längere Zeit suchen, weil sie immer wieder verlegt worden war. Schließlich fand ich sie bei Abbeville an der Mündung der Somme in den Ärmelkanal. Dort hatten wir einen Leutnant, ein ganz junges Bürschchen, der immer rote Bäckchen kriegte, wenn er verlegen war. Mein Freund und Kamerad aus der Schreibstube, wir hatten eine sehr enge Bindung, wurde eines Tages vom Leutnant aufgefordert, an einem Vorbereitungskursus für die Offizierslaufbahn teilzunehmen. Ich fühlte mich zurückgesetzt und fragte, «Herr Leutnant, warum haben Sie mich ausgeschlossen?» Ehrgeiz hatte ich und Vaterlandsliebe, und so kam ich auch in einen Kursus für Offiziersanwärter. Wenn aber kein Krieg gewesen wäre, hätte ich nie die Aufnahme ins Offizierskorps gefunden. Ich war viel zuwenig Soldat, aber gerade im Krieg gelten geringere Maßstäbe. Ich gab mir später Mühe, doch ich glaube nicht, daß ich in den Augen der Wehrmacht ein guter Offizier war.

Kurz bevor der Krieg mit Rußland ausbrach, sind wir nach Ploiesti bei Bukarest gekommen. Dort gab es einen Kursus für Offiziersanwärter. Ich bestand und wurde zum leitenden Offizier zitiert. «Ja», sagte er, während ich vor seinem Schreibtisch stand, «was machen wir mit Ihnen, Walter? Sie sind arrogant!» Ich selbst fühlte mich ja alles andere als selbstüberheblich. Ich hatte immer Angst, mich zu blamieren. Ein scheußlicher Zustand, immer gehemmt, mit dem Gefühl der Minderwertigkeit durch die Welt zu gehen. Offenbar wirkte ich jedoch ganz anders, denn diese Beurteilung verfolgte mich jahrelang, wann immer ein vorgesetzter Offizier etwas über mich zu Papier bringen mußte.

Als Obergefreiter saß ich dann wieder auf meiner Schreibstube, bis ich auf die Kriegsschule in Göppingen geschickt wurde. An diese Zeit, es mögen sechs Wochen gewesen sein, habe ich wenig Erinnerung. Dann wurde ich Wachmeister in meiner Einheit und befehligte als Zugführer drei 2-cm-Flakgeschütze mit jeweils ungefähr acht Männern. Bis dahin, bis in den Sommer 1941 hinein, haben wir nie ein Gefecht erlebt. Überhaupt, ich habe im ganzen Krieg keine einzige Schramme abgekriegt und hatte einen großen Schutzengel.

Die Rote Armee war schon verjagt worden, als wir im September 1941 auf die Krim kamen. In Jewpatoria machten wir Dienst als Küstenwache. Jeden Tag wurde erwartet, daß die Russen von See her angreifen würden, aber sie taten es nicht. Der Dienst bestand aus Wacheschieben, mehr war nicht zu tun. Wir waren ein Flakbataillon, bei der Luftwaffe nannte man das eine Abteilung. Meine Geschütze hatten wir in unserer Stellung eingegraben, vielleicht siebzig Zentimeter tief und davor ein Erdwall, damit sie und insbesondere die Männer geschützt waren gegen direkte Splittereinwirkung. Da lagen wir und haben ab und zu mal auf russische Aufklärer, Jagdflugzeuge und Bomber geschossen, aber das war noch kein Krieg.

Während des Sommers 1942 rückten wir peu à peu in den Kaukasus bis in die Nähe von Maikop vor. Die russische Luftwaffe war ziemlich schwach und flog mit ganz veralteten Maschinen. Ganz einfach konstruiert, durabel und narrensicher, aber der modernen Technik nicht gewachsen. Doch das spielte scheinbar keine Rolle, Menschen zählten für die Rote Armee ja nicht. Wir sind in dieser Zeit sehr selten in einen Kampf verstrickt worden. Aber es reichte, um von der Überlegenheit unserer Waffen und von unserem Sieg völlig überzeugt zu sein.

Im Winter 1942 lagen wir östlich von Rostow am Donbogen, und dort fing mit Stalingrad der Schlamassel an. Es ging rauf nach Morosowskaja, ungefähr 200 Kilometer von Stalingrad entfernt. Dort haben wir auf den Feind gelauert, der da hinten irgendwo herumzog, gesehen haben wir ihn nicht. Es waren 40 Grad Kälte, und auch die haben wir überstanden. Ich selbst habe das Empfinden gehabt, ob es zehn, fünfzehn oder vierzig Grad unter Null sind, das ist ziemlich egal. Kalt ist es eh.

Gott sei Dank mußten wir nicht mehr nach Stalingrad, wo die Niederlage bevorstand, sondern wir zogen nach Westen, nach Tazinskaja. Da hieß es, daß die Russen den gefangenen Deutschen mit Messern die Genitalien verstümmelten, ihnen die Hoden abschnitten. Die Russen waren ja oft betrunken, wurden unter Alkohol gesetzt, wenn sie angreifen mußten. Ab da haben wir Angst gehabt vor den Russen, eine Heidenangst, daß wir in Gefangenschaft geraten könnten. So ist es uns und vielen anderen Männern gegangen. Ich war inzwischen Leutnant geworden, aber der Dienstgrad spielte in diesem Leben im Zelt keine Rolle. Man lag im gleichen Dreck. Ich hatte die Verantwortung für die Männer und das Gerät. In der Hauptsache für die Männer. Wir waren auf die äußeren Bedingungen angewiesen, sie haben uns gezwungen, das zu tun, was wir tun mußten.

Die Euphorie der Vormärsche war nun völlig verflogen. Jetzt ging es andersherum, und das mußte man erst einmal verkraften. In ungefähr sieben Etappen zogen wir uns bis in das Frühjahr 1945, also zwei Jahre lang, immer weiter nach Westen zurück. Viele der von uns geführten Gefechte, die Russen drängten uns sehr stark nach, habe ich vergessen oder verdrängt. Ich habe sehr viel verdrängt und wollte nicht mehr an den Krieg erinnert werden, eigentlich bis auf den heutigen Tag.

Irgendwo in der Ukraine hatten wir Ruhe in einer Stellung an einem Flüßchen. Einer der Geschützführer, Suhlemann hieß er, ein zuverlässiger Bursche, der sagte, «ich hab hier noch eine Handgranate, soll ich die mal unschädlich machen?» – «Ja», hab ich geantwortet, «geh aber bitte da hinten hin und paß auf, daß nix passiert.» Der hat den Sicherungsstift aus der Handgranate gerissen, und in dem Moment ist sie hochgegangen. Der arme Kerl ist sofort tot gewesen, das war wirklich schrecklich. Das war in der ganzen Zeit der einzige Tote in meinem Zug, obwohl wir während des gesamten Rückzuges viele Einsätze im Erdkampf hatten, um die Infanterie zu schützen. Auf dem Rückzug seit Stalingrad war unsere Hauptaufgabe, die Infanterie zu schützen. Das hieß, anrückende russische Infanteristen durch das Feuer unserer Kanonen zu vertreiben, zu vernichten.

Die 2-cm-Flak hat im Erdeinsatz eine schreckliche Wirkung auf die Männer der feindlichen Infanterie. Das wußte ich, aber die räumliche Distanz zu ihnen, wir bekämpften sie aus einer Entfernung von wenigen hundert Metern, blieb eigentlich immer gleich.

Einmal bei Krasne in der Ukraine wurden wir eingesetzt

ohne jede Planung. Wir sollten einfach nach Norden vorstoßen, weil die Russen angriffen. Ich war völlig auf mich selbst gestellt, auf meine drei Geschütze, und ich habe sie dann zurückgenommen, weil ich die Leute nicht ins Verderben jagen wollte, es war aussichtslos, wir hatten keine Verbindung nach den Seiten, nicht nach hinten. Da hat mir dann ein Abteilungskommandeur, ein unangenehmer Kerl, angedroht, er bringt mich wegen Feigheit vor dem Feind vor das Kriegsgericht. Schon zuvor, er ging mit einem anderen Kommandeur in einer ruhigen Stellung spazieren, hatte ich gehört, wie menschenverachtend er dachte. «Diesen Leutnant Sowieso», sagte er, «den hab ich abgestrichen wie die Scheiße vom Stock.» Den hat er degradiert. Und da hab ich beim Stab um meine Versetzung gebeten und kam zu einer Einheit, die aus Leuten aller möglicher Herkunft bestand: aus Schleswig-Holsteinern, aus Mecklenburgern, aus Österreichern und aus Bayern, ein ganz gemischter Laden.

Wir kriegten irgendwann einen Ersatzmann, ich glaube nicht, daß er sich freiwillig gemeldet hatte, er wird wehrpflichtig geworden sein, und da ich im Moment, wo er kam, die Batterie führte, mein Batteriechef war im Urlaub, da hab ich gesagt, «ne, Sie kommen in meinen Zug.» Das war so n Pausback aus Warnemünde, absolut korrekt in seiner ganzen Haltung, und ich mochte ihn. Eines Tages, irgendwo in Ostpolen, mußten wir unsere Geschütze aufgeben. Das war natürlich eine sehr schwere Entscheidung, aber wir waren eingekreist von den Russen, und wir durften die Geschütze nicht einsatzbereit zurücklassen, also mußten wir sie unbrauchbar machen. Ich habe den Befehl gegeben, den Lauf zu zerstören, und dann mußten wir zu Fuß zurück, durch die russischen Linien. Das war nicht so schlimm, wie es sich vielleicht anhört. Wir kamen in ein Dorf, das völlig verlassen schien, sind durch das Dorf durch, mit unserem ganzen Zug, ungefähr zwanzig Mann. Und wie wir eben raus waren, auf der anderen Seite, es ging entlang einem Getreidefeld ganz leicht einen

Hang hoch, hörten wir Schüsse und Russen rufen: «Sda wait jes, ergebt euch, komm her!» In dem Moment tat sich ein leerer Schützengraben auf, den die Infanterie vorbereitet hatte. Wir da rein, und ich war mit diesem jungen Mann aus Warnemünde allein. Wir warteten, was sich nun abspielen würde. Der Junge trug eine Panzerfaust, ich hatte nur meine kleine Pistole bei mir, und wir saßen in einem Unterstand, nur mit Grassoden zur Tarnung bedeckt, ganz klein, eben für zwei Mann. Und da schaut dieser Junge mich an und fragt, «Herr Leutnant, wenn die Russen kommen, dann nehmen Sie doch die Panzerfaust und jagen uns in die Luft!?» Die Russen gaben es dann auf, uns zu suchen, und wir konnten weiter zurück, nach Westen.

Während des Rückmarschs legten wir einmal in Polen auf einem Gutshof eine Pause ein. Der polnische Gutsherr saß mit zwei Damen, geschminkt und herausgeputzt nach Pariser Chic, auf der Terrasse. Plötzlich kam der Befehl, sofort wieder abzumarschieren. Ich bin zu dem Gutsherrn gegangen und sagte, «wir müssen wieder weg!» – «Ich wünsche Ihnen viel Glück», antwortete er auf deutsch. «Wollen Sie nicht mitkommen, Sie können doch nicht hierbleiben, wenn die Russen kommen», entgegnete ich. «Wo sollen wir hin? Wir können doch nirgendwo hin», sagte er traurig. Das hat mich tief beeindruckt. Diese Freundlichkeit im Angesicht seiner fast aussichtslosen Lage. Ich höre es noch heute: Ich wünsche Ihnen viel Glück.

Im Februar 1945, drei Monate vor Kriegsende, das war ein Wahnsinn, wurde ich mit einem Oberleutnant aus unserer Abteilung auf einen Waffenlehrgang nach Rerik nördlich von Wismar geschickt. Dort erhielten wir die Nachricht, die Russen haben den Brückenkopf an der Weichsel gesprengt und sind weiter vorgedrungen. Der Oberleutnant sagte: «Jetzt ist es ganz aus!» Das höre ich noch wie heute. Es war niederschmetternd, daß die Russen von der Weichsel aus antraten und dann ja bis nach Berlin vorgeprescht sind.

Nach dem Lehrgang fand ich meine Truppe bei Jauer in Niederschlesien wieder. Dort hatten wir Stellung in einem kleinen Ort bezogen. Uns gegenüber hatte sich der Russe auf einem Berg verschanzt und nahm uns unter heftiges Feuer. Wir waren in einer aussichtslosen Lage. Unseren Geschützen fehlte es an Reichweite, ihr Feuer zu erwidern, und ohnehin waren wir viel zu schwach. In all der Zeit, in all den Kämpfen hatte ich dort den einzigen durch Russen verursachten Ausfall in meinem Zug. Ein Mann wurde durch einen Bauchschuß schwer verwundet.

In den letzten Apriltagen lagen wir an einem See. Die Forsythien blühten, es war herrliches Wetter, im Radio wurden Walzer gespielt, da war ich so gelöst, ich hab nicht an das Kriegsende gedacht und nichts weiter getan als mich gefreut und ein bißchen getanzt in meiner Behausung, ganz allein für mich. Linksrumwalzer.

Es ging weiter über das Riesengebirge, aber es gab keinen Sprit mehr, und die Motoren unserer Zugfahrzeuge, auf denen auch die Mannschaften saßen, wurden auf Alkohol umgestellt. Am 7. Mai waren wir irgendwo bei Mährisch-Ostrau in Sachsen. Unser Batteriechef, ein Hauptmann, rief uns zusammen und sagte, «nehmen Sie Ihr Herz fest in beide Hände, wir haben auch im Osten kapituliert. Die Kapitulationsbedingungen sagen, daß wir an dem Ort. an dem wir uns befinden, stehenbleiben müssen und die Waffen unbeschädigt zu übergeben haben. General Schörner hat Gegenbefehl gegeben und hat befohlen, alle Waffen unbrauchbar zu machen und uns sofort nach Westen abzusetzen.» Unsere Männer haben weinend die Geschütze zerstört, die uns beschützt hatten, denen wir ja vielleicht unser Leben verdankten. Es waren Männer vom Lande, einfache Männer, die nicht so leicht weinten. Von anderen Einheiten wußten wir, daß sie ihre Waffen hingeschmissen und den «Scheißkrieg» für beendet erklärt hatten. Sie gehorchten den Befehlen nicht mehr und desertierten eher, als daß sie weitermachten. Bei uns war das nicht der Fall. In unserer Einheit war es selbstverständlich, daß wir unsere Pflicht taten und uns an den Eid hielten, den wir einmal abgegeben hatten – bis zum letzten Augenblick.

Wir sind mit unseren Fahrzeugen, die wir ja zum Glück noch hatten, nach Westen, nach Tabor abgezogen. Unterwegs sah ich Jungen, noch im HJ-Alter, die in geordneten Kolonnen singend auch nach Westen marschierten. Es hat mich gewürgt, diese Kinder zu sehen, die in den Tod liefen. Die Tschechen haben nach der Kapitulation alles, was ihnen in den Weg lief, auch diese Kinder, niedergeknallt.

Jenseits der Moldau kam ich dann bei den Amerikanern in Gefangenschaft, die dort riesige Lager errichtet hatten. Ein amerikanischer General hat gesagt, «Sie brauchen keine Angst zu haben, Sie werden in zwei, drei Tagen weitertransportiert nach Westen.» Wir waren töricht genug, das zu glauben, und hatten auch gar keine andere Wahl, denn überall in den Wäldern wurde von den Tschechen geschossen, sie machten alle nieder, die ihnen begegneten. Nach einem Tag schon kamen die Russen, und meine Männer haben mir den Waffenrock vom Leib gerissen und mir alte Klamotten angezogen, damit ich als Offizier nicht sofort verladen würde, denn die Offiziere waren die ersten, die von den Russen eingefangen wurden. Ich hab dann gesagt, «und nu, Kinders, brauch ich einen Ausweis. Habt ihr noch einen Wehrpaß übrig?» – «Ja, da ist noch der vom Ehmke.» Das war ein Ausweis mit einem schlechten Paßfoto, mit dem ich vielleicht durchkommen konnte. «Also gut», hab ich zu meinen Männern gesagt, «ich bin jetzt der Obergefreite Ehmke. Wie heiß ich?» – «Obergefreiter Ehmke, Herr Leutnant!»

Gegen Abend wurden wir auf unseren eigenen Fahrzeugen nach Osten transportiert. Ich hatte schon zuvor mit drei anderen Männer verabredet, daß wir abhauen würden, wenn sich eine Gelegenheit bieten würde. Unsere Tornister hatten wir so gepackt, daß wir was für unterwegs hatten, bißchen was zu essen, ein bißchen Wäsche. Es war schon Nacht, als die Kolonne irgendwo im Wald stoppte und wir sofort runtersprangen, zu dritt. Der vierte, ein Österreicher, wollte nicht mit, weil die Russen gesagt hatten, die Österreicher werden sofort entlassen. Das war natürlich eine Lüge, denn die saßen später genauso wie die Deutschen in Gefangenschaft.

Ich habe meine Schäfchen von dort geradeaus durch den Wald geführt, so weit man überhaupt geradeaus gehen konnte. In der Nacht sind wir marschiert, und am Tage lagen wir versteckt und haben aufgepaßt, daß uns niemand erwischte. Wir aßen Leberwurst aus Büchsen, ein scheußliches Zeug, und füllten unsere Feldflaschen aus einem Froschteich auf. Eine Woche lang, das Wetter war gut, es war warm, sind wir immer in Richtung auf den Großen Arber gegangen, den höchsten Berg im Böhmerwald. Schließlich trafen wir in einem Dorf Landser und fragten sie nach dem Weg. «Menschenskind», haben die geantwortet, «geht bloß in amerikanische Gefangenschaft, wenn ihr später noch aufgegriffen werdet, liefern sie euch an die Russen aus.»

Am Abend haben wir uns in einem von den Amerikanern eingerichteten Gefangenenlager für Soldaten der Luftwaffe gemeldet. Der deutsche Kommandant, ein Oberst, bei dem wir uns auch meldeten, fragte nach den Papieren. Ich hatte aber keine, sie lagen in dem Lastwagen, aus dem wir geflohen waren. Da sagte er, «wenn Sie keine Papiere haben, dann muß ich Sie morgen dem Amerikaner melden.» – «Gut», hab ich geantwortet, «dann muß ich also morgen noch mal türmen.» Und am nächsten Tag kam ein amerikanischer Leutnant, Hajek hieß er.

«Ihren Wehrpaß, bitte», hat er mich aufgefordert.

«Ich habe keinen.»

«Ihr Soldbuch.»

«Ich habe keins.»

«Haben Sie einen Führerschein?»

«Nein.»

«Haben Sie einen Freischwimmerschein», hat er zum Schluß gefragt.

«Auch keinen Freischwimmerschein», hab ich geantwortet, «aber ich hab im Soldbuch dieses Unteroffiziers», er war einer meiner Fluchtgenossen, «die Beförderung unterschrieben.»

«Zeigen Sie her. Können Sie die nachmachen?»

«Ja, natürlich, hab ich ja unterschrieben.»

«Okay, allright.»

Damit, dachte ich, ist es ausgestanden, ich mußte nicht mal die Unterschrift nachmachen. Ich bin zurück zu meinem Oberst gegangen und hab gesagt, «Herr Oberst, die Amerikananer haben mich anerkannt, jetzt geben Sie mir bitte eine Bestätigung, wer ich bin.» – «Nein, das kann ich nicht», hat er gerufen, «das geht über meine Kompetenz!»

Am nächsten Tag hab ich den amerikanischen Leutnant Hajek gebeten, mir eine Bestätigung zu geben, wer ich bin. Ich habe sie heute noch.

Nach den Mannschaftsdienstgraden wird Otto Walter zusammen mit den anderen Offizieren im Juli 1945 aus der Kriegsgefangenschaft nach Gotha in Thüringen entlassen, wo sich seine Mutter aufhält. Mit einem Onkel, durch den er dort zum ersten Mal von der Existenz der Vernichtungslager erfährt, gerät er in Streit. Er will «diesen Quatsch» nicht glauben. Als sich aber die «Endlösung» nicht länger verleugnen läßt, ist er entsetzt über die Verbrechen und über seine, wie er heute findet, «strafbare» Ahnungslosigkeit.

Weil er kein Zuhause mehr hat, kein Bett, keinen Tisch, keinen Schrank, zeigt er sich empfänglich, als seine Tante, bei der er wohnt, ihn an ein Mädchen im selben Haus verkuppelt. Daß es dort noch alles gibt, was er und seine Mutter als Ausgebombte verloren haben, beeindruckt ihn. Kurze Zeit später wird jedoch Thüringen von den Amerikanern an die Sowjets übergeben. Mit dem letzten Zug, der vor dem Machtwechsel nach Westen geht, flieht Otto Walter erneut vor den Russen.

Auf einem Güterwagen fährt er über die Hamburger Elbbrücken und sieht, wo einst seine Heimatstadt war, nur noch ein Trümmerfeld. Aber sein Glück, das er in den Gesprächen häufig zitiert, verläßt ihn auch hier nicht. Seine alte Firma, die immer noch existiert, stellt ihn als Lagerarbeiter in einem ehemaligen Bunker ein. An ihn angelehnt baut er mit 6000 aus den Hausruinen entwendeten Steinen ein «Behelfsheim».

Die Notunterkunft auf dem Heiligengeistfeld, unweit der Hamburger Innenstadt, wird zur materiellen Grundlage für die Verlobung mit dem Mädchen aus Thüringen, das er von einem Freund schwarz über die Zonengrenze holen läßt. Die dann geschlossene Ehe, 1948 kommt eine Tochter zur Welt, geht jedoch nach zweieinhalb Jahren des Streits 1950 in die Brüche. Enttäuscht von den Frauen, beschließt Otto Walter, nie wieder zu heiraten. Aber auf einer Reise, die ihn als Käufer und Verkäufer von Textilien quer durch die gerade entstandene Bundesrepublik führt, besucht er seine Kusine und ist zwei Jahre später mit ihr verheiratet. 1956 kommt eine Tochter und drei Jahre später ein Sohn zur Welt. Bis zu seiner Pensionierung vor zehn Jahren arbeitet er als leitender Angestellter in einer Ex- und Importfirma in der Hansestadt.

Vom Krieg will Otto Walter bis heute nichts mehr wissen. Häufig betont er in den Gesprächen, nicht selten ärgerlich über Nachfragen, wie weit er ihn aus seiner Erinnerung verbannt hat. «Eine Erfahrung des Krieges», sagt er, «hat mir kolossal geholfen: Was endgültig vorbei ist, was sich nicht wiederbringen läßt, das kann ich abhaken, damit werde ich fertig.»

Zugleich ist er aber in all den Jahren nach dem Krieg immer in Kontakt gewesen mit einigen Männern aus seiner Flakabteilung. Und als sich im Spätherbst 1989 die Grenzen zur DDR öffnen, geht seine erste Fahrt nach Warnemünde, auf der Suche nach dem «Pausback», der mit ihm irgendwo in Polen in einem Deckungsloch steht und sagt: «Herr Leutnant, wenn die Russen kommen, dann nehmen Sie doch die Panzerfaust und jagen uns in die Luft!?»

Nur mit der vagen Hoffnung, daß er noch lebt, noch in Warne-

münde zu Hause ist, geht Otto Walter dort auf ein Polizeirevier. Mit seiner Geschichte kann er das Mißtrauen der Polizistin besänftigen und steht wenig später vor der Tür des «Pausbacks», in der Hand ein Photo des damals jungen Mannes, der ihn erst nicht erkennt und dann in Tränen ausbricht.

Robert Dohr *Um in der Nähe der Tochter und Enkelkinder zu sein, sind die Dohrs vor einigen Jahren von Dortmund nach Hagen gezogen. Ein paar Busminuten vom Zentrum entfernt, steht an einem Hang das ockerfarbene Mehrfamilienhaus, in dem sie sich eine Dreizimmerwohnung gekauft haben.*

Wohn- und Eßzimmer gehen ineinander über. Unterbrochen von einigen Telefonaten und einem Einkauf beim Lebensmittelhändler an der Ecke, hört Frau Dohr vom Wohnzimmer aus unserem Gespräch am Eßzimmertisch zu. Auch dem anhaltenden Schweigen, wenn Robert Dohr, der mir gegenübersitzt, seine Erzählung unterbricht, das Gesicht unter den schlohweißen Haaren abwendet und regungslos auf die herbstfarbenen Bäume vor dem Fenster schaut.

Als er das Ende des Kriegs schildert – durch einen Granatsplitter verwundet, flieht er aus Brandenburg mit Frau und Kind vor den Russen nach Westen –, setzt sich Frau Dohr zu uns an den Tisch, und sie erzählen diese letzten Tage im April und Mai 1945 gemeinsam. Fast haben sie schon das Ziel ihrer Flucht, das Städtchen Heide in Holstein, erreicht, als Robert Dohr eine Pause macht und mich fragt: «Da war auch noch ein Erschießungskommando, wo ich zusehn mußte. Das interessiert Sie doch auch?» Und als ich nicke, schaut Frau Dohr ihren Mann an und sagt: «Hör auf Robert, ach, hör doch auf!»

Als Jüngster von vier Geschwistern, die in zwei Ehen zur Welt kommen, wird Robert Dohr 1917 in Luckenwalde, vierzig Kilometer südlich von Berlin geboren. Ein Jahr danach kommt der Vater, der Hauptfeldwebel war, aus dem Ersten Weltkrieg zurück. Auf Drängen seiner zweiten Frau, die ihn in einem solideren Gewerbe sehen will, veräußert er seine Gastwirtschaft und kauft einen klei-

nen Betrieb, in dem Möbelbeschläge und Lampen hergestellt werden.

Mitte der zwanziger Jahre fehlt es an Geld, um neue Produkte zu entwickeln, und die Familie hat ein Jahrzehnt alle Mühe, das Unternehmen zu erhalten. Erschwert werden diese Anstrengungen durch die Schwierigkeiten des 1877 geborenen Vaters, «die neue Zeit zu verstehen» und sich der Konkurrenz am Ort kaufmännisch zu erwehren. 1933 verläßt Robert Dohr nach der zehnten Klasse mit dem Einjährigen das Gymnasium und beginnt eine Lehre als Schlosser, die ihm später ein Studium zum Ingenieur eröffnet.

Blond und mit blauen Augen, neckt der Vater immer wieder den schwarzhaarigen, dunkeläugigen Sohn mit der Bemerkung, er sähe ja nicht aus wie sein Kind. Was hier noch eine liebevoll gemeinte Stichelei ist, verwandelt sich für Robert Dohr einige Zeit später in eine zuvor nicht gekannte Niedertracht, als ihn die Nationalsozialisten seines Aussehens wegen ins Abseits stellen. Während ihn seine Erfahrungen mit der Rassenpolitik des «Dritten Reichs» deprimieren, lehnt seine Mutter das NS-Regime entschieden ab. Als junge Frau hat sie drei Jahre auf einer Missionsstation in Südafrika verbracht und kann sich nicht vorstellen, daß eine Regierung, die alle christlichen Werte ignoriert, mehr als eine Episode sein kann.

Mein Vater hat von Adolf Hitler als Reichskanzler erwartet, daß er etwas für die kleinen Leute tut. Seit 1929 balancierten wir mit dem Betrieb am Abgrund. Das änderte sich erst 1934. Von unserer Kundschaft, zu der auch viele jüdische Möbelfabrikanten aus Berlin-Weißensee zählten, kamen wieder größere Aufträge.

Mich brachte die neue Zeit in die HJ. Die HJ wurde aber nie zu meiner Heimat, wie zuvor die Bündische Jugend, in die ich 1927 eingetreten war. In Luckenwalde bestanden ihre Gruppen fast ausschließlich aus Gymnasiasten, die unheimlich zusammenhielten. Als wir von der HJ geschluckt wurden, sah man sehr schnell, daß die Älteren in die SA, in die Partei und die SS abwanderten. Ich war Fähnleinführer der

Hitlerjugend geworden, und einer der Oberen, unser Jungbannführer, blond war er und blaue Augen hatte er, berief eine Führerbesprechung ein. Weil ich sehr viel zu tun hatte, als Schlosserlehrling und nebenher im elterlichen Betrieb, kam ich in Pumphosen statt in Uniform. Da griff er mich an: Wieso ich als Zivilist komme, wie ich mich gäbe und wie ich überhaupt aussehen würde. Nur weil ich schwarzes Haar und braune Augen hatte, stellte er mich bloß. Ich sagte, «nicht jeder kann blondes Haar und blaue Augen haben, und es gibt Leute mit blonden Haaren und blauen Augen, die richtige Schweinehunde sind.» Damit meinte ich nicht ihn, sondern Röhm, der gerade umgebracht worden war. Aber der Bannführer meldete das nach ganz oben, an den Gebietsführer von Brandenburg. Der ließ mich nach Frankfurt an der Oder kommen, riß mir die Schulterklappen herunter und warf mich aus der HJ, nicht ohne zuvor zu sagen, daß ich mich in ein paar Monaten wieder melden könnte, um dann vielleicht als einfacher Hitlerjunge aufgenommen zu werden. Dazu war ich bereits viel zu deprimiert. Ich hatte nämlich auch noch erlebt, wie mich Gauleiter Kube mit meinem Fähnlein auf freier Strecke angehalten hatte. Wir mußten antreten, und fünf Jungs, die blond waren, die rassisch schön für ihn aussahen, mußten vortreten. Sie wurden von Kubes Adjutanten für den Besuch der Napola notiert. Ähnlich ging es mir auch mit einem meiner Lehrer, der mit einem Tastenzirkel und einer Schublehre in der Schule unsere Köpfe und Gesichter maß, uns dann nach vorn holte und sagte: «Du bist ein nordischer Typ, du ein dinarischer und du ein ostischer Typ.» Hieß es, du bist ein «nordischer Typ», warst du «rassisch wertvoll» und gehörtest dazu. Warst du ein ostischer Typ, warst du irgendwie minderwertig und standst draußen.

Dieses Rassentheater hielt ich für Irrsinn, auch wenn mir das andere am Nationalsozialismus paßte und ich laut genug «Heil Hitler» schrie. Erst sehr viel später bin ich wieder in die HJ gegangen und wurde Gefolgschaftsführer, ohne mich viel zu kümmern, denn ich half immer noch zu Haus im Betrieb und studierte zugleich in Berlin Maschinenbau. 1939 machte ich mit zweiundzwanzig Jahren das Examen zum Ingenieur. Das Zeugnis bekam ich genau zum Kriegsausbruch. Acht Tage später war ich Ingenieur im Versuchslabor eines Rüstungsbetriebs in Berlin-Neukölln. Ich arbeitete an der Isolation von Magnetkernen, die für die Entwicklung von Radargeräten gebraucht wurden. Deswegen war ich uk, unabkömmlich, gestellt. Erst 1940, vier Wochen nach dem Angriff auf Frankreich, Holland und Belgien, wurde ich zu einem Pionierbataillon eingezogen. Der Dienst dort war sehr schwer, hart, aber ordentlich, und ich wurde nach der Grundausbildung zum Reserveoffiziersanwärter gemacht. Als Ersatzhaufen ging's nach Ostfrankreich nach Montbéliard, wo der Hauptteil des Bataillons schon lag. Von dort wurden wir an die französische Kanalküste gefahren, wo sie so felsig ist wie die englische. Wir waren ein Sturm-Pionierbataillon und weniger dazu da, Brükken zu bauen, als Bunker zu knacken. Darauf wurden wir auch hier vorbereitet, auf die Einnahme der englischen Kreidefelsen.

Mit Fähren, mit umgebauten Pontons, auf die ein MG montiert war, und selbst mit Blechtonnen, die man zu Flößen zusammengebunden hatte, übten wir die Landung von See her. Auf Strickleitern erstürmten wir die Steilküste und probten den Kampf mit den Bunkerbesatzungen. Unser Hauptfeldwebel, der keine weitere Karriere mehr vor sich hatte und Reserveoffiziersanwärter nicht leiden konnte, fand aber noch immer Zeit für dümmliche Schikanen, die sich niemand sonst hätte ausdenken können. Weil ich mein Abzeichen als Oberpionier, eine runde Scheibe mit einem Stern darauf, statt mit grünem mit schwarzem Faden angenäht hatte, mußte ich strafexerzieren mit dem Karabiner 98, auf, nieder, auf, nieder hat er mich gejagt. Er war aber nicht der einzige. In Rouen an der Seine machte ich meinen Führerschein und kam in einer der schmalen Gassen nicht richtig um die Ecke, es knirschte hinten. Der Fahrlehrer, ein Unteroffizier, ließ mich aussteigen und auf der Straße zwanzig oder dreißig Kniebeugen vor den Franzosen machen. Ich empfand solche Schikanen als willkürlich und erniedrigend.

Mitten in den Invasionsübungen hieß es: Dohr sofort zur Schreibstube! Dort saß der Hauptfeldwebel und sagte, «Ihr Herr Vater ist gestorben.» Ich bat um Urlaub, aber er antwortete, «ich weiß nicht, ob Sie das verdient haben.» Er putzte mich so lange herunter, bis mein Kompaniechef kam und sagte, «aber selbstverständlich fährt Dohr zur Beerdigung!» Als ich dann endlich nach Hause kam, hatten sie meinen Vater schon begraben. Während eines Luftangriffs war er nach einer Magenoperation auf den zugigen Krankenhausflur geschoben worden, hatte eine Lungenentzündung bekommen und war wenig später tot.

Im Frühjahr 1941, als die Wehrmacht in Jugoslawien einmarschierte, haben wir von Österreich aus einen großen Brükkenschlag über die Drau gemacht. Da hörten wir wohl das Donnern der Kanonen, aber die Voraustruppen hatten bereits die Jugoslawen entwaffnet, die Panzer ihre kleinen Geschütze von der Straße geschoben, und wir marschierten ein, fast ohne jede Gegenwehr. Beim Bau dieser Pontonbrücke erlebte ich das erste Mal, was die Wehrmacht, was alle Soldaten mit ihren Gefangenen treiben. Während wir die Feinarbeit machten, mußten die Jugoslawen die Eisenbahnschienen und die schweren Brückenteile tragen, und bei den Unfällen, die es bei einem großen Brückenschlag fast immer gibt, sind einige auch umgekommen.

So eine Brücke zu bauen ist eine schwierige Sache. In den Ufergrund werden Pfähle gerammt, und dann werden die einzelnen Pontons am Ufer aufgereiht. Der erste der Pontons wird zum Wasser abgestoßen und läßt sich auf dem Oberstrom zurücktreiben, bis es heißt, rudert an, der Befehl für die Soldaten auf dem Ponton, ihn abzubremsen und langsam an den Brückenkopf heranzufahren. Dort wird er verbunden, und schon ist der nächste da. So geht das immer weiter, bis man auf der anderen Seite ist. Das ist nicht einfach, und die Pontons werden auch nur von wirklich erfahrenen Leuten gefahren. Es muß schnell gehen, denn die Verbände warten ja darauf, daß sie rüberkönnen.

Gefährlich wurde es in Bosnien, als wir in einem großen Trappistenkloster in dem gebirgigen, zerklüfteten Land rings um Banja Luka lagen. Am Tage waren die Jugoslawen als Hilfskräfte in der Feldküche oder irgendwo anders beschäftigt, und nachts, hieß es bei uns, gingen sie zu den Partisanen. Sie haben wunderbar gekämpft in ihrem Gebirge, das war ja ihre Heimat. Einer unserer Generäle geriet mit seinem Geländewagen und einigen Begleitfahrzeugen in eine ihrer Fallen. Alle unsere verfügbaren Kräfte, Köche, Zahlmeister, Melder, alle wurden zusammengerufen, kriegten ein Gewehr in die Hand gedrückt und rückten aus, um den General rauszuholen. Ganz vorsichtig sind wir über die einzige Straße in ein großes weites Tal eingerückt, in dem er festlag. Kaum hatten wir uns sehen lassen, bekamen wir auch schon von allen Seiten Feuer, von rechts, von links, von hinten, ein Schußhagel aus kleinen befestigten Bunkern, in denen die Partisanen lagen. Es gab Tote und Verwundete, bis der Kessel schließlich geöffnet war. Verluste durch Partisanen gab es häufig auch unter den Meldern. Allein mit dem Krad unterwegs, das war eine einsame Sache, auch wenn sie manchmal einen Maschinengewehrschützen dabeihatten. War der erst mal getroffen, war's aus.

Nach drei oder vier Monaten war unser Einsatz in Jugoslawien beendet, und es ging nach Polen, nach Sokal am Bug. Hier war einer der Bereitstellungsräume für den Angriff auf Rußland. Es wurde nur noch geflüstert, sogar den Pferden hatte man die Hufe umwickelt, damit sie keinen Krach machten. Gerüchte gingen um, und es hieß auch, wir sollten ans Kaspische Meer, an die Ölreserven. Hitler und Stalin hätten sich irgendwie geeinigt. Das klang so verrückt, daß man's gar nicht glauben konnte.

Vor dem Angriff spielten einige Siebzehnundvier. Darunter auch ein Kölner, so n leichter waghalsiger Hund, der immer gewonnen hat. Früh am Morgen begann unser Artillerieüberfall, und in dem Moment schon ging es los, und jeder hatte Angst. Ich war auf einem der Sturmboote in der ersten Welle. Drüben fast unmittelbar am Fluß stachelten die Bunker, einer neben dem anderen. Ich war voll bepackt mit Sprengmunition und Handgranaten, die Handgranaten, um einen Weg durchzuschlagen, und die Sprengmunition für die Bunker. Mit all dem Zeug am Leib bin ich aus dem Sturmboot gefallen, und wenn der Kölner mich nicht am Stahlhelm rausgezogen hätte, wär ich abgesoffen.

Am anderen Ufer haben wir dann einen der Bunker geknackt. Die drei MG-Schützen unseres Zuges gingen so in Position, daß sie auf die Schießscharten halten konnten oder auf Leute, die noch draußen waren. Wir haben dann versucht, in den toten Winkel zwischen den Schießscharten zu kommen. Wenn man da rankommt, sind die im Bunker verloren. Merken sie's, versuchen sie die Geschützrohre zurückzuziehen und die Luken zu schließen. Sind wir schon dran, schieben wir in dem Moment ne geballte Ladung, zwei oder drei Kilo, in die Schießscharte. Das ist der gefährlichste Moment, und wir müssen so liegen, daß die uns nicht beharken können. Schießen die mit Pistolen raus, hat man Pech gehabt. Mein Freund hat an einem anderen Bunker zwei Kopfschüsse gekriegt, er war sofort weg. Es ist uns dann zu zweit gelungen, eine geballte Ladung reinzudrücken, der andere hat gezündet. Die Schnur an so einer Ladung ist kurz, denen drinnen bleibt keine Zeit mehr. Wir merkten, daß sie außer Gefecht gesetzt waren, haben die Tür des Bunkers gesprengt. Als ich reinging, zitterte ich vor Angst. Drinnen haben wir Handgranaten und Dynamit in die Fahrstuhlschächte geworfen. Einer der Fahrstühle stand oben, ich drückte auf den Knopf, und zu meinem Schrecken setzte er sich noch in Bewegung. Zu dritt fuhren wir zwei oder drei Stockwerke runter, und in jedem sind wir raus, um zu gucken, ob da welche waren. Viele waren schon tot, ihnen waren durch die Wucht der Detonationen die Lungen geplatzt. Aus Nase und Mund lief Blut, und im Gesicht waren sie ganz blau. Ich hab mir die Toten bewußt nicht genau angesehen, auch später nicht meine Kameraden, die fielen. Hier hatten wir nur ganz wenige Verluste, aber der Kölner, der ist gefallen.

Ich hatte als Gefreiter die Gruppe geführt und bekam für diesen Einsatz das EK II. Traurig genug. Man hätte den Frauen Orden geben sollen, die in den Städten ihre Kinder aus den Häusern retteten, die im Phosphorsturm brannten. Viele, die das Ritterkreuz trugen, hatten andere für den Sieg geopfert. Aber diese Erkenntnis kommt spät, damals hat man nicht darüber nachgedacht. Als wir wieder aus dem Bunker raus waren, sahen wir, wie auch die Infanterie fächerförmig übersetzte. Dabei war auch ein Kübelwagen, und in dem stand aufrecht Generaloberst von Reichenau, ein Hitlerfreund und großer Nazi. Der rief uns zu, «na, meine Herren, das wird nicht mehr lange dauern, dann werden Sie nicht mehr aufrecht gehen können, dann müssen Sie robben!»

Wir waren immer in vorderster Front. Wir knackten Bunker, bauten Brücken und lagen an irgendeinem Scheißbach, über den die Truppe sollte. Man arbeitet unbewaffnet am Ufer oder auf dem Wasser, und dann kommt plötzlich ein rasanter Angriff von Tieffliegern, du mußt dich verstecken, und wenn du keine Deckung findest, bist du dran, ganz einfach. Waren aber die Bunker genommen und die Brücken gebaut, hatten wir auch den Vorteil, daß wir zurückkamen hinter die Hauptkampflinie. Nach einer gewissen Zeit wurden wir wieder eingesetzt, auch für andere Sachen. Und weil die Pioniere nicht so gute Infanteristen sind, mußten wir dann zum Beispiel die Flügel einer angreifenden Truppe schützen. Da hat uns der T-34 der Russen viel zu schaffen gemacht. Wir hatten Haftladungen, die sahen aus wie ein Teller mit einem Griff oben dran. Unten sind Magnete dran, und damit klatschst du die Ladung an den Panzer ran. Und beim T-34, der war so gut gepanzert, da mußt du schon an den Sehschlitz kommen, das ist sehr schwer. Man sucht sich ne Deckung, läßt den Panzer rankommen und springt auf. Aber wenn er sich dann doch auf der Stelle drehte, dann war man angeschmiert, wurde zerquetscht oder dieser Koloß stand einem direkt gegenüber. Am Anfang hatten wir keine Haftladungen, da nahmen wir einfach Dynamit, das sah aus wie ein Mauerstein mit einem Loch drin für die Zündkapsel. Das haben wir dann versucht, in den Panzer reinzuschmeißen. Ich hab's nicht oft gemacht, ich war ja nicht allein da, und so ein tapferer Mann war ich auch nicht.

Beim Angriff auf Moskau im Spätherbst 1941 war ich schon als Unteroffizier beteiligt. Der Winter kam, und es wurde sehr, sehr kalt. Wir lagen in der Nähe der Stadt Kaluga an der Ugra, eingekesselt von den Russen. Die Straßen so unter Beschuß, daß niemand sich hindurchtraute. Es kam kein Nachschub, keine Verpflegung, und wir hungerten. Mal kriegten wir ne Handvoll getrockneter Erbsen, die warfen wir in heißes Wasser, hat nicht mal gekocht, und haben sie so gegessen. Wir sind auch zur Zivilbevölkerung gegangen und haben gesagt, «Chleb, gebt das Brot raus!» Das hatten die gut versteckt, draußen im Schnee, aber manchmal haben wir es doch gefunden, und wenn ein Huhn da war oder ein Tier, das man essen konnte, haben wir's auch genommen. Das war gemein.

Es war bitterkalt, und nachts wurden wir in den dünnen grauen Mänteln rausgejagt, mit dem Bohrer auf den zugefrorenen Fluß, um der Panzerdivision hinten zu melden, wie dick das Eis war, und wann sie fahren konnten. Auch die Nahkämpfe begannen jetzt. Es gab Alarm, der Russe war durchgebrochen, und wir hockten in unseren Schützenlöchern. Sie kamen immer näher und näher, da wird man schon nervös. Ich wollt den Mann neben mir, den Maschinengewehrschützen, anbrüllen, «Mensch du Ochse, siehst du nicht, die kommen von links!» Ich dreh mich um zu dem, da ist der schon längst tot. Ein Schuß in den Kopf, vorn durch den Stahlhelm. Hurrä, hurrä brüllend liefen die Russen auf uns zu. Dann versucht man erst, einzelne abzuschießen, und wenn sie schon dicht vor einem sind, kommt das Bajonett rauf. Bis auf zehn Meter waren sie herangekommen, und auf einmal, ich weiß überhaupt nicht wieso, sahen wir, wie einer sein Gewehr wegwarf, dann ein anderer seine Maschinenpistole. Ohne Waffen kamen sie uns mit erhobenen Händen entgegen, und wir haben sie alle kassiert. Ich habe nie mein Bajonett aufpflanzen müssen, denn schon als Unteroffizier hatte man ja eine Maschinenpistole. Das ist grausam, wenn man jemandem das Bajonett in die Brust stoßen muß.

Ständig bekamen wir saumäßige Aufträge, wie zum Beispiel über einen halb gefrorenen Fluß eine Brücke zu bauen. Erst mußt du das Eis wegsprengen, dann mußt du mit den Pontons rein, dann mußt du aufpassen, daß sie dir zwischen dem Treibeis nicht wegschwimmen, das ist kein Kinderspiel. Wir bahnten der Truppe den Weg, bis dicht vor Moskau. Ein Artilleriebeobachter, mit dem ich bekannt war, fragte mich, ob ich mal durch sein Scherenfernrohr gucken wollte, und da sah ich in der Weite die Straßenbahnmasten in der Vorstadt von Moskau.

Einige Tage später hörte ich rufen: «Dohr, Dohr, sofort zum Chef!» Der sagte, «Mensch, Sie haben mehr Glück als Verstand. Sie fahren sofort zurück in die Heimat und kommen zur Kriegsschule.» Es war ein klarer, schöner blauer Winterhimmel, und ich sah überall violette Leuchtzeichen aufsteigen. Das hieß, feindliche Panzer sind durchgebrochen und war eine gefährliche Sache. Ich aber bin in den Geländewagen eines Zugführers gestiegen, der mich ein paar Kilometer zurückfuhr, wo ich dann umstieg und im Flugzeug zurück nach Deutschland gebracht wurde. Kalt war das Luder, eine Ju 52, und wenn die sich so hochschaukelt, das ist ein seltsames Gefühl. Irgendwann ging es dann mit dem Zug weiter, und als ich in Berlin auf dem Bahnhof Friedrichstraße stand, sah ich die Offiziere, die es sich in der Heimat gemütlich gemacht hatten, mit dicken Pelzmänteln herumlaufen. Das kann nicht wahr sein, hab ich gedacht. Wie graue Mäuse krochen draußen die Landser über die leuchtenden Schneefelder. Die brauchten Pelze oder einen weißen Tarnanzug, damit sie nicht gesehen wurden. Aber was hatten sie? Nichts. Der Gegenangriff der Russen vor Moskau hat schreckliche Verluste in meinem Bataillon gefordert. Zwei Drittel aller Männer sind ausgefallen, tot, verwundet oder vermißt. Ein großes Blutvergießen.

Auf der Kriegsschule für Pioniere in Dessau habe ich einen Kurs gemacht in größerem Brückenbau, der Beherrschung der Sprengtechnik, dem Räumen und Verlegen von Minen und im Einsatz von Flammenwerfern. Zwei Monate ging die Kriegsschule, und weil ich schon Fronterfahrung hatte, wurde ich gleich Leutnant. Aber später, wenn Brücken und Gebäude gesprengt wurden, hatte ich als Leutnant immer einen Feldwebel oder Unteroffizier dabei, und das waren Leute, die hatten teilweise zwölf Jahre gedient und haben viel mehr gewußt als so ein Reserveonkel. Wir haben das gelernt, aber die Praxis fehlte uns.

Während der Ausbildung bekam ich Heimaturlaub. Meine Mutter sagte, «werd um Gottes Willen nicht bei denen Offizier! Sie taugen nichts, und du mußt dann immer allen voran. Als Offizier bist du in viel größerer Gefahr.» Ich habe nicht darauf gehört, und das war richtig, denn wär ich Landser geblieben, wäre ich wahrscheinlich aus diesem Krieg nicht wieder zurückgekommen. Bei den Pionieren, die auch im Nahkampf eingesetzt werden, ist das ganz besonders so. Dort sind sehr viele Landser und wenige Offiziere gefallen. Seit der Kriegsschule und seitdem ich das Leben in der Heimat gesehen hatte, dachte ich, Robert, das kann nicht gutgehn. Überall liefen die Drückeberger herum, während alle, die noch ein bißchen Ehre im Leibe hatten, draußen waren. Die Besten sind gefallen.

Bis in den Sommer 1942 hinein blieb ich als Ausbilder für Reserveoffiziersanwärter in Deutschland. Die Leute mußte ich häufig bremsen, die konnten es zum Teil gar nicht erwarten, daß sie endlich an die Front kamen. Im September erhielt ich den Befehl, ein Marschbataillon nach Rußland zu bringen. Das ist ein Haufen von Soldaten, der als Ersatz an die Front soll. Mit dem Zug sind wir rangefahren worden bis Dnjepropetrowsk und von dort aus jeden Tag zu Fuß zwanzig bis fünfundzwanzig Kilometer in Richtung Stalingrad marschiert. Zwei oder drei Wochen waren wir unterwegs. Ich hab mir ein kleines Panjepferd besorgt, denn so eine Kompanie ist plötzlich ein paar hundert Meter lang. Vorne mußte ich gut zureden, damit sie nicht stehenblieben, und hinten war's auch nicht anders. Da marschierte noch nicht das letzte Aufgebot, aber für meine Begriffe waren es schon alte Herren, zwischen fünfunddreißig und fünfundvierzig. Ich ritt ständig hin und her, und immer wenn wir an einer Stute vorbeikamen, blieb das Aas von Pferd stehen und wollte sie beschnuppern. Manchmal hat die ganze Kompanie gelacht, wenn ich den Gaul wieder in Gang gebracht hatte und angetrabt kam, ohne Sattel, mit Steigbügeln aus zusammengedrehten Stricken. Bis nach Stalingrad führte ich den Ersatzhaufen, der dort auf die verschiedenen Einheiten verteilt wurde.

Stalingrad bedeutete Häuserkampf. Wir sprengten Durchbrüche in Häuser und kämpften um ihren Besitz mit den darin verschanzten Rotarmisten. Dabei setzten wir auch Flammenwerfer ein. Unter Zittern und Bangen hab ich das gemacht. Man hatte uns gesagt, die Russen haben sich in den Kellern unter der Zivilbevölkerung versteckt, und es gab strengsten Befehl, sie rücksichtslos auszubrennen. Das war schlimm. Ein Flammenwerfer wirft ungefähr zehn Meter seine Flammen. Ein Mann rennt vor, reißt die Tür auf, bringt sich in Sicherheit, und der Mann mit dem Flammenwerfer geht dann ran, und ich brauch nicht zu sagen, was dann da rauskam. Da stürzten brennende Menschen aus den Kellern, Zivilisten und in einigen Fällen auch Soldaten. Manchmal aber auch nur Zivilisten. Ich habe Menschen brennen sehen wie Fackeln. Der

Einsatz dauerte nicht lange, aber er war furchtbar. Die Russen waren genauso tapfer wie wir und haben sich heftig gewehrt. Sie schossen und warfen Granaten aus den Treppenhäusern. Ich stand in einem dieser Häuser, plötzlich war durch einen Granatwerfereinschlag alles voller Staub, und ich fasse nach vorn, um zu sehen, wo die Wand ist, und da fasse ich einem Russen direkt ins Gesicht, auf seine aufgequollene blutende Zunge. Er hatte da einen Schuß reinbekommen. Der hat sofort die Hände hochgehalten, zusammen mit ein paar anderen Russen, die bei ihm standen. Wir haben sie rausgelassen, sie wurden weggebracht, und ich hatte fast die Hose voll. Diese Kämpfe kann ich nie vergessen.

Der Oktober kam, und es wurde kalt. Wir lagen im Süden der Stadt, in der Zaritschaschlucht unten ein kleiner Fluß. In den Abhang hinein haben sich die Landser Bunker gebaut. Sie hatten dabei einen nicht endenden Erfindungsgeist. Aus Bohlen, Brettern, alten Türen, Fenstern, aus allem, was sie kriegen konnten, bauten sie sich ihre Bunker und versuchten sie so einzurichten, daß sie so etwas wie ein Zuhause waren. Das Gelände war nicht so flach wie auf der gegenüberliegenden Seite der Wolga, wo wir auf eine weite Ebene schauten, und die Bunker boten einen gewissen Schutz vor der russischen Artillerie, die immer wieder überfallartig auf uns feuerte. Dort meldete sich ein Spieß bei mir zum Dienst, der mich zu Haus getriezt hatte. Zusammen mit anderen war er aus der Heimat nach vorne gekarrt worden. Da stand er nun mit ner Flasche Schnaps in der Hand und sagte, «Herr Leutnant, ich möchte mich bei Ihnen entschuldigen, es war ja früher alles nicht so gemeint.» «Sie brauchen gar nicht groß zu reden», hab ich gesagt, «Sie haben ne Flasche Schnaps, wie ich sehe, wir trinken jetzt einen, und die Sache ist vergessen.» Am nächsten Tag fuhr der Spieß hinten auf einem Krad mit ner Kanne Erbsensuppe nach vorn zu den Landsern, direkt in einen Granatwerferüberfall hinein. Er war sofort tot. Na gut, er hatte uns getriezt, aber daß er gleich am nächsten Tag stirbt, das hab ich ihm nicht gegönnt. Bei einem dieser Artillerieangriffe schrie vorne einer um Hilfe, und weder der Arzt noch der Sanitäter waren da. Ein Gefreiter neben mir will vorspringen, und ich brüll ihn an, «bist du verrückt geworden, du wartest, bis es vorbei ist!» «Nein», ruft er, «ich hol den», und rennt los, in den nächsten Einschlag hinein, und ich hab den nie wieder gesehen, kein Kopf, kein Bein, kein Arm. Das waren Augenblicke, wo ich dachte, na, wann bist du dran, dein Leben ist doch gar nichts wert.

Meine Kompanie hatte sich langsam aufgelöst. Achtunddreißig von vielleicht hundertundzwanzig Mann kämpften noch, die anderen waren tot, verwundet oder hatten die Ruhr. Die Scheißerei hatten wir mittlerweile alle. Eines Morgens treff ich meinen Kommandeur mit dem Spaten in der Hand auf dem Weg, sein Geschäft zu machen. «Da ist Nachricht gekommen», sagt er, «vom Oberkommando des Heeres, Sie können heiraten. Fahren Sie doch zu Weihnachten, der deutsche Soldat heiratet am besten unter dem Weihnachtsbaum.» «Ich weiß noch was Besseres», sag ich, «jeder Soldat nimmt das, was er kriegen kann, gleich, sonst ist es vielleicht weg.» Ich konnte auch sofort in Urlaub fahren, denn ich hatte ja gar keine Kompanie mehr. Die letzten Tage war ich schon herumgelaufen wie ein Feldmarschall und hatte den Landsern, die sich mächtig freuten, ihre Post gebracht. Wieder war ich davongekommen, denn kurze Zeit später, Ende November 1942, griff der Russe an, und die 6. Armee war eingekesselt.

Ich wurde ausgeflogen auf einen rückwärtigen Feldflugplatz bei Kalatsch am Don, und dort kam einer der Offiziere zu mir und lud mich zum Essen ein. Ich kam in deren Kasino, wo die Offiziere an weiß gedeckten Tischen saßen. Es gab Kartoffeln, Gemüse, Fleisch und dies und das. Gepflegt saßen sie da, als ob nichts passiert wäre, und in Stalingrad, das noch nicht im Kessel lag, hatten wir von Brot mit Marmelade und angebrannten Nudeln gelebt.

Unsere Hochzeit war in Wernigerode im Harz auf dem

Standesamt, eine kirchliche Trauung konnten wir nicht kriegen. Danach wollte ich Idiot zurück nach Stalingrad zu meiner Truppe. Ich war noch nicht davon überzeugt, daß Stalingrad verlorengeht. Als Offizier wußte ich ein bißchen mehr und fand, es war eine Schweinerei, die 6. Armee so weit vorpreschen zu lassen. Das schreckliche Ende jedoch hab ich nicht kommen sehen. Es ging also zurück nach Rußland, und als ich in Dnjepropetrowsk schon im Flugzeug nach Stalingrad sitze, kommt ein Kettenhund, ein Hauptmann der Feldpolizei, herein, und fragt, «was sind Sie, Herr Leutnant?» «Pionier», sag ich und muß aussteigen. Der jagte alle Spezialisten wieder aus dem Flugzeug. Die anderen, von denen sie noch genug hatten, die durften nach Stalingrad rein, um dort zu verrecken. Der Kessel war schon geschlossen, Stalingrad lag schon im feindlichen Hinterland, und die Russen waren weiter im Vormarsch. Hitler, das Schwein, wußte da schon, daß die 6. Armee verloren war. Ich sollte mich bei der und der Truppe melden, eine der Auffangeinheiten, die den Gegenstoß der Russen bremsen sollten. Da haben sie reingeschmissen, wen sie kriegten. Ich hab gesagt, «ne, dazu sucht euch mal andere, aber nicht mich.» Ich hab immer irgendwas gehabt, ich hab die nicht belogen, aber ich hab gesagt, «nein, ich hab den und den Auftrag, ich soll mich da und da melden, da ist mein Major», und das hat ja auch in gewisser Weise gestimmt. An irgendeinem Punkt konnte ich dann nicht mehr weiter, und sie nannten mir eine Division, wo ich mich zu melden hatte. Die fuhr aber ausgerechnet in die Heimat, und von da ging's nach Dänemark. In Aalborg sollte ich als Bataillonsadjutant ein neues Pionierbataillon aufstellen.

Erst waren wir nur ein Zug und haben Quartier gemacht, dann haben wir Quartier gemacht für eine ganze Kompanie, und so ging das weiter, bis wir ein Bataillon zusammenhatten. Das war viel Arbeit, ich mußte die ganze Ausrüstung besorgen, von der Unterhose bis zum schweren Gerät. Die Männer exerzierten, damit sie beschäftigt waren, und etwas später haben wir dann auch Minen verlegt, oben rund um Frederikshavn. Die Bonzen in Berlin hatten Angst, daß die Engländer dort landen würden. Aber die kamen nicht, die einzigen, die in die Luft flogen, waren die Kühe der Bauern. Sie kamen zu mir, jammerten, und ich schrieb einen Antrag auf Ersatz, damit sie Geld bekamen. Die Dänen fühlten sich sehr überfallen.

Mitte 1943 wurde ich wieder von der Industrie reklamiert. Ich mußte in Berlin und eine Zeitlang auch in Passau in einem Zweigwerk desselben Industriebetriebs arbeiten, bei dem ich schon 1940 in der Forschungsabteilung gewesen war. Wieder ging es um Magnetkerne, die jetzt auch für die Radargeräte der Nachtjäger gebraucht wurden. Ich ging in Zivil und fuhr jeden Morgen um halb sechs von Luckenwalde, wo meine Frau und ich eine Wohnung hatten, nach Berlin. Abends um acht war ich wieder zu Haus, und wenn Fliegeralarm war, um Mitternacht. Dann standen wir auf den Dächern Wache, damit die Häuser nicht abbrannten, wenn die Engländer und Amerikaner Phosphor schmissen. Das war ein schlimmes Zeug.

Ab und zu sagte der Chef, «kommen Sie morgen doch in Uniform. Wir wollen das Ausländerlager kontrollieren.» Dort lebten Holländer und Franzosen, die bei uns arbeiteten, und wir mußten ihre Spinde untersuchen, ob sie dort verbotene Sachen versteckten. Sie wären schön blöd gewesen, und es ging natürlich immer gut. Einer dieser Holländer hatte einen Bruder, der war im Ruhrgebiet unter Tage eingesetzt und soll dort angeblich ein paar Nägel weniger genommen haben, um die Stützbalken im Schacht miteinander zu verbinden. Das reichte schon, um ihn ins Konzentrationslager Oranienburg zu bringen. Sein Bruder wollte nun mit ihm zusammen zur Beerdigung ihres Vaters nach Holland fahren. Er bat, ob er nicht mal rausfahren dürfte zum Konzentrationslager, um mit seinem Bruder zu sprechen. Und unser Betriebsleiter sagte zu mir, «Herr Dohr, können Sie nicht mal Ihre

Uniform anziehen und mit dem Mann da rausfahren.» Es war Winter. Im langen Mantel, die Uniform mit allem Wichs darunter, fuhr ich mit dem Holländer zum Konzentrationslager Oranienburg. An der Wache mußte ich ihn abgeben, und sie haben ihn in einen Raum gebracht, wo er seinen Bruder sprechen konnte. Ganz verweint kam er zurück, sie hatten abgelehnt. Was ist das für ein Volk hier, hab ich gedacht und hab verlangt, einen SS-Offizier zu sprechen. Sie ließen mich auch vor, und da sagt der, «schämen Sie sich nicht, sich für einen solchen Lumpen einzusetzen!» Ich hab meinen Mantel aufgemacht und gesagt, «der Mann, den ich Ihnen hier bringe, ist ein anständiger, fleißiger Kerl, warum soll er nicht mit seinem Bruder zur Beerdigung ihres Vaters fahren.» Und weil er nun meine Uniform sah, sagte er, «ja, ja, ist gut, ich weiß Bescheid.» Genutzt aber hat's nicht, ich mußte wieder abziehen und froh sein, daß er mich nicht angezeigt hat.

Im Oktober 1944, heute würde ich sagen, ich hatte einen Vogel, im Oktober hab ich mich wieder freiwillig zur Wehrmacht gemeldet. Um mich herum wurden bereits so viele ältere Herren eingezogen, daß ich mich, jung wie ich war, verpflichtet fühlte. Ich konnte nicht mit ansehen, daß schon Fünfundfünfzigjährige eingezogen wurden. Es war Wahnsinn. Meine Frau war entsetzt, weil wenige Wochen darauf unser Kind geboren werden sollte.

Ich kam Ende 1944 als Ausbilder für Reserveoffiziersanwärter in die Stadt Brandenburg westlich von Berlin, zu einem Pionierbataillon. Dort kriegte ich den Befehl, mit den dreißig Jungs, das war ja schon das letzte Aufgebot, eine Erschießung anzusehen. Wir marschierten zu einer großen Sandkuhle, wo wir uns aufstellen mußten, die Augen auf die Menschen gerichtet, die dort erschossen werden sollten. Ich hab's nicht gekonnt, beim Losdrücken hab ich mich umgedreht. Der erste war ein Oberzahlmeister. Als er am Pfahl vor der Mauer stand, hat er ganz laut gerufen, «hier, ihr Lumpen, habt ihr meine Jacke, damit die nicht auch kaputtgeht!» Ich hör seine Stimme noch. Der andere war ein Unteroffizier, und dann war da noch ein Gefreiter. Der eine von denen hatte erzählt, was er im Feindsender gehört hatte. Das war Wehrkraftzersetzung. Die Militärrichter, Offiziere, haben immer wieder Landser an die Wand stellen lassen. Schon beim Einmarsch in die Sowjetunion hab ich einen Landser gesehen, den sie erschossen hatten und zur Warnung aufgehängt.

Alles ging dem Ende zu, und meine Frau war im neunten Monat schwanger. Sie war in das Dorf «Altes Lager» gezogen, dreißig Kilometer von Brandenburg entfernt. Irgendwann hielt ich's nicht mehr aus, hab mich ohne Urlaubsschein in der Tasche in Brandenburg in den Zug gesetzt und bin zu ihr gefahren. Und in dieser Nacht kam unser Sohn Florian zur Welt. Am Morgen rief ich im Ausbildungslager in Brandenburg an, und der Adjutant fragte, «sach mal, wo bist du denn?»

«Bei Jüterborg, Altes Lager.»

«Bist du verrückt? Weißt du überhaupt, was du da machst? Was soll ich denn dem Alten sagen, wo du bist? Komm sofort hierher!»

Der Florian mußte aber in einem Nachbarort, sieben Kilometer entfernt, beim Standesamt angemeldet werden. Ich hab mich aufs Fahrrad gesetzt und ihn dort eintragen lassen. Erst dann bin ich zurückgefahren. In dem Zug waren die Kettenhunde. Ein alter Offizier mit einem ganz schönen Bauch, der von einem Unteroffizier begleitet wurde. Damals hatten die Waggons noch Trittbretter, auf jeder Station bin ich raus aufs Trittbrett und geduckt in einen anderen Wagen, damit die Armleuchter mich nicht kriegten. Ich war ja unerlaubt von der Truppe weg, und die hätten mich einen Kopf kürzer gemacht. Etwas später kam meine Frau mit unserem Sohn in Brandenburg bei Verwandten unter.

Ende April 1945 sollte ich mit einem zusammengewürfelten Haufen Brandenburg verteidigen, bis zum letzten Mann. Ich hab dem Kommandanten, einem Oberst, gesagt, was ich davon hielt. Die meisten Männer kamen eben aus dem Lazarett, von dreien hatte einer ein Gewehr und von schweren Waffen keine Rede. So sollten wir die russischen Panzer aufhalten. Aber das begriff dieser Oberst überhaupt nicht. Er drohte mir und sagte, ich hätte keinen Einsatzwillen. Ich bin zurück zu dem Haufen gegangen und mit einem Unteroffizier in ein leerstehendes Gebäude, um zu sehen, ob ich die Leute da im Keller unterbringen konnte. Was sollte ich denn mit ihnen in diesem Zustand machen? Von dort aus sahen wir einen russischen Panzer, haben eines der Fenster eingeschlagen, und der Unteroffizier zielte mit einer Panzerfaust auf ihn. Im selben Moment schlug eine Granate bei uns ein, ich kriegte das Fenster über den Kopf, und ein Granatsplitter riß mir einen Finger der linken Hand halb ab. Zu dem Unteroffizier sagte ich, du mußt jetzt allein fertig werden, und bin in die Kaserne, um mich ins Lazarett abzumelden. Der Bataillonsadjutant guckte mich ganz komisch an und sagte, «na, dann haben Sie's ja geschafft.» Auf dem Weg ins Lazarett bin ich bei meiner Frau vorbei, die mit unserem noch keine fünf Monate alten Sohn im Keller saß. Ich hab gesagt, «ich bin verwundet und geh und laß mich jetzt verarzten, ich brauch eine Tetanusspritze.» Sie ist bald danach mit Florian im Kinderwagen los und hat mich in den Lazaretts in der Umgebung gesucht, bis sie mich schließlich gefunden hatte. Von da an sind wir zusammengeblieben. Wir sind über den Sand von Brandenburg von Lazarett zu Lazarett in Richtung Elbe gezogen, ich mit der Lazarettkarte um den Hals. Wärst du ohne die Karte an einen SS-Haufen oder an die Kettenhunde geraten, hättest du am nächsten Baum gehangen.

Abends mußten wir immer irgendwo unterkriechen. Bei Rathenow haben wir in einem Haus Leute gefragt, ob wir bleiben könnten. «Machen Sie, was Sie wollen», sagten sie, «wir sitzen im Keller.» Wir sind oben geblieben, vom Marsch erschöpft und deprimiert. Sollte uns etwas passieren, dann wollten wir zusammensein. Morgens fing Florian zu weinen an. Wir hatten nichts mehr zu essen für ihn. Ich wollte ihn beruhigen und hab ihn draußen auf der Straße umhergefahren. In Leutnantsuniform, hier ein Verband, da ein Verband, schob ich den Kinderwagen mit dem weinenden Florian durch den Ort. Da kommt auf der anderen Straßenseite ein Major, sieht mich und fängt sofort an zu brüllen, «he, Sie da! Wie kommen Sie dazu, nicht zu grüßen? Und wo wollen Sie in dem Aufzug überhaupt hin?»

Auf der Flucht vor den Russen nach Westen versperrt ihnen einige Zeit später nördlich von Magdeburg die Elbe den Weg. Auf der anderen Seite stehen die Amerikaner, und es heißt: Nur Frauen und Kinder dürfen über den Strom. «Nein, jetzt waren wir so lange zusammen», entscheidet Frau Dohr, «jetzt bleiben wir auch weiter zusammen.» Mit dem Kinderwagen machen sie kehrt und ziehen nun nach Norden. Durch Mecklenburg und Schleswig-Holstein geht es fast dreihundert Kilometer nach Heide, wo sie aber nicht wie erhofft auf ihre Verwandten stoßen und schließlich an der Nordseeküste in Büsum landen.

Ende 1944 hatte Robert Dohr die Mitteilung erhalten, daß sein Bruder, der wie er aus der zweiten Ehe des Vaters stammt, in Rumänien gefallen ist. Fast ein Jahr später, im Herbst 1945, erreichen ihn auch Nachrichten über seinen ältesten Bruder und seine Mutter. Nach dem Tod einer ihrer beiden Söhne war sie in eine schwere Depression geraten und hatte es abgelehnt, mit ihrem Sohn Robert, seiner Frau und dem Enkelkind nach Westen zu flüchten. Allein in Luckenwalde, zog sie sich immer weiter in sich zurück und irrte schließlich jede Nacht auf der Suche nach ihrem Sohn und dem Enkel an den Bahngleisen vor ihrem Haus entlang. Kurz vor ihrem Tod an Hungertyphus haben Verwandte sie noch einmal gesehen, in einem Zustand, in dem sie nicht mehr in der Lage war, die Nachricht aufzunehmen, daß Sohn und Enkel überlebt und Unterschlupf im Westen gefunden hatten.

Ihr Stiefsohn, der älteste Bruder von Robert Dohr, war als knapp Vierzigjähriger noch in das letzte Aufgebot geraten und von der Wehrmacht im Eilverfahren zum Maschinengewehrschützen ausgebildet worden. Im Frühjahr 1945 ist er wenige Tage nachdem man ihn an die Front geschickt hatte, um Danzig zu verteidigen, ums Leben gekommen.

Im Januar 1946 wird Robert Dohr von den Engländern verhaftet und in das ehemalige Konzentrationslager Neuengamme bei Hamburg gebracht. Im Fragebogen zur Entnazifizierung hatte er angegeben, Gefolgschaftsführer der Hitlerjugend gewesen zu sein, und gerät damit in eine Verhaftungsaktion, die sich summarisch gegen ehemalige HJ-Führer wendet. In den zehn Monaten, die er im Lager bleiben muß, behandelt man die Gefangenen anständig. Er wird nicht angeklagt und im November 1946 genauso überraschend entlassen, wie er verhaftet worden ist.

In Büsum zurück, findet Robert Dohr Arbeit bei einem Bauunternehmer, der sich aufs Stubbenroden verlegt hat. Für ihn besorgt er den damals nicht leicht zu bekommenden Sprengstoff zum Roden, beaufsichtigt die Arbeit im Wald und fährt den Lastwagen. 1947 kommt eine Tochter zur Welt, und ein Jahr später geht Robert Dohr nach Hamburg in das Konstruktionsbüro einer Maschinenfabrik.

1953 wechselt er in eine größere Firma in Regensburg, um dann nach zwei weiteren beruflichen Zwischenstationen für über dreißig Jahre in Dortmund zu arbeiten, nun allerdings im Verkauf von Baumaschinen, da ihm die Arbeit als Konstrukteur zunehmend stupide geworden ist. Er arbeitet noch vier Jahre über die Rente hinaus als Ingenieur und freier Handelsvertreter und hat, wie er sagt, dabei das erste Mal in seinem Leben richtig Geld verdient. Auch Frau Dohr geht, als Tochter und Sohn aus dem Haus sind, zurück in ihren Beruf als Krankenschwester. Als sie aber merkt, daß sie sich dort nicht mehr wohl fühlt, tritt sie eine Stelle als Verkäuferin in einem Juweliergeschäft an, in dem sie fast zehn Jahre lang bleibt.

Von Robert Dohrs Erfahrungen im Krieg wird in der Familie nicht gesprochen. Er selbst begegnet Ende der fünfziger Jahre einem der Generale, unter denen er gedient hat, auf dem Dortmunder

Hauptbahnhof. «Ich geh auf ihn zu und sage: ‹Guten Tag, Herr General.› – ‹Sie kenn ich doch, Sie waren doch bei mir in der Division. Warum waren Sie denn noch nie bei unserem Traditionstreffen?› fragt er und zieht sein Notizbuch aus der Tasche, ‹das ist wieder am 8. November, kommen Sie doch mal hin!› – ‹Denkste dir›, hab ich mir da gesagt, ‹du kannst mir mal den Buckel runterrutschen.›»

Anatol Kovács *Anatol Kovács' Stimme klingt ein wenig rauh und in ihren facettenreichen Betonungen, die er bisweilen virtuos handhabt, zugleich melodiös. Dabei spricht er dieses gesichtslose Hochdeutsch, das dem Zuhörer jede Auskunft über seine geographische Herkunft verweigert, wäre da nicht ein rollendes R, das er fast lustvoll betont.*

Für einen Spaziergang haben wir sein Reihenhaus im Süden Kölns erst vor wenigen Minuten verlassen und stehen nun nach Überquerung einer Brache zwischen Streuwiesen mit blühenden Obstbäumen und Lauchfeldern. Diesen Weg, sagt er, mache er häufig, und wenig später glaubt man auch zu verstehen, warum. Denn am Ende des Feldwegs öffnet sich ein Blick auf die Ausläufer des Rheinischen Schiefergebirges, das den Spaziergänger aus der Langeweile der Ebene erlöst. Zum wiederholten Male eine Prise Schnupftabak auf dem abgewinkelten Daumen zu seiner groß und spitz im Gesicht stehenden Nase balancierend, würdigt Anatol Kovács jedoch das Panorama keines Blicks. Den Rücken gestrafft, schaut er mit leicht nach hinten geneigtem Kopf erst in die eine und dann in die andere Richtung der Bahngleise, vor denen wir angekommen sind. Und als sich von dem glänzenden Schienenband ein feiner vibrierender Ton zu lösen beginnt, streicht er sich mit einer Hand über die Glatze und sagt, das R lange und zufrieden rollend: da kommt einer!

Im 18. Jahrhundert holt die österreichische Kaiserin Maria Theresia Siedler in das durch die Türkenkriege verödete Land in der Pannonischen Tiefebene zwischen Donau und Theiß, das heute im Norden Serbiens liegt. In drei Etappen besiedeln Kolonisten aus verschiedenen Gebieten des Deutschen Reichs das Land, angelockt von Steuerfreiheit und der Zusicherung, daß ihre Söhne nicht zum Militär müßten. Unter ihnen ist auch der aus der Kurpfalz stam-

mende Urgroßvater von Anatol Kovács, der sich in Vrbas niederläßt, einem Ort, in dem das Dörfliche mit dem Städtischen lange Zeit eng verbunden bleibt.

In der vierten Generation kommt hier Anatol Kovács als ältester von zwei Söhnen, kurz vor Ende des Ersten Weltkriegs 1918, noch in der Donaumonarchie der Habsburger zur Welt. Nach dem Krieg gerät die Pannonische Tiefebene, die aus den Provinzen Batschka und Banat besteht, an das neu entstandene «Königreich der Serben, Kroaten und Slowenen», das gegen Ende der zwanziger Jahre in «Königreich Jugoslawien» umbenannt wird. Als der Vater, ehemals Beamter der kaiserlich-königlichen Eisenbahn, im Zuge dieser Veränderungen nach Serbien versetzt werden soll, verläßt er den Staatsdienst und übernimmt eine leitende Funktion in der örtlichen Zuckerfabrik, einer Aktiengesellschaft mit jüdisch-tschechischem Kapital. In den zwanziger Jahren wird er zum Mitbegründer des «Schwäbisch-Deutschen Kulturbundes». Hier soll die «Volkstreue», die Bindung an die deutsche Heimat harmonisiert werden mit der «Staatstreue» gegenüber dem Königreich Jugoslawien. Gleichwohl verehrt der Vater Gustav Stresemann und glaubt im Gegensatz zu seiner Frau, die von strikter deutscher Gesinnung ist, an ein multinationales Miteinander. Als Anatol Kovács, der dreisprachig mit Ungarisch, Deutsch und Serbisch aufwächst, 1924 an das deutsche Gymnasium an seinem Heimatort kommt, entscheidet der Vater, daß von nun an in seinem Haus deutsch gesprochen wird, damit seine Kinder ihre Muttersprache lernen. Seitdem wird im Elternhaus nur noch mit den Dienstboten ungarisch gesprochen, das aber nach wie vor dem Deutschen gegenüber den Vorzug hat, als die weitaus vornehmere Sprache zu gelten. Der überraschende Tod seines Vaters am Neujahrsmorgen des Jahres 1937 ist bis heute für Anatol Kovács der größte in seinem Leben je erfahrene Verlust geblieben. Um so enger jedoch schließt er sich in der kommenden Zeit den gesellschaftlichen Überzeugungen der Mutter an, die kompromißlos an eine deutsche Zukunft glaubt.

Der «Schwäbisch-Deutsche Kulturbund» wurde nach 1933 von eigenen Mitgliedern, den sogenannten Erneuerern, von innen heraus unterwandert. Für sie zählte der Staat, zählte Jugoslawien immer weniger. Sie waren volkstreu, und das hieß: vor allem anderen kam Großdeutschland. Unser Siedlungsgebiet sollte nach dem Endsieg, der ja beschlossene Sache war, eine Provinz im Deutschen Reich werden.

Seit 1938 unterrichtete ich in Belgrad als einer der ersten Donauschwaben an der Deutschen Schule, ich war gerade zwanzig Jahre alt. Meine Mutter und ebenso mein Bruder und ich waren, wie fast alle Donauschwaben, sehr deutschgläubig. Für uns war Jugoslawien unser Vaterland und Deutschland, das Land unserer Vorfahren, unser Mutterland. Als die deutsche Wehrmacht in Polen einmarschierte, entstand unter uns Donauschwaben mit einigen seltenen Ausnahmen eine große Erwartungsstimmung: Nun kommen sie!

Anfang 1940 wurde ich jedoch Soldat in der jugoslawischen Armee. Meine Grundausbildung bei der Kavallerie machte ich erst in Sarajevo und dann in Mostar. In unserer Schwadron dienten nur zwei Schwaben, alle anderen waren Serben, Kroaten, Slowenen, Juden und andere Jugoslawen, Männer aus allen Teilen dieses Vielvölkerlandes. Man begegnete uns mit Toleranz, auch wenn mich einer unserer Offiziere, der Rittmeister Isakowitsch, ein glühend chauvinistischer Großserbe, mit Mißtrauen beäugte. Die Ausbildung empfand ich nicht nur als Bedrückung, denn ich bin furchtbar gern marschiert und hatte so einen bestimmten Schritt. «Er marschiert», sagte einer meiner Kameraden, «wie ein Deutscher.» Wir lernten reiten, und ich saß auf einem hochbeinigen, sehr nervösen Hengst, den niemand sonst wollte. Jurko, so hieß er, ließ keine Gelegenheit aus, mich abzuwerfen, aber ich habe mir dabei nicht mehr als einen Finger gebrochen. Bewaffnet waren wir mit leichten Mauser-Maschinengewehren, die noch zum Teil aus dem Zusammenbruch der österreichisch-ungarischen Monarchie stammten.

Am 6. April 1941, einem Karfreitag, fiel die deutsche Wehrmacht über Jugoslawien her. «Mili moji», sagten die Serben, «kuda koji», meine Lieben, ihr könnt zerstieben. Damit war die jugoslawische Armee aufgelöst, und wir liefen in alle Richtungen davon. Ich versuchte, mich zusammen mit zwei anderen Donauschwaben in unsere Heimat durchzuschlagen. Mit einer Schmalspurbahn fuhren wir aus der Herzegowina bis nach Bosnisch Brod an der Save. Dort hatte es eine Brücke hinüber nach Slavonisch Brod gegeben, die gesprengt worden war. Einige Schritte weiter hatten jedoch die Deutschen eine Pontonbrücke gebaut, über die wir nach Slavonisch Brod tippelten. Am Bahnhof stand nur ein einziger sehr langer Güterzug mit geöffneten Türen. Ein deutscher Feldgendarm patrouillierte davor auf und ab. Wir gingen auf ihn zu und sagten, «wir sind Volksdeutsche, wir wollen nach Haus, zurück nach Donauschwaben.» «Ja, ja, der Zug fährt dorthin, steigt nur ein!»

Hundemüde suchten wir uns einen Waggon aus, in dem Stroh lag. Es verging eine Stunde, es vergingen zwei Stunden, es vergingen zwölf Stunden, und der Viehwagen hatte sich inzwischen mit Soldaten der aufgelösten jugoslawischen Armee gefüllt, die nach Hause wollten. Am anderen Morgen wurden die Türen zugeschlagen, die Riegel knallten ins Schloß und der Zug rollte an. Er rollte, rollte und rollte eine ganze Woche lang, bis wir völlig verlaust und verwanzt in Stargard in Pommern in einem Gefangenenlager ankamen. Sie hatten uns nicht verhungern lassen, die Deutschen, nein, an einigen Stationen gab es Suppe und auch Kaffee.

Bei der ewigen deutschen Registriererei stellte sich dann heraus: ja, ihr seid ja irgendwie doch Deutsche oder «Zufallsdeutsche», wie einer der Wehrmachtsoffiziere uns dort nannte. Ein Sonderführer der Wehrmacht erschien, um uns zu verhören und herauszufinden, wie gut wir deutsch sprachen. Von nun an wurden wir nicht schlecht behandelt. Einen Teil einer Baracke hatten wir Volksdeutsche für uns, und wir bekamen etwas mehr zu essen als die anderen. Zur Suppe gab es einen Nachschlag, und freitags kriegten wir Labskaus, das war ein Festessen. Am Sonntag wurden wir ins Gelände spazierengeführt, in die Pommersche Seenlandschaft. Es war nicht fröhlich, aber wir waren privilegierte Gefangene. Etwas besser ging es nur den Franzosen. Schlecht ging es den Serben, und ganz schlecht ging es den serbischen Juden.

Jeden Morgen wurde ich zusammen mit einem Freund abgeholt und in die Kommandantur in der Stadt geführt; wir arbeiteten, das war ein Privileg, in der Registratur. In den Listen standen über 60000 französische und jugoslawische Kriegsgefangene. Ungefähr tausend im Lager, während die anderen draußen in Arbeitskommandos schufteten und von hier aus verwaltet wurden. Eines Tages saßen wir über den Karteikarten, als wir hinter uns ganz leise das Geräusch von schlurfenden Schritten hörten. Es war der Leutnant Wolff, weit in den Siebzigern, den man reaktiviert und zum Leiter der Registratur gemacht hatte. Er fühlte sich ertappt, räusperte sich und erklärte uns in seiner ganzen furchtbaren Biederkeit, er habe sich anschleichen wollen, um zu hören, ob wir auch deutsch redeten, wenn wir unbewacht waren. Wir hätten natürlich auch serbisch oder ungarisch miteinander reden können, während ihm, wenn er nicht Deutsch gekonnt hätte, nichts anderes übriggeblieben wäre als zu bellen, dem Arschloch.

Unsere Entlassung kam von heut auf morgen. Sie steckten uns jetzt nicht mehr in Viehwaggons, sondern wir saßen in Personenwagen, hatten Marschverpflegung und waren keine armen Teufel mehr. In Wien stand der Sonderführer Knobloch auf dem Bahnsteig und zeigte uns in der Stadt die Sehenswürdigkeiten, die sich um die Geschichte von Prinz Eugen rankten. Der war für uns Volksdeutsche aus dem Südosten eine Galionsfigur, er hatte unser Land vor den Türken gerettet. Nach acht Tagen ging es weiter Richtung Ungarn, nach Hainburg an der Donau, und von dort aus konnte jeder mit irgendeinem Ausweis, der zugleich Fahrkarte war, nach Hause fahren.

Den Einmarsch der Deutschen hatte ich als Beglückung empfunden, es war die österliche Erwartung der Befreiung, obwohl wir unter den Jugoslawen nicht gelitten hatten. Aber unser Land war nicht von den Deutschen, sondern von den Ungarn besetzt worden, die wir als Verbündete begrüßten. Anders ging es den einheimischen Serben. Ihnen ging es von der ersten Stunde an schlecht. Die Ungarn waren schon immer sehr antiserbisch und rasante Antisemiten. Schon am ersten Tag hatten sie die Serben, die als besonders ungarnfeindlich oder als Kommunisten galten, aus ihren Wohnungen und Häusern geholt und erschossen.

Ich blieb vierzehn Tage in Vrbas und ging dann zurück nach Belgrad. An der Deutschen Schule, an die ich ohnehin nicht mehr wollte, hatte inzwischen ein anderer meine Stelle besetzt. Wir Schwabensöhne waren nun große Herren in Belgrad, und die Kreisleitung der Volksdeutschen, die dort ihre Büros hatte, engagierte mich sofort für die sogenannte Volksdeutsche Stunde am deutschen Soldatensender Belgrad, der an jedem Abend um zehn, gesungen von Lale Andersen, das Lied von Lili Marleen spielte. Die «Volksdeutsche Stunde» wurde jeden Tag live gesendet, und ich schrieb sie. Es gab Beiträge aus der gehobenen deutschen Literatur mit verbindenden Texten, in denen ich zum Beispiel den von mir damals sehr geliebten und von den Nazis verbotenen Rilke zelebrierte. Autoren wie Mörike, Goethe, Kleist und Binding, die damals für die deutsche Seele standen und, ganz abendländisch, scheinbar auch einer antikommunistischen Agitation dienten. Zudem hatte ich eine «Singschar», einen Mädchenchor, den ich – ich kann überhaupt kein Klavier spielen – mit der Violine einstudierte. Mit meinen zweiundzwanzig Jährchen war ich in Belgrad einer der Kulturamtswalter, einer der Bonzen geworden. Uns Deutschen ging es wunderbar. Ich hatte ein Auto, einen Fiat Topolino, in den ich mich ohne Fahrstunden reinsetzte und angeleitet von einem Kameraden einfach losfuhr. Woher das Auto stammte, wußte ich nicht, wahrscheinlich von Juden, denen man es weggenommen hatte. Das hatte uns nicht zu interessieren. Es war nichts einfacher, als einen Serben zu denunzieren, er sei Kommunist. Schon fand er sich in einem Konzentrationslager wieder. Es gibt ein Beispiel, das illustriert, was damals in Belgrad passierte: An manchen Lokalen hing das Schild «Für Juden, Serben und Hunde verboten». Und einige Zeit später, als die Juden systematisch fortgeschafft worden waren: «Für Serben und Hunde verboten». Den Serben ging es sehr schlecht, sehr viel schlechter als später den Deutschen unter den Serben.

1942 heiratete ich zum ersten Mal, eine Donauschwäbin, und wir bekamen eine sehr gut ausgestattete Zweizimmerwohnung. Später stellte sich heraus, sie hatte zuvor Juden gehört. Das war einer der ersten kleinen Stiche. Als einer der Macher der deutschen Volksgruppe gehörte es eines Tages auch zu meinen Obliegenheiten, mir für die NS-Volkswohlfahrt in einem bestimmten Magazin Kleidungsstücke fürs Winterhilfswerk anzugucken. Dabei stieß ich auf einen Hut. Bei unseren Bauern war es üblich gewesen, sich zum Beispiel die kleinen Eisenbahnfahrkarten aus Karton in den Hut zu stecken, damit sie auf keinen Fall verlorengingen. Innen rein, unter das Schweißband, wo man auch die Monogramme fand, wem der Hut gehörte. Ich habe den Hut in der Hand, klappe das Schweißband herunter und lese den Namen meines guten Kameraden Gabaj. Da wußte ich, sie hatten den Gabaj, einen Belgrader Juden, vergast. Bei der jugoslawischen Armee war er einer meiner besten Freunde gewesen. Das traf mich. Ich blieb zwar nach außen hin der brave Soldat, der Deutschland verteidigte, aber ich war's nicht mehr.

Man durfte es nicht wissen, aber wir haben's natürlich gewußt, daß die Juden vergast wurden. Es gab in Belgrad einen SS-Oberscharführer Bock beim SD, der mit Vorliebe im

«Deutschen Haus» verkehrte. Ehemals der Jockey-Club, gab es dort einen riesigen Weinkeller, den ich mit nicht sehr viel anderen leer gesoffen habe. Wenn Bock betrunken war, wurde er sentimental und redselig. Er begann Dinge auszuplaudern, die er nie hätte sagen dürfen. Und 1943 erzählte er uns, was wir schon ahnten, daß die Juden Europas in Vernichtungslagern getötet wurden.

Meine Sendung wurde zwar live ausgestrahlt, aber ich mußte zuvor das Manuskript vorlegen, damit es von einem der beiden Leiter des Soldatensenders Belgrad zensiert werden konnte. An einem Tag im Frühjahr 1943 kam ich mit dem Sendemanuskript in das leere Büro und sah ein Papier auf dem Tisch liegen, auf dem unter anderen mein Name stand. Es war eine Namenliste von Volksdeutschen, deren uk-Stellungen, deren Unabkömmlichkeit, erneuert werden sollte. Ich habe meinen Namen durchgestrichen, weil ich Soldat werden wollte. Ich fühlte mich immer noch aufgerufen, mit der Knarre in der Hand Deutschland zu verteidigen. Wenig später wurde ich eingezogen zur SS-Division Prinz Eugen. Sie war gegründet worden für die Volksdeutschen.

Die Ausbildung, die ich in der SS erlebte, war sehr viel schärfer, als sie in der jugoslawischen Armee gewesen war. Unsere Wunderwaffe war das MG 42. Seine Schußfolge war so schnell, daß sie die Menschen völlig demoralisierte. Es war verboten, mit ihm über die eigene Truppe hinwegzuschießen. In der jugoslawischen Armee hatten sie Maschinengewehre der Marke Schwarzlose aus Österreich, die schossen: dit, dit, dit, dit, und unser MG 42 schoß brrrrrrt. Bei der SS wurden wir geschliffen: militärisch und weltanschaulich. Die weltanschauliche Schulung war das Hauptfach, dem viel Zeit geopfert wurde. In Vorträgen erzählte man uns all das, was die Überlegenheit der germanischen Rasse dokumentieren sollte, und gab uns Bücher über die Rassenlehre und Ideologie des Dritten Reichs. Um das Schulungsmaterial zu besorgen, wurde ich bald auf Dienstreisen nach Deutschland geschickt, auf die Plassenburg, eine alte Hohenzollernfeste bei Kulmbach in Bayern. Dort hatte die SS ihr zentrales Lager für Publikationen aller Art, Bücher, Broschüren und Heftchen. In jenen Tagen boten die Reisen aus dem Banat nach Bayern den Hauch von Abenteuer, der nach meinem Zuschnitt war. Und sie ersparten mir auch die SS-Tätowierung. Ich war auf einer dieser Reisen, als sie den anderen ihre Blutgruppe und Nummer auf die Innenseite des Oberarms tätowierten, und nach meiner Rückkehr habe ich mich nachträglich nicht vorgedrängelt.

Die Ausbildung dauerte nur wenige Wochen, damit wir im zweiten Halbjahr 1944 möglichst schnell nach Bosnien in den Einsatz geschickt werden konnten, um Titos Partisanen zu bekämpfen. Partisanen waren in den Augen der SS Kommunisten, und Kommunisten waren im allerbesten Fall Menschen zweiter Ordnung. Juden und Kommunisten waren für die SS das Ungeziefer. Nicht sehr weit von Sarajevo wurden wir eines Nachts von Partisanen überfallen. Sie stürmten mit Urrräh-Geschrei auf uns zu. Ich lag mit meinem Gewehr am Rande einer Lichtung und hatte auf einmal eine Frau im Visier, Darinka. Sie war vom Gros abgekommen und wurde nun von ihren Kameraden zurückgebrüllt, «Darinka! Darinka!» Ich mußte nur den Finger krümmen, und dann war sie tot. Erst robbte sie zurück, dann sprang sie auf, lief fort, und ich hatte den Finger nicht gekrümmt.

Einige Zeit zuvor war ich beim Baden in der Adria in einen Seeigel getreten und hatte mittlerweile am linken Fuß eine Geschwulst von der Größe eines halben Hühnereis. So lag ich acht Tage lang im Wald, rechts trug ich einen Stiefel und links einen Hausschuh. Eingeschlossen von den Partisanen, hatten wir kaum etwas zu essen, und an Schlaf war nicht zu denken. Gerettet hat uns nur das MG 42, mit dem wir uns schließlich den Weg nach hinten, nach Sarajevo freikämpften. Dort wurde ich in ein Lazarett geschafft und operiert.

Nachdem die Wunde abgeheilt war, erhielt ich Urlaub. Für

einen kurzen Besuch fuhr ich zu meiner Mutter, es war der 1. September 1944. Zum Abschiednehmen brachte sie mich mit dem kommunalen Fiaker in Vrbas zum Zug. Auf dem Bahnsteig nahm ich ihr das Versprechen ab: «Wenn die Russen kommen, geh! Bleib nicht zu Hause!!» Als dann im Oktober die Flucht der Schwaben vor der Roten Armee nach Deutschland begann, ist meine Mutter nicht mitgegangen. Sie ist zu Hause geblieben. Sie ist in ein Arbeitslager gekommen wie all die anderen auch. Ich habe sie nie wiedergesehen.

Am Ende meines Urlaubs ging ich nicht zu meiner Truppe zurück, sondern wurde erneut für den Rundfunk uk gestellt und nach Berlin abkommandiert. Dort habe ich in der Schlußphase des Krieges monatelang im Funkhaus an der Masurenallee eine Sendung gemacht, die hieß «Uhu». Das war auch eine meiner Erfindungen, «Unsere Heimat-Unterweisung». Tagtäglich sendeten wir zwanzig Minuten für die Deutschen in Südosteuropa, die nach dem Rückzug der Wehrmacht unter russischer Herrschaft lebten. Wir saßen im Funkhaus im Studio und glaubten immer noch, es sei unsere Verpflichtung, den Deutschen dort Mut zusprechen zu müssen. Einige Schauspieler, die uk gestellt waren, warteten im Funkhaus auf Aufträge, unter anderen Albert Florath. Sie ließ ich meine Sachen sprechen: Plaudereien über die deutsche Kultur und Literatur, während draußen alles zusammenbrach. Es war hochgestochen, ein bißchen verrückt und, wenn auch nicht zum Aufstand aufgerufen wurde, subversiv.

Abends bin ich in dieser Zeit sehr oft unterwegs gewesen. Von meiner Frau, 1943 war unsere Tochter zur Welt gekommen, hatte mich nicht nur der Krieg und das Vagabundenleben getrennt. Ich war mit einer anderen zusammen, der Tochter eines Berliner Oberstudienrats, die ich nach dem Kriege heiraten wollte. Mit ihr zusammen tummelte ich mich im Berliner Theater- und Konzertleben, das 1944 ja immer noch funktionierte. In der Philharmonie sah ich manchmal, wie Furtwängler dirigierte. Im Crescendo kam er aus der halben Kniebeuge hoch und drosch, es war ja alles sehr lang an ihm, pathetisch die Luft, ein besserer Kapellmeister.

Ich wohnte solo in Reinickendorf, wo ich einen besonders furchtbaren Nachtangriff erlebte. Die Sirenen heulten, und ich hatte keine Lust, in den Keller zu gehen. Ich weiß nicht warum, vielleicht hatte ich getrunken. Schließlich saß ich doch im Keller, der Hauswart war gekommen. Als ich nach der Entwarnung wieder hoch in meine Wohnung kam, lag im Bett auf meinem Kopfkissen ein flacher großer schartiger Bombensplitter, so groß wie zwei Männerfäuste. Ich trug das schwere Ding eine Zeitlang wie ein Amulett in meinem Tornister herum, bis es irgendwo verlorenging. Die Bombardements auf Berlin wurden so furchtbar, daß wir Anfang 1945 verlegt wurden. Jeder mit nur einem Koffer in der Hand, fuhren wir in einer kleinen Gruppe von vielleicht sieben Figuren mit einem Urlauberzug nach Süden. Es waren Typen, wie ich einer war, Männer aus den verschiedenen Ländern Osteuropas. Wir waren Teil einer Propagandakompanie, die nicht der Wehrmacht, sondern der SS und dem Reichssicherheitshauptamt unterstand.

Aus Bad Aussee in Österreich sollten wir mit einem mobilen Sender weiter für unsere verschiedenen Volksdeutschen Programme machen. Aber zum Senden kamen wir überhaupt nicht mehr, wir waren Desperados, die nichts mehr zu tun, aber Essen und Alkohol genug hatten. Wir lungerten dort unten inmitten der Berge herum, warteten auf Godot und darauf, daß die dicke Wunderwaffe kam, von der alle immer faselten. Doch der Wunderglaube wurde jeden Tag etwas schäbiger, und ich fühlte mich wie ein Süchtiger, dem langsam die Droge ausgeht. Die Soldatenexistenz ist ja etwas Irrationales, etwas außerhalb der Realität. In Bad Aussee gab es eine SS-Dienststelle. Dort war ich auf einen SS-Offfizier gestoßen, einen Donauschwaben, der mich kannte. Von ihm erhielt ich einen Marschbefehl, denn inzwischen war die Parole von Mund zu Mund gegangen: Substanz retten! Das hieß zuerst, sich nach Westen abzusetzen, fort von den Russen. Was dann kommen sollte, wußte keiner.

Ich hatte dreihundert Mark sowie einen feinen englischen Anzug. Damit bin ich wenige Wochen vor Kriegsende desertiert. Meine Uniform versenkte ich im See, behielt aber das Soldbuch und die Erkennungsmarke. Die habe ich erst vernichtet, als ich bei den Amerikanern war. Unbehelligt von der Feldgendarmerie kam ich als Anhalter mit einem LKW der Wehrmacht nach Reichenhall, wo der Transport endete. Es war schon Abend geworden, und ich ging in die Gaststätte «Zum Hirschen». Mit einem «Heil Hitler» betrat ich das Lokal. Die Wirtin, Frau Allersdorfer, schaute mich an und sagte, «hier derfens net Heil Hitler sagen!» Sie nahmen mich trotzdem auf, ich erhielt eine warme Suppe und ein Quartier. Es lag oben unterm Dach in einem Raum, in dem schon vier oder fünf solcher Gestalten saßen, alles Davongelaufene. Sie trugen noch ihre Uniformen, ich war der einzige in Zivil.

Am 6. April erreichten die Amerikaner die Stadt. Wir hingen oben in den Fenstern und schauten zu, wie ein Jeep nach dem anderen und schließlich auch Panzer durch die Straßen fuhren. Ich ging auf die Toilette, riß mein Soldbuch in Stücke und spülte es zusammen mit der Erkennungsmarke hinunter. Ich blieb in Reichenhall, ich hatte ja keine Entlassungspapiere, und machte mich in dem Gasthof mit Holzhacken, Geschirrspülen und anderen Arbeiten nützlich.

Nach einigen Monaten jedoch wollte ich nach Wernigerode im Harz, wo ich mit Ira, meiner Berliner Freundin, verabredet war, wir wollten uns dort nach dem Krieg in einem Erholungsheim der «Volksdeutschen Mittelstelle» wieder treffen. Doch woher die fehlenden Papiere nehmen? Während wir allein im Zimmer waren, sagte mir eine Angestellte aus dem Rathaus, ich sollte bei den Amerikaner behaupten, ich sei ein Bauernsohn, der daheim in Wernigerode auf dem Hof seiner Eltern gebraucht wird zum Einbringen der Ernte. Der amerikanische Besatzungsoffizier, der im Rathaus saß, stellte mir auch tatsächlich einen Wisch aus, auf dem stand, ich sei ein Bauernsohn aus dem Harz. Ralf T. Agathe hat er geheißen.

Mit diesem Papier in der Hand habe ich mich durchgeschlagen nach Wernigerode. Acht Tage dauerte es, und als ich ankam, stellte sich heraus: Ira war dagewesen, aber dann weitergezogen nach Celle. Dort kannte ich einen ehemaligen Offizier der «Volksdeutschen Mittelstelle». Von ihm erfuhr ich, wo die Ira wohnte, aber sie wollte mich nicht mehr, sie hatte einen anderen.

Die Niederlage Deutschlands ist für Anatol Kovács eine Katastrophe, keine militärische, aber eine des Geistes und mehr noch eine, die ihm die Heimat und damit ein großes Stück seiner Identität nimmt. Die Momente des Glücks aber bleiben von diesem Bruch unbeschädigt, denn er findet sie, wie er sagt, allein mit Frauen.

Anatol Kovács bleibt in Celle und verdingt sich in seinem feinen englischen Anzug, seinem einzigen Kleidungsstück, für mehrere Monate lang als Waldarbeiter. Mit dem Holz, das er dabei abzweigen kann, bezahlt er seine Wirtsleute und erhält obendrein abends eine warme Suppe. Von ihnen bekommt er auch einen Stoß nicht mehr gebrauchter Formulare, auf deren Rückseite er seinen ersten Roman schreibt, der einige Jahre später in einem Hamburger Verlag erscheint. Bis auf die amerikanische Bescheinigung, er sei ein Bauernsohn aus dem Harz, bar aller Personaldokumente, gelingt es ihm erst 1947, die Unterlagen zu beschaffen, die ihn als Lehrer ausweisen. Er bewirbt sich beim Schulamt in Celle und wird angenommen. Mit seiner damaligen Freundin, einer Bibliothekarin aus Celle, die er in dieser Zeit auch heiratet, geht er aufs Dorf an eine zweigliedrige Volksschule, wo er die ersten vier Klassen am Nachmittag unterrichtet. Nach fünf Jahren will er endlich «dem Nibelungenklima der Lüneburger Heide» entgehen und zieht zu seinem Bruder, der sich nach dem Krieg in Stuttgart niedergelassen hat. Dort wird er als Beamter auf Widerruf in den Schuldienst übernommen und heiratet, die Ehe mit seiner zweiten Frau ist auseinandergegangen, zum dritten Mal. Nachdem er einen Literaturpreis erhält, der mit der «damals schwindelerregenden Summe von 5000 Mark» verbunden ist, kauft er sich eine Schreibmaschine und einen Füllfederhalter und beginnt eine Existenz als freier Schriftsteller. Um das auf Dauer damit verbundene magere Salär aufzubessern, arbeitet er auch als Gerichtsdolmetscher, denn seine Familie ist nach der Geburt von zwei Söhnen auf vier Köpfe angewachsen. Ende der sechziger Jahre geht aber auch diese Ehe auseinander, und Anatol Kovács heiratet im Rheinland ein viertes Mal. Heute ist er nach dem Tod seiner vierten Frau mit achtundsiebzig Jahren zum fünften Mal verheiratet.

Je mehr er nach dem Krieg und dem Untergang der alten abendländischen Welt zu sich gekommen sei, sagt Anatol Kovács, desto mehr seien ihm die Grenzziehungen zwischen den Völkern und Kulturen, die ihm auch seine Heimat unerreichbar gemacht haben, als verbrecherisch erschienen. Ein Gegengewicht in der Politik, das er allerdings nicht zugleich für sein Schreiben übernimmt, findet er bis auf den heutigen Tag im Sozialismus.

Johann Holthusen *Plötzlich ist die Straße, die wie auf einem Reißbrett den Koog zerteilt am Außendeich, hinter dem das Watt liegt, zu Ende. Auch im Schatten dieses mächtigen grünen Walls, auf dem ein paar Schafe neugierig die Hälse recken, lärmt der Wind in den geduckten Kronen der Bäume, die einige Häuser umstehen.*

Obwohl es hier kaum mehr als ein Dutzend Gebäude gibt, fahre ich einige Male am Haus von Johann Holthusen vorbei. Nicht, weil es ein wenig zurückgesetzt von der Straße liegt, sondern weil nichts an ihm an Landwirtschaft, an einen bäuerlichen Betrieb erinnert. Ein breiter Kiesweg führt vorbei an Blumenbeeten und kurzgeschorenem Rasen zu einem rotgeklinkerten, sehr neu wirkenden Einfamilienhaus, von dem aus man ungehindert von Stallungen, Scheunen oder auch nur einem Geräteschuppen über die Felder des Koogs sieht, auf denen sich kein Baum und kein Strauch dem Blick entgegenstellt. Und als Johann Holthusen die Tür öffnet, das von Wind und Wetter gegerbte Gesicht sonnenverbrannt, mittelgroß und muskulös, muß ich für einen Moment an eine Figur aus dem Bilderbuch denken und weiß dann doch, daß ich richtig angekommen bin.

Johann Holthusen wird als der Älteste von drei Geschwistern 1921 in der Nähe von Bredstedt in Nordfriesland geboren. Sein Vater ist Landwirt auf einem kleinen gepachteten Hof, und die materiellen Verhältnisse sind nicht gerade üppig, obwohl die Mutter wie später auch die Kinder einen Teil der alltäglichen Arbeiten verrichten.

Der Vater ist Soldat im Ersten Weltkrieg gewesen. Er schlittert, wie der Sohn sagt, als Mitglied des Stahlhelms in die Nazizeit hinein und zählt, ohne daß er ein Parteibuch hat, zu ihren Anhängern. Mitte der dreißiger Jahre bewirbt er sich um eine Hofstelle von einundzwanzig Hektar in einem neu eingerichteten Koog. An die Ahnenforschung, welche die arische Abstammung der Familie belegen soll, erinnert sich Johann Holthusen noch ebensogut wie an die Untersuchungen im Gesundheitsamt, wo mit Hilfe des «Gleitzirkels» und anderer abstruser Apparate Untersuchungen zur «rassischen» Bestimmung stattfinden.

Der «nordischen Rasse» zugeordnet, erhält die Familie den Hof, und 1936, als Johann Holthusen aus der Grundschule kommt, fragt ihn der Vater, was er werden will. Daß diese Frage ihn jedoch vor keine Wahl stellt, zeigt sich, als er es ablehnt, Bauer zu werden. «Bauer», habe ihn sein Vater beschieden, sei «ein ebenso guter Beruf wie jeder andere». Damals habe man seinem Vater nicht widersprochen, und er habe ihm folgen müssen. Drei Jahre später, als die deutsche Wehrmacht Polen überfällt, ist Johann Holthusen, er hat eine Fachschule besucht und eine Lehre gemacht, landwirtschaftlicher Gehilfe.

Erst mal war es ein Schock, wie der Krieg ausbrach 1939. Nachts war Mobilmachung, und es hieß, der und der ist schon weg. Man sagte aber nicht o hau, o hau, was kommt jetzt für eine schlechte Zeit. Alle waren mit Idealismus und Begeisterung dabei. Wir waren ja noch jung und konnten das alles gar nicht richtig überblicken. Und die Alten haben nicht aufgemupft, sie meinten, das sei richtig. «Weihnachten», sagten sie, «sind wir wieder zu Haus.»

Ich wurde dienstverpflichtet und mußte nacheinander für verschiedene Bauern, die Soldaten geworden waren, den Betrieb führen. Zuletzt war ich in Norderdithmarschen auf einem großen Hof und wurde von dort im Februar 1941 nach Flensburg zur Infanterie eingezogen, das war das Schlechteste, was es gab. Wir kamen vom Land, und die Ausbildung kam uns nicht so hart vor. Es war mal ganz was anderes, wir kamen ja vom Ende der Welt, und nun lagen wir in einer Kaserne direkt in der Stadt. Auf einmal kamst du mit Kameraden zusammen, die aus ganz anderen Berufen und ganz anderen Gegenden stammten und über dies und das erzählten. Es war eine Sensation für mich, ich kannte doch nur die Landwirtschaft.

Nach einem Monat, das war noch während der Ausbildung, wurde die Kompanie nach Dänemark, nach Fredericia verlegt, zu einer Infanterieeinheit, die auch leichte Geschütze hatte. Ich kam in den Pferdestall. Vier Pferde zogen ein Geschütz, und ich war der Vorderreiter, vorne links, der zweite Reiter ritt eines der beiden Pferde neben der Deichsel, hinten links, und die Zügel der anderen Pferde hatten wir in der Hand. Und dann sausten wir im Galopp durchs Gelände, das war ein herrliches Leben für uns junge Menschen.

Nach der Grundausbildung kam ich nach Kopenhagen in die Husarenkaserne. Mit zwei Pferden und einem Wagen holte ich jeden Tag die Post. Ich ritt vorne auf einem der beiden Pferde, und hinten auf dem Wagen saß der Postminister, ein Gefreiter. Und einmal in der Woche haben wir den Pferdemist mitten durch Kopenhagen gefahren. Da gab's schon Ampeln, und bei Rot blieben wir stehen, und hinten dampfte der Mist. Wir brachten ihn zu den Kleingärten, da kriegten wir von den Dänen Kaffee oder Tee, und ich sah was von der Stadt. Überallhin, wie zum Beispiel in die Straßen am Hafen, durften wir aber nicht, die meisten Dänen waren ja auch nicht gut auf uns zu sprechen.

In der Freizeit sind wir schon mal mit der Straßenbahn rausgefahren und haben in einem Café gesessen oder sind herumgelaufen. Geld hatten wir kaum, am Tag gab es fünfzig Pfennig Sold, das war nichts für große Sprünge. Sonst saßen wir in der Kaserne in der Kantine und spielten Karten. Viel Freizeit hatten wir aber nicht, die waren immer mit uns im Gange, ständig gab's was zu tun, auch nachts, dann schoben wir Wache.

Einmal hatte ich Heimaturlaub. Zu Hause auf unserem Hof schimpfte mein Vater, weil er kein Geld hatte, und die Zeit wurde mir lang, bis ich wieder loskam. In Dänemark war es viel schöner als hier. Vor meiner Mutter ließ ich es mir nicht anmerken, wir hatten ein sehr gutes Verhältnis. Im Juni 1941 war es losgegangen mit Rußland, und kurze Zeit danach wurden wir zusammengestellt, bekamen dreißig schwere Pferde, und es ging in die Waggons Richtung Osten. Wir kamen nach Litauen und lagen in Wilna zwei Tage lang in der Kaserne. Am Morgen als wir abzogen hörten wir, daß man Juden erschossen hatte, draußen in einer Schlucht vor der Stadt. Geglaubt haben wir's nicht, und wir haben auch nie gesehen, daß so etwas passierte. Später konnte man es nachlesen und wußte, es stimmte.

Zu Fuß, die Pferde hatten sie uns abgenommen, marschierten wir rein nach Rußland. Einen Tag sind wir über fünfzig Kilometer gelaufen. Mit Gewehr, Koppel, Brotbeutel, Patronentaschen und Spaten. Da kannst du schleppen und abends sind die Füße rund. Wenn einer nicht weiterkonnte, kam einer der Treiber, ein Unteroffizier, und schrie, «nu mal los! Stellen Sie sich nicht so an. Machen Sie, daß Sie weiterkommen!» Wer noch laufen konnte, der lief dann auch, aber einige hatten keine Blasen, die hatten das rohe Fleisch an den Hacken. Vom Sanitäter wurden sie einbalsamiert und kamen auf den Wagen, der immer voller wurde, je später der Tag war.

Mal ging es auch mit der Bahn, auf offenen Waggons, und da fingen die Schwierigkeiten schon ein bißchen an. Man sah die Lazarettzüge entgegenkommen mit all den Verwundeten. Die waren froh, daß sie rauskamen. Gerüchte tauchten auf, daß es an manchen Stellen nicht weiterging und wir direkt in die Scheiße fuhren. Stellt es euch nicht so leicht vor, hieß es, denn wir konnten ja gar nicht die Zeit abwarten, wir meinten ja, wir müßten kämpfen, wir kämen zu spät. Aber es ging dann ja ein wenig anders. Wir saßen nicht, wie wir glaubten, nach einem halben Jahr in einem Café in Moskau.

Sechs Wochen sind wir getippelt, bis wir in der Etappe kurz hinter der Front waren. Und zwei Tage später standen wir ganz vorn. Von den Offizieren, die uns unterwegs so angeschrien hatten, als ob wir Untermenschen sind, waren unterwegs immer mehr krank geworden, je näher wir an die Front kamen. «Mensch, wo ist der», hieß es, «ach ja, der ist auch im Lazarett.» Mit ganz wenigen Offizieren kamen wir vorne an, nur wir, die Gewöhnlichen, wir waren fast komplett.

Mich steckten sie in einen Bunker, da war ein Unteroffizier, der war jünger als ich und sagte gleich, «heute nacht müssen wir raus, ich hab Dienst und muß die Posten kontrollieren, und du kommst mit.» Menschenskind, hab ich gedacht. Mir war mulmig, wir waren ja noch nicht so fit. Und er hatte auch Angst, deswegen mußte ich ja mit.

Ich mußte abends zurück, die Verpflegung holen, weil die Feldküche, die wurde von Pferden gezogen, nicht so dicht an die Kampflinie kam. Ich hatte zehn Kochgeschirre von meiner Gruppe, der Koch haute das Essen rein, weil er auch Angst hatte, etwas abzukriegen. Auf dem Weg zurück schießt der Russe auf dich, du wirfst dich hin, und wenn du dann bei deiner Gruppe vorne wieder ankommst, sagen die: «Mensch! Was hast du denn geholt, du hast ja gar nichts mit!»

Das Essen war knapp. Nicht von Anfang an, aber im Herbst, im September schon. Da weichten die Wege auf, kein Laster kam mehr durch, nur Zugmaschinen mit Ketten. Wir haben Schweineschrot, ein gemahlenes Getreidegemisch von den Russen, mit Wasser angerührt und auf Stahlplatten als Pfannkuchen gebacken. Was wir aber nicht getan haben, wir haben den Russen, die verängstigt in ihren Häusern saßen, Alte und Kinder, nie alles weggenommen. Im Gegenteil. Wenn wir auf dem Vormarsch an einen Dorfeingang kamen, hatte die Feldgendarmerie schon ein Schild aufgestellt: Wer plündert, wird erschossen! Keiner von uns hat das riskiert. Natürlich hast du mal Kartoffeln geklaut oder ein Huhn mitgenommen, aber nicht, wie es heute gesagt wird, einfach alles mitgenommen. Das war nicht!

Wir sind im Mittelabschnitt immer weiter marschiert. Kalinin, so ungefähr zweihundert Kilometer nordwestlich von Moskau, war unser Ziel, aber das war noch viele, viele Kilometer weg. Auch jetzt noch hatten wir manchmal eine Woche lang keine Feindberührung, immer ging es hinter den Russen her. Durch Kuschelgelände, Sumpf, Hügel und Ortschaften, die weit, weit auseinander lagen, tippelten wir immer auf den Feldwegen. Ganz in der Ferne sah man endlich ein Dorf und freute sich, aber dann war das auch nichts Ordentliches. Quartier machten wir in den Stallungen, oder wir gruben einfach ein Loch für zwei Mann, taten Heu hinein und legten eine Zeltplane darüber. Da schlief man auch wie alle Welt.

Bisher gab es immer nur kleine Geplänkel. Du hieltst einen Stock mit Stahlhelm raus, und der Russe schoß darauf. Umgekehrt ging es genauso. Oder unsere Artillerie schoß, dann antworteten die Russen, aber es ging nie Mann gegen Mann. Ab und zu mußte ich ganz nach vorne als Horchposten in ein Deckungsloch. Im Dunkeln schlichen wir uns zu zweit dorthin und saßen den Tag über in dem Loch. Der Kollege, ich kannte ihn nicht, sagte, «das ist mir hier zu brenzlig, hier bleib ich nicht!» Er hatte ein Gebiß, obwohl er ganz jung war, und das warf er weg. Und es nutzte, er fuhr zurück in die Heimat, er konnte ja nichts mehr essen. Man trachtete nur drauf, heil rauszukommen.

Am 7. Oktober 1941, ich weiß es noch wie heute, hielt Hitler eine Führerproklamation. Die wurde an uns verteilt und darin stand, der Krieg gegen den Russen würde nur noch Tage dauern. Wir waren begeistert! An dem Tag sind wir am Morgen weiter voran marschiert, und plötzlich bekamen wir heftiges Feuer von vorne und von der Seite. Wir warfen uns hin und lagen hinter unserem Maschinengewehr. Zweihundert Meter entfernt lag der Russe in den Häusern und hopste immer hin und her. Der Maschinengewehrschütze, ich war zweiter, ballerte da rein, und ich versorgte ihn mit Munition. Vor uns war ein tiefer Graben, und er sagte, «nun spring ich nach vorn. Du wartest einen Moment, und wenn ich wieder spring, dann schießt du mit deinem Gewehr!» Dazu kam ich nicht mehr. Plötzlich kriegte ich einen Schuß oben durch den rechten Arm, der in die Seite ging und hinten am Rücken wieder raus. Ich fiel nach hinten rüber, es war ein Schlag wie von der Starkstromleitung. Ich hab alles weggeschmissen, mein Gewehr, mein Koppel, das Blut lief aus dem Ärmel. Ein kleines Stück nach hinten bin ich gerobbt, und einer sagte, ich soll liegenbleiben. Nee, hab ich gedacht, bin aufgestanden und durch das Maschinengewehrfeuer zwanzig, dreißig Meter weit bis zu einem Wäldchen gelaufen. Die Sanitäter haben mich zum Verbandsplatz gebracht. Ich hab immer Angst davor gehabt, einen Arm oder ein Bein zu verlieren. Ich hab sie gesehen, die Leute, wo ein Arm, wo ein Bein ab war. Das ist das Schlimmste. Lieber tot als ein Krüppel.

Der Sanitäter fragte mich, was ich hab. «Ich glaub, mein Arm is ab.» «Nee», sagte er, «der is nich ab» und pikte mich mit einer Spritze. Eine Weile mußte ich warten, und dann legten sie mich auf einen Panjewagen ins Heu, und wir zuckelten zurück zum Hauptverbandsplatz. Man war ja froh, wenn es bloß zurückging. Auf dem Verbandsplatz lagen wir mit verwundeten Russen zusammen, da wurde kein Unterschied gemacht. Ich lag dort den ganzen Nachmittag. Als der Arzt schließlich kam und ein bißchen an mir herumschnippelte, sagte er, «Mensch, haben Sie Glück gehabt! Ihre Lunge hat nichts abgekriegt.» «Ja, Herr Doktor», sag ich, «ich hab aber soviel Läuse.» Ich mußte meine Klamotten, die Kugel lag hinten im Pullover, zur Desinfektion abgeben. Die Sanitäter hatten aber gar keine Lust dazu. Ich lief drei Tage splitternackt in einer Wolldecke herum. Und der Hunger auf dem Hauptverbandsplatz war groß. Jeden Tag stand da so ne magere alte Kuh von irgendeinem Russen. Die wurde geschlachtet, und wir bekamen einen Becher Brühe und Pellkartoffeln, mal ein Stück Brot, aber mehr war nicht.

Nach einer Woche kam ein Sanitäter in den Stall, in dem wir lagen, und sagte, «wer laufen kann, kriegt ein Stück Brot und marschiert zurück.» Mit dreißig Mann humpelte der Invalidentrupp bis zur nächsten festen Straße. Drei Tage lang, es waren vielleicht dreißig Kilometer. An der Straße holten uns Lastwagen ab, brachten uns nach Smolensk, und ab ging's in einen Lazarettzug. Da kriegten wir das erste Essen, eine Dose Schweineschmalz mit Brot. Zwei Wochen war es her, daß ich meinen «Heimatschuß» gekriegt hatte.

Nach Haus in den Norden fuhren überhaupt keine Lazarettzüge. Wir blieben in Breslau hängen, ein trauriger Haufen von siebenundzwanzig Mann. Nach Drebnitz in ein Kloster brachten sie uns, aber dort hatten wir es sehr gut, da sind wir von den Nonnen gepflegt worden. Zwanzig Verwundete lagen in einem Saal und es gab gute ärztliche Betreuung und gute Verpflegung, die Nonnen hatte eine Landwirtschaft. Ich war dort mit meiner Verwundung ein Vierteljahr. Als es schon besser ging, konnte man mal in die Stadt, eine Tasse Kaffee trinken, wenn es den gab. Man ging spazieren, und manchmal kam die Truppenbetreuung. Dann wurde Theater gemacht, und Weihnachten gab es eine Feier, es war ganz groß da. Man durfte aber nicht so früh gesund werden, sonst ging es sofort wieder nach vorn. Schon auf dem Hauptverbandsplatz war der Oberarzt gekommen und hatte geguckt, wer nach der Heimat konnte und wer wieder nach vorn. Jeder will ja nach hinten. Die Leute versuchten es mit Tricks. Sie rieben mit Kupferpfennigen in den Wunden, das gab ne anständige Entzündung. Andere aßen Seife und kriegten dann Fieber.

Im Januar 1942 bekam ich Genesungsurlaub und fuhr nach Haus. Ich war aber ein anderer Mensch geworden, war in der Fremde gewesen und hatte ein bißchen was von der Welt gerochen. Ich hatte einen guten Vater und eine gute Mutter, aber nun kam ich nicht mehr so recht klar mit ihnen und konnt den Zeitpunkt nicht abwarten, daß ich wieder los konnte. Und bald ging's auch zur Genesungskompanie in Butzbach in Hessen. Von Rußland hatte ich die Nase voll. Hätten sie mich noch mal da hingeschickt, ich wäre nie wiedergekommen. Ich hatte ein ganz schlechtes Gefühl, und außerdem konnte ich die Kälte nicht vertragen. Mir sterben die Finger sofort ab, und dann noch schießen, unmöglich. In den Hosen hatten wir Knöpfe, die konnten wir nicht aufkriegen. Wir mußten in die Hose pinkeln, so kalt war's in Rußland. Aber ich hatte Glück und traf einen Feldwebel aus Lübeck, da sprechen sie genauso Platt wie wir hier, und er sagte, «Mensch, meld dich freiwillig nach Afrika. Ich sorg dafür, daß du hier noch einen Führerschein machst.» Damit konnte ich mich noch ein bißchen länger in der Heimat halten. Die Stimmung war schon etwas ruhiger, beklommen. Von zu Hause wußte ich, der und der ist gefallen. Das war mal eine Sensation gewesen, als der erste in der Zeitung stand. Nachher waren die Seiten voll, kein Mensch fragte mehr danach.

Vier Monate dauerte es, bis wir zusammengestellt waren für Nordafrika. Wir hatten viel Freizeit. Von Landau aus, wo wir lagen, fuhren wir am Wochenende mit ein paar Mann nach Straßburg. Auf dem Bahnhof übernachtete man, da gab es Wehrmachtsunterkünfte. Als junge Menschen kriegten wir was zu sehen, es war herrlich. Mit dem Sold kam man nicht längs, aber Muttern gab ab und zu mal was dazu. Es gab da ja noch was zu trinken, in Straßburg gab's Wein. Wenn wir irgendwo was getrunken hatten, haben wir manchmal die Zeche geprellt, sind einfach abgehauen.

Im Juli 1942 fuhren wir als Ersatztruppe nach Griechenland. Acht Tage waren wir im Zug unterwegs, bis wir in Athen ankamen. Dort wurden wir wieder rausgelassen und übernachteten in der ehemaligen Deutschen Botschaft. Am nächsten Tag haben wir den Olymp angeguckt, aber was hatten wir jungen Menschen von all den Säulen. Was fürn Schiet, haben wir gedacht. Wir guckten nach ganz was anderem. Am nächsten Tag sind wir mit der Ju 52 rüber nach Kreta geflogen und lagen eine Nacht in unseren kleinen Zelten in einem Olivenhain, und dann ging es ab nach Nordafrika. Der Pilot flog vier, fünf Meter über dem Meeresspiegel, damit der englische Jäger nicht von unten angreifen konnte. Oben konnte sich der Bordschütze ja wenigstens an einer Stelle wehren. Die zwei

Gefreiten, die uns flogen, prügelten sich aus Spaß, und keiner hatte die Hand am Steuerknüppel. Aber wir sind angekommen, in Tobruk an der libyschen Küste. Die Stadt war gerade gefallen und in deutscher Hand.

Wir hatten Hochsommer, es war heiß, über vierzig Grad. Es hieß, heute abend kommen Verpflegungskolonnen, die fahren mit euch nach vorne, nach El-Alamein in Ägypten. Wir saßen mit ein paar Mann oben auf dem Munitionswagen und fuhren immerzu, das war ein weiter Weg, Hunderte von Kilometern. Nachts, wenn die Fahrer schliefen, lag man in der Wüste und hat ein bißchen in den Mond geguckt, es war ja keine Gefahr. Wir hatten ein paar alte Hasen dabei, die waren schon in Frankreich gewesen, und eben unter der Front, haben wir uns an den Strand vom Mittelmeer verdrückt. Es war wunderbar, wir haben gebadet und in der Sonne gelegen, acht Tage lang, bevor wir uns meldeten.

Zwanzig, dreißig Kilometer weiter wurden wir in die Wüste gefahren. Dort lagen wir mit zwei-, dreihundert Mann, hatten unsere Zelte aufgebaut, und es gab einen Brunnen. Wasser war sehr kostbar in der Wüste. An dem Brunnen stand eine Wache mit einem Gewehr, damit niemand klaute, und die Wache war ich. Neben dem Brunnen war das Schreibstubenzelt, und da hörte ich, wie ein Offizier sofort dreißig Mann für die Feldpolizei verlangte. Mensch, bei mir tackerte es da oben, da mußt du mit! Ich hab meinen Posten einfach verlassen und mich mit hingestellt. Dreißig Mann standen aufgereiht, und der Offizier ging mit sturem Blick die Reihe entlang und fragte: «Beruf? Woher?» «Bauer!» antwortete ich und dachte o weh, o weh, das ist verkehrt. Aber ich kam mit! Wir sollten gleich unsere Sachen packen und aufs Lastauto. Sie brachten uns nach hinten, und dort mußten wir unseren Lebenslauf schreiben. Die Hälfte fiel da schon durch. Vier Wochen haben wir gesessen und Gesetze gelernt, wie die Gefangenenbetreuung geht, wie man Ordnung schafft und Beute sichert. Dann war ich als Gefreiter bei der Feldpolizei.

Mit dreißig Mann wurden wir einem Bataillon zugeteilt. Das Schild «Feldgendarmerie» übte Respekt aus. Da war man wer. Da hat keiner gewagt, einem was zu sagen. Wir haben aber mit dem Schild keine Gewalt ausgeübt. Höchstens haben wir gesehen, daß wir damit durchkamen, wenn in der Kolonne Stau war. Eines Tages sagte der Chef, wir sollen in die Wüste, da sei eine Schlacht gewesen und da müssen Fahrzeuge liegen. Weit, weit in der Wüste war das. Da habe ich mir einen Opel Blitz organisiert, wo hinten die Reifen und Felgen zerschossen waren. Ich fand welche an einem italienischen Auto, die gerade paßten. Nu hatte ich ein Lastauto mit Allradantrieb. Vorne hatte ich immer mein Schild drin: Feldgendarmerie.

Hinten auf dem Lastwagen stand ein kleines Wasserfaß für fünfhundert Liter, und damit holte ich jeden Tag an einer Wassertankstelle für uns dreißig Menschen Wasser. Da traf man viele, auch Italiener, und konnte ein bißchen Schwarzmarkt treiben, mit Zigaretten, Wein und anderem Alkohol. Irgend etwas konnte man immer erhaschen. Zurück fuhr ich an der Bäckereikompanie vorbei, da hatte ich jeden Tag frisches Brot, die kannten mich. Ich hätte Urlaub kriegen können. Aber wenn der Feldwebel in der Schreibstube sagte, «nu bist du auch bald mal dran», antwortete ich, «ne, ich will keinen haben. Wenn da ein Familienvater ist, laß doch den mal.» Ich hatte immer Angst, daß ich nicht nach Nordafrika zurückkomme und woandershin, vielleicht wieder nach Rußland komm.

Manchmal nahmen wir vorne Gefangene in Empfang und fuhren zurück zur Gefangenenbetreuungsstelle. Ich hatte einmal Senegalneger hinten auf meiner Plattform. Da lag sogar noch ein Gewehr von einem anderen Feldgendarm drauf, aber die haben nichts getan, die Banausen. Ganz alleine bin ich mit ihnen weit zurückgefahren. Auf dem Weg stand ein Araber an der Straße und wollte Datteln verkaufen. Ich hab angehalten und ihnen gesagt, sie könnten aussteigen, und dann haben sie sich noch für ihr letztes Geld Datteln gekauft.

Unser Zeltlager war direkt am Mittelmeer, an der letzten Bahnstation vor Alexandria, und die Stukas hatten den Bahnhof kurz und klein geschlagen. Die großen schweren Räder der Lokomotiven lagen hundert Meter weit weg in der Wüste, abgerissen von den Achsen. Von dort fuhr ich am Nachmittag, wenn ich gebadet hatte, mit meinem Lastwagen ganz gemütlich nach vorne nach der Front. Aber nicht zu weit, nach Alexandria zu, grad so weit, daß ich die Einschläge sehen konnte. Nur aus Vergnügen. Dann hab ich umgedreht und bin wieder nach Hause gefahren. Oder wir haben mal ein Kamel getrieben, mit allen Autos, die wir hatten, geschlachtet und Gulasch draus gemacht. Das war mein Leben. Aber die Kollegen haben in der Wüste gelegen mit einem halben Liter Wasser pro Tag. Trinken, waschen, rasieren, einen halben Liter! Die haben gelitten in ihren Löchern, und wenn sie den Kopf hochkriegten, bekamen sie einen verplättet.

Im Oktober 1942 ging der Rückzug los. Ich bekam die Zelte auf meinen Lastwagen, und so ging es ohne Panik zurück. Bei Sallum, wo Libyen an Ägypten stößt, sollten wir hoch über den Paß, und wenn das ganze Afrikacorps sich auf einer Straße drängelt, kann keiner richtig hoch. Jeder wollte, wie das heute auch noch ist, der erste sein. Und dann kam Rommel. Er setzte sich vorne auf den Kotflügel von einem Fahrzeug, und dann ging es der Reihe nach. Wenn sie halb hoch waren, kam er zurück und setzte sich auf das nächste. Die Offiziere kriegten den Anschiß, die hat er zur Schnecke gemacht, nicht uns kleine Leute.

Wir waren nur auf der Flucht. Erst bis Tripolis, da haben wir lange gelegen. Als Feldgendarm habe ich einmal die Woche die italienischen Huren aus dem Puff zum Arzt zur Untersuchung gefahren. Jede Woche mußten die da hin. Das waren allerbeste Mädchen, die Not zwang sie dazu. Wir selbst lagen mitten in der Stadt in Privatquartieren, mehrere Mann auf einem Zimmer. In der Freizeit gingen wir durch die Stadt, da gab's genug zu sehen, die kleinen Läden mit Teppichen, die

Teehäuser mit den Tischchen, wo man Tee trinken konnte, und die Mädchen, die Ungläubigen, mit denen waren wir sogar befreundet. Bei den Mohammedanerinnen mußte man aufpassen, das war gefährlich, die wollten nichts mit uns zu tun haben. Die Einheimischen hatte böse Angst vor uns. Berechtigt, denn die Deutschen waren auch nicht immer gut. Sie klauten und betrogen beim Handel. Ergatterte Lebensmittel konnte man schön tauschen, in Eier, Käse und was es sonst noch bei uns nicht gab. Aber der Deutsche war auch fies. Er sagte zu seinem Kollegen, der neben ihm am Steuer saß, «behalt den Fuß auf dem Gas!» Und dann nahm er die Eier, haute dem Araber eine runter und ab und weg. Aber das waren Einzelfälle. Einmal, das Fleisch war uns ausgegangen, hab ich einen Kanister Flugbenzin gegen Ziegenfleisch getauscht. Wär das rausgekommen, wär ich vors Kriegsgericht gekommen.

Wir lagen direkt am Hafen. Die großen Frachter kamen rein mit dem Nachschub für das Afrikacorps. An Deck hatten sie die Panzer und Lastautos, unten in der Mitte hatten sie die Munition und ringsherum an den Außenwänden das Mehl, damit sie nicht gleich hochgingen. Sie hatte eben angelegt, da kamen schon die Amerikaner mit ihren Bombern, und weg waren sie. Da war's aus mit dem Afrikacorps. In Tripolis brannten die Tanker, und ohne Sprit bist du in der Wüste nichts. Sprit und Wasser sind das A und O.

Im Februar 1943 sind wir weiter zurück nach Tunesien gehumpelt. Die Stimmung war schlecht, wir hatten ja große Erfolge gehabt, und nun immer zurück, zurück. Eines Tages sollten wir ein von den Engländern erbeutetes Verpflegungslager sichern, mitten im Gebirge. Wir hatten das schon zuvor erlebt, wie die Landser mit ihren Lastern ankamen, alles runterschmissen, auch die Munition, und deren Verpflegung aufluden. Da ging alles drüber und drunter. Auf unserem Rückzug hatten die Italiener mitten in der Wüste ein großes hölzernes Weinfaß liegenlassen. Die Landser mit der Axt hin, Loch reingehauen, und dann kam der Rotwein in einem dickem Strahl. Alle drängelten und schubsten mit ihren Kanistern, und keiner kriegte was Richtiges, das meiste lief weg.

Wir also los, zwei Kübelwagen vorn und ich mit dem Lastwagen hinten. Es ging ins Landesinnere, und irgendwann kamen wir an einem großen Flakgeschütz 8,8 cm vorbei. Ein Stück weiter sagte ich zu dem Feldwebel, der vorne neben mir saß, «Mensch, Heinz, da vorne kommt n Wald, haben wir lange nicht gesehen.» Ich hatte noch nicht ausgesprochen, peng, kriegte ich hinten einen Schuß durch die Plane. Angehalten, der Feldwebel rechts und ich links raus und hingeschmissen, und peng, der nächste Schuß vorn in den Motor rein. Wuff, sagte es, und die ganze Scheiße brannte. Nu mußt du irgendwo hinkrabbeln, denk ich und robb in die Wüste mit solchen Hubbeln. Ich guck nach vorn, und da liegen dreißig Meter vor mir drei Amerikaner im Loch. Die winkten bloß mit der Pistole, ich sollte aufstehn. Ich bin hoch, und sie zeigten, ich soll die Hände hochnehmen. Hab ich aber nicht gemacht, aus Trotz, doch mein Koppel hab ich weggeschmissen.

Sie hatten alle acht geschnappt, und unsere Fahrzeuge brannten. Das haben hinten unsere Leute gesehen, die fingen nun auch an zu schießen. Zwischen uns, auf ihre eigenen Leute. Wir mußten rennen, hinter uns die Amerikaner mit aufgepflanztem Bajonett, die mich immer so n bißchen in den Hintern pikten. Und nun dämmerte es bei mir. Das Flakgeschütz war der letzte deutsche Posten und wir sind mittenrein ins Niemandsland gefahren. Wir kamen dann in den Wald, wo eine ganze Kompanie lag. Belemmert standen wir da, und alle kamen und guckten, die ganze Kompanie. Wir waren ihre ersten Gefangenen.

Sofort kriegten wir zu essen und zu trinken, und die amerikanische Wochenschau war da und drehte alles, was passierte. Der Kommandeur kam und sagte, «ich bin Jude!» Aber das war ohne Groll. Und dann fragten sie uns, wo wir hin wollten: nach Kanada oder New York. Wenn wir doch auf Reisen waren, wollten wir auch nach New York, alle acht. Sie fuhren uns nun zu den Engländern, und ein Korporal fragte, «tea or coffee?» Mensch, dachten wir, das ist ja herrlich. Als wir später, immer wir acht, auf den Marktplatz der Stadt gefahren wurden, pöbelte und spuckte uns die Bevölkerung an, meist Weiße, Franzosen. Das tat aber nicht weh. Sie brachten uns in einem Haus in ein großes Zimmer, in dem lauter Landkarten waren. Ein französischer Offizier, der auch nicht grad freundlich war, fragte: «Wo kommen Sie her; wo wollten Sie hin, was war Ihre Aufgabe?» Zu sagen hatten wir nicht viel, wir waren ja nur kleine Lichter.

Es ging wieder zurück zum Ami, und da waren schon mehrere Gefangene, die brachten sie nach Oran. Da kriegten wir alle Sachen neu; Hosen, Hemden, Unterwäsche, Stiefel, Handtücher, Rasierapparate, Rasierschaum, so schöne Sachen, die hatten wir nicht mal in Deutschland gehabt. Und so viel zu essen, daß wir alle Durchfall kriegten, das waren wir nicht mehr gewohnt.

Vierzehn Tage später, wir waren jetzt schon siebenhundert, marschierten wir durch die Straßen von Constantine zum Bahnhof, und da wollte uns die französische Bevölkerung lynchen. Der Ami hat das Gewehr umgedreht und mit dem Kolben dazwischengeschlagen. Der Ami hat uns beschützt, die hätten uns sonst umgebracht. Mit dem Zug ging es nach Algier zum Hafen. Da wurde es uns wieder ungeheuer. Die großen dicken Neger guckten von oben runter vom Schiff, und wir armen Schweine unten rein ins Loch. Es hieß immer: Wenn ihr zum Amerikaner kommt, werdet ihr entmannt. Das ist das erste.

Das Schiff hatte Nachschub gebracht, und wir sollten damit zurück nach New York. Achtzehn Tage sind wir mit dreißig Schiffen zickzack gefahren bis New York. Die Zerstörer an den Seiten, wegen der U-Boote. Wir rechneten fest damit, daß die Deutschen oder die Japaner kommen würden und uns freischießen. Das Gerücht ging, sie hätten schon vor uns Gefangene freigeschossen. Wir hofften bis zum Schluß, sie würden uns befreien. Wir waren ja Nazis, wir kannten ja nichts anderes. Ich war zweiundzwanzig und die andern waren nicht älter. Für uns war der Krieg nicht zu Ende.

Eines Morgens tuckerten wir in den Hafen von New York an der Freiheitsstatue vorbei. Das Schiff legte an, und wir wurden an Land gebracht. Überall war amerikanische Bewachung, und alle haben geglotzt, als ob wir Hörner hätten wie die alten Germanen. Die Wochenschau war immer dabei, der Ami, der machte das spannend. Wir waren ja die ersten Gefangenen in New York.

Wir wurden entlaust, geduscht und mußten alle Sachen, die wir in Constantine in Afrika bekommen hatten, abgeben. Sie wurden verbrannt, und wir bekamen wieder alles neu. Herrlich. Braune neue Schnürstiefel, so was hatte ich vorher noch nie gesehen. Wir waren Könige und erstaunt, daß die soviel Respekt vor uns hatten. Gefangenschaft bedeutet sonst doch was anderes. Das war schon beeindruckend, und dann auch noch die Wolkenkratzer und die vielen Autos, es war eine Sensation für uns.

Dann ging es rein in den Pullman. Der fuhr damals ja schon mit Öl und haute richtig ab. Drei Tage und drei Nächte fuhren wir bis Huntsville in Texas. Wenn du austreten wolltest, mußtest du die Hand hochheben, und dann holte dich der Posten ab. Essen und Trinken mit amerikanischer Bedienung. In der Mittagszeit kamen die mit einem Wagen, und wir kriegten zu essen. Wir waren Halbgötter.

Das Lager in Huntsville war für sechs- bis siebentausend Mann eingerichtet. Alles akkurat. Waschräume, Toiletten, das Beste vom Besten. Es gab sogar große Leinensäcke, da war Eiswasser für die Gefangenen drin. Abends kamen wir in die Küche rein, und es gab Hähnchen. Ich hatte nie ein Hähnchen bekommen in diesen Jahren. Es gab so viel zu essen, wir wußten nicht wohin damit. Da waren wir siebenhundert Mann in dem großen Lager. Der jüdische Kommandant sagte, «das wird noch mal voll», aber das haben wir ihm nicht geglaubt.

Das Lager hatte einen amerikanischen und einen deutschen Kommandanten, es gab eine Schreibstube mit einem Dolmetscher und wir hatten Stubenälteste in den Baracken, wo wir mit dreißig Mann lagen. Offiziere, Unteroffiziere und Feldwebel waren getrennt von uns, noch im selben Hauptlager, aber dort in einem Lager für sich. Sie brauchten nach der Genfer Konvention nicht zu arbeiten. Darum hab ich sie nicht beneidet, auch wenn sie sich für was Besseres hielten. Wir anderen mußten das Lager in Ordnung halten, und wenn die Posten uns sahen, riefen sie: Singen! Und dann haben wir gesungen: «Nur gegen England noch und die USA und dann ist alles vorbei!» Wir waren ja so große Nazis, und die freuten sich dann.

Wenn wir arbeiteten, bekamen wir Gutscheine für zwölf Dollar im Monat. Eine Coca-Cola kostete fünf Cent, ein Päckchen Zigaretten zwanzig Cent, wir haben uns bald tot geraucht. Du konntest alles kaufen, Brieftaschen, Ringe, Zahnpasta, Erdnüsse, was du wolltest. Wir lebten wie die Maden im Speck.

Es hieß, wir sollten arbeiten, Baumwolle hacken. Um sechs standen wir auf, es wurde gefrühstückt und wir bekamen unsere Verpflegungstüten, Toastbrot mit Schinken und Wurst, das konnten wir gar nicht aufessen, die Wildschweine haben es gefressen. Um sieben traten wir an. Draußen stand der Farmer mit seinem Sattelschlepper, der Neger war Chauffeur. Wir fuhren, ich weiß nicht wie weit, in die Wildnis rein. Texas ist groß. Der Farmer zeigte uns, wie wir hacken sollten. Wir konnten ihn nicht verstehen. Wir wollten nicht hacken. Es hieß, aus Baumwolle wird Schießpulver gemacht. Sechzig, siebzig Mann standen wir in einer Reihe und hackten an einem Tag keine hundert Meter. Ich als Landwirt konnte mich gar nicht zurückhalten, aber ich mußte gehorchen.

Fünfzig Minuten Arbeit, zehn Minuten Pause. In der Pause

kam der Neger mit dem Wasserwagen. Wir meckerten, wir wollten zehn Minuten arbeiten und zehn Minuten Pause. «Nein», sagten die amerikanischen Soldaten, die uns bewachten, «das geht nicht!» Es blieb natürlich alles so, wie es war, aber sie haben auf die Meckereien nie mit Strafe gedroht. Es ging immer ruhig bei ihnen zu. Höchstens haben sie uns mal im Eßsaal eingeschlossen, die Baracken gefilzt und alles von oben nach unten gedreht.

Später wurden wir bei der Reisernte eingesetzt. Der Farmer galoppierte mit dem Pferd durch die Gegend und sah zu, daß alles klappte. Wir waren dort siebzig Mann und haben gern gearbeitet, es war interessant. Der Farmer war auch zufrieden mit uns. Mittags kam seine Frau und brachte Kalbfleisch, gedämpften Reis und Obstsalat als Nachtisch. Für siebzig Mann! Der Farmer hatte soviel Land wie die ganze Provinz Hannover, und dort sollten wir dann die Kanäle säubern, die für die Bewässerung der Reisfelder gebraucht wurden. Wir sollten da rein in der Badehose und das Kraut rausholen. Aber es wimmelte nur so von Wasserschlangen, daß es uns kalt den Rücken runterlief. Der Farmer zog sich aus, sprang in der Unterhose hinein, und die Schlangen spritzten rechts und links davon. Der hat es uns gezeigt! Das war der beste Kerl!

Nachmittags gegen vier kamen wir zurück. Es wurde geduscht, Wäsche gewaschen, vielleicht ein bißchen Fußball, vielleicht Tennis gespielt, es war ja alles möglich. Auch die Weiterbildung war sehr wichtig. Man konnte Englisch lernen, Stenographie, praktisch unterrichteten die Amerikaner alle Fächer. Es gab Theatergruppen, es wurde Musik gemacht und Jazz gespielt.

Der Stacheldraht rings ums Lager und die vielen Menschen, das war die schlechte Seite dort. Du konntest keinen Schritt machen, ohne auf jemanden zu treffen. Hier und da drehte schon jemand durch. Gerade die Älteren, die schon dreißig und verheiratet waren. Sie waren stiller, bedrückter.

Einer, der abends immer die Photographien seiner Familie anschaute, der rannte dann eines Tages gegen den Zaun und wurde erschossen.

Wir konnten nach Hause schreiben und bekamen auch Post von dort. Das ging übers Rote Kreuz. Die schickten uns Dauerbrot, und wir hatten ja soviel! Und zu Hause hungerten sie. Wir wußten auch, was draußen passierte. Irgend jemand hat auf einer der Farmen ein Radio organisiert. Das war unter dem Fußboden versteckt, und mit dem hörte man über Kurzwelle die Nachrichten. Die wurden aufgeschrieben, auf der Schreibstube vervielfältigt und dann verteilt. Die schlechten Nachrichten, es lief ja nun richtig schief, haben wir nicht geglaubt. 1943 und auch noch im nächsten Jahr, am Anfang, blieb das Lager leer. Aber nach der Invasion 1944, da kamen sie dann, und gleich ging es auch schon los. Einer sagte hinter vorgehaltener Hand, «du, den Krieg können wir gar nicht mehr gewinnen.» Und dann kam die Selbstjustiz. Da wurde tatsächlich einer totgemacht. Die Gefangenen hatten ein Gericht zusammengestellt und ihn dann umgebracht. Dazu etwas sagen konnte man nicht, dann wäre man selbst in Verdacht geraten. Manche haben sich mit denen geprügelt. Für uns gab es das nicht. Für uns gab es nur, daß die KdF-Schiffe, daß die «Robert Ley» in New York anlegte und uns holte, wenn wir den Krieg gewonnen hatten.

Als immer mehr Gefangene kamen, wurde uns ein bißchen bange. Über die Post, die kam, erfuhren wir auch von der Flucht aus Ostpreußen, aber es gab ja noch die Wunderwaffe, dachten wir. Wir lagen mittags auf unseren Betten, einige spielten Karten oder Schach, als aus den Lautsprechern im Lager die Meldung kam: der Krieg ist aus. Der deutsche Staat hat aufgehört zu existieren. Da war Ruhe in der Baracke! Die erste halbe Stunde hat keiner ein Wort gesagt, so niedergeschmettert waren wir. Abends spaltete sich das Lager schon. Die einen, meistens Österreicher, sagten auf einmal, «hab ich immer schon gesagt, der Adolf Hitler taugt nichts, das haben wir schon lange gewußt!» Den Tag zuvor waren sie noch große Nazis gewesen. Die anderen sagten nichts dazu, die hatten auch nichts mehr zu mucken, mit den Nazis war's aus.

Jetzt fing es mit den Filmen an, drei- oder viermal in der Woche. Immer wieder zeigten sie uns Filme über Auschwitz, Dachau und Buchenwald. Wir waren sprachlos und konnten es erst nicht glauben. Dann aber nutzten unsere Phantasie und unser Stolz auch nichts mehr, und wir mußten es glauben. Da waren wir ganz mucksmäuschenstill. In der Zeit begann auch der politische Unterricht, den machte ein Deutscher. Er sagte, er hätte immer gewußt, daß wir den Krieg verlieren würden, er hätte nur nichts sagen wollen. Er brachte uns nun bei, wie's im Parlament war und wie's immer weiter runter ging in den Organisationen der Demokratie. Wir bekamen eine Urkunde, oben die amerikanische Flagge drauf, daß wir teilgenommen hatten. Und da waren wir nun Demokraten.

In der nächsten Zeit wurde es im Lager ein bißchen schlechter. Bei der Verpflegung fingen sie an mit Kalorien zu rechnen. Ich hatte das Wort noch nie gehört. Wir mußten auch mehr arbeiten, aber hungern taten wir nicht. Die Offiziere, die auf der einen Seite des Lagers waren, kamen jetzt auch in Arbeit. Auf der anderen Seite waren ungefähr 2000 Japaner. Das waren ganz schwierige Banausen. Die bekamen auch noch Schläge vom Ami. Die waren viel fanatischer wie wir. Wir sahen von weitem, wie sie mit den Händen auf den Grünflächen das Gras rupfen mußten, der Posten stand hinter ihnen mit dem Gewehr.

Im April 1946 sind wir nach Los Angeles gebracht worden. Es ging auf ein Schiff und dann über den Pazifik, den Indischen Ozean und durch den Panamakanal. Wir dachten, es geht nach Hause. Aber was machen die, auf einmal sind wir in Liverpool. Da haben sie sortiert. Die Hälfte des ABCs blieb in England, und die andere Hälfte kam nach Frankreich. Ich hatte gerade Glück und wurde nach Schottland gebracht. Nachts kamen wir in Edinburgh an. «raus, ihr deutschen

Schweine», hieß es, «schnell, schnell, schnell!» Unsere Urkunden, daß wir nun Demokraten waren, hatten wir oben auf unsere Seesäcke gelegt. Aber die schmissen sie weg und nahmen sich unsere gute Wäsche.

Schottland ist ja arm. Wir hatten trocken Brot, und der Engländer hatte noch ein Salatblatt dazwischen. Ich habe mich freiwillig zur Arbeit gemeldet und arbeitete erst für einen Gärtner und dann beim Holzmachen. Es ging im großen und ganzen auch da human zu, nicht so locker wie beim Amerikaner, es war strenger. Genau ein Jahr war ich dort. Im März 1947 fuhren wir wieder nach Liverpool und von dort mit dem Schiff nach Bremerhaven.

Von Bremerhaven kamen wir in ein Entlassungslager. Ich sah da ganz verlotterte, ganz armselige Gestalten. Ich wunderte mich und fragte, was das für Leute sind. Das sind Heimkehrer aus russischer Kriegsgefangenschaft, hieß es. So verarmt waren die und wir so stark. Wir waren aber auch entsetzt über Deutschland. Nichts funktionierte. Alles war so klein und eng. Du hattest dies nicht und du hattest das nicht. Da haben wir gesagt, «bloß wieder zurück nach Amerika. Bloß nicht nach Deutschland!»

In Hamburg wird Johann Holthusen entlassen und kehrt als Vierundzwanzigjähriger nach gut zwei Jahren Kriegseinsatz und vier Jahren Gefangenschaft nach Haus zurück. Erst arbeitet er auf dem Hof der Eltern, bis er es nach drei Monaten nicht mehr aushält und sich als landwirtschaftlicher Gehilfe auf einem großen Hof in Dithmarschen verdingt. Dort lernt er auch seine Frau kennen, die mit ihrer Familie aus Pommern vertrieben worden ist. Als sie 1951 heiraten, Frau Holthusen erwartet bald darauf ein Kind, gehen sie zurück auf den Hof der Eltern. In dieser Zeit entscheidet sich Johann Holthusen, in der Landwirtschaft zu bleiben, und pachtet einen in der Nähe gelegenen Hof, den er zusammen mit seiner Frau bewirtschaftet. «Knapp Geld gehabt», sagt er, «aber es war die beste Zeit unseres Lebens, es ging aufwärts.»

Nach fünf Jahren erhält er 1958 eine Hofstelle in einem nach dem Krieg errichteten Koog, in dem die eine Hälfte der Gehöfte an Flüchtlinge, die andere an Einheimische geht. Mit wenig Maschinen, aber noch mit drei Arbeitspferden beginnen er und seine Frau, die bei den körperlich weniger schweren Arbeiten hilft, den aus dem Watt entstandenen sehr fruchtbaren Boden zu bestellen. Mittlerweile ist man in der Familie zu fünft, nachdem 1952, 1954 und 1956 drei Söhne geboren worden sind. Zwei von ihnen studieren und gehen in akademische Berufe, während der dritte Anfang der achtziger Jahre den Hof in Pacht übernimmt, der ihm 1991 vom Vater überschrieben wird. Schon einige Zeit zuvor, als er Rentner geworden ist, hat er sich das neue Haus im Koog gebaut, unweit vom Hof, auf dem er auch heute noch mit fünfundsiebzig Jahren täglich etwas von der ein wenig leichteren Arbeit übernimmt.

Da durch die Konzentration in der Landwirtschaft kleine und selbst mittlere Betriebe immer weniger lebensfähig sind, stand Johann Holthusen mit seiner Familie vor der Frage, ob sie verkaufen oder erweitern sollten. Sie haben sich für das letztere entschieden, haben dazugepachtet, einen neuen, großen modernen Stall gebaut, der das Melken und Einhalten der strengen Hygienevorschriften erleichtert, und bewirtschaften nun 100 Hektar, zu denen über 100 Milchkühe gehören. «Selbständig will man bleiben», sagt Johann Holthusen, «und noch größer werden, jetzt wo bald der Enkel nach seiner Landwirtschaftslehre in den Betrieb kommt. Dann arbeiten wir mit drei Generationen auf dem Hof, das ist längst nicht mehr selbstverständlich, und das gefällt uns gut!»

Vincent Bachhofer

Auf dem mit rotem Sandstein gepflasterten Gartenweg zum Haus, das an einem Hang hoch über dem Neckartal liegt, begegne ich Vincent Bachhofer zum ersten Mal. Er müsse, sagt er zur Begrüßung, erst einmal aus seinem Arbeitszeug. Seit Wochen, höre ich später, restauriert er unten im Tal zusammen mit seiner Tochter, die ihr ganzes Herz daran gehängt hat, und vielen freiwilligen Helfern aus den örtlichen Handwerksbetrieben ein altes Fabrikgebäude aus der Jahrhundertwende. In ihm wird ein Atelier für Jugendliche entstehen, in dem sie in ihrer Freizeit die Gelegenheit haben sollen zur handwerklichen Arbeit mit Holz, Ton und Metall und auch zum Gespräch.

Wenig später im Wohnzimmer sitzt mir Vincent Bachhofer, fast am Rand und den schmalen Oberkörper nach vorn gebeugt, in einem großen halbkreisförmigen hellen Sofa gegenüber, in dem er ein wenig verloren aussieht. Sein von vielen Falten durchzogenes Gesicht unter den grauen, leicht gewellten Haaren wirkt zierlich, und in seinen lebendigen Augen liegt häufig ein fragender Ausdruck, denn er ist ein wenig schwerhörig.

1922 wird Vincent Bachhofer in einem kleinen Dorf auf der Schwäbischen Alb geboren. Er ist der Älteste von sieben Geschwistern, und zwischen ihm und dem Jüngsten, einem Bruder, liegen dreiundzwanzig Jahre. Die Mutter ist Hausfrau und bewirtschaftet nebenher auch noch einen großen Garten, in dem Gemüse gezogen und Kleinvieh gehalten wird. 1928 baut der Vater, er ist Maurer und Gipser, für die neunköpfige Familie ein Haus und hat seitdem Schulden. Zwei Jahre später gehört auch er zur Flut der Arbeitslosen, und für die Bachhofers beginnt eine Zeit der Krisen und der Not, in der allein schon das Essen zu einem manchmal schier unlösbaren Problem wird.

In den nächsten Jahren versucht der Vater die Familie als Ver-

treter vor dem Schlimmsten zu bewahren. Doch in diesen Zeiten allgemeiner Armut ist mit dem Von-Haus-zu-Haus-Verkauf von Milchzentrifugen und Nähmaschinen kaum Geld zu verdienen, und die Lage der Familie bleibt bis weit in die dreißiger Jahre aufs äußerste angespannt. An einen Schulbesuch über die Volksschule hinaus ist weder für Vincent Bachhofer noch für seine Geschwister zu denken. Nach der achten Klasse kommt er daher 1936 zur Firma Hohner. Dort bildet man ihn aus, die Akkordeons, die hier neben anderen Musikinstrumenten hergestellt werden, zu stimmen. Vom Vater, der selbst einen Harmonikaclub gegründet hat, erhält er sein erstes eigenes Instrument, eine Ziehharmonika. Musikalisch sehr begabt, kann er schon nach kurzer Zeit auf Hochzeiten und Geburtstagen in Gastwirtschaften spielen. Finanziell geht es den Bachhofers nun etwas besser, der Vater hat wieder Arbeit, und das mag dazu beitragen, daß er den Nebenerwerb des Sohnes in Gasthäusern nicht gern sieht und ihm nur widerwillig die Erlaubnis dazu gibt.

Ein Jahr bevor Vincent Bachhofer durch Arbeitsdienst und Krieg für Jahre hinaus die Verbindung zu den Eltern und Geschwistern fast vollständig verliert, stirbt seine achtjährige Schwester Lisa vier Wochen nachdem sie mit einem kleinen Leiterwagen beim Spielen verunglückt ist. Sie wird für den Bruder, der sie als ein immer heiteres und freundliches Kind schildert, auch in den kommenden sechs Kriegsjahren eine große Rolle spielen.

Im Januar 1940 bin ich zum Arbeitsdienst gekommen. Da trieben sie es schlimmer mit uns als beim Kommiß. Morgens ging es in die Waschhalle, und hatte ich meine Zahnbürste vergessen, mußte ich in der Kälte sechsmal ums ganze Lager springen. Die Grundausbildung war wie beim Militär, nur statt einem Gewehr hatten wir einen Spaten. Sechs Wochen ging die Schikane, erst mit dem Arbeitseinsatz wurde es besser. Ein halbes Jahr lang bauten wir am Rhein, an der französischen Grenze, Stacheldraht ab. Anfang Juli war ich wieder daheim, und da lag schon meine Einberufung auf dem Tisch.

Nur drei Tage später war ich Rekrut bei der Luftnachrichtentruppe.

Nach der Grundausbildung als Infanterist machte ich einen Lehrgang im Morsen, ich sollte Funker werden. Das machte Spaß und darüber wurde auch viel geredet, über den Krieg aber nicht, er war für uns viel zu weit weg. Zur Weiterbildung schickten sie uns auf einen Fliegerhorst bei Ulm. Und da sah ich zum ersten Mal ein Konzentrationslager. Angehörige der Wehrmacht hatten sie dort eingesperrt, die etwas angestellt oder verbrochen hatten. Wir konnten aus dem Dachfenster unserer Unterkunft sehen, was passierte. Die Häftlinge mußten morgens um fünf raus und wurden von der Früh bis spät abends gedrillt. Oft brutal. Wir konnten sehen, daß sie geschlagen wurden und rumgejagt wie die Hunde. Wir haben untereinander darüber gesprochen, aber die Offiziere, die das merkten, wollten uns gleich beibringen: das sind Schwerverbrecher, die darf man nicht schonen. Aber geglaubt hab ich's nicht.

Ich war neun Monate Soldat, als es hieß, wir werden verladen. Mit einem Transport ging es nach Königsberg in Ostpreußen. Hier bekam ich hohes Fieber, schwitzte zwei Tage und Nächte unentwegt und hatte Angst, ich dürfte nicht mit in den Einsatz. Wir waren alle noch begeistert. Am dritten Tag, abends um sieben, kam der Kommandant und sagte, «um drei Uhr in der Früh beginnt der Krieg mit Rußland.» Das war ein ganz komisches Gefühl, wir wußten ja nicht, wie es läuft, wie es zugehn wird. Und um drei Uhr morgens wurde es plötzlich taghell vom Mündungsfeuer der Geschütze. Alles brach auf einmal los, die Flugzeuge, die Panzer, die Artillerie, es war, als ob der Himmel runterkommt, ein Riesenkrach.

Es ging über Litauen und Lettland immer weiter voran bis dreißig Kilometer vor Leningrad, und da hieß es noch: Wir werden die Stadt bald nehmen. Aber bevor die Truppen sich dort festliefen, sind wir abgezogen worden runter in den Mittelabschnitt in die Gegend von Minsk und dann über Smolensk in Richtung Moskau. In Minsk sahen wir auf freiem Feld hinter Stacheldraht Kinder, Frauen und ältere Männer. Obwohl es merkwürdig war, dachten wir, es seien Gefangene, aber dann hörten wir, es sind Juden. Was mit ihnen passierte, haben wir nicht erfahren, wir waren ja auf dem Vormarsch und zogen an ihnen vorbei. Erst als ich nach dem Krieg nach Haus kam, hörte ich von meinen Eltern, was sie den Juden angetan haben.

Die Stimmung war gut, es ging zügig voran, und alle waren hellauf begeistert. Wir sind von den Offizieren ständig aufgemuntert worden. «Die deutsche Wehrmacht», sagten sie, «steht mit den modernsten Waffen da, während der Russe schlecht ausgerüstet ist. Bedankt euch beim Führer dafür, daß alles so gut läuft. Adolf Hitler wird Rußland in kurzer Zeit besiegen.» Uns ging es auch immer gut. In den ersten zwei Monaten kam fast jede Woche eine Ju 52 mit frischem Bier und mit Wein für den Stab, zu dem wir ja gehörten. Es gab erstklassiges Essen und wir hatten immer zu rauchen, so viel, daß ich auch noch meinem Vater etwas nach Haus schicken konnte. Bei der Luftwaffe hatten wir Vorteile, auch wenn es den anderen gegenüber nicht richtig war.

Vor Moskau im Oktober 1941 begann es viel zu regnen. Es gab keine Straßen wie bei uns, die Fahrzeuge versanken im Schlamm und kamen nicht mehr voran. Der Schlamm war oft bis zu sechzig Zentimeter tief, ein Mann konnte bis über die Knie darin versinken. Der Nachschub kam nicht mehr, und auch das Essen fehlte. In einem Ort etwa hundert Kilometer vor Moskau mußten wir von der Bevölkerung leben, deren Kühe und Hühner geschlachtet wurden. Die Russen haben oft geheult, wenn wir ihnen die Kuh wegnahmen, aber machen konnten sie nichts, sie wären sonst erschossen worden. Wo es schwierig wurde, ist kurzer Prozeß gemacht worden. Damals tauchten auch die ersten Partisanengruppen auf, mit denen hatten wir sehr viel zu tun. In Moshaisk sind nachts fünfundvierzig deutsche Soldaten mit Messern in ihren Zelten ermordet worden, lautlos. Wir lagen vielleicht fünfhundert Meter daneben und haben nichts gemerkt. Es wurden daraufhin viele russische Männer, Zivilisten, festgenommen, aber was mit ihnen passiert ist, weiß ich nicht. Ich vermute aber, nichts Gutes.

Ich war in Russa ungefähr fünfzig Kilometer vor Moskau, als der Rückschlag kam. Der Stab zog sich zurück nach Ghask, und dort habe ich Hitler persönlich gesehen. Es hieß, Hitler kommt auf Besuch zu Generaloberst Hoepner. Wir Kerle wußten nicht, ob wir uns melden oder grüßen mußten, wenn Hitler an uns vorbeikommt. Wir haben uns hinter den Häusern versteckt und von dort hervorgespäht. Vier Kradmelder und ein Schützenpanzerwagen fuhren vor, und dahinter kam Hitler in einem gepanzerten Fahrzeug. Er ging in das Gebäude von Generaloberst Hoepner, und am nächsten Morgen hat unser Chef, Leutnant Phillips, gesagt, Generaloberst Hoepner sei in den Ruhestand versetzt worden, aus Altersgründen. Wir haben uns etwas dumm angeguckt, aber nicht geglaubt, daß es Altersgründe waren. Erst am 20. Juli 1944 haben wir wieder von ihm gehört, er war am Aufstand beteiligt. Unser Generaloberst Hoepner ist dann an den Füßen an die Decke genagelt worden. So haben sie ihn noch gequält, bevor er erschossen wurde.

Unser Trupp wurde eigentlich von niemandem geführt. Wir hatten mal einen Unteroffizier, der hat furchtbare Angst gehabt und ist bei jedem Schuß in Deckung gesprungen. Sonst aber hat er immer getönt und ist ein blöder Hund gewesen, der mit uns fünf auch noch an der Front exerzieren wollte. Einmal hatten wir gebechert, waren ein bissel heiterer Stimmung, und da kam er rein und wollte uns strammstehen lassen. «Was», hat der Friedrich gesagt, «steh mal selber stramm!» «Ich werd euch melden», hat er gebrüllt, und da hat der Friedrich ihn am Krawittel gepackt und ihm ein paar auf die Backen geschlagen. Ich hab ihm noch einen Tritt gegeben, und dann lag er auf dem Boden. Er hat uns gemeldet, wir mußten zum Leutnant und waren noch voll bis oben hin. Der hat uns angeguckt und gesagt, «ihr wißt, warum ihr hier steht.» – «Jawohl, Herr Leutnant!» Er hat den Unteroffizier kommen lassen und ihn scharf angeguckt. «Bestehen Sie darauf», hat er gesagt, «daß ich die zwei weitermelden muß?» Wir wären sofort weggekommen, das wäre Wehrkraftzersetzung gewesen. Er hat verzichtet, und der Leutnant hat uns eine Woche Strafwache gegeben. Bei zwanzig Grad Kälte war das eine harte Strafe, aber besser als das Militärgericht.

Wir hatten täglich ein bestimmes Rufzeichen, und wenn wir es hörten, man mußte millionisch aufpassen, haben wir mit demselben Zeichen geantwortet, und dann kam der Funkspruch. Das waren x-beliebige Buchstaben, die wir in Fünfergruppen aufschrieben. War der Funkspruch beendet, mußten wir diese Buchstaben in die Schlüsselmaschine eintippen, die für diesen Tag codiert war. Gab man zum Beispiel ein X ein, das man empfangen hatte, leuchtete auf der Maschine, je nachdem, wie sie codiert war, ein A oder irgendein anderer Buchstabe auf. Schließlich hatten wir den ganzen Klartext, den wir dann weitergaben an die Offiziere im Stab.

Wir waren immer zu zweit und hatten zwölf Stunden Dienst, dann wurden wir von den beiden anderen abgelöst. Der fünfte Mann war der Fahrer, der auch das Stromaggregat wartete. Empfangen haben wir mit Batterien, und wenn wir sendeten, haben wir das Stromaggregat benutzt, einen Zweitakter. Zwölf Stunden vor den Funkgeräten im Wagen war lang, und wir haben nachts stundenlang Schach gespielt.

Es gab mittlerweile Frost bis zu fünfunddreißig Grad unter Null, und wir mußten nun auch in die Quartiere der Russen, in die Lehmhütten, oder wenn sie etwas besser waren, in die Blockhäuser. Alle waren sie voll Ungeziefer. Abends in der Stube haben wir uns abgesucht nach Läusen, Dutzende. Plötzlich hatte ich furchtbare Kopfschmerzen. Während meine vier Kameraden, wir lagen ja alle beieinander, sich vor Läusen nicht retten konnten, hatte ich auf einmal keine mehr. Ich hab mir nichts dabei gedacht, aber die Kopfschmerzen wurden immer heftiger. Meine Kameraden haben den Arzt geholt, der war ständig besoffen und hat mir eine Spritze gegen Erkältung gegeben. Es wurde immer schlimmer mit mir, die Kopfschmerzen waren so wild, daß ich mir mit dem Stahlhelm auf den Kopf gehauen habe. Ich kam in ein SS-Lazarett, wurde untersucht, und dann hörte ich: Typhus. Das hatte ich von den Läusen. Auf eine Bahre gelegt, in Dekken eingehüllt, so daß ich nichts mehr sehen konnte, trugen sie mich fort. Plötzlich hörte ich Fahrzeuge an mir vorbeifahren, ich war also im Freien. Da hab ich mich gewehrt, weil ich dachte, sie bringen mich auf den Abfall. Nein, nein, haben sie mich beruhigt, ich komme nur in ein anderes Lazarett. Dort haben sie mich ausgezogen, unten im Keller, wo ein großer Bottich stand. Er war gefüllt mit einer grünlichen eiskalten Flüssigkeit, die wie Froschlaich aussah. Mit über 41 Grad Fieber schmissen sie mich dort hinein. Mir blieb der Atem weg, und sie zogen mich wieder raus und haben mich abgetrocknet. Am nächsten Morgen war mir viel besser. Neben mir lag einer, der war älter, vielleicht funfunddreißig Jahre. Er bekam eine Suppe und wollte unbedingt selber essen. Auf einmal hat er den Löffel weggeworfen und ist zurückgefallen auf sein Bett. Arzt und Sanitäter rannten herbei, haben ihm eine starke Spritze gegeben, und kurz darauf ist er gestorben. Das Endstadium bei Flecktyphus ist furchtbar schmerzhaft, mehr als die Hälfte der Leute sind auf schlimme Weise daran gestorben.

Nachdem ich vierzehn Tage lang kein Fieber mehr hatte, bin ich mit dem Lazarettzug bis nach Warschau gekommen, wo wir alle mehrmals entlaust wurden. Im Bus, der uns zur Entlausung fuhr, hab ich immer einen angeguckt, der mir so bekannt vorkam. Der guckte mich dann auch an und sprang gleich auf mich zu, es war ein Mann aus meinem Dorf, der Franz Hausner. Wir sind dann zusammen bei Riesa ins

Lazarett in ein Zimmer gekommen. Da hatte ich von meinen siebzig Kilo noch zweiundvierzig. Sechs Mahlzeiten gab's am Tag, und nach drei, vier Wochen fuhr ich in den Genesungsurlaub nach Haus. Es war grad Heuernte, und ich hab meinem Onkel, der eine große Landwirtschaft hatte, auf seinen Wiesen geholfen.

Im Sommer 1942 kam ich zum Ersatzhaufen der Luftwaffe in Stuttgart. Wir waren vielleicht achtzig Mann und machten ganz normalen Dienst, ein bissel marschieren, Waffen reinigen oder alte Kartoffeln schälen, am Essen wurde halt schon gespart. Aber auf dem Kasernengelände waren ungefähr vierhundertfünfzig Mädchen zwischen achtzehn und neunzehn Jahren, die dort als Luftwaffenhelferinnen ausgebildet wurden. Ich war grad zwanzig und es war natürlich für mich die Masche. Abends ging ich mit einem der Mädchen in Stuttgart aus, in ein Varietétheater oder auch in eine Gastwirtschaft. Eine wunderschöne Zeit, aber viel zu kurz.

Sie endete, als meine alte Einheit mich anforderte. Auf der Schreibstube drückten sie mir einen Marschbefehl in die Hand, aber sie wollten mir nicht sagen, wo sich meine Einheit befand. Das erste Ziel war München. Ich meldete mich auf der Kommandantur und bekam Marschverpflegung, Hartwurst und Brot und sonst nichts. Dreieinhalb Wochen, zwischendurch mußte ich mich immer wieder bei den Kommandanturen melden, bin ich allein unterwegs gewesen. Über Warschau ging es durch die Ukraine, runter nach Rostow im Donez-Becken am Asowschen Meer und von dort durch die Kalmückensteppe. Diesen Monat, in dem ich fast nur gefahren bin, hab ich in den Güterwagen der Nachschubzüge verbracht, meistens im Bremserhäuschen, und wenn ich Glück hatte, auch mal in einem leeren Waggon. Wohin es ging, wußte ich immer noch nicht.

Mitten in der Kalmückensteppe blieb die Lok ohne Wasser stehen. Da saßen wir. Es war schon in der Dämmerung. Der Lokführer und der Heizer mußten die rotglühenden Kohlen aus dem Kessel schippen, damit er nicht explodierte. So gut wie's ging wurden sie mit Erde zugedeckt, damit die Flieger nicht das Feuer sehen konnten, und einer der Zugbegleiter machte sich zu Fuß auf den Weg. Telefon gab es nicht, und bis wieder eine Station kam, waren es Strecken bis zu hundert Kilometer. Wir selber hatten Glück, denn direkt neben den Gleisen am Hang lag ein Feld mit guten Melonen, in das wir uns hineinlegten. Es war Oktober, schönes Wetter und nicht kalt. Wir waren jung, dachten uns nichts Böses, fanden es schön und hatten keine Eile, an die Front zu kommen.

Am dritten Tag kam eine Lok mit Wasser, und es ging weiter. In den ersten Novembertagen 1942 hieß es: Wir sind da, und ich habe dumm geguckt, als ich erfuhr, ich war in einer kleinen Stadt, nicht weit von Stalingrad entfernt.

Es gab eine Heidenbegrüßung, bis auf einen waren alle meine Kameraden noch da. Die 6. Armee, wir gehörten zur 4. Armee, lag in Stalingrad, und es hieß wieder mal: Schon in ein paar Tagen ist alles erledigt und vorbei. Aber dann griff der Russe an. Wir hatten nichts, keine schweren Waffen, zuwenig Leute, und bekamen den Befehl zum Rückzug über den Don. Zwei oder drei Stunden bevor die Brücken über den Don gesprengt wurden, sind wir noch hinübergekommen.

Wir sollten nun der 6. Armee zu Hilfe kommen. Das ging vielleicht hundert Kilometer, dann war es aus. Wie sollte es auch gehen. Wir hatten immer noch zu wenige Leute, zu wenige Panzer, es fehlte an allem. Das war meine schrecklichste Erfahrung im Krieg: Wir standen da und mußten zusehen, wie wir all den Menschen nicht helfen konnten.

Unser General Räser, er hatte eine Prothese aus dem Ersten Weltkrieg, ordnete den Rückzug an. Die echten Soldaten, die älteren, die schon aus dem Ersten Weltkrieg kamen, waren meistens ganz prima Leute. Nur die jungen Offiziere waren häufig brutale fanatische Hunde auch gegen uns. Unser Chef Hauptmann Prange ließ uns zur Strafe ohne scharfe Munition Geländeübungen machen. Es verging keine Stunde, und über den Hang kamen die russischen Panzer auf uns zu. Das war eine mulmige Situation, aber so war er, er hat einem keine Ruh gelassen. Vielfach machten wir die Erfahrung, daß junge Offiziere viel unverschämter waren als ältere Herren. Beim Verladen von Fahrzeugen auf Güterwagen ist ein Landser mit seinem LKW beim Rückwärtsfahren von der Rampe gerutscht und auf die Achse gefallen. Ein junger Offizier sieht das, rennt hin, reißt die Fahrertür auf und ohrfeigt ihn, rechts und links. Wir haben bei solchen Geschichten einander angeguckt, und mancher hat auch gesagt: Wenn er mit uns an die Front geht, dann wird er nicht alt. Silvester 1942 wurde um zwölf Uhr nachts, in dem Ort, in dem wir lagen, geballert, es war taghell, auch die Artillerie schoß. Morgens hörten wir: Oberst Banzer ist erschossen worden. Er war so einer, für den niemand zählte.

Schrittweise zogen wir uns nun durch die Kalmückensteppe zurück bis nach Taganrog am Asowschen Meer. Da lagen wir längere Zeit und sollten uns auf den Ural vorbereiten. Es hieß, es sei ein Angriff über den Ural geplant. Wir bekamen Nachschub, aber nicht viel, und dann wurde der Angriff abgeblasen, und statt voran ging's immer weiter zurück über Saporoschje und Dnjepropetrowsk in Richtung Ukraine.

Ich hab immer wieder im Kasino Akkordeon gespielt, während die anderen Wache schieben mußten. Die Offiziere hatten junge Russinnen zum Tanzen, die bekamen gut zu trinken und zu essen, und sie amüsierten sich mit ihnen. War man länger an einem Standort, dann hatten die Offiziere gleich ihre Freundinnen.

An einem dieser Abende, der Russe hatte uns schon in die Ukraine zurückgedrängt, hörte ein Luftwaffengeneral, ein ehemaliger Rennfahrer, mich spielen und war ganz begeistert. Er sagte, «mit diesem Ding da könnte man doch auch ein Orchester draus machen!» – «Selbstverständlich», hab ich gesagt, «man muß aber Spieler haben und Instrumente.» – «Gut», sagt er, «Sie kommen morgen früh auf die Schreibstube, dann bekommen Sie ein Einkaufsformular an die Firma Hohner. Wie viele Akkordeons können Sie tragen?» – «Höchstens zwei», hab ich gesagt, «die sind ja nicht so leicht.» Ich komm heim zum Funkwagen und erzähl die Geschichte meinem Freund Friedrich. «Vincent, du», ruft er, «jetzt gehst hin und sagst, ob du nicht einen mitnehmen kannst, der dir tragen hilft!» Der General hat nur gesagt, «selbstverständlich, dann bringen Sie gleich fünf Stück mit», und so sind wir zwei heimgefahren auf einen Sonderurlaub von fünf Tagen, aber eigentlich war's ja eine Dienstreise.

Mit den Papieren für fünf Akkordeons für die Truppenbetreuung und einer Zahlungsanweisung, in die nur noch der Betrag eingesetzt werden mußte, sind wir losgezogen. Wir waren auf dem Weg zum Bahnhof in Minsk, als ein Überfall der Russen kam. Auf der Rollbahn stand schon die Feldgendarmerie, um alle, die rückwärts unterwegs waren, anzuhalten und als Infanteristen einzusetzen, die nur selten wieder zurückkamen. Heiland, haben wir gedacht, was machen wir jetzt? Wir trugen weiße Pelzmäntel aus Lammfell, die eigentlich nur die Offiziere kriegten. «Du», sagte Friedrich, «wir haben Kreide im Sack!» Mütze runter, die Offiziere hatten einen Silberstreifen um die Feldmütze, schnell den Streifen angemalt, und dann hockten wir hinten im Wagen wie die Fürsten, wie die hohen Offiziere. Die Feldgendarmerie kam, baute Männchen, und unser Fahrer sagte, «Sie müssen uns sofort durchlassen, ich muß die beiden Offiziere auf den Flugplatz fahren!» Wir sind tatsächlich durchgekommen und sind so schnell wie möglich weiter. Im Zug, es war alles überfüllt, sind wir dann bis Wien. Von Wien nach München herrschte ein noch schlimmeres Gedrängel. Friedrich und ich rauchten Pfeife. Wir haben Tee reingemacht, und im Nu hatten wir Platz genug im Abteil.

Daheim ging ich zur Firma Hohner. Fünf Akkordeons, die haben nur gelacht und gesagt, «Sie bekommen eines, weil Sie bei uns gearbeitet haben, aber sonst ist das verboten. Wir liefern die Instrumente nach Hamburg, und von dort aus werden sie verteilt.» Jetzt stand ich da. Heiland. Eines hatte ich bei mir daheim und hab mir gesagt, das nehmen wir mit, damit wir wenigstens zwei bringen, wenn wir wieder ankommen. Ich hatte Angst, der General würde sagen, wir hätten ihn betrogen, obwohl wir die Bescheinigung ja mitbrachten. Nach fünf Tagen kehrten wir zurück, und da war der General versetzt. Nun hatte ich die beiden Akkordeons bei mir. Eines verbrannte, als unser Gepäckwagen einen Volltreffer bekam, das andere hab ich mitgeschleppt bis zum Schluß.

Beim Stellungswechsel, wenn es zurück ging, zogen die höheren Offiziere des Stabs als erste ab. Sie hatten die guten Fahrzeuge, wie die Achtzylinder Horch mit dicken Ledersesseln, die sie irgendwo kassiert und zu ihren persönlichen Kutschen gemacht hatten. Wir fuhren später, schon in der Dämmerung, mit unserem Funkwagen in einer Kolonne hinterher, in der auch schwere Zugfahrzeuge waren. Ganz überraschend und wahnsinnig schnell stieß der Russe mit Panzern vor, sperrte vor uns die Rollbahn und schoß auch gleich einige Fahrzeuge vor uns in Brand. Alle waren so erschrocken, daß sie geflüchtet sind. Und wir sind aus unserem Wagen raus in den Straßengraben gesprungen. Im Licht der Feuer sahen wir am Auspuff, daß eine der großen Zugmaschinen, ein Kettenfahrzeug, noch lief. «Du, die müssen wir wegholen, die läuft noch», haben wir gesagt, und zwei von uns, ich und der Benno Vogel, sind reingesprungen. Ich hab rumprobiert, so ein großes Ding war ich ja noch nicht gefahren. Erst hab ich den falschen Gang reingebracht, den Rückwärtsgang, und wir haben einen Satz gemacht und die Ecke einer Hofmauer mitgenommen. Wieder probiert, es klappte, aber ich hab auch nicht gleich mit dem Mordsding die Kurve erwischt und auf der anderen Seite die Mauer umgefahren. Und dann sind wir los, einfach weg von den Panzern. Nach einem Kilometer sprang einer vom Heer während der Fahrt an der Tür hoch. «Das ist meine Maschine», schrie er und hat uns gedroht. Wir hielten an, und er sagte, «ich bin der Fahrer, ich werd erschossen, wenn's rauskommt, daß ich die Zugmaschine im Stich gelassen hab!» – «Also», haben wir geantwortet, «wir geben dir das Fahrzeug, wenn du uns in den Ort fährst, wo unsere Einheit liegt», und das hat er gemacht. Daraufhin haben wir alle beide das EK II gekriegt.

Im Spätsommer 1943 erhielten wir den Auftrag, in der Nähe von Kiew den Staudamm von Saporoschje vor Bombenangriffen zu beschützen. Drei Nachtjäger waren auch da. Die Front war auf beiden Seiten schwach besetzt. Die Russen schickten ab und zu einen Spähtrupp in die Stadt, aber mehr vom Krieg merkte man halt nicht. Es gab viele Rußlanddeutsche, die in Kiew wohnten und einwandfrei Deutsch sprachen. Ich bin mir vorgekommen wie in einer Stadt in Deutschland. Einige Zeit zuvor hatte mich der Luftdruck einer russischen Fliegerbombe umgeworfen. Ich fiel direkt auf den Mund und brach mir einen Zahn ab. Durch die Rußlanddeutschen lernte ich eine junge russische Zahnärztin kennen, die mir einen Stahlzahn, ein Mordsding, draufsetzte. Der hat bis zum Kriegsende gehalten.

Im Oktober haben wir uns zurückgezogen, und im November kam der Angriff der Russen. Die Generale und die Stabsoffiziere haben sich immer zuerst gerettet, vor den anderen. Und wir sind fast immer mit dem Stab gewandert, sie brauchten uns ja. Für uns konnte es aber auch gefährlich werden, wenn wir mit einem Panzerwagen und unserem Gerät ins Niemandsland zwischen die Fronten fahren mußten. Von dort gaben wir den Flugzeugen die Ziele für ihre Bomben an. Ein Offizier war dabei, der hatte eine genaue Karte mit Nummern für die Planquadrate und hat uns gesagt, was für Ziele wir angeben sollten. Wir funkten die Daten an den Feldflugplatz weiter und was für Flugzeuge gebraucht wurden, Bomber, Kampfflugzeuge oder Jäger. Das war unser Geschäft.

Beim Stab gab es dann noch einen Fieseler Storch, mit dem die Offiziere geflogen wurden, wenn es schnell gehen sollte. Da hab ich auch einmal drei Tage Bau bekommen. Der Pilot und ich sollten zu einer anderen Staffel fliegen. Unterwegs sahen wir unten einen schönen weißen Fallschirm von einem abgeschossenen Russen liegen. Das war begehrte Seide, die nach Hause geschickt wurde, wenn man sie kriegen konnte. Mein Kamerad sagte, «du, wir landen geschwind und holen den Fallschirm!» Ein anderes Flugzeug, das über uns hinwegflog, ohne daß wir uns etwas dabei dachten, hat das gemeldet. Wir mußten anrücken beim Alten, und der sagte, «ich bestrafe Sie beide mit drei Tagen verschärftem Arrest!», aber abgesessen haben wir sie nicht. Wir waren ja ständig unterwegs, und es gab überhaupt kein Gefängnis, um uns da reinzustecken. Es hieß eben: wenn wir in die Garnison kommen, müssen wir es absitzen.

Zweimal hab ich Bau gekriegt. Das zweite Mal war ich gerade unterwegs mit Funkakten, als General Schörner, das war der schlimmste von allen, zu Besuch kam. Ich trug ein Tuch aus Fallschirmseide um den Hals. Solang die Fallschirmseide reichte, taten das alle, da wurde dann immer wieder ein Stück weggeschnitten. Sein Wagen hielt, ich sah bloß die Standarte, ich kannte den Mann ja gar nicht. Ich hab Meldung gemacht: Obergefreiter Bachhofer von der Dienststelle soundso und daundda hin. «Kommen Sie mal her», sagte er, «was haben Sie denn da am Hals! Sie wissen doch, daß das verboten ist! Melden Sie sich bei Ihrem Chef, er muß Sie drei Tage dafür einsperren!» – «Jawohl!» hab ich gesagt, bin zum Chef gegangen und der sagte, «ja, ja, is schon gut!»

General Schörner war ein ganz schlimmer, der hat eigene Leute erschießen lassen. Ein Pferdegespann mit einem Landser sollte bei Glatteis ausweichen, als er kam. Er hat gehupt, der Landser hat rechts rangezogen, aber der hintere Wagen ist immer wieder in die Straße reingerutscht mit den stahlbeschlagenen Holzrädern. Das ging zwei- oder dreimal so, dann hat er ihn vom Bock runtergeschossen. Aus Wut.

Schon in Kiew hatten wir uns unsere Gedanken gemacht. Es ging eben doch nicht so, wie die Offiziere gesagt hatten: wir könnten alles erobern. Afrika, Stalingrad und vor allem die Luftangriffe auf unser Land hatten uns unsicher gemacht, trotzdem wurde über die Familien daheim wenig gesprochen. Nur wenn einer von uns fiel, mußte jemand den Angehörigen die Nachricht übermitteln. Normalerweise tat das die Schreibstube der Kompanie, aber in einem Fall mußte ich es.

Wir waren von den Russen eingeschlossen, und Benno Vogel und ich gingen mit dem Gewehr neben dem Schützenpanzer, er rechts und ich links. Es war in einem Waldstück und schon ziemlich dunkel geworden. Wir haben geschossen, egal wohin. Auf einmal war er weg, und ich schau zurück und seh ihn ungefähr hundert Meter entfernt liegen. Ich bin zu ihm gerannt, da hatte er schon Schaum auf den Lippen. Ich drehte ihn auf den Bauch, und da spritzte das Blut bald in Daumenstärke aus seinem Rücken heraus. Er hatte einen Lungendurchschuß, aber war noch ganz klar. Auf einmal sagte er, «du, sei so gut und schick meiner Mutter meine Armbanduhr, daß sie noch was von mir hat. Es ist ein Geschenk von ihr.» Er hat schon geahnt, daß er sterben muß. Ich hab ihn auf die Schulter genommen und zurückgetragen, es war Nacht und ruhig geworden. Ich trug ihn zwei, drei Kilometer zu meinem Haufen. Als ich ihn dort von meiner Schulter nahm, war er schon tot. Wir mußten weiter, und es war alles gefroren. Im Dorf auf einem Friedhof haben wir ihn unter Steinen begraben. Mehr konnten wir nicht tun. Später schickte ich seiner Mutter die Uhr. Da war sein einziger Bruder schon gefallen und der Vater bei einem Bombenangriff in Köln umgekommen. Die Mutter schlug sich allein als Köchin durch. Das war das Ende der Familie, und das hab ich nicht nur einmal erlebt. Der Fahrer des Schützenpanzers hatte seine Familie in Pforzheim. Dort sind sie bei einem Bombenangriff alle getötet worden. Später fiel auch er, und dann war keiner mehr da, der Krieg hatte sie alle ausgelöscht. Das waren große Tragödien, aber man hat nicht weiter daran denken können, der Krieg ließ einem keine Zeit.

Je länger der Rückzug dauerte, um so gleichgültiger wurde man und hat nur noch gedacht, ich will so schnell wie möglich heim. Von den fünf Kameraden, mit denen ich aufgebrochen war, sind drei gefallen. Der dritte durch eine Fliegerbombe, die ihm beim Angriff auf einen Bahnhof, auf dem wir lagen, den Kopf abgerissen hat.

Am Anfang hatte die Panzerdivision, bei deren Stab wir lagen, sicher mehr als fünfzig Panzer. Zum Schluß gab es kaum noch welche, und die Luftwaffe flog nicht mehr, ihre Männer mußten Infanterist spielen.

Ende 1943 zogen wir uns nach Polen zurück. Drei oder vier Monate lagen wir in Kielce, einer Stadt ungefähr 200 Kilometer südlich von Warschau. Ich wohnte bei einer Buchdruckerfamilie, die eine Tochter hatte, ein hübsches, nettes Mädchen, das sehr gut Deutsch sprach. Sie arbeitete in einer Wehrmachtstelle für Vieheinkauf. Ich war mit ihr befreundet und hätte gern noch mehr gehabt, aber sie war sehr streng erzogen, und ihre Landsleute drohten, ihr alle Haare abzuschneiden, wenn sie noch mal mit mir auf der Straße gesehen wird. Wir sind dann zu Hause geblieben, wo mich ihre Eltern wie ihren eigenen Sohn behandelten.

Immer häufiger wurden wir von Partisanen angegriffen, und immer häufiger hatten wir Tote. Ich hab zwar nicht gesehen, was mit den gefangenen Partisanen gemacht wurde, es sprach sich aber herum, daß sie auf der Stelle erschossen wurden. Es gab keinen langen Prozeß, und es wurden auch ein paar mehr erschossen, wenn man sicher sein konnte, daß Partisanen dabei waren. Der Stab entschloß sich aber, wegen der Partisanenangriffe aus der Stadt raus in ein Schloß zu ziehen, und ich mußte fort von der Buchdruckerfamilie. Weihnachten bin ich zusammen mit einem Kumpel, der in dem Ort auch eine Freundin hatte, am Abend dorthin gegangen, um mit der Familie zu feiern. Erst hatten wir Angst vor den Partisanen, aber es hat uns einfach hingezogen. Wir sind mit der blanken Waffe über das Schneefeld gewandert, kamen auch gut an, haben geklopft, und sie haben das Licht ausgemacht und uns reingelassen. Nach einigen Stunden sind wir zurück.

Der Hauptstoß der Russen ging damals schon in Richtung Berlin. Bei unserem Rückzug befanden wir uns neben den Russen, deren Spitze teilweise vor uns war. Der Stab allein hatte noch drei Panzer und zwei Selbstfahrlafetten mit 10-cm-Geschützen drauf. Wir waren also gut ausgerüstet. Was uns in den Weg kam, haben wir beiseite geräumt und sind geschwind weiter. Wir waren schon nahe der deutschen Grenze, da sind die Russen schneller vorgerückt, als wir gerechnet hatten. Unsere Nachhut hatte schon die Brücke über den Fluß gesprengt. Wir standen oben mit dem Funkwagen auf einem Abhang, von dem es dreißig Meter steil herunterging zum Fluß. Der Fahrer sagte, «alles aussteigen, ich nehm das Risiko auf mich und fahr runter, es wird schon schiefgehn.» Um Gottes willen, hab ich gedacht, das kann nie gutgehn, so steil. Er tat den kleinen Gang rein, rollte schön langsam an, aber dann geriet er ins Rutschen, das Bremsen nutze nichts mehr, und er ist mit dem Funkwagen runter wie ein Geschoß. Alles, was oben auf dem Wagen war, Benzinkanister, Werkzeug und Ersatzteile, flog durch die Gegend, aber er ist bei Gott runtergekommen. Jetzt standen wir unten in dem Dorf, aber wie über den Fluß kommen? Einen kleinen Holzsteg für Pferd und Wagen gab's, aber mit dem Funkwagen war nichts mehr drin. Wir hatten den Befehl, die Funkgeräte mitzunehmen, egal in welcher Situation. Sollten wir direkt angegriffen werden, mußten wir die Geheimpapiere für die Schlüsselmaschine verbrennen, und wenn keine Zeit blieb, sie verschlucken. Darauf sind wir vereidigt worden.

Ein Mann, hieß es, muß Pferde und einen Wagen organisieren. Wer kennt sich mit Pferden aus? Der Mann war ich. In einem Stall fand ich zwei Gäule. Die Polen klagten, aber was sollt ich machen. Da war ein schöner Schwarzer, als ich vorbeiging, hat er ausgetreten und mir eine geschmiert, daß ich an die Stallwand flog. Ja, der war gut, ein junger, schöner

Kerl, und als ich wieder hin bin, war er schon friedlicher. Zusammen mit einem Halbweißen hab ich ihn eingespannt, umgeladen, und die anderen sind auf der anderen Seite vom Fluß von einem Fahrzeug des Stabs mitgenommen worden. Und ich fuhr mit dem Pferdewagen hinterher. Immer wieder sind motorisierte Fahrzeuge an mir vorbeigekommen, und ich hab nicht gewußt wohin, ich bin in die Richtung gefahren, wo die auch hin sind. Gegen Abend ist es immer ruhiger und ruhiger geworden, immer seltener ist ein Fahrzeug gekommen und dann keins mehr. Ich bin gefahren und gefahren. Schließlich bin ich so hundemüd geworden, daß ich eingeschlafen bin. Die Gäule sind munter immer weiter marschiert durch den Wald. Einmal bin ich in der Nacht aufgewacht, alles so ruhig, denk ich, bist du vom Richter geweckt und sollst umdrehen? Ich wußt nicht mehr, wo ich mich aufhalt. Die Pferde sind brav zugetrottet, bis es hell wurde. Fährst einfach weiter, hab ich gedacht, komme was da wolle. Wenn du in Gefangenschaft kommst, werden sie dich gleich erschießen. Die Morgendämmerung kam, und auf einmal sah ich vor mir auf der Straße einen Landser stehen. Es war ein unheimliches Glück, denn ich war, das haben sie mir dann erzählt, durch Niemandsland gefahren.

Das Elend ist viel schneller aus dem Gedächtnis verschwunden als das Glück, das du gehabt hast. Und selten hat einer soviel Glück gehabt wie ich. Ich hab dann immer gesagt, das hat meine Mutter bewirkt, die hat Tag und Nacht für mich gebetet. Wenn ich selber in starke Bedrängnis gekommen bin, hab ich auch gebetet. Und wenn ich nachts in Gefahr oder allein war und nicht schlafen konnte, dann waren die Gedanken bei meiner kleinen Schwester, die schon mit acht Jahren gestorben ist. Sie war nie vergrämt, nie beleidigt. Ich hab oft zu ihr gesagt, «Lisa, kannst du mir helfen!?» Und es hat immer geklappt.

Im Januar 1945 sind wir nach Breslau gekommen, und nicht erst da wußten wir, daß der Krieg verloren ist. Die Zivilbevölkerung war schon fort und die Stadt wie ausgestorben. Wir zogen südwestlich über das Riesengebirge weiter in die Tschechei. Plötzlich ging es wieder zurück, an Breslau vorbei, hoch bis nach Glogau an der Oder. Da hieß es, wir sollten den Hitler aus seinem Bunker unter der Reichskanzlei befreien. Der Russe hatte sich schon in die Stadt hineingekämpft, und wir sollten von Leipzig aus Berlin entsetzen. Hundert Kilometer ging es voran und dann wurde uns gesagt: «Der Vormarsch wird abgebrochen, es gibt kein Durchkommen mehr.» Kreuz und quer waren wir in den letzten Wochen Hunderte von Kilometern herumgezogen, und wieder machten wir kehrt. Zurück ging's nun über das Erzgebirge ein zweites Mal in die Tschechei, ins Egerland. Dort wimmelte es von Partisanen, ganze Regimenter, und man konnte ohne die Einheit nirgendwohin, ohne ihnen ins Messer zu laufen.

In Außig an der Elbe, am Rand des böhmischen Mittelgebirges, sagte unser General Ende April, daß die Lage aussichtslos ist, die Russen wären bald da. Mein Akkordeon, das ich bis dahin mitgeschleppt hatte, wollt ich den Russen nicht lassen. Ich hab's zusammengeschlagen, in die Elbe geworfen und hab den weißen Tasten nachgeguckt, wie sie so schön den Fluß hinunterschwammen. Der General hatte Verbindung mit den Amerikanern in Chemnitz aufgenommen und gefragt, ob unsere Truppe dort geschlossen in Gefangenschaft gehen könne. Keiner wollte ja den Russen in die Hände fallen. Die Amerikaner haben über Funk geantwortet, nach dem Völkerrecht dürften sie keine geschlossenen Formationen übernehmen, aber als loser Haufen könnten wir kommen, ohne daß geschossen wird. Bevor wir aber aufbrechen konnten, war der Russe da, wir waren abgeschnitten. Ich kletterte mit ein paar anderen oben in die Felsen über der Stadt, und am 6. Mai 1945 sahen wir unten die russischen Einheiten in den Ort fahren. Was machen? Nachts wollten wir runter und gucken, ob die Brücke mit Doppelposten besetzt ist. War nur ein Posten da, konnten wir ihn niedermachen und rüber. Aber es war natürlich ein Doppelposten, das hätten wir uns auch denken können. Wir sind wieder hoch, und am Morgen hörten wir deutsch reden, Männlein und Weiblein. Dann sahen wir welche mit weißen Armbinden, Landser und Rotkreuzschwestern, die alle zurückgingen. «Was ist los?» haben wir von oben gerufen, und dann schrien sie zurück, «der Krieg ist aus! Kommt runter!» Wir haben die Waffen weggeschmissen, sind runter und mit ihnen weitermarschiert aufs Erzgebirge zu, dahinter waren die Amis.

Wir sind tatsächlich den ganzen Tag an den russischen Truppen, die uns entgegenkamen, vorbeimarschiert. Und die Russen haben uns nichts getan, aber die Tschechen, sie waren schlimm. Der Krieg war aus, sie hatten plötzlich die Gewalt über uns und konnten mit uns machen, was sie wollten. Das haben sie leidlich ausgenutzt, sie waren brutal.

Auf dem Weg in die Gefangenschaft marschierte neben uns ein älterer Offizier, vielleicht fünfzig oder älter. Er hatte eine gute Uniform und vor allem schöne Offiziersstiefel. Ein junger Tscheche kommt, fünfzehn oder sechzehn Jahre alt, und sagt, «zieh sofort die Stiefel aus!» Der Mann schüttelt den Kopf und antwortet, «hau ab, Kerle!» Und der Junge zieht ohne zu zögern eine Pistole und erschießt ihn, direkt neben mir. So sind kurz nach dem Krieg noch viele von uns ums Leben gekommen.

Drei Tage später kam ich mit meinen Kameraden in der Nähe von Chemnitz an. Wir fragten eine Frau, sie war vielleicht fünfzig, wo die Amerikaner sind. «Ihr müßt noch ein Stück laufen», sagte sie, «aber ihr könnt heut nacht bei mir schlafen, und morgen früh zeig ich euch den Weg.» Die gute Frau vergeß ich nie. Am nächsten Morgen liefen wir bis zu einem riesigen Feld, und dorthin strömten von allen Seiten Landser, Rotkreuzschwestern, Luftwaffenhelferinnen und andere Helfer der Wehrmacht, und es wurde nicht geschossen. Drei- bis viertausend Menschen waren dort zusammengelaufen. Die Amerikaner kamen mit Lastwagen, und wir sind dort rauf, bis der Karren voll war, Mann an Mann, da konntest du nicht umfallen und nicht mehr atmen. Sie brachten uns ins Gefangenenlager nach Altenburg. In den Hallen eines großen Flugplatzes hatten sie ungefähr 20000 Gefangene zusammengetrieben, aber was soll's. Wir waren froh, bei den Amis zu sein, und der Krieg war rum.

Nach sechs Wochen sollten Landwirte, die in der amerikanischen Zone wohnten, entlassen werden. Es hatte sich rumgesprochen, daß die Amerikaner den Russen Thüringen überlassen. Papiere, dachte ich, hast du keine mehr, also meldest du dich. Ich hab mir auf der Landkarte ein Dorf bei Frankfurt ausgesucht und mir eine Straße gedacht. Auf der Schreibstube sagte ich: Vincent Bachhofer, Landwirt aus Dietzenbach bei Frankfurt, Lange Straße 3. Und sie haben mich entlassen, zusammen mit einem Jungen aus Karlsruhe, der war erst sechzehn und hat immer geheult. Die Papiere mit Fingerabdruck und von den Amis unterzeichnet habe ich noch heute. Doch sie fuhren uns nordwestlich nach Erfurt in eine Kaserne, und das kam mir verdächtig vor, Frankfurt lag ja im Südwesten.

In der Nacht hab ich zu dem Jungen gesagt, «du, steh auf, wir gehen über die Mauer und hauen ab.» Draußen krochen wir durch Kohlfelder, bis wir uns trauten aufzustehn. Wir sind durch den Thüringer Wald und die Rhön in Richtung Fulda marschiert. Manchmal nahm uns auch ein Pferdefuhrwerk mit, und wir kamen gut vorwärts. Plötzlich standen Amerikaner auf der Straße, eine Kontrolle der Militärpolizei. Da ist mir das Herz doch ein bissel runtergefallen und ich hab den Jungen angezischt, «nichts anmerken lassen. Mach ja keine Geschichten und fang an zu heulen!» Wir haben die Papiere vorgezeigt, und die haben gesagt, «okay», und da wußte ich, die Papiere sind in Ordnung.

Nach Haus in die französische Zone konnten wir nicht, aber in Fulda erwischten wir einen Zug nach Frankfurt, es war wunderbar. Wir hockten im Bremserhäuschen, schliefen, und am nächsten Morgen waren wir in Frankfurt. Jetzt mußten wir das Dorf suchen, wo unser angeblicher Wohnsitz war. Nach einem Tag hatten wir es gefunden. Na gut, hab ich gedacht, wir gehen einfach zum Bürgermeister und erzählen genau, was passiert ist. «Das ist kein Problem», sagte er, «da ist grad ein Bauer, seine Tochter ist vor einem Jahr nach einer Kropfoperation gestorben und sein Sohn wird noch vermißt. Er ist dreiundsiebzig, hat noch zwei Pferde und eine ganze Menge Vieh. Der ist bestimmt froh, wenn er Hilfe bekommt.»

«Ja, selbstverständlich!» sagte der Bauer, als wir zu ihm kamen. Es war alles da, Pferde, Kühe, zwei große Faß Wein aus dem eigenen Weinberg, und die Frau, seine Schwester, hat wunderbar gekocht, wir waren ja ganz ausgehungert. Wir haben dort bis in den September 1945 hinein geschafft. Dann stand in dem Nachrichtenblatt, das die Amis jede Woche herausgaben, es ist jetzt geregelt, die Franzosen dürfen niemand mehr, der von den Amerikanern entlassen ist, als Kriegsgefangenen nach Frankreich holen. Die meisten hatten sie ja wieder eingefangen. Ich und der Bub aus Karlsruhe hatten genug und wollten nun endlich heim. Es war Herbst, das meiste war getan, und wir sagten dem Bauern, daß wir noch einige Tage blieben und dann nach Hause zögen. Er sah das ein, aber fing dann doch an zu weinen, der alte Mann. Er hatte noch immer nichts von seinem Sohn gehört.

Auf einer Lok sind wir dann nach Karlsruhe gefahren, und dort habe ich den Bub abgeliefert. Als wir zur Wohnung seiner Eltern kamen, war sie fast ganz zerstört. Während der Bub fortgewesen ist, war seine Mutter gestorben, und der Vater lebte mit einer jungen Frau aus Düsseldorf. Eine rasche Blondine, die alle Männer gern hatte und nachts im Kasino bei den Amerikanern war. Dann kam sie mit Kaffee und Schokolade, das war wahrscheinlich nicht umsonst. Der Bub war am Boden zerschmettert und hat mir leid getan.

Ein paar Tage später bin ich heimgekommen aus der Gefangenschaft, und Mutter schreit auf, wie sie mich sieht, und ruft den Vater. Noch vor dem Haus haben wir uns umarmt, und sie hat geheult vor Freude.

Noch kurz vor Kriegsende flieht Vincent Bachhofers Vater vor der Gestapo aus seinem Dorf in die angrenzenden Wälder. Er hatte für Häftlinge Bücher in einen unweit des Dorfes gelegenen Steinbruch geschmuggelt, in dem die SS die Außenstelle eines Konzentrationslagers betreibt. Und davon läßt er sich auch nicht abbringen, als seine Frau Zeugin eines unmittelbar vor ihrer Haustür begangenen Mordes wird. Aus der Häftlingskolonne, die auf dem Weg zur Arbeit im Steinbruch durch den Ort geführt werden muß, tritt für einen Augenblick ein Mann aus der Reihe, um einen vom Baum gefallenen Apfel aufzuheben. Und er ist noch nicht zurück im Glied, als ihn einer der SS-Männer erschießt.

In den kommenden Jahren fühlt sich Vincent Bachhofer weniger belastet von den eigenen Erfahrungen des Krieges als vom Leiden in den Konzentrationslagern und der Ungewißheit über die deutschen Gefangenen in Rußland, deren Schicksal er nur durch sein Glück nicht hat teilen müssen.

1946 macht er eine Aufnahmeprüfung für die Stuttgarter Musikhochschule. Zwei Jahre lang kann er dort studieren, bis er 1948 durch die Währungsreform sein im Krieg erspartes Geld verliert. Und da er von zu Hause nichts zu erwarten hat, beginnt er als privater Musiklehrer zu arbeiten, bis er 1951 doch noch seine Prüfung als Musikpädagoge in München ablegen kann. Aber auch sie verhilft ihm nicht zum erwünschten Lehramt an einer Schule, denn hier wird zwischen den Absolventen der Musikhochschule mit und ohne Abitur unterschieden. Ohne daß es ihn lange reut, beginnt er wieder privat zu unterrichten: Klavier, Posaune und Akkordeon für Schülerinnen und Schüler zwischen sechs und fünfzig Jahren.

1948 hat Vincent Bachhofer geheiratet, und 1951 wird die erste und sieben Jahre später die zweite Tochter geboren. Trotz der Kinder ist Frau Bachhofer berufstätig und leitet nach einigen Jahren eine größere Versicherungsagentur. 1960 beschließt das Ehepaar, die

Ersparnisse von 5000 Mark zum Grundstock eines eigenen Hauses zu machen. Die Pläne dazu erhalten sie von Vincent Bachhofers Freund Friedrich, der als zweiter aus dem Fünfergespann den Krieg überlebt hat und Architekt geworden ist. Den Bau selbst bewältigt Vincent Bachhofer zusammen mit seinen Brüdern.

Mehr als zehn Jahre ist er Rentner und macht noch immer Musik, auch wenn er das öffentliche Posaunenspiel wegen seiner Schwerhörigkeit aufgegeben hat. Und er wartet, sagt er mit einem Augenzwinkern, darauf, an was seine jüngste Tochter, die das gemeinnützige Jugendatelier errichtet, ihr und damit wahrscheinlich auch sein Herz hängen wird.

Heinrich Asmussen *«Mit meinem ehemaligen Deutschlehrer mußt du reden», sagt einer meiner Freunde. «Im Krieg haben sie ihm schwer zugesetzt, das hat jeder an der Schule gewußt, aber erzählt hat er nie mehr als mal ein Bruchstück. Gemocht hat er die mehr kernigen Jungen in unserer Klasse, die später zur Bundeswehr gingen. Aber für mich, ich war Wehrdienstverweigerer und las Camus und Sartre, für mich war er am Anfang der sechziger Jahre eine Befreiung. Er ließ Meinungen gelten, die nicht die seinen waren, nur irrational, ganz unlogisch durften sie nicht sein.»*

In einer kleinen, Ordnung ausstrahlenden Seitenstraße einer norddeutschen Kreisstadt liegt das rote Backsteinhaus von Heinrich Asmussen. Rechts verwehrt eine übermannshohe Mauer und links die Garage den Blick in den Garten. Ich bin durch die Haustür getreten und sehe hinten im halbdunklen Flur eine große hagere, sich sehr aufrecht haltende Gestalt, Heinrich Asmussen. Nach der Begrüßung geht er voraus ins Wohnzimmer. Vor einem großen Panoramafenster stehen zwei zimtfarbene Polstersessel einander gegenüber. Man blickt in den Garten und auf eine zu einem großen Kegel gestutzte Blutbuche. Heinrich Asmussen wendet den Rücken der Scheibe zu, und ich sehe in sein längliches, scharfgeschnittenes Gesicht unter dünnen weißen Haaren. Als er sich rückwärts, das linke Bein fast ausgestreckt, vorn auf die Sitzfläche des Stuhls fallen läßt, dann erst das rechte halb angewinkelte, dann das linke beinahe steife Bein nachzieht, beginne ich das ganze Ausmaß seiner Behinderung zu ahnen.

1923, das Jahr, in dem Hitler in München den Putsch probt, wird Heinrich Asmussen in Flensburg geboren. Da auch seine um zwei Jahre ältere Schwester keine höhere Schule besucht, weigert sich sein Vater, ihn nach der Grundschule aufs Gymnasium zu schicken.

«Wenn du das unbedingt willst», sagt er ihm, «kannst du ja später deine Kinder auf die höhere Schule schicken.» Auch mit dem Besuch der Realschule erklärt er sich nur einverstanden, wenn Heinrich Asmusssen einen Freiplatz erhält, was ihm auf Grund seiner Zeugnisse offenbar leicht gelingt. Nach der Schule geht er in eine Lehre als Bürokaufmann, die ihm den Weg auf die höhere Handelsschule und von dort in ein Studium ebnen soll.

Sein Vater, Mitbegründer der Theodor-Storm-Loge, verliert 1934 wegen politischer Unzuverlässigkeit seine Lizenz als Steuerberater. Doch die Familie, die Mutter sorgt für den Haushalt, ist auf sein Einkommen angewiesen. Er setzt daher die Beratungen fort, bis er vom Arbeitsamt gezwungen wird, sich arbeitslos zu melden, was zugleich bedeutet, daß er nun von ihm und seinen Beamten abhängig wird. Um den Vater, wie der Sohn heute vermutet, zu drangsalieren, schickt das Arbeitsamt ihn als Zivilangestellten in das Wehrmeldeamt in Flensburg. Dort aber steigt er auf und wird Leiter der Zivilangestellten.

Mit neun Jahren, 1932, trat ich in die christliche Jungschar Sankt Nikolai ein. Ein Jahr später wurden wir in das Jungvolk übernommen. Damals hängte mein Vater das Gründungsfoto seiner Loge im Wohnzimmer auf. Neugierig wollte ich wissen, was das sollte. «Das ist ganz einfach», hat er geantwortet, «wenn wir Besuch kriegen und einer fragt, was das für ein Foto ist, dann sage ich, das ist das Gründungsbild der Theodor-Storm-Loge, und ein Mitbegründer der Loge damals, du kannst ihn da auf dem Bild sehen, das ist heute unser Kreisleiter.» Und das stimmte, als der roch, wie's lief, war er ausgetreten und Kreisleiter geworden.

Die ablehnende Haltung meines Vaters gegenüber den Nationalsozialisten hat mich nicht gehindert, Jungenschaftsführer im Jungvolk zu werden. Damals wurden noch, wie in der Bündischen Jugend, die höheren Führer gewählt. 1934 war jedoch Schluß damit. Sie wurden abgesetzt, und von ganz oben, von Kiel aus, wurden neue Bannführer bestimmt. Das war für uns, ich war mit zwölf Jahren eigentlich noch zu klein, aber für unsere Führer war es das Signal zum Aufstand. Aus Protest wollten wir das Auto des Gebietsjungvolkführers, der für ganz Schleswig-Holstein zuständig war, in den Hafen fahren. Wir kriegten sein Vieh aber nicht über den Balken, der den Bohlenkai begrenzte. Die Vorderräder waren drüben, aber der Auspuff unten hing fest. In dem Moment kamen zwei Polizisten und haben sich vier Mann gegriffen. Ich war dabei. Zur Strafe warfen sie mich aus dem Jungvolk und erkannten mir die Fähigkeit ab, Jugendführer zu sein. Das war für meinen Vater eine gewisse Genugtuung, für mich war das ein ganz großer Ärger. Sehr bald darauf wurde nämlich die Staatsjugend eingeführt, und nun gab es sonnabends keinen Unterricht mehr, sondern Dienst im Jungvolk. Wer nicht im Jungvolk war, an der ganzen Schule war ich der einzige, und wer der dänischen Minderheit angehörte, mußte jeden Sonnabend in der Schule hocken, vier oder fünf Mann, und jeweils einen anders variierten Aufsatz über den Nationalsozialismus schreiben. Das war mehr als eine Strafarbeit. Nach zwei Jahren Aufsatzschreiben wurde mir klar: Du wirst bald vierzehn, wenn du jetzt nicht Dampf machst, kommst du in die HJ. Mit meinem ehemaligen Fähnleinführer hab ich das dann geregelt und trat ohne Dienstrang wieder ins Jungvolk ein.

Zwischen der Führerschaft des Jungvolks und der Führerschaft der Hitlerjugend herrschte ständig Kampfstimmung. Das Jungvolk hatte vier Jahre Zeit, von zehn bis vierzehn, die Jungs, die Führerqualitäten bewiesen, abzusahnen. Die Hitlerjugend mußte sich mit der zweiten Garnitur begnügen, denn Jungvolkführer blieben Jungvolkführer, sie brauchte man dringend für die höheren Ränge.

Ich war eben sechzehn geworden, als der Krieg ausbrach. Jugendliche über achtzehn wurden zur Wehrmacht eingezogen, und damit ging es für mich im Jungvolk sehr schnell bergauf. Wir mußten Stellen besetzen, die unserem Alter gar nicht gemäß waren. Als ich dann weiter aufrückte, wurde mir klar, daß es zwei Gegner gab: der eine war die HJ und der andere die Partei. Das waren die alten Leute, die uns kommandierten und von oben herab alles soviel besser wußten. Wir haben keine Reifen angezündet und mit Steinen geworfen, aber wir waren jung und in Aufwallung. Es war wie der Krieg der einen Straße gegen die andere. Ich rieb mich an den Vorgesetzten, unter denen zwar honorige waren, aber eben auch kleingeistige Figuren. Es gab den einen, Kreisleiter Riecken, der sagte, ich war schon Fähnleinführer, «da wohnt ein Jude, den kennst du ja sicherlich. Der muß jetzt mit dem Judenstern rumlaufen. Im Ersten Weltkrieg war er Decksoffizier bei der Marine und hat das EK I. Sag mal deinen Jungs, daß ihm nichts hinterhergebrüllt wird, das hat der Mann nicht verdient. Du bist dafür verantwortlich!» Und es gab den anderen, Kreisleiter Jabs, der in jedem zweiten Satz sagte, «mein Sohn der Ritterkreuzträger!» Wenn ich für meine Jungs, die zur Erntehilfe sollten, Bezugsscheine für Stiefel brauchte, hieß es, «wenn so was gefordert wird und dann die Kriegswirtschaft nicht mehr klappt, weil sich jemand verweigert, dann denke ich immer an meinen Sohn den Ritterkreuzträger draußen an der Front!»

In Flensburg wurde uns sehr bald klar, was der Zweite Weltkrieg bedeutete. Die 30. Division, die Schleswig-Holstein-Division, wurde in Eilmärschen nach Piatek in Polen geworfen, wo sie einige Tage nach Kriegsbeginn ungeheure Verluste hatte. In unserer Zeitung standen plötzlich drei Seiten lang Gefallenenanzeigen. Das war der erste Schlag, den man kriegte. Es waren ja auch Bekannte dabei.

Wir waren schockiert, aber den Krieg fanden wir gerechtfertigt. Die Polen, hieß es, haben zuerst geschossen. Das stimmte nicht, aber wir wußten es nicht besser. Und auf die ganz einfache Frage, daß eine Autobahn durch Ostpreußen gebaut werden sollte, holten sie sich den Rückhalt bei England und Frankreich und sagten dann ab. Schließlich kam

Bromberg und die Verfolgung der deutschen Volksgruppe. Für uns schien der Krieg eine gerechte Sache zu sein.

Im August 1941 schlug man mir vor, ich sollte hauptamtlich im Jungvolk tätig werden. Ich besprach das mit meinem Vater, und er sagte wörtlich, «bis jetzt habe ich dir ja alle Freiheiten gelassen, aber das kann ich dir sagen, du wirst nicht ungelernter Arbeiter bei diesem Verein! Wenn du denn meinst, daß das deine Zukunft ist, laß dir eine akademische Ausbildung zusichern.» Das hieß «Akademie für Jugendführung in Braunschweig». Ich machte einen Auswahllehrgang an der «Reichsschule für Führertum und Politik» in Bad Berka bei Weimar. Ich bestand und dachte, na gut, jetzt geht es los! Doch das Aufnahmealter in Braunschweig war einundzwanzig, und ich landete als hauptamtlicher Hauptstammführer in Lübeck.

Der über mir stehende Bannführer war Leiter der «Gebietsführerschule Malente» und kam nur selten nach Lübeck, und so hatte ich ungefähr 5000 Jungs, Jungvolk und HJ, unter mir. Das war mir zuviel. Ich kam nicht abends vor zwölf vom Schreibtisch weg, und es gab eine ganze Reihe von Dingen, die ich in meinem Alter und mit meiner Vorbildung nicht durchschaute. Ich wechselte als stellvertretender Leiter an die Gebietsführerschule nach Malente. Die Führer des Jungvolks auszubilden, das war dort meine Spezialität. Die vierzehn- bis fünfzehnjährigen Jungs unterrichtete ich in Sport, Gesang und Erster Hilfe. Außerdem machten die älteren Schießübungen mit dem Kleinkaliber- und die jüngeren mit dem Luftgewehr. Und ich war verantwortlich für die weltanschauliche Schulung, die sich um die Geschichte des Nationalsozialismus und Adolf Hitler drehte. «Mein Kampf» oder die Bücher von Rosenberg begriff ich damals allerdings selbst nicht und legte sie nach wenigen Seiten wieder aus der Hand.

Es ging mehr um eine weltanschauliche Einstimmung auf die Volksgemeinschaft, wie sie sich beispielsweise im Winterhilfswerk zeigte: Nun setzt euch sonntags nicht hinter eure

Gänsebraten, und der Arbeiter, der nicht viel hat, sitzt hinter seiner Kohlsuppe. Besser ist es, wenn alle zum öffentlichen Eintopfessen gehen. Es gab allerdings auch Verpflichtungen, die mir zum Hals raushingen. Wenn zum Beispiel der Mann eingezogen war und die Kohlen sollten aus dem Keller geholt werden, mußte ich die Jungs einteilen, die alle drei Tage dort die Kohlen hochschleppten. Und die dicke Madame von dreißig Jahren, die das mit einer Hand machen konnte, saß oben in der Küche und qualmte Zigaretten. Oder die Jungs mußten los, den Verwundeten das Gepäck tragen und Altmaterial sammeln, während die Mädchen Heilkräuter suchten. Damals habe ich es nicht gewußt, aber im Grunde war das kein sozialer, sondern schon ein Kriegseinsatz. Und weil wir glaubten, Deutschland zu helfen, waren wir mit Eifer dabei.

Am 14. April 1942 wurde ich mit achtzehn als Rekrut einer bespannten Maschinengewehrkompanie in Lübeck zur Wehrmacht eingezogen. Beim Eintritt fragten sie nach meinem Beruf: hauptamtlicher HJ-Führer. Das machte mich nicht gerade beliebter. Im Heer hielt man HJ-Funktionäre für ewige Besserwisser.

Die theoretische Ausbildung war anspruchsvoller als bei der einfachen Infanterie, aber wir mußten auch bis zum sinnlosen Quatsch herumexerzieren. Nach zwei Monaten war die Grundausbildung beendet, jetzt sollte es als Marschkompanie an die Front gehen. Abmarschbereit standen wir auf dem Kasernenhof, als der Spieß plötzlich drei Namen aufrief. Ich und zwei andere mußten uns melden als Reserveoffiziersanwärter. Das war ein Witz, keiner hatte sich freiwillig beworben. Für drei Monate ging es in eine Ausbildung rund um alle Situationen, die einem später als Heeresoffizier begegnen konnten. Am Ende dieser ersten Stufe auf der Offizierslaufbahn waren die einen Oberschütze, hatten nicht bestanden und gingen an die Front. Die anderen waren Gefreiter ROA (Reserveoffiziersanwärter) und sollten zur Bewährung ebenfalls an die Front. Statt dessen aber hieß es, der Lehrgang wird um ein

Vierteljahr verlängert. Angeblich waren die Offiziersbewerber nicht hinreichend ausgebildet, wenn sie in den Einsatz kamen.

Unser Lehrgangsoffizier, Oberleutnant Schrader, behandelte uns verständnisvoll und gerecht, aber auch fordernd. Eines Tages traten wir zum Vormittagsdienst an, und Schrader sagte: «Der Dienstplan sieht Üben im Ortskampf vor. So ein Blödsinn! Wo ihr hinkommt, ist sowieso alles kaputt. Aber nun gut, üben wir Ortskampf, das ist vielleicht auch nicht so schlecht, denn wenn wir je wieder nach Hause kommen, werden wir die Kreisleitungen stürmen müssen.» Der ganze Lehrgang war verwirrt. In der Mittagspause kamen einige zu mir und verlangten, ich sollte als dienstranghöchster HJ-Führer Schrader zur Rede stellen. Ich beschwerte mich also bei ihm. Freundlich sah er mich an, sagte gar nichts und zog sein Portemonnaie hervor. Er fummelte etwas Blitzendes heraus und hielt es mir hin, das goldene HJ-Abzeichen. Und während er es wieder einsteckte, sagte er, «aber die Kreisleitungen werden wir doch noch stürmen müssen.»

Ich hatte eine militärische Ausbildung von acht Monaten hinter mir, als ich im Dezember 1942 nach Rußland in den Kessel von Demjansk geschickt wurde. Mit dem Zug ging es bis zur letzten Bahnstation vor Staraja Russa, wo der Schlauch, der in den Kessel reinführte, begann. Zwölf Divisionen, so ungefähr 120000 Mann, waren dort eingeschlossen. Der Schlauch war fast vierzig Kilometer lang, aber an seiner schmalsten Stelle nur drei oder vier Kilometer breit. Durchgebracht wurde man nachts auf einer Rollbahn aus quergelegten Knüppeln. Auf beiden Seiten lag russische Artillerie, und wenn man weiß, daß ein schwerer Granatwerfer seine vier und ein schweres Maschinengewehr drei Kilometer weit schießen, dann weiß man auch, daß die den ganzen Laden ständig beharkten und es eine harte Sache war. Ich bin da nur durchgefahren, aber die armen Leute, die in dem Schlauch in ihren Stellungen lagen, hatten furchtbare Ausfälle.

Im Kessel wurden wir in ein kleines russisches Dorf gebracht, in dem es keine Häuser gab, sondern es ging einfach ein Stück runter in die Erde und oben war eine Art Gewölbe. Das war wie im Mittelalter und noch weiter zurück. In diesem Abschnitt des Kessels habe ich ein schweres Maschinengewehr mit sechs Mann geführt. Von drüben, wo die Russen lagen, hörten wir immer die Lautsprecher: «Kameraden, ihr werdet verlegt nach Nizza!.» – «Ja», haben wir zurückgebrüllt, «das ist gut.» Oder es hieß von drüben, «Kameraden, ihr hungert!», was großer Quatsch war, und dann steckten wir ein Kommißbrot aufs Seitengewehr und winkten damit über den Grabenrand. Es waren Deutsche, die da riefen. Und wenn wir solche Propagandaschreier hörten, dann drehten wir mit dem Richtkreis unseres schweren Maschinengewehrs auf sie ein, schossen nicht, sondern gaben unsere Stellung durch und die Richtzahl. Wenn das zwei oder drei machten, hatte man ihn punktgenau. Die Artillerie hämmerte zwei-, dreimal da rüber, und man hörte nichts mehr, dann war sein Kasten gewiß kaputt. In der Division galt der Befehl: telefonieren nur auf Platt. Die da drüben hörten manchmal mit, und wenn dann ein schönes Holsteiner oder Schleswiger Platt gesprochen wurde, saßen sie auf dem trockenen.

Unsere Unterkünfte waren zwar ausgebaut, mit Holzverschalungen in die Erde hinein, aber gut befestigt konnte man sie nicht nennen. Vorne gab es ein Grabensystem, mit nach rückwärts gewandten Zickzack-Gräben, damit der Russe mit seiner Artillerie nicht alles einfach unter Feuer nehmen konnte. Wir verteidigten den Kessel, versuchten ihn zu halten. Eroberungen waren zu dieser Zeit schon gar nicht mehr drin.

Es war Februar 1943 geworden, tiefster Winter mit eisigen Temperaturen. Die Posten in den Gräben guckten nur eben raus, damit sie was sehen konnten. Viel sehen konnte man aber nicht, denn der Ostwind trieb einem die Eiskristalle ständig ins Gesicht, und die rissen, als sei es Sandpapier, die Haut auf. Und in unseren Stahlhelm, der hatte ja unten eine

Ausbuchtung, da pfiff immer der Wind rein und heulte, daß man nichts hören konnte. Beinah blind und fast taub standst du da und fragtest dich: Kommt er oder kommt er nicht, der Russe.

Nach den zwei Stunden Wache hatten wir zwei Stunden Ruhe. Das war aber ganz illusorisch, denn zwei Stunden standen wir auf Wache, und dann wurden wir abgelöst, dann mußten wir zurück, dann mußten wir uns ausziehen, wir waren ja dick vermummt, dann mußte das Feuer nachgeschoben werden im Bunkerofen, immer mit Birkenholz, das brannte sofort. Zum Schluß aß man ein Stück Brot und legte sich hin. Selbstverständlich wurden wir rechtzeitig wieder geweckt, weil jetzt die Prozedur von vorn begann. Der Mann stand zwei Stunden Posten, die angebliche Ruhe aber war nicht mal eine Stunde, wenn's hoch kam. Alle waren ständig hundemüde.

Jeden Morgen mußte die ganze Belegschaft in die Gräben, denn die Angriffe kamen immer im Morgengrauen. Nachts waren sie herangekommen, und Urrä, Urrä brüllend versuchten sie am Morgen in unsere Stellungen reinzukommen. Wir haben ein paarmal solche Angriffe abgeschlagen. Die griffen ja, es läßt sich nicht anders sagen, wie die Idioten an. Wir hatten damals noch das MG 34, das schoß etwas langsamer. Beim zweiten Einsatz hatten wir das MG 42. Damit konnte man ein Kornfeld mähen, und so war es, wenn sie angriffen. Sie rannten, ich weiß nicht wie weit, über freies Feld gegen unsere Stellungen an. Einen Gegner, der sich mit Schnellfeuerwaffen wehrt, über eine freie Fläche anzugreifen, das ist Selbstmord. Die Politruks, ich konnte sie durchs Fernglas sehen, jagten die Leute mit gezogener Pistole in unser Feuer, und die letzten Reihen mußten die Gewehre der Gefallenen aufsammeln.

Wenn ihr Angriff nun ganz offensichtlich abgeschlagen war, dann rannten die letzten, die wir noch nicht erwischt hatten, immer noch auf uns zu. Das hat mich erschüttert.

Jeder deutsche Landser wäre in Deckung gegangen und hätte gesehen, daß er nachts zurückkommt. Nicht die Russen. Sie sprangen noch bei uns in den Graben rein, wollten großen Krieg machen und allein den Graben erobern.

Wenn man im Kampf nicht direkt auf den Gegner trifft, empfindet man wenig. Die Nahkämpfe, ich habe welche mitgemacht, sind widerlich. Die Russen, die armen Schweine, hatten alle das Bajonett aufgepflanzt, einen scharfen Vierkant. Damit machten sie alle immer den gleichen Ausfallschritt, ein Bein hoch, dann stießen sie zu. Wir hatten einen kurzen Militärspaten, und als Maschinengewehrführer baumelte an meinem Handgelenk eine Pistole. Mit dem Spaten brauchte man nur einmal gegen den Lauf zu schlagen, das Gewehr flog ihm zur Seite, und weil er ja nun zustach, stand er wehrlos vor einem. Wir haben versucht, sie gefangenzunehmen, aber wenn sie sich wehrten, dann wurde geschossen. Manchmal hatte ich den Eindruck, sie glaubten, sie würden alle sofort erschossen, so zitterten und klapperten sie. Wenn sie merkten, daß wir versuchten, sie zusammenzustellen, um sie abzutransportieren, dann riefen sie, «Ukraine, Pan, Ukraine!» Sie müssen gewußt haben, daß sie damit unter Umständen in die Hiwitruppen kommen konnten.

Was die Russen machten, war für mich kein Heldenmut, sondern die Angst vor den Politruks, vor ihrem ganzen System. Es ist kein Wunder, daß sie zwanzig Millionen Mann verloren haben gegen eine wesentlich kleinere Truppe. Mit Menschenleben haben sie geaast. Wenn bei uns jemand das machte, haben die Landser gewußt, wie sie es ganz schnell abstellten. Dem brauchten sie an der Front bloß von hinten eine zu verpulen, wenn er voranlief. Das habe ich nie erlebt, aber es wurde erzählt. Später, als ich Offizier war, sind sie zu mir gekommen und haben gesagt, «Chef, die Sache ist gefährlich, wollen wir nicht lieber auf Familienväter verzichten?» Ich sah das ein, aber ich wollte immer gerne ein oder zwei erfahrene Leute dabeihaben, damit die Neunzehnjährigen auch ein bißchen gebremst wurden. Das sind alles Erfahrungen, die machte man in einer Einheit, in der man lange war, wo die Leute sich kannten, alle aus einer Gegend stammten.

Technisch fühlten wir uns überlegen. Um den Luftraum über dem Kessel von russischen Maschinen frei zu halten, genügten zwei Me 109, wir nannten sie Max und Moritz. Wenn die auftauchten, verschwanden im gleichen Moment die russischen Piloten, und die letzten holten sie noch vom Himmel. Hörte man eines der langsamen russischen noch wassergekühlten Maschinengewehre, tak... tak... tak... tak, dann dachten wir, mein Gott, die armen Schweine. Auf der anderen Seite: was nützte uns das? Außer den beiden Jagdflugzeugen und den Transportmaschinen, die Verwundete ausflogen, hatten wir keine Luftunterstützung, es gab einfach nichts. Und auf jeden Mann von uns kamen drei Russen, auf jedes Artilleriegeschütz mindestens zwei auf der anderen Seite. Sehr früh schon tauchten auf der russischen Seite auch amerikanische Waffen auf: der General-Lee-Panzer, groß wie ein fahrbares Wochenendhaus, da konnte man gar nicht vorbeischießen. Dem russischen T-34 war er weit unterlegen, das war ein gewaltiger Panzer, beweglich und doch gut gepanzert. Unsere eigenen waren im Grunde zu schwer. Der Tiger wog sechzig Tonnen, der Königstiger wog achtzig Tonnen, der T-34 aber nur sechsundzwanzig Tonnen.

Unsere Verpflegung war in Ordnung, die Marketenderwaren klappten, die Feldpost klappte, es war ganz erstaunlich, wie sie das bewerkstelligten. Das hielt auch die gefangenen Russen, die als Hiwis arbeiteten, bei uns. Sie kriegten deutsche Verpflegung und Marketenderwaren und deutschen Wehrsold. Drüben hatten sie ein Sauleben.

Es gab natürlich auch Tage, an denen es so eisig kalt war, daß es der Verpflegungswagen nicht weit genug nach vorn schaffte. Dann ging es zu Fuß weiter, und hatten es die Essensträger schließlich bis in unsere Stellung geschafft, dann war die Erbsensuppe oben gefroren. Wenn wir in Bewegung waren, wurde es schwierig, aber wir haben in dieser Zeit nie gehungert. Es gab ja, wenn's mal wirklich eng wurde, die Notrationen: Knäckebrot und eine Fruchtessenz in Tüten, die vermischte man mit Schnee und hatte dann Marmelade, allerdings eine ziemlich kalte. Brauchten wir Wasser, nahmen wir den sauberen Schnee, erhitzten ihn im Essensgeschirr, und wenn's nichts anderes gab, wurde das Kommißbrot reingebrockt, das machte auch satt. Lag man allerdings im Bunker, gab's solche Probleme nicht.

Alles schien mittlerweile auf Ablösung hinzulaufen. Das Vorauskommando einer anderen Division war dagewesen, und wir glaubten fest, die lösen uns ab. Unerwartet hieß es aber: Die Reserveoffiziersanwärter bilden die Nachhut für den Rückzug. Der war organisiert, wie wenn eine Hand in einen Sack greift. Die äußeren, dem Kesselrand am nächsten stehenden Divisionen wurden zuerst abgezogen. Ihre Artillerieregimenter aber schoben sich alle hinter die verbleibenden Divisionen. Je kleiner der Kessel wurde, um so größer wurde die Feuerkraft der Artillerie. Ich hab das nachher als grandiose Idee empfunden, daß unsere Artillerie endlich mal so hämmerte, wie der Russe das normalerweise machte.

Wir hatten den Kessel geräumt, und es gab eine neue Hauptkampflinie, als die Russen versuchten durchzubrechen. Ich befehligte ein schweres Maschinengewehr mit sechs auf dem Rückzug zusammengewürfelten Männern, die ich nicht näher kannte. Nachts bezogen wir in einem morastigen Waldgebiet eine neue Stellung. Weil es taute, war die Eisdecke brüchig geworden, und wir versanken bei jedem Schritt bis über die Stiefel im Morast. Auf einer Holzkiste sitzend, es war aasig kalt, zog ich mir Schuhe und Socken aus und wikkelte die Füße in meinen weißen Angorapullover. Halb wach, halb schlafend verbrachten wir auf den Kisten die Nacht. Am nächsten Morgen stellten wir fest, daß wir etwas erhöht auf einer Grasinsel saßen, Ried und das brüchige Eis um uns herum. Meine Strümpfe, die ich nachts ausgewrungen und nicht wieder glattgezogen hatte, waren aufgedreht eingefroren. Um jeden Fuß ein Taschentuch geschlungen, habe ich mit einem brennenden Teelicht die Stiefelschäfte weich gemacht, damit ich überhaupt rein kam. Wir mußten raus aus der Stellung, der Russe war hinter uns her. Das MG neben uns schoß, damit er den Kopf nicht hochkriegte. Wir sprangen auf und zurück. Ich war schon ein Stück weit weg, als mir einfiel, «Mensch, du hast deinen guten Angorapullover vergessen.» Ich wieder hin, fand den Pullover, drehte mich um, und da hörte unser benachbartes MG auf zu schießen. Plötzlich bekam ich einen Schlag wie mit dem Hammer auf den Rücken und lag mit der Schnauze im Schnee, hinter mir mein schöner weißer Pullover. Eine Kugel hatte mich im Rücken getroffen und war im Schulterblatt steckengeblieben. Ich konnte noch laufen, aber mein Pullover war endgültig weg.

Am Waldrand hinter einer Lichtung bezogen wir eine neue Stellung. Der Russe blieb erst einmal vor der Lichtung liegen und brachte ein kleines Geschütz, das er in drei Teilen ganz nach vorn bringen konnte, in Stellung. Ratsch-Bum hieß es unter den Landsern, weil fast sofort nach dem Abschuß der Einschlag der Granate folgte. Eine sehr gefährliche 7.5-cm-Kanone. Mit Gewehrfeuer versuchten wir, ihn beim Aufbau zu stören. Ich zögerte bei der Zielsuche, mein Gewehr hatte ein Zielfernrohr, etwas zu lang, es knallte, und Splitter drangen mir ins Gesicht, in den Hals und Oberkörper. Ein russischer Scharfschütze hatte mir ins Okular geschossen. Mit einem Explosivgeschoß, das war nach der Haager Landkriegsordnung zwar verboten, aber er hatte das.

Ich blutete ganz gewaltig aus vielen kleinen Wunden, meine Stimme war weg, und wir mußten zurück, aber ich konnte nicht gleich. Wir lagen in einer Fingerstellung, wo die Front ein Stück vorsprang. Aus der hab ich uns dann bei Nacht rausgeschleust, mit einem Kompaß. Laufen konnte ich ja. Aber ich mußte einen neben mir haben, weil ich nur flüstern konnte. Einer ging mit einer Zigarette voraus. Nach zweihundert Schritt, ungefähr hundert Metern, blieb er stehen, zog an der Zigarette, während ich den Weg mit Kompaß und Karte verglich. Und dann hab ich geflüstert, «mehr rechts», und dann brüllte der neben mir «mehr rechts!» Wir sind gut rausgekommen.

Auf dem Hauptverbandplatz wurde ich versorgt. Die Splitter, die noch rausguckten, wurden entfernt, an den Steckschuß im Rücken wollten sie nicht ran. Die ersten drei Tage, in denen ich nur flüstern konnte, waren furchtbar. Ich habe gedacht: Mein Gott, wenn du die Sprache nicht zurückkriegst, ist dein Beruf weg. Ich wollte Lehrer werden. Aber sie kam wieder, und ich machte mir wegen der Verwundungen keine großen Gedanken mehr. Die Kugel steckte noch im Rücken.

In einem Lazarettzug bin ich bis nach Braunsberg in Ostpreußen. Auf dem Weg ins Lazarett kam mir eine große Gruppe anderer Leichtverwundeter entgegen. Ich sagte, «Na, wo sollt ihr denn hin?» – «Da geht ein Transport ins Reich», antworteten sie. «Wohin denn da?» fragte ich. «Nach Norddeutschland.» Ich hab auf der Hacke kehrtgemacht, bin gar nicht erst ins Lazarett, sondern gleich mit, und das war prima. Erst kamen wir nach Berlin, dann fuhr der Zug durch Hannover, und plötzlich denk ich, «Mensch, da stimmt was mit der Himmelsrichtung nicht.» Und dann landeten wir an der holländischen Grenze.

Ich kam in ein von Nonnen geführtes Lazarett. Ich wurde operiert und spielte zum erstenmal die beiden silbernen Litzen aus, meine Abzeichen als Offiziersanwärter. Es hieß: alle bis auf die Portepeeträger in die Schlafsäle. Wie selbstverständlich schloß ich mich den Portepeeträgern an, aber ich wurde angehalten, und ein Sanitäter fragte mich, «wieso sind Sie Portepeeträger?» – «Wieso», gab ich zurück, «sehen Sie nicht meine Abzeichen? Ich bin Offiziersanwärter.» Der hat gar nicht gewußt, daß ich da nichts zu suchen hatte. Die Kugel wurde aus dem Rücken entfernt, und ich kam in ein Doppelzimmer zusammen mit einem Feldwebel, der nach einer Schußverletzung querschnittsgelähmt war. Die Beine baumelten ihm wie abgestorben herab. Mein linker Arm war durch den Steckschuß in Mitleidenschaft gezogen, aber rechts war alles in Ordnung. Ich faßte ihn also unter und brachte ihn morgens in die kleine Kapelle des Klosters, wo eine katholische Messe stattfand. In meiner Division waren alle Protestanten, niemand hatte das Bedürfnis nach geistlichem Beistand. Feldgeistliche habe ich nie gesehen. Kleine Seelentröster hatte dieser oder jener dabei, Bücher, wie der «Cornet» von Rilke.

Ich wurde nach Arnsberg im Sauerland zu einer Genesungskompanie verlegt. Das war ein trottelhafter Dienst. Ich hab nur einmal ein bißchen für Aufregung gesorgt, als der Kreisleiter kam und eine Ansprache hielt. So einen dicken Kreisleiter hatte ich noch nie gesehen, ich weiß gar nicht, wo er das Koppel herhatte, das um diesen Bauch paßte. Vorne lagen sie auf Bahren und weiter hinten saßen die Leichtverwundeten. Er las seine Rede vom Blatt ab, das reinste Schulungsmaterial. Ich ärgerte mich schon die ganze Zeit, weil er nicht mal richtig ablesen konnte. Schließlich rief er, «ihr seid das Schwert!», und das war schon makaber, weil da ja lauter Verwundete lagen. «Ihr seid das Schwert», brüllte er, «und wir, wir sind das Haupt!» Die Partei. Ich konnte nicht an mich halten und sagte, «pfui Deibel, Herr Major!» Das hörte der Arzt und er auch. Es gab eine große Aufregung, und ich mußte mich melden. Der Oberstabsarzt erklärte mir, ich sei degradiert, und der Kreisleiter sah meine beiden Litzen und sagte, «und so was will Offizier werden!» – «Kreisleiter», hab ich geantwortet, «Sie sind doch politischer Leiter.» – «Ja, das bin ich.» – «Das bin ich auch», hab ich gesagt. «Was sind Sie», schreit er. Ich sag, «ich bin das auch. Ich gehöre zum Stab. Ich bin Hitlerjugend-Führer in einem Dienstrang, wo ich politischer Leiter bin, ich hab meinen Ausweis hier. Was Sie sich da geleistet haben, ist unerhört. Wie können Sie sich hinstellen und sagen, wir armen Schweine, wir haben zu tun, was Sie sagen. Und Sie haben nicht mal gesagt die Partei, Sie haben gesagt wir. Es hätte noch gefehlt», sag ich, «Sie hätten ich gesagt.» Der wollte noch was sagen, holt Luft, und da hab ich gesagt, «für mich ist die Sache erledigt. Aber wenn Sie dabei bleiben, dann muß ich dafür sorgen, daß Sie nicht mehr solche Reden halten.» Der Oberstabsarzt kriegte den Mund gar nicht mehr zu. Ich hab denen meine Ausweise vorgelegt, die waren alle in Ordnung, und dann war's erledigt. Und das hat mich gewurmt. Wenn ein anderer das gesagt hätte mit dem gleichen Recht wie ich, der hätte eins auf den Hut gekriegt.

Am nächsten Tag kamen wir in einen Einsatz. Die Engländer hatten mit Rollbomben die Möhne- und die Sorbetalsperre kaputtgeschmissen. Morgens um sechs erreichten wir die Möhnetalsperre. Sie war schon fast leer, und Neheim-Hüsten, die Stadt, die unterhalb der Talsperre lag, stand hoch unter Wasser. Erst hatte das Wasser alles mitgerissen und darauf war eine Mure zu Tal gegangen, acht Meter hoch, mit einer Geschwindigkeit von achtzig Kilometern. Da war gar nichts mehr zu machen. Wir standen hilflos da und dachten: «Mein Gott, da ist man an der Front beinah sicherer als hier in der Heimat.» Die armen Leute, die da unten wohnten, die waren alle tot.

Meinen Genesungs- und Jahresurlaub, die nun folgten, verbrachte ich zu Hause. Über meine Erfahrungen an der Front habe ich mit meiner Mutter kaum ein Wort gesprochen. Ich mochte es ihr nicht aufladen, und sie wollte es auch nicht hören. Sie war einfach froh, daß ich wieder da war. Ab und zu ging ich ins Café Delfs in Flensburg. Alle, die Urlaub hatten, kamen dorthin, da traf man immer Bekannte. Auf Marken gab es ein Stück Kuchen, so hart, daß man es gar nicht beißen konnte. Eine kleine Combo spielte, ein Klavier, eine Geige und eine kleine Trommel. Wir tanzten mit den wenigen Mädchen, die da waren, den Schwestern unserer Freunde oder ehemaligen Klassenkameradinnen, und es ging alles sehr wohlgesittet und anständig zu. Wer keinen Schlips trug, wurde schief angesehen.

Wir sprachen darüber, wo wir gewesen waren und was wir erlebt hatten. Über die Kriegslage kaum. Wir wollten nicht wegen Defätismus verpfiffen werden. Seit Stalingrad hatte das Selbstbewußtsein der Leute jedoch stark gelitten. Es hieß nun: Mag sein was will, aber das letzte Bataillon wird ein deutsches sein. Das Verhältnis zu Hitler war aber nicht ganz so banal, wie es in dem Spruch durchklingt: «Wenn das der Führer wüßte!» Aber wir sagten doch auch, «mein Gott, er muß ihn doch mal zu hören kriegen, diesen Quatsch, den wir hier erleben.» Wir trauten ihm zu, wenn er es zu hören kriegte, würde er es glätten. Wir haben trotzdem diese Schlagworte wie vom Gröfaz, vom Größten Feldherrn aller Zeiten, übernommen, das tat der Sache noch keinen Abbruch. Als aber die hervorragenden Generale abgesetzt wurden und er Befehle gab wie keinen Ausbruch aus Stalingrad, da haben wir gesagt, «mein Gott, was ist das für ein Idiot!» Wenn, und das war immer dabei, wenn das von ihm kommt. Bormann oder Himmler, die standen immer im Verdacht, die üblen Sachen zu machen.

Ich wußte durch meinen Vater sogar von den wilden Konzentrationslagern, die ganz am Anfang entstanden waren, kurz nachdem Hindenburg 1933 Hitler zum Reichskanzler ernannt hatte. Und dann hieß es immer, es gibt Lager, wo Leute hingebracht werden, die politische Verbrechen begangen haben. Diesen Sender, dadada daa, zu hören, das hielten wir nicht für ein politisches Verbrechen, den hörten wir auch, wenn wir konnten. Daß ein Ofensetzer aus Flensburg, der eine Liste gemacht hatte von den ganzen Parteileuten, die aufgehängt werden sollten, wenn die Russen kamen, daß der dann eines Tages verschwand, da hat man dann gedacht, den haben sie nun geschnappt. Wir glaubten, die Konzentrationslager seien eine Art größeres Gefängnis.

Am Ende des Urlaubs mußte ich nach Lübeck und wurde

dort Fahnenjunker, das war die Voraussetzung für die Kriegsschule, die ich dann in Thorn besuchte. Wir lernten, Verbände in Angriff und Verteidigung zu führen, das Feststellen von gegnerischen Stellungen und die Beurteilung der eigenen und der gegnerischen Lage. Wir hatten Unterricht in Taktik, in der Wirkung von Waffen, die einem selbst nicht unterstanden, wie zum Beispiel Artillerie und Flak. Wir paukten juristische Fragen, lernten etwas über Tiermedizin, für die Pferde, die wir hatten, und so weiter. Wir haben aber auch Säbelexerzieren zu Pferde geübt. In der einen Hand den Säbel, in der anderen die Zügel, während der alte Stallmeister verzweifelt brüllte: «Haut mir dem Gaul nicht die Ohren ab!» Wir haben geübt, welchen Wein man aus welchen Gläsern trinkt, wie man die Ellbogen beim Essen hält, eine Dame mit Handkuß begrüßt und Konversation macht. Das war eine Ausbildung, als ob man später nur noch im Offizierskasino lebte und nicht draußen im Dreck.

Von Thorn kam ich nach Munsterlager bei Soltau zu einem Lehrgang in Kompanieführung, aus dem ich vorzeitig rausgeholt wurde. Wir hatten uns schon gefreut, Weihnachten 1943 zu Hause zu sein. Aber die mit den besten Beurteilungen kamen in den Einsatz, und ich mußte mich in Lübeck melden. Dort wurde ich mit eben zwanzig Jahren zum Leutnant befördert und sollte abends um sechs in Hamburg eine Marschkompanie übernehmen. Ein zusammengestellter Haufen, von denen kannte ich keinen, und sie selbst kannten sich auch nicht. Mit dieser Einheit bin ich im November 1943 bis Riga gefahren. Von unserem Divisionskommandeur hatten wir Befehl: Wenn einer aus der 30. Division durch Riga kommt, dann meldet er sich gefälligst bei der Führerreserve der Heeresgruppe Nord und fragt an, ob eine Anforderung da ist, er soll zu seiner alten Einheit zurückkommen. Ich bin zu meinem Bataillonskommandeur marschiert. «Herr Major», hab ich gesagt, «ich muß zur Führerreserve der Heeresgruppe Nord.» – «Wieso, das geht doch nicht.» – «Ich bin noch immer Offizier der 30. Division», hab ich geantwortet, «und ich melde mich jetzt.» Er ging selbst hin und kam mit einem langen Gesicht wieder. «Ja», sagte er, «Sie sind angefordert vom Regiment 6, für Sie kommt ein Oberleutnant.» Ich war zu jung, ich konnte es nicht unterlassen und sagte, «Herr Major, nun kriegen Sie für so n jungen Springer nen approbierten Oberleutnant, das ist doch viel besser!» – «Ach, halten Sie Ihren Mund!» blaffte er, und so meldete ich mich dann selbst bei der Führerreserve der Heeresgruppe. Nach zwei oder drei Tagen kriegte ich Bescheid: Sie übernehmen für vierundzwanzig Stunden die Kommandantur im Ghetto von Riga. Ich hab gefragt, «was soll ich denn da?» – «Ja, das wird Ihnen Ihr Vorgänger erzählen», hieß es. «Sie kriegen zwei Unteroffiziere und zwei Gefreite mit, und ein Wachlokal ist da, wo Sie auch eine Wachanweisung finden.» Ich ging hin, fand den Oberleutnant, den ich ablösen sollte, und erkundigte mich bei ihm, was dort vorging. «Sie sind so eine Art Friedensrichter», sagte er, «und wenn irgendeiner kommt und etwas will, dann müssen Sie das regeln. Sie sind ja nun der Kommandant des Ghettos.»

Nachmittags kam einer an mit Pajeslöckchen und Kaftan und schrie immer, «weyh. Herr Offizier, weyh!» Ein anderer Jude hatte ihn mit Kreditkassenscheinen betrogen. Er hatte sie ihm gegen Reichsmark zu einem scheinbar sehr günstigen Kurs verkauft, aber die Kassenscheine waren abgelaufen. Er hatte dem Käufer, der nichts davon verstand, verschwiegen, daß alle Kassenscheine nur eine bestimmte Laufzeit hatten. Ich hab den Mann holen lassen mitsamt dem Geld, das er bekommen hatte. Als er ankam, wollte der andere gleich auf ihn losgehen und ihn am Bart reißen. Ich hielt ihn auf und sagte, «nu laß mal sein. Gib ihm die Kreditkassenscheine zurück, und du kriegst dein Geld zurück.» Ich hab sie dann vom Unteroffizier ein Stück weit begleiten lassen, damit die nicht wieder anfingen zu streiten.

Gegen zehn Uhr abends kam noch ein Jude, weil seine

Tochter nicht nach Hause gekommen war. «Na und», hab ich zu ihm gesagt, «vielleicht hat sie einen Freund.» – «Was, einen Freund! Ich werde ihr...», hat er geschrien, und ich dachte: Schau an, die sind ja pingelig, die Juden, das hast du gar nicht gewußt. Ein Unteroffizier und ein Gefreiter mußten wieder los und haben das Mädchen und ihren Freund geholt. Die beiden hatten sich unterhalten und dabei die Zeit vergessen. Der Jude wollte erst dem Freund und dann seiner Tochter ans Leder. «Das kann ich dir sagen», hab ich zu ihm gesagt, «wenn du deine Tochter anrührst, ich bin noch bis morgen mittag hier! Ich schick einen, der das kontrolliert.» Später, nach der Kapitulation, als die Judenmorde aufgedeckt wurden, da habe ich gedacht: Mein Gott, in was für eine Gefahr bist du da geraten, die dir nicht bewußt war. Ich habe Glück gehabt, daß es da so abging.

Am nächsten Tag bin ich vom Rigaer Bahnhof aus zu meiner alten Einheit gefahren. Sie lag fast immer noch an der alten Stelle, wo ich das erste Mal verwundet worden war, südlich von Staraja Russa. Ich übernahm eine ehemalige Radfahrerkompanie, die nun als «Feuerwehr» fungierte. Die hatte einen Zug mit Granatwerfern mit Maschinengewehren. Von den Männern der Kompanie kannte ich nur einen einzigen, den dicken Feldwebel Timmermann. Früher war er als Unteroffizier mein Ausbilder gewesen, und ich hatte ihn, er war ein bißchen dämlich, immer vorgeführt. Zuerst aber begegnete ich meinem Spieß. Wir begrüßten uns, und dann, ich sah ja vielleicht danach aus, fragte er, «sagen Sie mal, Herr Leutnant, wie alt sind Sie eigentlich?» – «Ich bin grad zwanzig geworden.» – «Dann zählen Sie ja», sagte er, «schon genauso viele Jahre, wie ich nun beim Kommiß bin. Machen Sie bitte keinen Gefechtsbericht, ohne daß ich ihn gelesen habe.» – «Was soll das denn, das geht Sie doch gar nichts an!» – «Doch», sagte er, «doch, ich melde die Ankommenden immer schon, wenn ich sie kommen sehe, und die Abgänge, die Verwundeten und Toten, melde ich erst eine ganze Zeit später. Damit haben wir immer ein Drittel mehr Stärke, als wir sind, und das schlägt sich doch nieder bei der Verpflegung.»

Diese überhöhte Zahl war aber eine zweischneidige Sache, weil wir beim Stab für kampfkräftiger gehalten wurden, als wir es waren. Die Kompanie hatte nur noch achtzig Mann. Sechzig Mann vorne und der Rest hinten beim Troß. Es fehlten also hundert Mann, denn ihre Sollstärke betrug 180. Wir konnten daher unseren Frontabschnitt, den wir verteidigten, nicht mehr richtig übersehen. Wenn die Russen sich dabei ruhig verhielten, konnten sie mit fünfzig Mann durch unseren Abschnitt ziehen, und wir merkten es gar nicht! Unser Frontabschnitt betrug zwei Kilometer, auf denen nicht mehr als zehn Doppelposten standen. Tagsüber war das kein Problem, aber nachts, wenn man nichts sehen und durch den Wind nichts hören konnte, dann stand man da bös verlassen. Und nicht selten haben die Russen unsere Leute dort gefangengenommen oder getötet. Alleine konnten die Leute überhaupt nicht mehr Posten stehen. Die Gefahr, daß sie sich doch anlehnten und einschliefen, war viel zu groß. Zusätzlich hatten wir sechsundzwanzig Russen. Die reparierten Gerätschaften, versorgten die Pferde und brachten die Verpflegung nach vorn. Sie entschieden selbst, wie sie das machten, mit Panjewagen oder mit dem Schlitten. Sie hießen nicht nur Hiwis, sondern sie waren für uns eine wirkliche Hilfe. Als die Russen wieder einmal durch die Front kamen, unseren Troß angriffen und mit unserem Brotwagen verschwanden, habe ich die Hiwis bewaffnen lassen, und ruckzuck eroberten sie von ihren eigenen Leuten den Wagen zurück. Auf ihm befand sich ja auch ihr Brot.

Nach zweieinhalb Monaten rückten wir in eine andere Stellung ein. Weil sich die Einheit links von uns nicht meldete, ging ich rüber. Ein Landser aus meiner Kompanie kam mir schon entgegen und wollte sich totlachen, weil dort die Luftwaffe lag. Das waren diese Luftwaffen-Felddivisionen, die Göring aus Eitelkeit partout nicht aufgeben wollte. Im Einsatz ließen sie sich zu überhaupt nichts verwenden. Als immer kleinere Einheiten, zum Schluß als Kompanien, wurden sie irgendwo dazwischengeschoben. Als ich ankam, sah ich, wie sie gerade ein leichtes Maschinengewehr aufbauten. Ich fragte, «was macht ihr denn hier? Hier habt ihr doch gar kein Schußfeld.» Einer von denen kam auf mich zu und sagte, «kann ich Sie mal alleine sprechen?» Wir gingen also ein lüttes Stück zur Seite, und dann sagte er, «ich bin hier der Zugführer, aber ich habe die vierzehn Jahre zuvor die Oboe in der Regimentsmusik geblasen.» Solche Leute holte man nun an die Front, und auf Grund seines Dienstgrads hatten sie ihm einen Zug angedreht. Er hatte keine Ahnung. Ich sagte, «wo ist denn Ihr Kompanieführer, der muß doch nach rechts Verbindung aufnehmen?» – «Ja», sagte er, «das ist ein Oberinspektor von den Wetterfröschen.» Eine Kompanie unter der Führung eines Wetterfroschs, und vielleicht hatte nicht nur einer der Zugführer die letzten vierzehn Jahre die Oboe geblasen! Ich hab gesagt, «ich schick Ihnen paar Obergefreite rüber, alte Hasen, die euch das hier einrichten.» Die kamen aber zurück, dieser Oberinspektor hatte sie weggeschickt. Es dauerte nur zwei Tage, dann hatte der Russe spitz, wer ihm gegenüberlag, er trommelte ganz kurz auf dieses Stück, und dann schmiß er sie raus.

Am nächsten Morgen folgte unser Gegenstoß. Das Ziel: die Wiederherstellung der Hauptkampflinie. Wir haben durch den Graben angegriffen, in dem jetzt der Russe saß. Ich war beim Angriff vorne, aber nach einiger Zeit lag eine große Pranke auf meiner Schulter und schob mich zurück. Das war mein Bursche, mit Händen wie Kohlenschaufeln, der sagte, «Chef, jetzt bin ich mal dran.» Da wurde noch richtig abgelöst. Eingesickert waren vielleicht 500 bis 600 Russen, ein Bataillon ungefähr. Um sie aus unseren Stellungen hinauszuwerfen, rollte ich zusammen mit nur ein paar Mann einen der Gräben auf. Plötzlich steht ein Russe mit einer umgehängten Maschinenpistole vor mir. Er sieht mich, greift in den Abzugsbügel und reißt sie schießend hoch. Ich halte den Spaten in der erhobenen Hand, die Kugel zerschlägt mir den Arm, der mit dem Spaten herabsackt. Rechts hing aber noch meine Pistole am Handgelenk. Ich schoß, und dann lag er. Kurz darauf hieb mir ein Russe mit dem Kolben über den Kopf. Der Schlag rutschte ab auf die rechte Schulter, die ich seitdem nicht mehr hochbekomme. Ich erreichte nun meinen Nachbarn zur Rechten, einen Oberleutnant Weber. Wir hatten also die Hauptkampflinie wieder hergestellt, aber die Russen saßen nun auf beiden Seiten. Die Luftwaffe hätte sie rausdrücken sollen, aber es passierte nichts. Als die Russen merkten, daß wir die HKL hatten, sprangen sie fliehend über unseren Graben. Einige meiner Männer wollten noch schießen, aber ich sagte, «schießt nicht, ihr Idioten, laßt sie doch laufen. Wenn wir schießen, schießen sie wieder, und dann haben wir den Schlamassel. Laßt die man absausen.»

Ich konnte nicht mehr. Ich blutete wie ein abgestochenes Schwein. Der Oberleutnant sagte, «ich übernehme beide Einheiten, und Sie gehen jetzt sofort zu Ihrem Gefechtsstand und sehen, daß Sie zurückkommen, sonst verbluten Sie hier.» Als die Russen merkten, daß ihre Leute zurückgeworfen worden waren, machten sie einen Feuerüberfall mit großkalibrigen Granatwerfern. Und so haben sie mich dann ganz kaputtgemacht. Eine Granate explodierte ungefähr drei Meter vor mir, und mehrere Splitter schlugen vorn in meinen Körper. Ich fiel hin, und dann haute hinter mir eine runter und ich kriegte den Segen in den Rücken und ins Bein, und dann war ich weg. Als ich wieder zu mir kam, konnte ich noch nichts sehen, aber ich hörte, daß jemand sagte, «der Leutnant von der 15.ten», das war ich ja dann wohl, «der ist auch gefallen.» Er hat sofort zu hören gekriegt, was ich davon hielt, und sie trugen mich in meinen Bunker. Dort saß eine Gruppe Russen, die wir bei dem Gegenstoß gefangen hatten. Einer konnte ein bißchen Deutsch, der sagte immer, «Pan Leutnant, nech gut! Pan Leutnant nech gut!» Sie packten mich auf einen

Ackja, das ist ein Trog, eine finnische Erfindung, den konnte man über den Schnee ziehen. Wir durften nicht höher kommen als vierzig, fünfzig Zentimeter, dann hatte der Russe Einsicht. Ich lag auf der Ackja und wurde von zwei Russen gezogen, hinten ein Deutscher, der steuerte. Die Russen haben mich auch da reingelegt. Was ich mir damit eingehandelt hatte, erwies sich erst später. Zu all meinen Verwundungen kriegte ich Flecktyphus. Die beiden waren verlaust wie alle, aber immun, und wir, die immer versuchten, die Läuse zu knacken, hatten dem wenig entgegenzusetzen.

Auf dem Hauptverbandsplatz wollte der Arzt mein rechtes Bein amputieren, es war auf fünfzehn Zentimeter zertrümmert. Ich hab gesagt: Nein! Man konnte ja verweigern. Der Arzt sagte, «wie stellen Sie sich das vor?! Die Fünfzehnte hat einen Gegenstoß gemacht, wir haben überall Verletzte.» Ich lag da ja mit völlig abgerissenen Klamotten und sagte, «ja, ich weiß gut, wie es aussieht, ich hab die Fünfzehnte geführt.» «Ich mach Ihnen einen Vorschlag», hat er geantwortet. «Ich gebe Ihnen jetzt Morphium und versorge erst einmal Ihre Kameraden, und dann versuche ich, Ihr Bein zu retten. Jetzt würde das zu lange dauern und die anderen müßten zu lange warten.» Nach den Spritzen hatte ich keine Schmerzen mehr, und so habe ich mit sechsunddreißig Löchern im Körper gewartet, zwei, drei Stunden. Die anderen waren dann versorgt, und der Arzt kam zurück und sagte, «ich halte das medizinisch für Unsinn, es ist besser, wir amputieren sofort, denn vom Bein sind einschließlich des Knies fünfzehn Zentimeter zertrümmert. Wenn wir das überhaupt hinkriegen, behalten Sie ein steifes Bein.» – «Ein steifes Bein», antwortete ich, «ist besser als gar keins.»

Man brachte mich am nächsten Tag mit einem Sanka in ein Feldlazarett in der Nähe des Ilmensees, an dem auch Nowgorod liegt. Dort merkte ich, daß die Schmerzen irgendwie anders wurden. Der Unterarzt, ganz jung noch, sagte, «bei den Verletzungen ist es doch ganz klar, daß es weh tun muß.» –

«Aber anders», hab ich geantwortet, «da hat sich irgend etwas verändert. Ich verlange, daß Sie jetzt nachsehen.» Die Verbände wurden geöffnet, der Arzt sagte zu dem Sanitäter, «kommen Sie mit raus», und ließ mich da so liegen. Der Sanitäter kam zurück und machte die Verbände wieder zu. Er hieß Sörensen, und ich sagte auf Plattdeutsch, «nu Sörensen, wat is los?» – «Ja», sagte er, «dat dörf ich ja nich seggen.» – «Komm, Sörensen», sagte ich, «stell di mol da vörn hin», damit ich ihn sehen konnte, «und nun seggst du mi, wat dor los is!» – «Ja», sagte er, «dat is Gasbrand.» Soviel verstand ich ja auch davon, Gasbrand, dann ist aber höchste Eisenbahn. Ich sagte, «und, ward hier amputert?» – «Ne», sagte er, «in Pleskau.» Der junge Arzt kam ins Zimmer und sagte, «wir haben einen Sanka angefordert, und Sie kommen jetzt auf den ersten Flugplatz, der beflogen werden kann, und dann übernimmt Sie eine Ju 52 und bringt Sie nach Pleskau.» So ging es dann auch. Der Chirurg war ein Österreicher, noch ganz k. u. k. Er sprach mich immer mit Herr Kamerad und du an. Die österreichischen Offiziere duzten sich ja untereinander. Ich weigerte mich immer noch, amputiert zu werden, und da sagte er, «ja, Herr Kamerad, wenn du deine Einwilligung nicht gibst, bist du morgen tot!» Da war es nun wirklich keine Frage mehr.

Zwei Tage nach der Amputation kam er wieder und jammerte, «was sollen wir tun, was sollen wir tun?» Russische Panzer, T-34, waren durchgebrochen und rollten an unserem Lazarett vorbei. Ich sagte, «lassen Sie feststellen, ob die Panzer mit geschlossenem Deckel fahren und ob Infanterie folgt.» Ich kriegte dann Bescheid, nein, die fahren mit geschlossenem Deckel, und es ist keine Infanterie dabei. Ich hab gesagt, «dann halten sie auch nicht an. Wenn sie keine Infanterie dabeihaben, dann können sie den Deckel nicht aufmachen und aussteigen, jeder Heckenschütze kann sie abschießen. Gehen Sie runter und schließen Sie einfach die Tür ab.»

Wir hörten, wie der Gefechtslärm der angreifenden Panzer auf uns zukam, und dann, nachdem eine Panzereinheit der

SS eingriff, wie er sich wieder entfernte. Wo Tigerpanzer auf befahrbarem Gelände auftauchten, da sahen die T-34 aber schleunigst zu, daß sie wegkamen. Der Tigerpanzer hatte eine 8,8 cm lang drin, das war die Kanone, mit der sonst die schwere Flak arbeitete. Damit eröffneten sie das Gefecht auf drei Kilometer Entfernung zielgenau. Die SS schob die Russen also in kurzer Zeit zurück, so daß wir mit dem Lazarett wieder im deutsch besetzten Gebiet lagen.

Die Schwerverwundeten sollten nun rausgeflogen werden, aber dann war kein Flugwetter. Flugwetter gab es am nächsten Tag, und wir hörten dauernd über uns das Dröhnen der Flugzeugmotoren. Ich sprach mit dem Arzt und fragte, «wen holen sie denn hier weg?» – «Ja, die Schwerverwundeten sollen abgeholt werden.» Ich merkte, der hatte sich überhaupt nicht darum gekümmert. Sie flogen das ganze benachbarte Luftwaffenlazarett leer, einschließlich der Leichtverwundeten, und wir lagen da. Am nächsten Tag war wieder kein Flugwetter. Der Arzt sah ganz betreten aus und sagte, «Sie werden nun in einem Lazarettzug abtransportiert.»

Ich bin mit dem Zug bis nach Radom, in eine ehemalige polnische Festung vor Warschau gefahren worden. Das war im Februar 1944. Ich bin nur eine Nacht dort gewesen und wurde am nächsten Morgen in einen anderen Lazarettzug, mit richtigen Betten gebracht. Dort wurden wir auch von Ärzten versorgt, die durch den Zug gehen konnten. Zuvor konnte ja niemand in die Viehwaggons kommen, während sie fuhren. Ich kam nach Bad Mergentheim, in ein Offizierslazarett mit etwas mehr als zwanzig Betten. Dort wollten sie den rechten Arm amputieren, aber in der Narkose gab es Kreislaufprobleme, und dann stellte sich raus, es ging auch so. Ich bin froh, daß ich ihn hab, sonst müßte ich alles mit einer Hand machen. Zu der Amputation und den Verletzungen kamen Typhus und Sepsis, Entzündungen in allen Gelenken, eine Lungenentzündung und Rippenfell- und Herzbeutelentzündung. Da sah es nicht mehr gut aus. Irgendwie bin ich aber über den

Berg gekommen. Ich lebte, aber ich war hilflos und völlig abhängig. Mein rechter Arm hing in einer Schlaufe, die an der Decke befestigt war. Der linke Arm und das linke Bein waren in Schienen fixiert, und rechts lag das am Oberschenkel amputierte Bein. Überall war Eiter und zog, als es nun wärmer wurde, die Fliegen an, die sich auf die Verbände setzten. Es wurde erst besser, als ich von zu Hause Fliegengitter bekam. Ich konnte die Fliegen selbst ja nicht wegscheuchen.

Sie machten sich viel Mühe mit mir. Ich lag in einer Suite, und das muß man ihnen hoch anrechnen, ich hatte eine Schwester für mich allein. Sie schlief im Nebenzimmer, und beim leisesten Piep war sie da.

Seit Wochen bekam ich viermal am Tag eine große Dosis Opiate. Wenn die Zeit da war, hatte ich auch das Gefühl, ich brauche etwas. Irgendwann nach einer der gewohnten Spritzen lag ich da und dachte: Das ist aber komisch, die Schmerzen hören nicht auf. Ich rief die Schwester, sie heulte beinah, und ich hab gesagt, «das war wohl Wasser, was Sie da gespritzt haben.» Dann kam der Arzt und sagte, «ja, ich wollt es mal versuchen, aber ich hab mir schon gedacht, daß das nichts wird, daß Sie das merken. Jetzt müssen wir irgend etwas anderes finden, irgendwas. Wir haben hier eine ganze Menge französischen Courvoisier, das ist ein wirklich hochrangiger Cognac. Wir wollen mal versuchen, ob wir nicht auf die Abendspritze verzichten können, wenn Sie 'ne Schnabeltasse voll Courvoisier kriegen. Wenn Sie dann singen, macht es auch nichts.»

Abends kriegte ich nun immer meinen Courvoisier, und es dauerte nicht lange, und die anderen Kameraden wußten es auch. Dann saßen sie schon immer zu fünft oder sechst in meinem Zimmer und warteten auf den Cognac. Als der Arzt bemerkte, daß der Cognac immer schneller zu Ende ging, sagte ich, daß die Kameraden mir so lange erzählten, bis ich einschlief. Da war's gut.

Als es mir besser ging, konnte ich aber noch nicht lesen. Ich konnte kein Buch halten. Die Schwester las mir dann vor. Storm und Hesse, nichts Plattes, aber auch nichts so furchtbar Schwieriges. Morgens bekam ich ein Glas Rotwein mit Ei, mittags aus dem Zahnputzglas Sekt und immer weniger Opiate. Der Arzt sagte, «Sie können ruhig Alkoholiker werden, das kriegen wir leicht wieder weg.» Aber ich wurde weder Trinker noch Morphinist.

Ein halbes Jahr lag ich schon im Lazarett, als es zum Attentat auf Hitler kam. Ich war schockiert und habe mir gesagt: Gott sei Dank, daß es nichts geworden ist! Ich bin heute noch sicher, daß es ein furchtbares Gemetzel gegeben hätte. Meine Generation, aber mehr noch die etwas Älteren waren in Dienstrangen bis hin zum Hauptmann. Und sie waren alle HJ-Angehörige, wenn nicht gar -Führer gewesen. Wenn nun einer aus der Etappe angekommen wäre und hätte gesagt, ihr nehmt die SS-Einheit gefangen, das hätte bei denen, die noch unmittelbaren Kontakt mit ihren Leuten hatten – der Kompanieführer ist im Grunde der letzte, der noch mit ihnen draußen liegt, der Bataillonskommandeur, der liegt schon ein paar Kilometer zurück –, da hätten die jüngeren Offiziere gegen die alten Knacker nicht kampflos auf einen Umsturzversuch reagiert.

Ende 1944 wurde ich nach Travemünde in ein Fachlazarett verlegt. Es gab eine Nachamputation, die Professor Thomsen machte. Es ging dort zu wie am Fließband. Siebzehn Nachamputationen an einem Vormittag und dazu auch noch die Visite, das war die Regel. Und alle, die hier lagen, hatten Wundrose, weil er überall rumfummelte. Als ich eine Prothese kriegte, sagte mir der Prothesenbauer: «Ach schau an, da haben wir ja schon wieder einen Thomsenstumpf.»

In diesen Lazaretten lag ich nur mit Schwerverwundeten zusammen. Beinamputierte, Fußamputierte, Arm- und Handamputierte. Dort sprachen wir fast nie über den Krieg, sondern hauptsächlich über die Folgen unserer Verwundungen und darüber, daß für uns der Krieg zu Ende war. Aber ich hatte auch einen Kameraden, der war unterschenkelamputiert, Karl-Heinz Rabsch, Leutnant bei den Pionieren und Flensburger wie ich. Mit seiner Unterschenkelprothese am Bein wollte er unbedingt wieder an die Front fahren. Seine Mutter weinte und hat mich angerufen und sagte, «können Sie nicht noch mal versuchen ihn umzustimmen.» Ich hab mit ihm geredet wie mit einem kranken Gaul. «Von deinem Vater», hab ich zu ihm gesagt, «weißt du, daß er jetzt eingekesselt ist in Budapest. Und du, du willst wieder raus, mit einer Prothese an und mit einer im Koffer. Hochdekoriert wie du bist, Karl-Heinz, bist du ein Idiot!» – «Für das, was ich noch tun kann, bin ich wieder kampffähig», hat er mir entgegnet. Er ging wieder an die Front mit einer Ersatzprothese im Koffer. Zwei oder drei Jahre später kam eine Karte aus russischer Kriegsgefangenschaft und dann nichts mehr.

Mit ihm zusammen, im Amputierten-Fachlazarett, Anfang 1945, habe ich auch das erste Mal von den Vernichtungslagern gehört. Ein Untersturmführer der Waffen-SS erzählte uns davon. Daraufhin hat sich der Rabsch so ereifert, daß er schrie, «im Krieg ist das Duell verboten, aber ich fordere Sie auf Pistole, sobald der Krieg zu Ende ist! Ich laß mir meine Offiziersehre nicht von Ihren dämlichen Erzählungen kaputtmachen.»

Es gab aber auch noch andere Leute, die nicht begreifen konnten, daß bereits alles kaputt war. Nicht lange bevor der Krieg zu Ende ging, fragten sie mich, ob ich den Werwolf in Flensburg übernehmen wollte. Ich sagte, «ihr seid doch total verrückt. Nicht nur, daß ich im Rollstuhl geschoben werde, und ihr bietet mir so was an. Ihr glaubt auch noch, daß der Werwolf die aufhalten kann, wo die noch intakten Teile der Wehrmacht das nicht schaffen. Ihr seid wirklich total übergeschnappt.»

Wir waren so vereinnahmt von all dem, was gewesen war und was wir geglaubt hatten, daß wir uns keine Vorstellung von der Zukunft machen konnten, als es zu Ende war. Und ich lag da, war inzwischen einundzwanzig Jahre alt, und konnte mir selbst nicht helfen. Das war eine trostlose Situation.

1945 im September wird Heinrich Asmussen nach eineinhalb Jahren in Lazaretten entlassen, besser, er verläßt es in seinem Auto, einem seinen Behinderungen angepaßten Opel Olympia, den er im Mai 1945 aus ehemaligen Heeresbeständen organisiert hat. Er geht noch einmal zwei Jahre zur Schule, macht 1948 das Abitur und studiert im Anschluß Deutsch, Geschichte und Philosophie für ein Lehramt am Gymnasium. Seine Laufbahn – er gilt auf Grund seiner vielfachen Kriegsverletzungen als 100 Prozent «arbeitsverwendungsunfähig» – reicht bis zum Posten des Direktors eines mittelstädtischen Gymnasiums mit über 1000 Schülern, das er fünfzehn Jahre lang leitet.

Nach der Niederlage hat er beschlossen, nie wieder ein politisches Amt einzugehen. Bis in die sechziger Jahre gibt er diese Haltung nicht auf, mit einer Ausnahme. Bald nach dem Krieg ist er einer der Mitbegründer der Deutschen Grenzlandjugend. Mit ihr soll verhindert werden, daß Dänemark seine Ansprüche auf Teile des ehemaligen Herzogtums Schleswig verwirklicht. Und da die drei Parteien CDU, SPD und FDP in dieser Frage Heinrich Asmussen nicht national genug erscheinen, entdeckt er in der FDJ, der Jugendorganisation der Kommunisten, die zu diesem Zeitpunkt noch nicht verboten sind, den nationalpolitisch einzig akzeptablen Bündnispartner. Doch dieses Engagement bleibt ein Intermezzo, erst 1966 tritt er der CDU bei und wird später als Erster Stadtrat stellvertretender Bürgermeister. Nach dreizehn Jahren aktiver Kommunalpolitik hat sich Heinrich Asmussen nun im Alter von dreiundsiebzig Jahren aus seinen Ämtern zurückgezogen. Er ist Vater von sechs Kindern, zwei aus der ersten und vier aus der zweiten Ehe. Politisch nicht immer ganz einverstanden mit ihnen, ist er stolz auf ihre akademischen Karrieren.

Gregor Hauptmann *Aus den Lautsprechern, die zwischen Flaschen und Gläsern in den Regalen hinter der Theke stehen, dröhnt bayerische Volksmusik, die der Wirt, wann immer er eine Hand vom Zapfhahn nehmen kann, laut singend schwungvoll dirigiert. «Das bricht immer wieder durch», sagt Gregor Hauptmann, «der Wirt ist der einzige Rheinländer, der sich für einen Bayern hält.» Die Nähe zu Bonn und die Reisenden aus Politik und Wirtschaft haben aus Gregor Hauptmanns ehemals dörflicher Stammkneipe eine Melange aus Hotel garni und gutbürgerlichem Eßlokal gemacht. Nur der Tresen hat widerstanden. Den Rücken dem übrigen Treiben zugekehrt, sitzen hier die ehemaligen Dörfler vor ihren Biergläsern und lassen nicht nur den Wirt ihren eher gutmütigen Spott fühlen über eine Welt, die sich langsam aus den Angeln dreht.*

Am nächsten Tag sitze ich mit Gregor Hauptmann in einem ausgebauten Kellerraum seines Hauses. Bisher hat ihm das Alter nur einen leichten Ansatz von Korpulenz eingetragen, der bei seiner ohnehin sehr kräftigen Statur kaum auffällt. An der einen Wand seines Refugiums, in dem er ab und zu seinen selbstgemachten Johannisbeerwein an Freunde ausschenkt, stehen sein Schlagzeug und schräg gegenüber seine Heimorgel. Auch wenn er kleine Abschnitte seiner Erzählung häufig mit einem Lachen beendet, täuschen Stimme und Gesichtsausdruck an bestimmten Punkten seines Berichts nicht darüber hinweg, daß er auch noch ganz anders kann, wenn... Und fast im selben Moment noch lehnt er sich wieder zurück in den Sessel und lacht erneut.

Gregor Hauptmann wird 1923 in einem kleinen Dorf mit ungefähr 250 Einwohnern in der Nähe von Bonn geboren. 1929 verliert der Vater seine Stelle als Lagerarbeiter in einem mittleren Industriebetrieb am Rhein. Das Stempelgeld vom Arbeitsamt ist genauso hoch wie die Miete für das Häuschen, in dem sie wohnen. Gregor Hauptmann hat noch eine jüngere Schwester, und die vierköpfige Familie ernährt sich nun fast ausschließlich aus dem Garten, den die Mutter geerbt hat. Ab und zu erhält sein Vater von der Gemeinde für kurze Zeit eine Gelegenheitsarbeit, und während der Erntezeit arbeitet die Mutter auf den Feldern der umliegenden Bauern. Das Sonntagsessen besteht aus Pellkartoffeln mit Schwarzbrot und Margarine. Wurst und Fleisch erinnert Gregor Hauptmann nur, wenn das Schwein, das man nebenher aufzieht, oder mal ein Karnickel aus dem Stall im Garten geschlachtet werden. Es war, sagt Gregor Hauptmann ohne jeden Anflug von Verbitterung oder Sentimentalität, eine erbärmliche Zeit.

Als Achtjähriger bekommt Gregor Hauptmann eine alte Ziehharmonika geschenkt und bringt sich selbst das Musikmachen bei, eine Leidenschaft, die bis heute vorgehalten hat. Er ist bereits in der vierten Klasse der Dorfschule, als sein Vater 1933 in dem Betrieb, aus dem er vier Jahre zuvor entlassen worden war, wieder seine alte Stelle antritt. Die Rückkehr zur Normalität, die nur einige Jahre dauern wird, weckt beim Vater, der als Soldat des Ersten Weltkriegs Mitglied des Stahlhelms ist, keine besonderen Sympathien für die Nationalsozialisten. Obwohl deutsch-national eingestellt, bleibt er der Politik Adolf Hitlers fern, sie weckt seinen Argwohn als Christ. 1939 wird er vor seinem Sohn zur Wehrmacht eingezogen und ab 1940 als Meldefahrer in Frankreich eingesetzt.

In unserem Dorf haben sich die Hitlerjugend und das Jungvolk nicht so recht breitmachen können. Ich war in der Christlichen Jugend der katholischen Kirche, das war so eine Art Pfadfinderverein. Auf die Nazis waren wir daher nicht eingestimmt. Unser Lehrer war auch Christ und hatte mit den Braunhemden nichts zu tun. Eines Sonntagmorgens, ich vergeß das nie, sind wir in der Kirche, und aus Godesberg kommt die SA anmarschiert. Die Leute kommen aus der Messe, und draußen stehen die Nazis. Ihr Führer will eine große Rede halten, und die anderen versuchen, uns solange festzuhalten.

Aber unser Küster läuft zum Kirchturm und läutet voll die Glocken, da verstanden sie ihr eigenes Palaver nicht mehr und zogen ab.

Wer nicht in der Hitlerjugend war, bekam nicht so leicht eine Lehrstelle. Und ich gehörte nicht dazu und bin auch später nicht reingegangen. Ich hab mich bemüht, eine Lehre als Autoschlosser anzufangen. Weil ich nicht im Kopf bruchrechnen konnte, hieß es auf dem Arbeitsamt: Werd du mal lieber Maurer. Maurer war zur damaligen Zeit ein erniedrigender Beruf, die kannte man nur an der versoffenen Nase. Ich komm also nach Haus zu meinem Vater, und er sagt, «Jung, du mußt was lernen! Und wenn du Bäcker wirst, du mußt einen Beruf haben. Anderes können wir dir nicht mitgeben. Was hältst du denn davon, wenn du hier zum Schmied gehst.» Der Schmied war auch kein Nazifreund, obwohl er Unternehmer war. Einen Tag nach Schulende hatte ich den Blaumann an und war Lehrling in seiner Huf- und Wagenschmiede. Wir haben Pferde beschlagen, Installationen gemacht, Autos und Fahrräder repariert, es war sehr vielfältig.

1939 liefen im Sommer schon die Kriegsvorbereitungen. In den Dörfern oben im Vorgebirge lagen die Soldaten im Quartier. Es ging auf den Westwall zu. Wenig später kamen sie auch zu uns ins Dorf. Im Saal der Gastwirtschaft machten sie Musik, es wurde getanzt, und ich spielte in ihrer Regimentskapelle die Quetschkommode. Die spielte ich auch einige Monate später auf einer Kirmes in einem Nachbarort, und auf einmal: aus! Keine Musik mehr, keine Kirmes mehr, es war Krieg, und wir sollten nach Hause gehen. Die Leute versuchten zu hamstern, aber es gab schon Lebensmittelkarten, und wer keine Verbindungen hatte, kriegte von dem, was noch unter den Ladentischen lag, nichts.

Im September 1941 machte ich meine Gesellenprüfung. Für kurze Zeit arbeitete ich noch bei meinem Meister, aber ich wollte in die Autobranche. Er half mir, eine Stellung in einer Autowerkstatt zu bekommen, in der Wagen von der Organisation Todt repariert wurden. Dadurch bekam ich den Arbeitsdienst geschenkt und hatte auch noch ein paar Groschen verdient. Ein älterer Mann von der OT, der sagte zu mir, «Jung, das eine will ich dir sagen: 14/18, den Krieg haben wir verloren, und diesen gewinnen wir auch!» Das war genug gesagt, das hab ich nie vergessen. Wie der Weihrauch angegriffen wurde im Dritten Reich, wie der Pastor nicht mehr in die Schule durfte, da war für die, die etwas weiter dachten, der Krieg verloren.

Am 16.4.1942 bekam ich meinen Einberufungsbefehl auf die Wahner Heide zur Infanterieflak. Das war nicht schlecht für mich, ich hatte es nicht weit nach Haus. Ich ging immer ohne Urlaubsschein zu meiner Mutter, bis ich auffiel. In Königswinter lief ich zur Rheinfähre runter und sah auf der anderen Straßenseite einen Offizier. Ich guckte aber in ein Schaufenster rein, damit ich den nicht grüßen mußte. Ich wollte nen Menschen vor mir haben, wenn ich den begrüß. Er kam auf mich zu und fragte mich nach dem Urlaubsschein, und damit war ich dran. «So was», brüllte der Hauptmann in der Kaserne, «wird an der Front erschossen! Ich bestrafe Sie mit drei Tagen verschärftem Arrest.»

In der Ausbildung hatte mich einer der beiden Waffenmeister dazu erkoren, Bursche bei ihm zu spielen. Dadurch brauchte ich nicht wie die anderen armen Teufel dauernd auf der Schnauze liegen und durch den Schlamm robben. Mein Bettnachbar auf der Stube, der war schon an die Vierzig, war ein ganz Stiller, der hat nie was gesagt. Dafür hat aber der Stubenälteste, eine richtige Berliner Großschnauze, um so mehr geredet. Und eines Tages sagt der zu dem alten Mann, «Zaber, knatsch nicht so mit deine Zähne!» – «Herr Obergefreiter», hab ich zu dem Berliner gesagt, «lassen Sie doch den alten Mann in Ruh, der kann doch unser Vater sein!» Der drehte sich um und schrie: «Dir schlag ich auch noch auf die Fresse!» – «Freund», hab ich gesagt, «da möcht ich vor warnen!» Er kommt und packt mich am Hals, und dann ging es zur Sache, ich hab ihn stillgelegt. Am nächsten Morgen ist die Kompanie angetreten, und er steht da mit einem dicken blauen Auge. «Was ist mit Ihnen passiert, Obergefreiter Sander?» fragt der Spieß. «Ick hab mir diese Nacht beim Fliejeralarm uff en Schemel jestoßen, Herr Hauptfeldwebel!» Als die Grundausbildung vorbei war, bin ich in die Waffenmeisterei gegangen, da wurden die Geschütze, die Maschinengewehre und Pistolen instandgesetzt. Ein halbes Jahr lang machte ich außerdem Fahrschule. Zuerst fuhr ich LKW mit Anhänger und dann die Zugmaschine für die große Flakkanone, den Achttonner Maybach, ein Halbkettenfahrzeug, vorne zwei Räder und hinten das lange Laufwerk. So fuhren wir durchs Gelände, das hat Spaß gemacht. Da weißt du noch nicht, was auf dich zukommt: Alle, die mit mir zusammen in der Ausbildung waren, sind später gefallen.

Ich kam in ein Marschbataillon, und es ging ab nach Altwarp bei Stettin. Da flog ein Flugzeug mit einem Sack hinten dran, und auf den mußte geballert werden. Im Sommer 1943 ging es nach Belgien in die Nähe von Antwerpen. Wir gingen in der Stadt herum, und es war schön. Für junge Soldaten war das was, wir waren ja noch nie rausgekommen. Die Belgier hatten sich auch schon auf uns eingestellt. Die Soldaten gingen nach Löwen in die Kopfschußburg, in den Puff, und kamen dann auch schon mal mit nem Tripper zurück. Gott sei Dank hatte ich damit nichts zu tun.

Später lagen wir in einem Kloster bei Wettern. Nachts mußten wir auf den Kirchturm steigen und von dort aus Alarm schlagen, wenn die englischen Flieger angebrummt kamen. Auch belgische Soldaten standen dort oben mit uns zusammen. «Kameraden, Telefon bellt!» riefen sie, wenn wir uns auf der Wache schlafen gelegt und ihnen den Dienst überlassen hatten. Schwierigkeiten mit den Belgiern hab ich nicht erlebt. Und in der Klosterküche arbeitete bei uns ein belgisches Mädchen, um das wir uns ein bißchen rangelten. Ihre Eltern hatten eine Gaststätte, die für deutsches Militär verboten war, aber ich bin trotzdem hingegangen und lernte dort ihre Schwester kennen. Mit einem Brot unterm Arm bin ich häufig dagewesen, ein Bratkartoffelverhältnis, denn die hatten ja auch nichts zu essen. Es war ganz ruhig dort, nie ist irgend etwas passiert. Das einzige, was mit Krieg zu tun hatte, waren die Fliegeralarme und später das Scharfschießen auf einem Truppenübungsplatz in Frankreich.

Von dort aus sind wir im Herbst nach Italien gebracht worden, in die Nähe von Trient am Etsch, wo wir eine Brücke bewachten. Abends saßen wir dort mit den Italienern und waren am Schlucken, vino rosso, vino bianco, das waren ja Soldaten wie wir und unsere Verbündeten. Und in der nächsten Nacht um zwei Uhr ging der Zirkus los. Die Italiener wurden gefangengenommen und entwaffnet. Eben waren sie noch unsere Freunde, und jetzt wurden sie eingesammelt und zum Arbeiten nach Deutschland geschickt. Was sonst war, wie es anderswo ging, wußte niemand. Wer hatte denn ein Radio dabei! Man hörte und sah nur noch das, wo man war.

Über Verona ging es dann nach Udine über eine breite Straße, so breit, daß ein Flugzeug darauf landen konnte. Von dort ist es nicht weit nach Jugoslawien, wo wir die Italiener ersetzen mußten im Kampf gegen die Partisanen von Tito. Was das hieß, hat uns keiner erklärt, das merkten wir selbst: In Jugoslawien war einer dem anderen sein Teufel. Dabei hatte ich es in den ersten Tagen noch ganz gut, ich gehörte ja eigentlich zum Troß. Der Koch, der Fourier und der Waffenmeister, die bildeten das Dreigestirn, das die Kompanie versorgte, die Mädchen für alles. Nun war aber einer der Fahrer der Selbstfahrlafetten für die Geschütze krank. Wen nehmen wir da? Den Doof! Das war ich. Ich mußte rauf auf die Kiste und fuhr das erste Geschütz, vor uns der Kommandowagen. Auf einmal war der Weg vier Meter breit und zwei Meter tief richtig rechtwinkelig ausgeschachtet. Aus dem Loch wärst du nicht wieder rausgekommen, da wär Friede gewesen. Die Pioniere wurden über Funk gerufen und legten Bohlen über die

Straßensperre. Das erste Geschütz mußte die Sicherung übernehmen. Was ein Glück war! Rechts und links ein Hang, in der Mitte die Straße. Da mußten wir durch, ausweichen ging nicht. Der Geschützführer sagte, «du gehst rauf, tust alles von oben beobachten und sagst früh genug Bescheid.» Wir waren ja in nem Sack drin, und die hätten Handgranaten runterschmeißen können. Oben war ein Plateau und überall Dekkungslöcher ausgegraben. Sie saßen noch nicht drin, aber alles war vorbereitet von den Partisanen. Ich hab mich in so n Loch reingehockt, damit sie mir nicht ne Kugel in den Kopp schießen, und hab alles beobachtet. Die anderen fuhren weiter, und ich sah es im Wald blitzen. Eine Panzerabwehrkanone. Das erste Fahrzeug kriegte genau einen Treffer in die Motorseite und haute dem Fahrer das Bein weg. Unser Zugführer, ein Feldwebel, brachte ihn mit zurück. Eigentlich mußte er ja beim Zug bleiben und seine Befehle geben. Der hatte aber die Hose voll, wie wir anderen auch. Dann kam die Infanterie, ein Polizeiregiment. Sie haben die Partisanen angegriffen, und es dauerte nicht lange, da flog im Wald, wo sie hockten, alles in die Luft. Das war das erste Mal, wo mir das Herz in die Hose fiel.

Nach drei Wochen wurden wir aus Jugoslawien abgezogen, und an unsere Stelle rückten Wlassow-Leute. Ein Stück weit ging's per Achse, dann sind wir auf einen Zug geladen worden, der bis kurz vor Rom fuhr. Dort mußten wir raus, weil Rom gerade bombardiert worden war. Wieder per Achse fuhren wir nach Monte Cassino und darüber hinaus in die Abruzzen.

Uns gegenüber lagen die Engländer, und, man muß sich das mal vorstellen, die Vorposten haben sich gegeseitig verständigt. Sie tauschten Zigaretten und Schokolade, die hatten vom Krieg die Schnauze genauso voll wie wir, aber dann mußten wir doch wieder aufeinander schießen.

Tagtäglich kamen die Engländer mit ihren Flugzeugen und legten Bombenteppiche, daß die ganze Erde wackelte.

Manchmal gab's nicht mehr als einen Grashalm, hinter dem man Deckung suchen konnte. Die Flak lag in der Ebene und schoß Sperrfeuer, aber die Bomber flogen so hoch, daß ihre Granaten gar nicht rankamen. Auf der Straße überraschten uns die Heckenspringer, richtige Saubiester, doppelrumpfige Jagdbomber, die vorne schwere Maschinenkanonen drinhatten. Drückte der Pilot auf den Knopf, dann flog uns unten alles um die Ohren, und niemand wußte mehr wohin. Morgens um vier Uhr machten wir einen Stellungswechsel, und gegen sechs, wir waren noch unterwegs, kamen die Lightnings angeflogen. Und schon lag ich hinter jeder Ecke, das spritzte und funkte wie bei einem Weltuntergang. Wir waren nur ein zusammengewürfelter Reservehaufen, aber mit vielen Kumpels, die Afrika schon hinter sich hatten. Die wußten mit der 2-cm-Flak umzugehen. Sie haben aus den fahrenden Anhängern mit den Geschützen draufgehalten. Ein einsatzbereites Geschütz war ein aufgebautes Geschütz. Denen war das ganz egal. Sechs Maschinen waren's, drei davon sind nur nach Haus gekommen. Das gab's nicht alle Tage, was konnten wir sonst schon mit unseren Spritzen ausrichten.

Kurz darauf bekam ich im Sommer 1944 Diphtherie und mußte in ein Feldlazarett. Sie haben mir eine Spritze gesetzt, aber statt zu helfen, kriegte ich davon eine Nervenlähmung. Sie konnten mich mit Nadeln stechen, ich habe nichts gemerkt. Ich konnte nicht mehr richtig sehen, mal ging's und mal war ich wie blind. Mit dem Lazarettschiff Freiburg haben sie mich nach Venedig gebracht und von da aus in ein Heimatlazarett nach Bobart. Da stellten sie mich wieder auf die Füße und gaben mir vierzehn Tage Genesungsurlaub. Zu Haus gab es jede Nacht Bombenalarm. An der Front, da hast du es rauschen gehört und konntest dir Deckung suchen, aber hier mußtest du abwarten, ob du was auf den Kopp kriegst oder nicht. Die Front war mir lieber.

Als garnisonsverwendungsfähig kam ich schließlich nach Paderborn. Das war eine unangenehme Zeit, Kasernenhofdrill, den war ich nicht mehr gewohnt. Im Oktober 1944 stellten sie einen neuen Verein für Ostpreußen auf, einen Krüppelhaufen, hauptsächlich aus Verwundeten. Jetzt war ich Infanterist unter Invaliden und machte dort den Waffenbullen. In Lötzen in Ostpreußen war's wie im tiefsten Frieden. Die Leute vom Gutshof gingen auf Treibjagden, und wir durften für sie die Treiber machen. Als dann die erste Fliegerbombe fiel, da liefen sie durcheinander, was sie bei uns im Rheinland schon jahrelang machten.

Wir lagen auf einem großen freiliegenden Bauernhof, und der Bauer, der war ein echter von früher, der hatte noch die Armbinde mit dem Hakenkreuz um und braune Stiefel an, ein blöder Hund. Wir hatten Posten aufgestellt, und nachts kam er von seinem Mäuschen, während seine Frau zu Hause saß, da machte der sich nichts draus. Obwohl die Kumpels ihn erkannt hatten, brüllten sie: «Halt! Wer da?» Aber der mußte ja die Schnauze nicht aufmachen, er war ja der Mann im braunen Hemd, und da haben sie ein bißchen über seinen Kopf weggeschossen. «Ihr seid Herrgotts Tagediebe!» brüllte er und hatte nicht ganz unrecht. Aber wer hatte uns denn eingezogen? Das waren doch die Konsorten, zu denen er auch gehörte.

Am 11. Januar 1945 kam der Überfall der Russen. Die Bauern waren schon längst mit ihren Zossen vor dem Wagen nach Westen gezogen. Trecks kamen schon seit einiger Zeit, und die Leute waren so arm dran wie überall, wo's Flüchtlinge gibt. Frauen, Kinder, alte Männer, denen packten wir Stroh auf die Erde, eine Plane drüber, und dann pennten sie zwischen uns. Als alle weg waren, holte ich mir das Auto des Bauern aus dem Schuppen, einen schönen Adler-Triumph-Junior, und hab den gangbar gemacht. Wir hatten ja nichts, es gab nur noch Pferde. Mein Kompaniechef, unser Oberleutnant, hat sich bei mir ins Auto gesetzt, und wir haben Fersengeld gegeben.

Das Schlimmste, was ich auf dem Rückzug erlebt habe, waren die umherirrenden weinenden Kinder. Bei Allenstein sah ich eine Gruppe weinender Kinder, drei, vier Jahre alt. Sie saßen am Straßenrand, hatten ihre Eltern verloren und wußten nicht wohin, während überall geschossen wurde. Ich bin hin und hab gesagt, «kommt, setzt euch ins Auto mit rein.» Was sollte ich nun machen mit den kleinen Tröpfchen? Ich bin nach Landsberg mit ihnen und brachte sie zu einer Gruppe von Flüchtlingen, da hatten sie wieder jemanden.

In Heiligenbeil auf dem Flugplatz fing das letzte Ende an. Ich war dabei, ein Geschütz zu justieren, da rappelt es auf einmal, als hätte einer eine Handvoll Steine in die Dachziegel geworfen. Es war ein Maschinengewehr, das auf mich schoß, aber ich wußte nicht, woher es kam. Die Russen waren jetzt überall, und wir sind ab nach Fohlendorf. Tief eingraben konnten wir uns nicht, das Wasser stand dort zu hoch. Wir haben einen alten Wagenaufbau umgekippt, ringsum Sand draufgeworfen und alte Räder und was es gab als Splitterschutz draufgelegt. Von der Seite konnten wir reinkriechen. Der Unteroffizier aber hat sich ein Loch gebuddelt unterm Geschütz, das hinten am Wagen hing. Vorne standen noch die Pferde angeschirrt. Und dann griffen uns russische Jagdbomber mit Raketen und Phosphor an. Furchtbar war es. Die Pferde werden kaputtgeschossen, springen noch nach vorn und ziehen den Wagen und das Geschütz vor. Jetzt liegt der Hermann, er hatte was intus und war eingeschlafen, jetzt liegt der frei, vielleicht zwanzig Meter von mir weg. Plötzlich schreit er «Hilfe, Hilfe!» Ich bin hin, die Flugzeuge schossen noch, und hab ihn am Koppel rausgezogen, oben auf sein Deckungsloch. Und dann sah ich die Bescherung. Sie hatten ihm das Knie total zerfetzt, rundherum die blutigen Reste der Klamotten, und unten baumelte das Bein hin und her. «Gregor, Gregor, gib mir den Gnadenschuß!» – «Nix, Hermann», sag ich und mach ihm das Koppel mit der Pistole ab. Der Fischer aus Würzburg war noch dabei. Wir haben ihn abgebunden und drei-, vierhundert Meter durch den Beschuß zum Verbandsplatz geschleppt. Aus der Erde zischte an einigen

Stellen der Phosphor hoch. Bekam man den irgendwo drauf, dann brannte er sich durch. Ich hab Glück gehabt.

Der Hauptverbandsplatz war schon voller Verwundeter. Er lag in einem Gehöft oben auf der Steilküste. Einer der Sanitäter, den ich um Hilfe bat, sagte, wir sollten ihn gleich reinbringen. In einem Raum wie in einem Schlachthaus haben wir ihn auf einen Tisch gelegt, und der Arzt, der merkte, daß der Hermann was intus hatte, fragte mich, ob ich mit anpacken könnte. Da hab ich das Bein mit amputiert. Zuerst wurde er in Narkose versetzt. Er mußte zählen und hat ganz schnell alles durcheinandergeworfen. Die Hose dann runter, die Splitter, die noch im Oberschenkel saßen, wurden mit der Pinzette rausgeholt und eine Bandage kam ums Bein. Es wurde desinfiziert und dann ging es ruckzuck mit dem Messer. Das Bein wurde rundherum eingeschnitten bis auf den Knochen. Der Arzt hat die Säge genommen und, was vom Knochen übrig war, durchgesägt. Ich hab das Bein nach draußen getragen und auf einen Haufen geschmissen, auf dem lagen schon lauter Arme und Beine noch mit den Stiefeln dran. Dann bin ich wieder rein und hab weiter zugeguckt.

Der Arzt löste die Bandage und machte sie direkt wieder zu. Mit Klemmen, die wie eine Schere aussahen, hat er die einzelnen Venen zugedrückt, mit Katzendarm oder was das war abgebunden, die Klemmen weg, abgebauscht und geguckt, ob noch irgendwo Blut kam. Dann wurde die Knochenhaut über den Knochen zurückgeschoben und das offenliegende Ende des Knochens, da war ja Mark drin, mit Mull zugestopft. Ich hab gewartet, bis der Hermann wieder wach wurde, und dann bin ich weg.

Von da an waren wir Versprengte, und es ging nur noch darum: Rette sich, wer kann! Am Hang bei Rosenberg, direkt am Frischen Haff, sind wir in Deckungslöcher gekrochen, die andere vor uns gegraben hatten. Ich war mit einem Gefreiten, den ich nicht kannte, zusammen in das Loch gesprungen. Die Russen hatten unsere Raketenwerfer kassiert, sie umgedreht, und jetzt deckten sie uns ein. Eine gemeine Waffe, die Einschläge dicht beieinander und überall Splitter, die durch die Luft rasen. Mitten in diesem Feuer begann der neben mir, aus dem Loch zu kriechen, und ich sag, «bleib doch hier!», aber er wollte unbedingt zu seinen Kumpeln. Dann hörte ich ihn aufstöhnen, irgendwie ächzend atmen. Ich hab ihn an den Beinen zurückgezogen, den Rock aufgerissen und einen Verband auf die Brust gemacht, aber da war nichts mehr zu machen. Er wurde weiß. Er lag nun neben mir in dem Loch. Was sollte ich tun, ich konnte nicht raus, es mußte ja erst dunkel werden.

Nachts sind wir runter ans Wasser, unsere Pioniere hatten dort Stege gebaut und kamen mit Fähren, uns rüberholen aufs Haff. Es war Panik. Jeder wollte weg. Auf dem Steg stand ein Offizier und wollte Ordnung schaffen. Wie wollte der Mann das machen, wenn alles auf das Schiff will? Ruckzuck war er runter vom Steg im Wasser und weg. Auf der Frischen Nehrung, ein bewachsener Sandstreifen, der nur knapp einen Kilometer breit ist, gab es Schützengräben und Bunker. Wir kamen in eine Stellung mit einer 2-cm-Maschinenkanone, ausgebaut aus einer Me 109. Bewacht die Küste, paßt auf, ob die Russen kommen, haben sie uns gesagt. Ich hatte Posten von zwei bis vier Uhr morgens, während die anderen, der Unteroffizier und ein paar Kumpel, pennten. Auf meiner Wache war von Russen nichts zu sehen. Eben war ich von Fritze Kriegeit aus Krefeld abgelöst worden, da kam der in den Bunker geschossen und schrie, «Unteroffizier, draußen kommen Schiffe, die nebeln sich ein!» Ich war noch wach und bin mit ihm an das Geschütz. Den Unteroffizier hab ich gar nicht gesehen. Der hat die ganze Mannschaft organisiert und ist ab. Nur nicht an das Geschütz. Jetzt waren wir zwei allein an der Maschinenkanone. Die Russen kamen auf Kähnen auf uns zu und stocherten mit Holzstangen im Wasser, wie tief es war und wie weit sie noch fahren konnten. Was nun? Jetzt rief aus weiter Ferne der Unteroffizier, «Feuer frei!» Der konnte gut rufen! Ich hab den Munischützen gemacht am Gurt, und der Fritz hielt auf die drauf. Er konnte aber nur ein paar Schuß abgeben, dann war die Auszieherkralle kaputt, die Patrone schob sich doppelt. Ersatz hatten wir keinen, und da hab ich das Ding genommen und ins Wasser gefeuert. Nun kriegten wir Zunder, wir hatten uns ja verraten. Mit Granatwerfern, mit Pak, mit allem, was sie hatten, hieben sie auf uns ein. Wir sind zurück in den Bunker, dort war noch meine Tasche mit den Zigaretten, mein Marschgepäck, das mußte ich mitnehmen. Sulima Rekord gab's damals. Der Bunker lag aber auf dem Vorderhang, und wir mußten raus und hoch über die Kuppe. Es ging gut, und seit der Zeit waren wir Fahnenflüchtige.

Wir blieben immer in der Nähe der Hauptkampflinie, aber wir waren nie an der Front. Die Kettenhunde, die Scharfrichter, die hätten uns glatt umgelegt. In jedem Ort in Ostpreußen hatten sie welche von uns umgebracht. Sie hingen in den Bäumen, ein Schild um den Hals: wegen Feigheit vor dem Feinde. Ich frag mich heute noch, ob die frei herumlaufen, die das gemacht haben.

Wir sind neunzig Kilometer auf der Frischen Nehrung bis an die Danziger Bucht gelaufen. Essen haben wir uns in den zurückgelassenen Stellungen und Lazaretten gesucht, die waren leer, aber das Zeug lag noch da, Kekse, Zucker und Trockenmilch. Wenn wir nichts fanden, kochten wir aus Kartoffelkleie, die sonst die Pferde zu fressen bekamen, Suppe. Man hat sich am Leben damit gehalten. Nach einigen Tagen erreichten wir, nicht mehr weit von Danzig, Schievenhorst. Hier an der Weichselmündung sollten uns die Pioniere mit ihren Fähren abholen. Es war ein Getümmel. Alle waren hier zusammengelaufen, alle wollten auf die Schiffe, alle hatten Angst vor den Russen. Fünf Reihen vor mir geht der Schlagbaum runter und aus. Keiner konnte mehr aufs Schiff. Sie hingen schon draußen an der Bordwand und hatten sich mit ihren Koppeln an der Reling festgemacht. Abends fuhren die Schiffe weg, und keins kam zurück, um uns noch abzuholen.

Wir haben uns in einem Bunker verkrochen. Nachts um zwölf vom achten zum neunten Mai wurde es ausgerufen: ab sofort bedingungslose Kapitulation und Waffenruhe. Nun wußten wir's. Um zehn Uhr am nächsten Morgen kamen die Russen. «Kamerad Uhoi jest, Uhoi jest», da wollten sie die Uhren haben. Die Waffen, die Munition, alles wurde auf einen Haufen geworfen, und dann marschierten wir in die Gefangenschaft. Ich fühlte mich befreit und unsicher, aber es hieß, nach dem Kriegsgesetz würden wir als Kapitulanten nach neunzig Tagen entlassen. Daran haben wir geglaubt. Wir sind durch Danzig gut hundert Kilometer nach Deutsch-Eylau marschiert und dort in einen Zug verladen worden in Richtung Rußland. Es gab wenig, aber ich hatte einen Damenstrumpf voll mit Zucker. Ab und zu konnte ich ein Löffelchen Zucker essen, da hatte ich was. Brot gab es auch. Die Russen haben uns nach ihren Möglichkeiten gut versorgt. Es wäre schlecht, wenn man was anderes sagen würde. Sie hatten ja selber nichts zu fressen. So gesehen waren sie genauso arme Schweine wie wir auch.

Am 28. September kamen wir in das erste russische Gefangenenlager in der Ukraine, nahe Kiew. Mongolen bewachten uns, die waren gut, mit denen hätt man noch ein Pferd stehlen können. In den Bergwerken, die dort waren, lösten wir die Rußlanddeutschen ab, die kamen jetzt frei. 150 Meter tief im Schacht haben wir Manganerz rausgeholt. Die Klamotten, die man da unten anhatte, mit denen ging man auch nach Hause. Abends zog man sie aus, und morgens ging es damit wieder in den Schacht. Das Zeug war also immer naß, auch im Winter bei dreißig Grad unter Null. Acht Stunden im Schacht, schwer schuften, schlechte Luft, und mit Ein- und Ausfahren wurden es zehn Stunden. Zehn Stunden ohne Essen. Von den zweihundertfünfzig Mann, die mit mir da unten waren, sind vierzehn übriggeblieben.

Ein Jahr lang arbeitete ich dort, zum Schluß oben in der Schmiede, wo ich Schienennägel geschmiedet habe. Neben der Schmiede bediente ein Mädchen den Ventilator, der die Luft in den Schacht blies. Sie hatte einen Jeck an mir gefressen. Sie kam öfter zu mir in die Schmiede, ihren Ventilator konnte sie von da aus hören, und dann sagte sie zu mir: «Ich besorge dir Kleider und dann fahren wir zusammen nach Deutschland.» Auch wenn's ein verrückter Plan war, es gab immer Menschen, die Mitleid mit einem hatten. Die Menschen waren toll, nur das System war Scheiße. So eines hatten wir in Deutschland ja auch.

Dann wurden Handwerker gesucht. Ich meldete mich und kam in ein Lager des NKWD nach Dnjepropetrowsk. Weil ich neugierig war, ging ich in den Stuben rum und hab gefragt: Ist jemand aus der Nähe von Godesberg hier? Einer von Kölle sagte, «isch glöv do es eene en de Kösch.» Ich bin zur Küche gegangen, hab auf das Schaltertürchen geklopft und gesagt, «es eene us Jodesbersch he dren am ärbede?» Da reißt einer die Tür auf und sagt, «Jung, wer bes du dann?» Seit der Zeit war ich immer gut willkommen in der Küche, der Lutz war dort Koch, der arme Teufel. Er war lungenkrank, hatte Dystrophie, und als er nichts mehr wog, steckten sie ihn in die Küche zum Aufpäppeln. 1947 fuhr er nach Haus, aber ich war schon so gut eingearbeitet in der Küche, daß ich da weitergemacht hab, so lang, bis ich nach Hause fuhr. Ich mußte meine Stunden genauso kloppen wie jeder andere, aber danach ging ich in die Küche und kochte den Kasch, den Griesbrei.

Als Schlosser arbeitete ich im Akkord, und wir sind als Bestarbeiter nach Haus gefahren mit 187 Prozent, das heißt schon was. Wir mußten viele Tonnen verarbeiten. Manchmal hatten wir Glück, dann kam ein Brückenträger, der wog fünfzig Zentner, und dann brauchte man bloß so ein Winkelchen anzuschweißen. Die fünfzig Zentner aber zählten auch. Mittlerweile hatte ich ganz gut Russisch gelernt und war Brigadier geworden. Russisch brauchtest du, denn auf der Baustelle waren auch viele Russen, die genauso arbeiten mußten wie wir. Das waren wahrscheinlich Strafgefangene, aber sie haben nicht darüber geredet. Einer war ein bißchen älter als ich, er war als Offizier in Deutschland gewesen. Ostern kam er zu mir und sagte, «komm mal her!» Er griff in seine Manteltasche und holte ein Bullotschki, ein Milchbrötchen, heraus. Das brach er durch, iß, und holte aus der Seitentasche ein Fläschchen Samagonka, Kartoffelschnaps: «Heute ist Ostern, trink.» Er war auch fromm. Und wenn wir zu der Arbeit gingen, habe ich immer still für mich gebetet. Das hat mir geholfen, auch vorher schon im Krieg.

Nach 1947 konnten wir Ausgang beantragen, um in die Stadt auf den Basar zu gehen. Ein Wachposten, fünfzig Mann waren wir, marschierte mit uns los. Ein Stückchen weg vom Lager, wo niemand es sehen konnte, ging einer rum und kassierte von jedem zwei Rubel für unsere Wache. Sieben Rubel kriegte der in Woche, da war das schon was. Und auf einem Platz in der Stadt stellte er sich dann auch hin und sagte, «um 24 Uhr seid ihr alle wieder hier, uchli, haut ab!» Wir sind durch die Stadt geschlendert, waren im Kino, in der Kneipe und auf dem Basar. In der Hose hatten wir einen Kniff, ein sauberes Hemd an, geputzte Schuhe und ne Schlägermütze auf. Und da wunderten sich die Russen schon, wie wir so zackig durch die Stadt marschierten, obwohl wir den Krieg verloren hatten. Um Mitternacht war wieder alles beieinander, und wir sind raufmarschiert zum Lager, wo uns der Posten abgegeben hat, und am anderen Tag ging die Arbeiterei wieder los.

Jede Woche hatten wir bei einem russischen Offizier, einem Juden, Unterricht. Er sollte uns beibringen, wie gut der Kommunismus war und was er uns alles gab: Arbeit ohne Geld; einkaufen nur mit einem Ausweis, und alles war herrlich an dem System, nur wir glaubten nicht daran. Als es dann hieß, wir werden bald entlassen, sollten wir aufschreiben, was der uns ins Ohr gesetzt hatte. Und damit die dachten, ich sei nun reif dafür, nach Haus zu fahren, hab ich geschrieben: «Was wir vor und während des Kriegs erlebt haben, das zeugt von einer falschen Gesinnung. In der Gefangenschaft hab ich das deutlich erkannt.» Das war's, was sie hören wollten. Und im September 1949 standen wir am Lagertor, um rauszumarschieren zum Bahnhof. Es ging nach Haus. Wir fuhren durch Polen und landeten in Frankfurt an der Oder. Dort durfte ich telefonieren, wir hatten 40 Mark Ostgeld bekommen. Was willst du aber mit vierzig Mark Ost machen, die Währungsreform war ja schon, und zu Haus hätt ich es mir auf den Rücken binden können. Ich hab ein Fläschchen Likör gekauft, Kakao mit Nuß, da hatte ich es weg. Mein Vater holte mich in Köln vom Bahnhof ab. Es hat uns beiden die Sprache verschlagen.

Gregor Hauptmann ist sechsundzwanzig, als er nach siebeneinhalb Jahren Krieg und Gefangenschaft nach Hause kommt. Hier hört er das erste Mal von der «Endlösung» und kann es nicht fassen. In Rußland hat er mit Juden zusammengearbeitet, «Pfundskerlen», die den deutschen Kriegsgefangenen gut gewesen sind und von denen er auch gelernt hat, die technischen Zeichnungen zu lesen, die dort in seiner Schmiede verwandt wurden.

Die ersten zwei Monate in seinem Heimatdorf ist er krankgeschrieben und erhält in dieser Zeit 90 Mark Entlassungsgeld. Hemd, Schuhe und Jacke, die er braucht, kann er davon nicht bezahlen und wundert sich, wo «die großen Herren in Bonn» wohl einkaufen mögen. Erst als er in den Heimkehrerverband eintritt, erhält er später noch einmal 1200 Mark dafür, «daß wir den Nazis ihre Reparationen bezahlen mußten mit unseren Knochen.»

Sein Berufsleben nach dem Krieg beginnt Anfang 1950 als Heizungsmonteur, aber es ist eine Stelle, auf der es ihn nicht lange hält, und noch im selben Jahr geht er in eine Schmiede. 1954 wechselt er zum Straßenamt der Stadt und ist neben seiner Schlossertätigkeit auch «Mädchen für alles». «Mit acht Mark in der Tasch» lernt er seine Frau auf der Kirmes kennen, die als Tochter von Bauern in einem Nachbarort aufgewachsen ist. 1955 bringt sie Zwillinge zur Welt, zwei Söhne, die beide heute mit einem Schwesternpaar ver-

heiratet sind und im selben Ort wohnen. Sein erstes Haus baut Gregor Hauptmann kurz nach der Geburt der Söhne mit Hilfe seines Schwiegervaters. Zehn Jahre später folgt ein sehr viel größeres, das er zusammen mit seinem Schwager in einem Jahr errichtet und in dem er heute noch lebt.

Seine Rente reicht er vorzeitig 1984 ein, als er durch eine Herzrhythmusstörung zu fünfzig Prozent erwerbsunfähig wird. Seitdem beschäftigt er sich mit Haus und Garten und seiner Musik. Vom Akkordeon und der Orgel ist er in den letzten Jahren fast ganz auf das Schlagzeug umgestiegen, das er in einem Trio nicht nur privat, sondern auch auf Geburtstagen und Familienfesten spielt.

Wilhelm Jordan *Ihre Rucksäcke lässig über eine Schulter gebaumelt, streitet sich eine Gruppe halbwüchsiger Schüler vor dem Bahnhofskiosk des Münchner Vororts lautstark über die richtige Auswahl der Getränke, als auf der anderen Straßenseite, wo er eben seinen Wagen geparkt hat, Wilhelm Jordan auftaucht. Ein fragendes, aufmunterendes Lächeln geht über sein Gesicht, und während ich, das Köfferchen mit dem Tonbandgerät in der Hand, auf ihn zugehe, kann ich mir nur schwer vorstellen, daß dieser große, im Alter ein wenig füllig gewordene Mann einmal in dem engen Cockpit einer Jagdmaschine gesessen hat. Es geht mit dem Auto eine kleine bewaldete Schlucht hinunter und über die Isar, und wenige Minuten später stehen wir vor seinem wohl in den siebziger Jahren gebauten weißgetünchten Einfamilienhaus in einer Seitenstraße des Orts.*

Nachdem ich auch Frau Jordan vorgestellt worden bin, gehe ich mit Wilhelm Jordan durch das Wohnzimmer hinaus auf die Terrasse, von der man über bunt blühende Stauden hinweg in den langgestreckten Garten schaut. Nur wenige Schritte entfernt liegt ein kleines rundes Beet mitten im Rasen, aus dem, umgeben von weißen Blumen, ein hüfthoher Baumstamm ragt. An ihm lehnt in stumpfem Grau ein an der Spitze fast rechtwinklig abgeknickter Flügel eines Propellers.

1923 wird Wilhelm Jordan in Schweidnitz, ungefähr fünfzig Kilometer südwestlich von Breslau gelegen, in Schlesien geboren. Die Mutter, er hat noch zwei jüngere Schwestern, ist Hausfrau. Der Vater, Jahrgang 1899, hat nach dem Tod von Wilhelm Jordans Großvater sein Jurastudium abgebrochen, um das Geschäft zu übernehmen, einen Tabakhandel en gros und en détail. Im Ersten Weltkrieg Artillerist an der Westfront, ist er nun Mitglied des Stahlhelms. Er erzieht seine Kinder in Übereinstimmung mit sei-

ner Frau im Sinne preußischer und deutsch-nationaler Tugenden, die Wilhelm Jordan mit den Begriffen Pflichtbewußtsein, Ehrlichkeit und Anstand umreißt.

Ostern 1930 eingeschult, kommt Wilhelm Jordan mit dem Neffen von Manfred von Richthofen in eine Klasse und begeistert sich früh für das Fliegen. Nach seinem ersten Rundflug im selben Jahr steht es für ihn fest: Er muß zur Fliegerei. Als Achtjährigen bringt ihn der Vater zur Jugendorganisation des Stahlhelms, an die sich Wilhelm Jordan als eine Art Pfadfinderverein erinnert mit Schnitzeljagden, Wanderungen, Exerzieren und Lehrstunden über die Orientierung im freien Gelände. Und als Kenner der preußischen Geschichte und begeisterter Sammler von Zinnsoldaten stellt der Vater zusammen mit dem Sohn auf dem Dachboden die großen Schlachten Friedrichs des Großen nach, um hinterher zusammen mit ihm die Orte zu besuchen, wo sie stattgefunden haben.

Die Kanzlerschaft Hitlers hat man im Elternhaus 1933 als einen Wandel zum Besseren empfunden, man glaubt, daß man nun vor dem Kommunismus sicher sei und mit einem wirtschaftlichen Aufschwung rechnen könne. Der Vater, erinnert sich Wilhelm Jordan, war einer der wenigen, die Hitlers «Mein Kampf» tatsächlich gelesen haben. Nach der Lektüre sagt er: «Da stehen Dinge drin, wo sich einem die Haare sträuben. Aber das ist Propagandageheul, so kann's gar nicht kommen. Wir haben ja den Hugenberg und den Papen, und die passen schon auf.»

Doch für den Vater wendet sich das Blatt sehr bald, als die Verfolgung der Sozialdemokraten und Gewerkschafter beginnt. Zwar teilt er ihre politischen Haltungen nicht, aber ihre Behandlung empfindet er als menschenunwürdig. Aus Protest und auch weil er selbst als Mitglied der preußischen Loge von den Nationalsozialisten mit Argwohn betrachtet wird, gibt er sein Amt als Stadtrat von Schweidnitz auf. 1936 überlegt er zusammen mit einem Freund, ob die Söhne gegen das Regime erzogen werden sollen, oder ob man sie dazu anhalten soll, möglichst bald in Führungspositionen zu kommen, damit sie die Dinge ändern können.

Seit der Münchner Konferenz 1938, auf der die Tschechoslowa-

kei an das Deutsche Reich ausgeliefert wird, lebt die Familie in ständiger Furcht vor einem neuen Krieg. Und 1939, als deutsche Truppen in Polen einmarschieren, habe sein Vater, berichtet Wilhelm Jordan, zu ihm gesagt: «Das wird ein furchtbarer Krieg. Wir kennen den Siebenjährigen Krieg von Friedrich dem Großen, wo die Katastrophe noch eben abgewendet werden konnte, aber diesmal werden wir untergehen.»

Wilhelm Jordan ist zu diesem Zeitpunkt sechzehn, er glaubt das Vaterland in Gefahr und meldet sich zur Waffen-SS, da er gehört hat, man nehme es dort mit dem Alter nicht so genau. Mit der Bemerkung, mit Kindern führe man keinen Krieg, wird er jedoch abgewiesen. Und als er seinem Vater das Abenteuer eingesteht, droht dieser ihm eine Tracht Prügel an.

Im Juni 1942, kurz nach meinem Abitur, kriegte ich die Einberufung zu den Pionieren und war verzweifelt. «Wenn ich schon nicht zu den Fliegern komm», klagte ich meinem Vater, «dann will ich doch nicht zu den Pionieren, dann schon lieber zur Artillerie!» Mein Vater hat dann mit einem Verwandten, der General bei der Flak war, gesprochen, und ich erhielt eine neue Einberufung zum Luftwaffenfeldregiment. Nach drei Tagen gingen wir zur Ausbildung nach Frankreich. In der Nähe von Blois an der Loire habe ich meine Grundausbildung gemacht. Sie fiel mir leicht, denn ich war sportlich sehr durchtrainiert, und wir hatten einen fabelhaften Unteroffizier. Er sagte, «das und das muß ich euch beibringen, und wenn ihr's könnt, dann stellen wir einen Posten auf und legen uns hinter die Hecke, da haben wir unsere Ruhe.»

Nach der Grundausbildung als Infanterist wurden wir zur Bewachung von Flugplätzen in Frankreich eingesetzt. In dieser Zeit habe ich mich erneut für das fliegende Personal beworben und kam Anfang 1943 zu einem Auswahllehrgang nach Montpellier. Ich bestand, wurde zum Unteroffizierslehrgang nach Reims kommandiert und hinterher zur Luftkriegsschule 4 nach Fürstenfeldbruck versetzt.

Dort sind wir im vorfliegerischen Lehrgang seelisch sehr unter Druck gesetzt worden. Der Lehrgangsleiter ließ zum Beispiel die Mülltonnen untersuchen, während wir beim Geländedienst waren. Zurückgekommen, wurden wir vor Tische geführt, auf denen lagen verschimmeltes Brot, Stückchen vom Streuselkuchen, Verstreichfett und Putzwolle für unsere Gewehre. Wir seien Saboteure an der Ernährung, vergeudeten kriegswichtiges Material, wenn das der Führer wüßte, brüllte er. Von da an mußten wir alles im Laufschritt machen, zum Essen, zum Antreten, zur Wache, wenn wir überhaupt mal Ausgang hatten und uns dort abmeldeten. Und häufig stand da ein Psychologe und notierte, wie wir uns verhielten, gegenüber den Kameraden, oder bei den Mutproben, wenn man sich in der Schwimmhalle rückwärts von einem Dreimeterbrett ins Wasser fallen lassen mußte. Den Seelenspion nannten ihn meine Kameraden, aber mich hat es nicht gekümmert. Die ganze Kriegszeit hatten wir Angst, vom Fliegen abgelöst zu werden. Deswegen konnten sie auch solche Mätzchen mit uns machen, ohne daß jemand protestierte.

Wer den Lehrgang bestanden hatte, wurde im Juli 1943 auf demselben Areal in die Kriegsschule übernommen. Und das war ein Unterschied wie Himmel und Hölle, denn jetzt wurde man wie ein Mensch, wie ein angehender Offizier behandelt. Ende 1943 war ich ganz verblüfft, als sie mich eines Tages nach vorn holten und mich vor der versammelten Mannschaft als besten Lehrgangsteilnehmer auszeichneten. Damit war auch ein Sonderurlaub in der Heimat verbunden. Am 23. Dezember, als ich fahren sollte, kam mein Fluglehrer und sagte, «ich weiß, daß Sie heute abend in Urlaub gehen, aber das Wetter ist ganz ordentlich, haben Sie nicht noch Lust, zuvor noch einen Flug zu machen?» Und da wir alle ganz scharf darauf waren, unsere Flugstunden, die man brauchte, zusammenzubringen, war ich natürlich einverstanden. Ich startete in einer einmotorigen Junkers W 34 mit Günther Hartung und einem

Funker zu einem Dreiecksflug über Straubing und München zurück nach Fürstenfeldbruck. Falls wir keine Bodensicht mehr hatten oder in der vorgeschriebenen Flughöhe in Wolken kamen, sollten wir unbedingt wieder umkehren, denn Blindflug konnten wir noch nicht.

Es war da mal ein Wölkchen und hier mal ein Wölkchen, und dann war ganz plötzlich nichts mehr zu sehen und der Motor fiel aus. Wenn man aber in so eine Wetterfront kommt, kann sich der Luftdruck verändern, und der Höhenmesser zeigt nicht mehr richtig an, wie hoch man ist. «Also los», hab ich gesagt, «das hat keinen Zweck mehr, wir knallen irgendwo dagegen, wir springen ab.» Da kommt der Funker von hinten, weiß im Gesicht, schlotternd, und sagt, «ich hab keinen Fallschirm mit!» – «Gut», sag ich, «dann spring wenigstens du raus, Günther, ich bleib drin.» Aber er wollte nicht und greift auf einmal nach meinem Steuerknüppel und reißt das Flugzeug in eine Linkskurve. «Bist du verrückt geworden, hast du was gesehen?» schrei ich, «schau du rechts und ich links, vielleicht kriegen wir Bodensicht.» Ich seh plötzlich etwas Dunkles vor mir, reiß instinktiv das Flugzeug hoch, es fängt an zu flattern, ich drück den Steuerknüppel runter, und dann sind wir über einen Donaudeich geflogen. Gott sei Dank war der Boden gefroren, und ich konnte wunderbar landen, sonst hätten wir uns in dem Morast überschlagen. Hinten hatte es das Spornrad weggerissen, sonst war nichts an dem Flugzeug. Es gibt ja Wunder. Als Günther mir ins Steuer griff, das haben wir später rekonstruiert, waren wir kurz davor, gegen einen der Vorberge des Bayerischen Walds zu knallen. Das war die dramatischste von meinen drei Notlandungen während der Ausbildung, in der es keinen einzigen tödlichen Unfall gab.

Die Vernichtung der 6. Armee in Stalingrad, der Verlust Nordafrikas, das war schlimm für uns, aber es hat uns zugleich auch angestachelt, alles, was von uns verlangt wurde, so gut wie möglich zu machen. Wir glaubten nämlich, was uns ständig gesagt wurde: Wir müssen nur noch eine kurze Strecke durchhalten, dann kommen die Wunderwaffen. Natürlich haben wir auch mit Wunderflugzeugen gerechnet, und es sickerte ja auch durch, daß es bereits ein Düsenflugzeug, die Me 262 gab. Wir hatten das Gefühl, es tut sich was.

Nach vielen Übungen und Prüfungen erhielten wir am 20. April 1944 unsere Abzeichen als Flugzeugführer und eine Beurteilung, wo wir am besten einzusetzen seien, wir waren zwischen zwanzig und einundzwanzig Jahre alt. Ich sollte zur Fernaufklärung, aber dort gab es kaum noch etwas zu tun. Es hieß: na, dann geht er zu den Bombern, zu der Ju 88. Zusammen mit dreißig Fahnenjunker-Unteroffizieren kam ich nach Brandis in der Nähe von Leipzig, um dort auf der Ju 88 Blindflug zu lernen. In Brandis also flog ich zum ersten Mal eine zweimotorige Maschine.

Eines Nachts wurden wir geweckt, mußten uns feldmarschmäßig, mit dem Stahlhelm auf dem Kopf, anziehen und in Busse steigen, mit denen wir nach Leipzig fuhren. Ein großes Aufgebot feindlicher Bomber hatte die Stadt angegriffen, und überall brannte es. Ein furchtbares Inferno, der Sog des Feuers peitschte die Flammen wie einen Sturm durch die Straßen. Eine schier unerträgliche Hitze, die Leute waren alle außer sich, rannten durcheinander und schrien, und wir sollten löschen und versuchen, noch irgend etwas aus den Häusern zu retten. Ein alter Mann kam angerannt und rief, «mein Klavier müssen Sie retten, mein Klavier, meine ganze Existenz hängt daran!» Also haben wir versucht, das Klavier an zusammengedrehten Bettlaken über den Balkon herunterzulassen. Aber die Laken rissen natürlich, und das Klavier krachte mit lautem Getöse auf die Straße. Am wichtigsten war es, die Schränke leer zu machen, das Bettzeug und die Kleider hinunter zu schmeißen. Es war entsetzlich, all die schwarzen und verbrannten Menschen auf der Straße. Bis dahin hatten wir im Fliegen einen edlen Ritterkampf gesehen, hier erfuhren wir auf einmal hautnah die ganze Grausamkeit des Luftkrieges. Wir erlebten, was unsere Bevölkerung mitmachte, wenn die oben ihre Bomben abluden und kaum einer runtergeholt wurde, weil wir schon nicht mehr in der Lage waren, uns zu wehren.

Für die Prüfung im Blindflug wurde uns eine bestimmte Aufgabe gestellt. Die Karte wurde ausgelegt, und es hieß: Der Russe ist über die Oder gekommen, wir sollen ihn dort angreifen und Brücken und Straßen zerstören. Da hab ich gedacht, wie kann man uns vor eine so blöde Kriegslage stellen. Wenn der Russe dort steht, ist der Krieg doch verloren. Ich bestand die Prüfung und kam als Fähnrich mit Blindflugschein zur zweimotorigen Nachtjagdausbildung nach Allenstein in Ostpreußen. Unsere Ausbildung bestand aus einem einzigen Nachtflug mit einer Ju 52, in der wir hinten drinsaßen, um im Dunkel den Umgang mit dem Radargerät zu lernen, mit dem der Nachtjäger an das feindliche Flugzeug herangeführt wurde. Unser Kommodore flog ein- oder zweimal in der Woche zur Nachtjagd nach Oberschlesien. Abgeschossen hat er allerdings nichts, und zu mehr reichte das Benzin nicht. Alle anderen Nachtjagdanwärter, uns Fähnrichen ging das besonders unter die Haut, verbrachten die Zeit damit, auf den Feldern Tomaten hochzubinden, Bohnen zu pflücken und auf dem Fliegerhorst für unsere Flugzeuge, die da standen, aber ohne Treibstoff nicht geflogen werden konnten, Schutzwälle zu bauen.

Dann kam der 20. Juli 1944. Wir Fähnriche waren zwar nicht für die Nazis, aber wir waren doch empört, daß der preußische Adel in dieser schlimmen Kriegslage das Oberhaupt umbringen wollte. Die Fähnriche, Oberfähnriche und Leutnants wurden ja jedes Jahr in die Jahrhunderthalle nach Breslau gebracht, wo der Führer erschien. Wir warteten lange auf sein Kommen und übten währenddessen: «Heil mein Führer! Heil mein Führer!» zu rufen. Das fand ich idiotisch, entweder jemand war begeistert oder nicht. Schon beim Brand der Synagogen habe ich gesagt: «Wenn das der Führer wüßte, der würde die alle zum Teufel schicken!» Auch andere dachten und sagten das, es war eine ziemlich weit verbreitete Haltung unter den Jugendlichen. Die Mißstände wurden nicht Adolf Hitler angelastet.

Nichts zu tun ertrugen wir nur sehr schwer. Unsere Schulkameraden in anderen Teilen der Wehrmacht fielen, wir hatten erlebt, wie Tausende, wie Hunderttausende Zivilisten von den Bomben der Alliierten getötet wurden, und haben gesagt: Wir können hier nicht rumsitzen und als ausgebildete Flugzeugführer Bohnen pflücken. Für uns führten die Alliierten immer weniger einen Krieg gegen die Naziherrschaft, sondern immer mehr gegen das deutsche Volk. Unsere Wut auf die Engländer und Amerikaner wuchs, je heftiger ihre Bombenangriffe auf die deutschen Städte wurden.

Zusammen mit drei anderen Fähnrichen versetzten sie mich nach Aalborg in Dänemark, wo wir umgeschult wurden auf die Me 109. Der Fluglehrer machte ein oder zwei Flüge mit uns in einer Me 109, die umgebaut worden war zum Schulungs-Zweisitzer. Der Fluglehrer saß hinten und konnte beim Start und Landeanflug helfen. Nach ein oder zwei Flügen sagte der Fluglehrer, «nun probiern Sie's allein, fliegen können Sie ja.»

Nach ein paar Platzrunden übten wir Luftkampf, aber wie soll man den üben, wenn man keine Kameras hat, die das aufzeichnen? Kameras hatten wir, aber keine Filme. Ein einziges Mal machten wir Schießübungen auf Bodenziele, und das war's dann. In dieser Zeit erlebte ich meine vierte Notlandung. Ich war mit der Me 109 in Richtung Ostsee gestartet und kam nicht weit. Der Motor lief nicht mehr. Unten hatte ich einen Zusatztank dran, und auf dem wollte ich nun keine Notlandung machen. Ich versuchte, ihn abzuwerfen, und er ging und ging nicht ab. «Was machst du jetzt?» Ich bin so dicht über eine Düne geflogen, daß der Zusatztank ausgerissen wurde, hinter mir ein Feuerschweif, und dann hab ich meine Messerschmitt hinter eine der nächsten Dünen gesetzt.

Es ging gut, und ich konnte, Wunder, o Wunder, sogar noch mit Bordfunk den Flugplatz erreichen, damit sie mir jemand schickten, mich abzuholen. In der Zwischenzeit bin ich in ein Bauernhaus gegangen, um mich zu beruhigen. Ich bin dort freundlich und hilfsbereit aufgenommen worden.

Mittlerweile waren die Russen an der Oder, und es gab einen Befehl, daß Flugzeugführer, die sich freiwillig melden, zu Einheiten zu versetzen sind, die in ihrer Heimat operieren. Man sagte: Setzt sich einer schon für Deutschland ein, dann wird er es noch um so mehr tun, wenn es um seine Heimat geht. Ich meldete mich zusammen mit einem Freund, der auch aus Breslau kam, freiwillig, um die Oderbrücken in Schlesien zu verteidigen. Wir wollten endlich mal was für unser Vaterland tun. Wir kriegten durch die Briefe von zu Haus mit, was alles wieder zu Schutt und Asche geworden war. Ich wurde aber nach Frederikshavn an die Spitze von Dänemark versetzt, man erwartete eine Landung der Engländer. Deshalb hatten wir auch Benzin und flogen dicht an der Küste über die Ostsee nach Aarhus und wieder zurück, um zu sehen, ob sich irgend etwas tat. Es passierte aber nichts, und dann fehlte uns auch wieder das Benzin zum Fliegen. Inzwischen mußten das fliegende Personal und das Bodenpersonal die Flugplätze, auf denen sie lagen, zur Selbstverteidigung einrichten. Jetzt hat es mir gereicht. Ganz Schlesien war auf der Flucht, ich wußte nicht, wo meine Mutter, wo meine Schwestern waren, und mein Vater mußte Breslau verteidigen als Volkssturmmann. Außerdem sah ich in Frederikshavn, wie die Schiffe der Kriegsmarine anlegten, die total überladen waren mit Flüchtlingen aus Ostpreußen. Dicht beieinander saßen Kinder, Frauen und Männer mit eingefallenen Gesichtern an Deck, ein trostlos trauriges Bild, und ich habe das erste Mal geheult, als ich das sah. Es war noch entsetzlicher als der Feuersturm in Leipzig, wo ich wenigstens noch etwas tun, wo ich helfen konnte. Hier stand ich nur und mußte zusehen. Ich wollte endlich etwas tun, um mich für mein Vaterland einzusetzen und zu helfen, damit vielleicht ein paar Menschen weniger umkamen.

Im Januar 1945 kam ein Oberstleutnant und sagte: «Es werden Freiwillige gesucht für einen sehr riskanten Einsatz, er ist so geheim, daß es keinen schriftlichen Befehl gibt, und wer sich meldet, muß damit rechnen, daß er nicht zurückkommt.» Wir sollten uns nicht gedrängt fühlen, aber wer seinem Vaterland einen besonderen Dienst erweisen wolle, der solle sich melden. Eine ganze Reihe meldeten sich, ich auch. Wir trugen unsere Namen auf ein Blatt Papier ein, auf dem sonst nichts stand, und einige Zeit später, im März, kam ein Fernschreiben, ich sollte in Marsch gesetzt werden nach Stendal in Sachsen-Anhalt zum «Schulungslehrgang Elbe», das war der Tarnname für die Vorbereitung dieses Einsatzes.

Dort waren ungefähr zweihundert Flugzeugführer versammelt, und ich hörte in flammenden Vorträgen, was uns bevorstand. Es wurde gesagt, daß unsere Lage katastrophal geworden sei und wir noch eine einzige Chance hätten: In Böhmen stünde noch ein gut ausgerüstetes Armeekorps, das sich aber bei der Luftüberlegenheit unserer Feinde nicht entwickeln könne. Es sollte nach Kurland durchstoßen und so die Russen in einem riesigen Kessel von ihrem Nachschub abriegeln. Aber wenn rund um die Uhr feindliche Flugzeuge in der Luft sind, kann es keinen Aufmarsch geben, und wir müssen etwas Abschreckendes, etwas ganz Schlimmes tun, damit die alliierten Flugzeuge uns für einige Tage verschonen.

Wir sollten die Pfadfinder, die vorn fliegenden Maschinen der Bomberpulks, im Sturzflug rammen. 100 Flugzeugführer sollten sich über drei Tage verteilt auf die feindlichen Verbände stürzen. Die Begründung leuchtete uns ein, die Alliierten würden dann sagen: «Einen Augenblick mal, jetzt tasten wir uns erst mal ganz vorsichtig an die heran, bis wir von unseren Geheimdiensten gehört haben, was die planen.»

Es wurde uns gesagt, wie wichtig unser Einsatz war, und es wurde an großen Worten nicht gespart: Wir würden ins Ruhmesblatt der deutschen Geschichte eingehen und unvergessen bleiben. Es gab besonders gutes Essen, das wir seit Ewigkeiten nicht mehr gehabt hatten, und auch mal eine Flasche Cognac für jeden. Abends wurden uns Filme gezeigt wie «Der Große König», «Kolberg» und «Bismarck». Wir sollten sagen können: Jawohl, das ist unser Vaterland, und wir müssen kämpfen, denn die haben auch bis zum Schluß gekämpft und dann doch noch gesiegt. An einen Sieg haben wir nicht mehr geglaubt, aber wir haben gehofft, es könnte noch einen ehrenhaften Frieden geben, der unser Vaterland erhalten würde.

Die alliierten Bomber flogen in siebentausend Meter an, viel zu hoch für unsere Flugzeuge, die veraltet und dafür nicht geeignet waren. Aus unseren Jagdmaschinen wurde alles ausgebaut, die Bewaffnung und Teile der Bordfunkanlage, damit wir auf eine Angriffshöhe von zehn- bis elftausend Metern kamen. Von dort sollten wir uns durch das feindliche Abwehrfeuer auf die Bomber stürzen. Schon zuvor hatte es Flugzeugführer gegeben, die gesagt hatten: «Wenn wir sie nicht abschießen können, dann rammen wir sie!» Zwei oder drei von ihnen waren da und sagten: «Wenn ihr es richtig macht, ist eure Chance ist nicht schlecht, da kann man mit dem Leben davonkommen.» Es richtig machen hieß, nicht in den Rumpf, sondern in die Tragfläche oder das Leitwerk zu stürzen, und damit konnte man glauben, man gehörte zu den zehn von hundert, die einen solchen Einsatz überleben konnten. Wahrscheinlich hat sich jeder bei den Überlebenden gesehen. Wir packten also unsere Habseligkeiten zusammen, versahen sie mit unserer Heimatadresse, schrieben Abschiedsbriefe und manche auch ihr Testament.

Am 5. April bin ich mit ungefähr zwanzig Kameraden auf Lastwagen nach Gardelegen verlegt worden, und zwei Tage später kam gegen elf Uhr morgens der Befehl zum Start. Ein strahlend blauer Himmel, kein Hauch einer Wolke, es war ein Wetter wie zur schönsten Friedenszeit. Wir waren etwa zwölf

Schwärme, ein Schwarm hat vier Flugzeuge, und ich war wahrscheinlich im achten Schwarm, der zum Start rollte. Bis dahin fühlte ich mich ganz mutig, aber als ich dann mit meiner nagelneuen Me 109 Vollgas gab, merkte ich, daß meine Beine ein bißchen zu zittern anfingen. Vor uns waren schon einige Maschinen beim Start liegengeblieben und hatten noch nicht zur Seite geräumt werden können. Als es für mich losging, starteten wir zu viert, und einer von uns kam schon gar nicht hoch. Wenig später, wir waren eben aus der Platzrunde raus, gab mir der Feldwebel, der neben mir flog, ein Handzeichen, daß auch er wieder landen mußte. Jetzt waren wir nur noch zu zweit. Auf ungefähr siebentausend Meter merkte ich, mein Motor zog nicht mehr richtig. Mein Rottenkamerad Leutnant Thal wartete nicht auf mich, und ich hatte bald einen Abstand von fünfhundert Höhenmetern zu ihm. Ich hab mich weiter hochgehangelt, und plötzlich war meine ganze Haube von Öl überzogen, und ich konnte nichts mehr sehen. Obwohl der Motor noch lief, hätte ich abspringen müssen, aber ich hatte Angst, wegen Feigheit vor dem Feind erschossen zu werden. Ich war freiwillig zu diesem Einsatz aufgestiegen und fand, daß ich es meinem Vaterland schuldig sei, aber ich wollte es nicht darauf ankommen lassen, von den eigenen Leuten erschossen zu werden.

Du hast ja schon ein paar Notlandungen hinter dir, hab ich gedacht, das hier kriegst du auch hin, du hast ja eine Scheibenspülung. Ich schaltete sie ein, Benzin lief über die Frontscheibe, und sie wurde zwar nicht klar, aber ich konnte doch wieder etwas sehen. Ich hab mein Flugzeug auf den Kopf gestellt, denn wenn ich von einem feindlichen Jäger getroffen worden war, würde er kommen, um mir den Rest zu geben. Wehren konnte ich mich nicht, ich war unbewaffnet, und richtig sehen konnte ich auch nicht. Ich hab also die Maschine ins Trudeln gebracht und so getan, als ob ich abstürzte. Lustig war das nicht, ich war vielleicht in 8000 Meter Höhe, mein Leib war aufgebläht wie ein Hefekloß, wir hatten ja keine

Druckluftkabine. Nach wenigen Minuten war die Scheibe wieder dicht, und der Motor hatte sich nun festgefressen. Auf dem Höhenmesser hatte ich noch dreihundert Meter, abspringen konnte ich nicht mehr, ich mußte die Maschine abfangen. Aber wohin steuern? Unten an der Seite der Haube, nahe der Frontscheibe hatte sich ein kleiner Durchblick gebildet, und ich hab die Maschine geslippt, im Geradeausflug auf die Seite gelegt, um ein bißchen was zu sehen. Das glückte, ich sah eine Pappelreihe, und im gleichen Moment, mit vielleicht vierhundert Kilometern, war ich drin. Meine Messerschmitt wurde auf den Rücken gedreht, knallte auf die Erde. Mein Kopf hätte weg sein müssen. Ich bin aber mit den Tragflächen auf die Wälle eines Entwässerungsgrabens aufgeschlagen. Die Maschine wurde wieder hochgeschleudert, drehte sich noch einmal, schlug wieder auf, und mein Kopf und die linke Schulter durchschlugen die Alubleche. Völlig eingeklemmt lag ich da, war noch bei Bewußtsein und rief um Hilfe.

Das alles, die Pappelreihe und der Aufschlag, ging in Sekunden, und erst sehr viel später weiß man, wie es passiert ist. Ein Mann, der dort mit seinen beiden Söhnen angelte, ich hätte sie fast umgerannt, kam gelaufen, um mir zu helfen. Er sah aber, wie heillos ich eingeklemmt war. Er hat seine Kinder gewarnt, wegzubleiben, Benzin lief aus, der Motor war siedend heiß, und hat den Schmied von Tripkau geholt. Der kam mit Werkzeug, und drei Stunden nach meinem Absturz, ich bin aus meiner Ohnmacht immer wieder für kurze Zeit aufgewacht, hatten sie mich herausgeholt. Ein Sanka brachte mich ins Notlazarett nach Dömitz an der Elbe.

Ich hatte einen Schädelbruch, der linke Oberarm war zerschmettert, die rechte Niere war abgequetscht, die Blase gerissen, innere Gefäß- und Geweberisse, der ganze Körper ein Bluterguß neben dem anderen, und ich konnte nichts mehr sehen, weil Blut in die Glaskörper der Augen gelaufen war. Die Ärzte in Dömitz haben mich aus meinen Sachen geschnitten und festgestellt: Dem ist nicht mehr zu helfen. Ich kam in ein Zimmer, wo drei Kameraden rührend auf mich aufgepaßt haben, und vielleicht nach zwei Stunden, ich war zwischendurch immer wieder ohnmächtig, irgendwann also habe ich mich ganz schrecklich erbrochen, über alles hinweg. «Menschenskind», haben die Ärzte da wohl gedacht, «wenn der erbricht, hat der vielleicht doch noch eine Chance, gerettet zu werden!» Nachts, wegen der Feindflugzeuge konnte man am Tag keine Transporte machen, haben sie mich nach Ludwigslust gefahren. Im Keller des Lazaretts wurde ich in einem Not-OP operiert. Das war am 7. April. Ich bin erst kurz nach dem 30. April wieder richtig zu mir gekommen, als der Reichsrundfunk verkündete, Hitler sei in Berlin gefallen. Eine der Krankenschwestern sagte zu mir, «haben Sie schon mal geguckt, wie Sie aussehen? Ich geb Ihnen mal einen Spiegel.» Und als ich mich sah, dachte ich: Nein, das kannst du nicht sein.

Ein Teil Mecklenburgs, in dem auch Ludwigslust liegt, war von den Engländern besetzt worden, und Anfang Juli sagten sie: «Die Russen übernehmen jetzt dieses Gebiet. Alle deutschen Soldaten, die laufen können, sollen abhauen.» Aber ich konnte nicht und viele andere auch nicht. Und als die Russen kamen, sagten sie: «Die Engländer haben alle gesunden, arbeitsfähigen Soldaten laufen lassen, die Krüppel wollen wir auch nicht haben. Wir drehen ihnen nicht Wasser und Strom ab, aber zu essen kriegen sie von uns nichts!» Die Engländer versprachen uns daraufhin, sie würden uns rausholen, zwei, drei Wochen jedoch müßten wir ausharren. Sie trieben uns zwei oder drei lebende Gäule als Notverpflegung in den Keller, die nacheinander geschlachtet wurden. Jeden Tag bekamen wir mittags Pferdegulasch mit Kartoffeln und morgens und abends zwei der berühmten dicken, quadratischen Kraftkekse der Engländer, da war man hinterher pampsatt. Die Russen, eine Ärztin mit Gefolge, kamen nur um zu gucken, ob wir Kultura hatten, und dann mußten wir zeigen, ob unsere Hände gewaschen und die Fingernägel sauber waren. Andere Sorgen hatten sie nicht.

Eines Morgens, ich dachte ich träume, hörte ich rufen, «die Engländer sind da, die Tommys sind da!» Ich konnte schon zum Fenster humpeln, guck runter, und tatsächlich, ein englischer Sanka am anderen. Einer am anderen. «Komm runter, komm runter», aber ich hatte nichts Richtiges zum Anziehen. Ich hatte mir eine zerschossene und geflickte Gebirgsjägerhose besorgt, eine viel zu kleine Fliegerjacke, ein Hemd hatte ich von einer Krankenschwester und ein Nachthemd, an das ich mir einen Kragen genäht hatte. Aus einem Tornisterdekkel hab ich mir Ledersohlen geschnitten und mit Schnüren von meinem Fallschirm Sandalen draus gemacht. Das war meine ganze Bekleidung. Mit einer Decke aus dem Lazarett und einer polnischen Gasmaskentasche, in der ein Kochgeschirr ohne Deckel steckte, bin ich nach unten gehumpelt. In einem Sanitätsauto wurde ich zum Bahnhof gefahren, und da stand ein ehemaliger deutscher Lazarettzug. Der brachte uns in eine Motorsportschule bei Itzehoe, die einmal dem NSKK, dem Nationalsozialistischen Kraftfahrerkorps, gehört hatte. Das war kurz vor meinem zweiundzwanzigsten Geburtstag am 17. August 1945. An diesem Tag bekam ich zwei statt einem Schlag süßer Milchsuppe mit Nudeln.

Es gab sonst wenig zu essen, und ich kriegte keine vernünftige Hose, keine Jacke, keine Schuhe. Aber ich sah die deutschen Ärzte jeden Tag in einem Horch die Kleidung aus dem Lager fahren, um sie auf dem schwarzen Markt zu verscherbeln. Der Winter kam, und ich dachte, ich werde jetzt hier noch zum Mörder. Auf meiner Stube war ein ehemaliger Bürstenbinder, der schnitt irgendwo den Pferden die Schwänze ab, organisierte Draht, den Holzrücken und brachte uns bei, wie man Bürsten macht, die er dann verkaufte. Nebenher hatten wir also noch etwas zu essen, aber trotzdem kochte es in mir. Obwohl ich kaum laufen konnte, wollte ich entlassen werden, aber der Stabsarzt schrieb mir erst eine Entlassung, nachdem ich mit einer Beschwerde bei den Engländern gedroht hatte. Und in dies Papier, eine Überstellung ins Gefangenenlager, schrieb mir dieser feine Herr hinein: «Bedingt kriegsdienst-verwendungsfähig».

Mit den damals üblichen Täuschungsmanövern, denn sein Heimatort liegt ja nun in der russischen Zone, wird Wilhelm Jordan von den Engländern in die amerikanische Zone nach Possenhofen in Bayern entlassen. Dort erholt er sich bei den Verwandten eines noch vermißten Freundes von seinen Verwundungen. Im Herbst 1945 versucht er vergeblich einen Studienplatz in München zu erhalten und bekommt schließlich in Possenhofen in einem Lazarett, das die Amerikaner für die deutschen Kriegsgefangenen eingerichtet haben, einen Posten als Portier.

Nach einem weiteren Jahr versucht er eine Auswanderung nach Amerika einzufädeln, denn überall, wo er hinkommt, Hamburg, München und Würzburg, haben sich die Städte in Trümmerhalden verwandelt, und er kann sich nicht vorstellen, daß daraus je wieder etwas Lebenswertes entstehen könnte. Der Plan mißlingt jedoch, und er geht in München in die Abteilung eines Elektrokonzerns, in dem Rundfunkröhren aufgearbeitet und Glühbirnen – für drei kaputte gibt es zwei heile zurück – repariert werden. Dort erhält er aber nicht die Möglichkeit eines Aufstiegs, den er mit einem Studium verbinden möchte, und wechselt in eine andere Firma, die allerdings mit der Währungsreform in die Pleite gerät. Die nächste Zeit verbringt er mit Aushilfsjobs, bis er Ende 1948 zur Freundin nach Hamburg zieht, die dort über eine gut dotierte Anstellung verfügt. Sie heiraten, und Wilhelm Jordan beginnt zugleich eine Lehre als Im- und Exportkaufmann in einer Firma, die ihn dann auch übernimmt.

1954, als der erste von zwei Söhnen geboren wird, scheidet Frau Jordan aus dem Berufsleben aus, um die Kinder großzuziehen und den Haushalt zu führen. Im selben Jahr liest Wilhelm Jordan in der «Zeit» einen Artikel über den Mangel an akademischem Nachwuchs, der ihn so verärgert, daß er einen Leserbrief über die Situation der Flüchtlinge schreibt, die ohne staatliche Unterstützung, die es damals nicht gibt, zu einem Studium gar nicht in der Lage sind. Kopien davon schickt er an alle in diesem Artikel erwähnten Industriellen, die sich bis auf einen allerdings nicht rühren. Doch der damit geschaffene Kontakt begründet seine Karriere in einem großen Industriebetrieb, die ihn in eine Stellung bis hin zum Vertriebsdirektor in der Münchner Niederlassung führt. Dort bleibt er beschäftigt, bis er Mitte der achtziger Jahre in Rente geht, ausgelöst durch eine Herzerkrankung.

«Die ganze Nachkriegszeit bis hinein in die neunziger Jahre», sagt Wilhelm Jordan resümierend, «war für mich der Krieg erledigt. Ich hatte nichts gelernt und wollte etwas werden. Als Offizier konnte ich nichts werden, als Flieger konnte ich nichts werden, was sollte ich werden? Ich hatte kein Zuhause, wußte nicht wohin, hatte nichts anzuziehn, nichts zu essen, und so hab ich mich nur noch um meinen Beruf und später um meine Familie und um die Zukunft gekümmert. Krieg ist so schlimm, hab ich zu meinen Kindern gesagt, da erzähl ich gar nichts von, seien wir froh, daß wir es vergessen können. Hoffentlich kommt nie wieder ein Krieg.»

Erst 1993, als er ein Buch liest, das seinen letzten Einsatz, die letzte Luftschlacht über Deutschland schildert, kehrt der Krieg in seine Erinnerungen zurück, und er reist an die Elbe in die Nähe von Dömitz nach Tripkau in die ehemalige DDR. Dort trifft er auf den Sohn des Schmieds, der ihn damals aus seinem Flugzeugwrack geschnitten hat, und erhält von ihm das eine verbogene Blatt seines Propellers, das seit fast fünfzig Jahren in einem Schuppen hinter dem Haus gelegen hat.

Nikolaus Ratjens *In seinem Wagen hat Nikolaus Ratjens mich mitgenommen zu seinem Haus in einem Hamburger Vorort. Nachdem wir ausgestiegen sind, steht er in der offenen Fahrertür, schaut mich über das Dach des Autos hinweg mit einem ironischen Lächeln an und sagt: «Vor ein, zwei Jahren hab ich dir mal erzählt, wie ich 1944 mit siebzehn Jahren Soldat geworden bin und mich, mit den Alliierten auf den Fersen, von Arnheim bis hoch nach Bremerhaven durchkämpfen mußte. Gegrinst hast du und gesagt, du bist wohl immer noch der alte Kämpfer. Da hab ich gedacht: Vom Krieg erzähl ich dem nie wieder was.»*

1927 wird Nikolaus Ratjens in Lübeck geboren. Als Sechsundzwanzigjähriger ist sein Vater 1910 aus einem von Deutschen besiedelten ukrainischen Landstrich in die Hansestadt gekommen. Hier gilt er als Staatenloser und muß deshalb 1914 nicht zum Militär einrücken. Weil er im Krieg sein Studium der Kunstgeschichte nicht fortsetzen kann, macht er eine Lehre als Gärtner. 1920 kauft er mit seiner Frau ein Grundstück vor den Toren Lübecks. Mit der im selben Jahr geborenen Tochter leben die Ratjens' dort im Sommer in einem ausrangierten Lazarettwagen des ehemaligen kaiserlichen Heeres und im Winter in der Wohnung der Schwiegereltern.

Für die ortsansässigen Zeitungen schreibt der Vater Artikel über moderne Kunst und Kunstgeschichte, nicht selten ohne Honorar. Das chronisch fehlende Geld will er mit dem Anbau und Verkauf von Gemüse verdienen und kauft eine Kätnerstelle in der Nähe von Segeberg, die zugleich Heimat für eine Künstlerkolonie werden soll. Einige Zeit später macht die Inflation sowohl dem Geschäft mit dem Gemüse wie auch der Künslerkolonie den Garaus. Und als die Nationalsozialisten 1933 die moderne Kunst aus dem öffentlichen Leben vertreiben, endet auch die journalistische Arbeit. Die Familie muß Lübeck verlassen und zieht nach München, wo der

Vater eine Stelle in einer Kunsthandlung erhält. Erst 1940 endet die materielle Misere, als ihm die Nationalsozialisten wegen seiner russischen Sprach- und Landeskenntnisse eine Stelle als wissenschaftlicher Mitarbeiter im Außenministerium in Berlin anbieten.

Mitten in den Sommerferien, wenige Wochen vor meinem zwölften Geburtstag, marschierte die Wehrmacht in Polen ein. Früh am Morgen stand plötzlich meine Tante an meinem Bett und rief, «steh auf! Es ist Krieg!» Das ganze Haus war plötzlich voller Hektik, die Kinder meiner Tante waren noch in einem Ferienlager, und mein Onkel bekam an diesem Tag auch noch seinen Einberufungsbefehl, mit dem er sich in der Kaserne melden mußte. Von der Reise, die wir gemeinsam an die Nordseee machen wollten, sprach niemand mehr. Dann klingelte das Telefon, mein Vater war am Apparat und sagte, «pack deine Sachen, setz dich in den nächsten Zug und komm zurück nach München.» Noch am selben Tag wurde ich in Lübeck zur Bahn gebracht und saß achtzehn Stunden in einem D-Zugabteil, bis wir endlich auf dem Hauptbahnhof in München ankamen. Immer wieder hatten wir auf kleinen Stationen halten müssen, und aus dem Fenster sah ich, wie endlos lange Güterzüge mit Soldaten, Panzern und Kanonen an uns vorbeifuhren. Ich fand es großartig.

Meine Eltern, besonders meine Mutter, waren jedoch bedrückt und niedergeschlagen. Soldatentum bedeutete ihnen nichts, mein Vater hatte durch Zufall weder bei den Russen noch bei den Deutschen im Ersten Weltkrieg als Soldat gedient. Als dann aber die Münchner Regimenter nach dem Polenfeldzug über die Autobahn wieder in die Stadt einmarschierten, wurde in meiner Familie die Frage gestellt, ob wir dort hingehen. Und meine überhaupt nicht national eingestellte Mutter sagte, «wir gehen an die Autobahnausfahrt, damit die Soldaten sehen, daß wir bei ihnen sind und sie nicht wie 1918, als sie völlig demoralisiert zurückkamen, auch noch bespuckt und angepöbelt werden!»

Im Sommer 1940 zogen wir nach Berlin. In meinem Gymnasium hing im Klassenzimmer an der Wand eine große Europakarte, und jeden Tag steckten zwei Schüler mit Nadeln und Fähnchen den Verlauf der Fronten ab. Überall siegte die Wehrmacht, wir Jungs glühten vor Stolz, und jeder wünschte sich, eine Uniform zu tragen. Die Lehrer gehörten fast alle der Partei an, und mancher, wie unser Deutschlehrer, war gläubiger Nazi. Er kam in SA-Uniform, im Braunhemd mit Schulterriemen in die Klasse und machte einen scharfen, regimetreuen Unterricht. Am Ende des Krieges, als die Russen anrückten, brach für ihn die Welt zusammen. Er erschlug seine beiden Töchter mit einem Beil und brachte sich dann um. Dieser Mann unterrichtete mich mehrere Jahre in der Schule und dann in unserer Flakstellung. Kurz nach der Invasion der Alliierten im Sommer 1944 kam er in unsere Batterie und ließ uns darüber einen Aufsatz schreiben. Ich schrieb daß die Engländer seit langer Zeit immer nur ihre Kolonialvölker an die Front schicken und selbst feige in der Etappe sitzen. Der Kommentar unter dem Aufsatz lautete: Im ganzen gut, aber vielleicht doch etwas übertrieben. Meine Sichtweise spiegelte den Erfolg der alltäglichen Zeitungslektüre und des Radios, wo so geschrieben und gesprochen wurde, wie ich dachte. Ein Gegengewicht gab es nicht, denn zu Hause wurde über das «Dritte Reich» geschwiegen. Mein Vater, der im Außenministerium arbeitete und wußte, was im Osten passierte, hütete sich, etwas zu erzählen. Wenn ich mit meinem losen Mundwerk in der Schule gesagt hätte, «ich weiß aber von meinem Vater, daß in der Kesselschlacht nicht sechs russische, sondern sechs deutsche Divisionen eingeschlossen worden sind», dann hätten sie ihn am nächsten Tag abgeholt.

Als Zehnjähriger kam ich zum Jungvolk und 1941, mit vierzehn, in die HJ. Schon dort meldete ich mich freiwillig als Offiziersanwärter für die Luftwaffe. Wenn im Kino in den Wochenschauen gezeigt wurde, wie die Sturzkampfbomber wie Raubvögel aus dem Himmel herunterstießen, lief mir ein erregender Schauder über den Rücken, und ich war froh, nicht selbst dort unten zu stehen. Seit dem Rußlandfeldzug aber sah ich nun auch häufiger in den Straßen Soldaten auf Krücken oder im Rollstuhl. Von manchem Mitschüler hieß es, der Vater sei vermißt oder gefallen. Es wurde gestorben, das wußte ich und konnte es auch in der Zeitung sehen, in der seitenlang Anzeigen standen mit einem kleinen eisernen Kreuz darüber: Gefallen für Führer, Volk und Vaterland. Trotz allem war für lange Zeit mein Grundgefühl: Dir passiert nichts. Erst als ich später das Mündungsfeuer feindlicher Maschinengewehre sah, die auf mich schossen, begriff ich, auch ich konnte sterben.

Nach dem Untergang der 6. Armee im Kessel von Stalingrad wurden wir in der Schule in der Aula zusammengetrommelt. Der Direktor, blessierter Verdunkämpfer, auf dessen Schreibtisch ein großer eingefaßter Granatsplitter stand, sprach einige heldenhafte Worte. Der Chor sang, «Ich hatt' einen Kameraden», und die Stimmung war gedämpft und feierlich, wie bei einem Trauergottesdienst. Die Väter einiger meiner Schulkameraden waren in Stalingrad gefallen oder galten als vermißt. Das Schicksal dieser Männer wurde öffentlich herausgestellt, und ihre Kinder waren von nun an Heldensöhne. Der deutsche Soldat, hieß es immer wieder, ist ein Held, der nicht in russische Kriegsgefangenschaft geht und, wenn es zum Äußersten kommt, die letzte Kugel für sich selbst aufhebt, denn die Russen bringen einen sowieso um, das sind «schlimme, verlotterte Untermenschen». Überall wurde uns das eingebleut, in der Schule, im Kino, in den Zeitungen, im Radio, und wir haben es geglaubt.

Die HJ-Uniform mußte man selber kaufen, aber meine Eltern schüttelten den Kopf und sagten, «du gehst in deinen normalen Sachen, wir haben kein Geld für diese Ausrüstung.» Ich habe nie herausgefunden, ob das stimmte oder ob sie damit ihre Ablehnung zeigten. Gewurmt aber hat es mich, ich war der einzige, der in Zivil herumlief, wenn wir zweimal in der Woche Dienst in der HJ hatten. Dort ging es zu wie in einem straff geführten sportlichen Jugendverein, wo man Geländespiele und Nachtfahrten machte und wo die Weltanschauung für uns weniger zählte als die Abenteuerlust und das Gefühl, ernst genommen zu werden.

In Berlin kamen die Amerikaner mit ihren viermotorigen Bombern am Tag und die Engländer in der Nacht. Ich hatte mich fast daran gewöhnt, durch lange Straßenzüge zu gehen, die gesäumt waren von rußgeschwärzten Fassaden und Trümmerbergen. Die Luftangriffe wurden immer heftiger, bis es im Sommer 1943 hieß, die Schulen werden nicht wieder aufgemacht, sie werden verlegt in bombensichere Gebiete. Meine Klasse kam nach Oberschlesien, noch hinter das Industriegebiet von Kattowitz. Weniger als dreißig Kilometer entfernt von Auschwitz wurden wir in einem Wintersportort in einer ehemaligen Pension untergebracht. Unsere Lehrer waren mitgekommen, und wenn wir auch regulären Unterricht hatten, war das Leben dort doch schon halb militärisch. Es gab einen Lagerführer, und der straff organisierte Tag begann morgens mit einem Appell, bei dem wir die Fahne hißten.

Im Spätherbst 1943 wurden die oberen Klassen von Militärärzten gemustert. Gerüchte kursierten, wir kämen nach Berlin und sollten dort Aufgaben beim Militär bekommen. Für fast alle Schüler ging damit ein Traum in Erfüllung, und ich hatte bei der Musterung vor Aufregung heftiges Herzklopfen. Der Militärarzt, einen weißen Kittel über der Uniform, schaute mich nach der Untersuchung an und sagte, «dein Herz ist nicht in Ordnung, du bist untauglich!» Nun mußte ich zusehen, wie meine Klasse abfuhr, und nur ich blieb enttäuscht und empört zurück. Ich telefonierte mit meinen Vater in Berlin und sagte, «das kann ja wohl nicht wahr sein, die sind jetzt alle bei der Flak, nur mich haben sie nicht genommen.» Mehrmals rief ich ihn an und lag ihm so lange in den Ohren, bis ich mit der Bahn nach Berlin kommen durfte, um noch einmal von unserem Hausarzt untersucht zu werden. Von einem Herzleiden war da keine Spur mehr. Kurz darauf kam ich als Luftwaffenhelfer in eine schwere Flakbatterie mit 8,8-cm-Geschützen.

Die Batterie aus sechs großen Kanonen war in Berlin-Heiligensee in einem Kleingartengelände, auf dem die Lauben abgerissen worden waren, in Stellung gegangen. Die Geschütze standen ungefähr fünfzig Meter voneinander entfernt in hohen Erdwällen gegen Fliegerangriffe und hatten sechs Mann Besatzung. Die Hälfte des Personals bestand aus Halbwüchsigen wie ich, die als Luftwaffenhelfer zusammen mit meist älteren, nicht mehr fronttauglichen Soldaten die Geschütze bedienten oder in der Feuerleitzentrale saßen. Wir trugen die Uniform, die fast so aussah wie die der Flieger-HJ: blaugraue Jacke und Überfallhose, die Jacke in die Hose gesteckt und ein Koppel darüber, auf dessen Schloß stand «Blut und Ehre». Um den Arm trugen wir eine Hitlerjugend-Binde, rot-weiß-rot mit einem Hakenkreuz.

Schwere körperliche Arbeit wie das Laden der Flakgranaten war Sache der Soldaten. Die Granaten, die hochgehoben und in den Verschluß des Geschützes geschoben werden mußten, waren fast einen Meter hoch und wogen mehr als vierzig Pfund. Das war Schwerstarbeit, und im Sommer lief dem Ladekanonier der Schweiß nur so herunter, wenn wir im Sekundenabstand auf die Flugzeuge feuerten. Russische Kriegsgefangene schafften als Munitionskanoniere die Granaten zu den Geschützstellungen, entgegen allen Vereinbarungen der Haager Landkriegsordnung, von der ich ebensowenig gehört hatte wie vom Umgang mit den gefangenen Russen an anderen Orten. Vierzig Russen arbeiteten in unserer Stellung, und ich hatte den Eindruck, daß sie sich ganz wohl fühlten. Wenn es zum Schwimmen ging, marschierten vorne die Soldaten, dann kamen wir Flakhelfer und hinter uns die Russen. Sie wurden verpflegt wie wir und heimlich auch von uns bewundert, wenn sie während eines Bombenangriffs die vom

Geschütz glühend heiß ausgeworfenen Geschoßhülsen mit bloßen Händen griffen und über die Bettung warfen.

Der erste Einsatz kam nachts. Die Sirenen heulten, wir sprangen aus den Betten, zogen uns an, Stahlhelm auf, und stürzten an die Geschütze auf unsere Posten. Da saß ich auf meinem Platz am Geschütz und wartete. Aus meinem Kopfhörer kam eine Stimme, «feindliche Verbände aus Wittenberge im Anflug.» Aus der Ferne hörte ich das Dröhnen der Flugzeugmotoren und wie das Feuer von anderen Batterien einsetzte. Die großen Scheinwerfer leuchteten auf, immer zwei versuchten, eine der anfliegenden Maschinen in den Scheitelpunkt zu bekommen. Aus dem Kopfhörer kam der Befehl «Feuerbereit machen». Ich saß an den Handrädern auf einem kleinen Metallsitz und hatte eine Art Tacho vor mir, auf dem über die Feuerleitzentrale Werte angezeigt wurden, auf die ich einen zweiten Zeiger deckungsgleich einstellen mußte. In dem Moment, wo die Feuerglocke klingelte, schob ein Kanonier die Granate in den Verschluß, und wenn die Glocke aufhörte, drückte er auf den Abzug. Du sitzt mit dem Kopf direkt neben dem Rohr, in dem die Treibladung der Granate explodiert. Ihr Abschuß ist so schrecklich laut, daß du denkst, dir platzt das Trommelfell. Hat sich die Batterie eingeschossen, dann feuern die Geschütze im Fünfsekundentakt. Höllisch mußt du aufpassen, bist ständig in Bewegung, eine harte körperliche Arbeit, und wir hatten noch den besten Teil davon. Aber das hilft die Angst zu überwinden und ist anders als im Keller darauf zu warten: trifft dich die Bombe oder trifft sie dich nicht. Du bist auch nicht aufgeregt, die Aufregung geht unter in der Aktivität, du mußt, du bist gefordert. Erst nach dem Angriff, wenn du wieder zur Besinnung kommst, kehrt die Angst zurück und mit ihr zugleich auch eine Erleichterung.

In der Kommandozentrale gab es ein Schreibgerät, mit dem die ermittelten Kurse der abgeschossenen Flugzeuge aufgezeichnet wurden. Die verschiedenen Batterien stritten dann heftig darum, wer das Flugzeug abgeschossen hatte. Das war ein langer bürokratischer Vorgang, und nach Wochen kam dann die Nachricht: Ihr wart es! Wir konnten dann für jedes abgeschossene Flugzeug einen weißen Ring um das Kanonenrohr malen. Schließlich hatten wir gut zwanzig Ringe auf dem Rohr, und die gesamte Batterie war stolz darauf.

Neben den Gefechten, in die man uns nach wenigen Tagen der Einweisung schickte, hatten wir ganz normalen Dienst. Morgens um halb sieben wurde geweckt, und nach einer halben Stunde fürs Waschen und Anziehen gab es Frühstück: Brot, Wurst, Kunsthonig und einen Ersatzkaffee. Von da an ging es nach Dienstplan. Die Kanonen und anderen Geräte reinigen, die Leitungskabel zwischen den Geschützen und der Feuerleitstelle mit Talkum einreiben. Dazu kam die Ausbildung in den Grundregeln des Soldatentums und Sport. Das Essen kam aus der Feldküche. Dafür hatte man sein Kochgeschirr. In den Deckel kam Soße und Gemüse, in den Hauptteil Kartoffeln und manchmal auch Fleisch. Sonst gab es das übliche graue Kommißbrot. Verglichen mit dem, was ich später in englischer Kriegsgefangenschaft erlebte, war das ein Fraß für Schweine, aber wir nahmen es kritiklos hin. Am Abend erschien dann der Unteroffizier vom Dienst in den Militärbaracken, in denen wir schliefen, und nicht selten schrie er, «hier mal anständig sauber machen, meine Herren, wohl zu blind, was!», und dann strich er mit dem Finger über die obere Spindkante. Gegen acht Uhr war dann Zapfenstreich, und man konnte hoffen, daß es in der Nacht keinen Fliegeralarm und kein Gefecht gab. Zu all dem sollten wir aber auch noch zwei Stunden am Tag von unseren Schullehrern unterrichtet werden. Das war sehr schön gedacht und ging so lange gut, wie unsere Stellung in der Nähe des Schulorts blieb. Als wir verlegt wurden und immer häufiger die Stellungen wechselten, fiel der Unterricht schließlich weg. Du sollst Soldat sein, und obwohl du noch ein halbes Kind bist, willst du auch Soldat sein. Die Landser, die auf dem Weg von einer Front zur anderen über Berlin kamen, die schauten uns mitleidig an, und wir wußten, was sie dachten: So weit sind wir nun schon, daß Kinder Soldat spielen müssen.

Bei klarem Himmel schossen wir zu dieser Zeit noch optisch. Am Kommandogerät wurde der Kurs des von den Scheinwerfern aufgefaßten Flugzeugs errechnet und die Werte wurden an die Geschütze weitergegeben. Die optische Erfassung wurde dann durch Funkmeßgeräte, heute heißt das Radar, ersetzt. Die Deutschen hatten das relativ früh selbst erfunden. Dafür wurden auch neue Geschütze entwickelt, die wir im Frühjahr 1944 bekamen. Sie hatten riesige Rohre, sechs Meter lang, eine verbesserte Technik und schossen gezielt bis in eine Höhe von 18 Kilometern. Die Mannschaft mußte nun, bei laufendem Betrieb, an diesen Kanonen trainiert werden. Dazu gehörte Übungsmunition, die nicht scharf war, von der es aber zuwenig gab. Unser Batteriechef sagte, «na gut, dann nehmen wir eben scharfe Munition und üben damit, bis es klappt.» Ich saß in der Telefonzentrale, als es draußen einen fürchterlichen Knall gab. Wir rannten raus zu den Geschützen, wo einem der Ladekanoniere die Granate in der Hand explodiert war. Fast die ganze Besatzung und auch einige Russen waren tot, die anderen verletzt. Es sah furchtbar aus. Alles voller Blut, abgerissene Beine und Arme. Vom Ladekanonier, ein netter großer, breiter Mann, gab es nur noch den Unterleib. Wo das andere war, weiß ich nicht. Da war ich sechzehn Jahre alt und hatte zuvor noch nie einen Toten gesehen. Die Mischung aus Abenteuerlust und Angst verwandelte sich an dem Tag in Tod und abgerissene Glieder, in etwas, das furchtbar konkret war und doch unbegreiflich blieb.

Die alliierten Bomber kamen jetzt zu jeder Tages- und Nachtzeit. Wir wurden ständig verlegt, um irgendwo noch heile Rüstungsbetriebe zu verteidigen, die dann aber doch zerbombt wurden. Ich war fassungslos, wie unbeirrbar die Amerikaner sich zeigten. Sie scherten sich nicht um die Flak.

Ihre Maschinen flogen geradeaus, man sah sie oben in der Sonne blitzen, immer zu achtzehn als ein Keil. Flugzeuge, die abgeschossen wurden, störten sie nicht, sie flogen unbeeindruckt weiter auf ihrem Angriffskurs, sehr hoch, zwischen fünfzehn- und sechzehntausend Meter. Aus dieser Höhe konnten sie ihre Bomben nicht gezielt abwerfen. Sie machten Flächenbombardements, die alles in Schutt und Asche legten.

Ich fühlte mich wehrlos gegenüber diesen anonymen Silbervögeln dort oben. Man sah die Bomben manchmal fallen, sie waren auch blitzblank, aber wo sie einschlugen, wußte man nicht. Das Flakgeschütz und das Schießen war die eine Seite, die Wehrlosigkeit war die andere. Später, als ich tatsächlich am Maschinengewehr lag und schoß, weil am Waldrand drüben ein paar Kanadier auftauchten, da hatte ich das Gefühl, ich tu was für mich, denn wenn du nicht schießt, schießen die anderen. Bei den Flakbatterien aber gab es die große Anonymität. Da kam das Gefühl auf wie in der Propaganda, die uns ständig umgab: Da oben sind die plutokratischen Mörder und Brandstifter, die unsere Städte niederbrennen. Ich haßte sie.

Es gab Fälle, hörten wir, wo die Besatzungen der getroffenen Flugzeuge absprangen, der deutschen Bevölkerung in die Hände fielen und totgeschlagen wurden. Sie waren ja die Bösen und tyrannisierten die Zivilbevölkerung. Daß wir den Krieg angefangen hatten, war uns nicht klar, und die Propaganda, die für uns keine war, sondern die wir für die Realität hielten, die lautete ganz anders.

Noch heute habe ich manchmal ein komisches Gefühl und bin unsicher, wenn von den Amerikanern als unseren Alliierten gesprochen wird. Ich habe sie als Feinde erlebt und sehr große Angst vor ihnen gehabt. Sie kamen ja mit ihren Bombern, Hunderte meist, am hellen Tag und gingen nun dazu über, vor ihren Bomberverbänden Jagdmaschinen einzusetzen, ganze Pulks, die sehr tief flogen und alles niederhielten, was den nachfolgenden Bombern gefährlich werden konnte.

Ihre ersten Ziele: die Flakbatterien. Die großen Kanonen waren aber auf solche Angriffe gar nicht eingerichtet. Trotzdem hatten wir von nun an immer einen Vorrat an Granaten, bei denen wir den niedrigsten Zünder, 200 Meter, einstellten. Das machte man oben an der Kappe, die sich auf die Entfernung drehen ließ, in der die Granate explodieren sollte. Über den Flaksender hörten wir, daß sich Jagdflugzeuge in der Luft befanden, aber wir wußten nicht, aus welcher Himmelsrichtung sie kommen würden. Du hörst das Motorgeräusch, es dröhnt und kreischt, schwillt ganz schnell an, und schon sind sie da. Das erste Mal kamen sie über die Dächer eines nicht weit von uns entfernten Häuserblocks. Der Geschützführer schrie «Feuer», wir schossen, das Dach des Hauses flog fort, und die Jagdflugzeuge rasten mit Maschinenkanonen auf uns feuernd über die Stellung hinweg.

Wir erlebten mehrere gezielte Angriffe auf die Batterie. Um die Maschinen zu identifizieren, Freund und Feind unterscheiden zu können, wurde richtig gepaukt: Wie sehen die feindlichen und die eigenen Maschinen von vorne aus, wie von der Seite und wie von unten. Zur Abwehr der Tiefflieger gab es in unserer Batterie auch noch ein Maschinengewehr. Es war auf einem Pfahl montiert, und der Küchenbulle, der hatte ja Zeit, bediente es. Plötzlich wird ein Tiefflieger gemeldet, wir konnten ihn von vorne sehen, und der Batteriechef rief, «Frage Typ?»

«Mustang.»

«Feuer frei!»

Das Maschinengewehr machte brrrrt, und dann zog er mit einer Rauchfahne über uns hinweg, und wir konnten auf den Tragflächen das deutsche Balkenkreuz erkennen. «Ja», hieß es, «hätte ja auch wer anders sein können.» Damit war es eine Auszeichnung wert. Und der Küchenbulle bekam das Eiserne Kreuz.

Die Amerikaner vernichteten mit diesen Angriffen viele Flakbatterien und töteten ihre Besatzungen. Ich hatte Angst und glaubte den älteren, teilweise gestandenen, fronterfahrenen Soldaten nicht, die so taten, als hätten sie keine Angst. Wir hatten aber zu den Soldaten und mehr noch zu den Offizieren ein durch Obrigkeitsdenken geprägtes Verhältnis. Der Adjutant unseres Batteriechefs, ein zweiundzwanzigjähriger Leutnant, war ein ganz scharfer zackiger Nazi und NS-Führungsoffizier – vergleichbar den Kommissaren bei der Roten Armee. Als wir noch ortsfest in Berlin saßen, also nicht ständig verlegt wurden, baute er eine Batteriebibliothek auf und hatte mich abkommandiert, ihm dabei zu helfen. Was wir dort zusammentrugen, ist, aus meiner heutigen Sicht, alles bloße Propaganda- und Durchhalteliteratur gewesen.

Dann wurden wir als bewegliche Batterie eingesetzt. Wir zogen von einem Einsatzort zum anderen und hausten zu acht in Wohnwagen, ganz engen Schachteln, ähnlich wie man sie heute auf Baustellen sieht. 1944 wurde es von Monat zu Monat immer bedrohlicher. Das zeigte sich auch, als wir nach Bad Dürrenberg in Sachsen-Anhalt kamen. Wir bezogen Stellung, zwei oder drei Kilometer von den Leuna-Werken entfernt. Rund um den Industriekomplex, der als besonders kriegswichtig galt, standen nicht mehr Sechser-Batterien, sondern wir waren zu Großbatterien mit je dreißig Geschützen zusammengefaßt. Wenn die Bomber angriffen und wir eröffneten das Feuer, brach ein Lärm los, der bis in die Schädeldecke schmerzte. Die Luft war nach wenigen Minuten erfüllt von einem blauen, süßlich riechenden Qualm, der alles einhüllte.

Zu dem Ring aus schweren Geschützen gehörten Sperrballons und auf den Hallen leichte 2-cm-Vierlingsflak, vier Rohre im Quadrat, gegen die Tiefflieger. Es half nichts. Die Amerikaner kamen mit irrsinnigen Bomberverbänden, die alles niederlegten und auch die Flakbatterien angriffen. Dann herrschte vier Wochen Pause, wir hatten unsere Ruhe und spielten neben dem üblichen Dienst Fußball, lasen oder machten irgend etwas anderes. Fingen aber die Schornsteine der

Fabriken wieder an zu rauchen, dann kehrten einen Tag später die Bomber zurück. Es war fast unverständlich, warum die Anlagen immer und immer wieder repariert wurden.

Wir verteidigten noch immer in diesem ungleichen Kampf die Leuna-Werke, als auf Adolf Hitler am 20. Juli das Attentat verübt wurde. Ab Nachmittag gab es Alarm. Stundenlang mußte man mit dem Stahlhelm auf dem Kopf an den Geschützen sitzen, und keiner von uns verstand, was das sollte. Über den Flaksender, den wir über eine Telefonleitung empfingen, wußten wir, es gab überhaupt keinen Alarm, nirgendwo näherten sich feindliche Flugzeuge. Spätabends, wir saßen immer noch an den Geschützen, kam dann die brüchige Stimme von Hitler über die Kopfhörer, «eine Clique von vaterlandslosen Gesellen...» Das war ein tiefer Schock. Der Führer war unsere Leitfigur, und immer wenn uns etwas ernsthaft mißfiel, dann hieß es: Der Führer wird das später schon machen!» Wo er sich aufhielt, wie er lebte, wußten wir nicht. Für uns stand er an der Front, und das entsprach ja auch dem, was wir im Radio hörten, wo jede Sondermeldung mit den Worten begann: «Aus dem Führerhauptquartier wird gemeldet...» Wir sind systematisch desinformiert worden, und von dem, was wirklich passierte, hatten wir keine Ahnung. Wir lebten in einem Zustand, den man sich in der heutigen Informationsgesellschaft kaum noch vorstellen kann.

Mittlerweile mußte jeder deutsche Junge, der in die HJ ging, und die war Pflicht, einmal im Jahr in ein Wehrertüchtigungslager. Als Mitglied der Flieger-HJ und als Luftwaffenhelfer kam ich in ein Lager für Segelflieger in der Nähe von Stendal in Sachsen-Anhalt. Von Soldaten der Luftwaffe geschult, machte ich dort zwei Prüfungen im Segelflug, und ich erlebte eine sehr sportliche und schöne Zeit.

Kurz danach fand die Aufnahmeprüfung für die Reserveoffiziersbewerber in Breslau statt, das noch im tiefsten Frieden lag. Die Stadt schien vom Krieg unberührt, nachts wurde kaum verdunkelt, und ich empfand es nach all den Zerstörungen, die ich gesehen hatte, als eine traumhafte, ganz unwirkliche Situation. Geprüft wurde in mehreren Disziplinen: allgemeines Wissen, Geschichte des Nationalsozialismus, Übungen in Konversation, die dachten wohl, Offiziere müssen das können, Sport, und schließlich schrieben wir einen Aufsatz über das Thema «Idealismus und Wirklichkeitssinn». Ich bestand, bekam die schriftliche Bestätigung und durfte auf meiner Schulterklappe als Flakhelfer noch eine silberne Litze anbringen.

Im November 1944 wurde ich siebzehn und von der Flak weg zum Reichsarbeitsdienst eingezogen, wo es nicht mehr wie früher darum ging, die Arbeitslosen von der Straße zu holen, sondern allein um eine militärische Ausbildung, zu der man die Jugendlichen noch vor der Wehrmacht einziehen konnte. Sie ähnelte einer Grundausbildung beim Militär. Man lernte die Waffen kennen, die man als Infanterist benutzt. Maschinengewehre, Karabiner, Granatwerfer. Wir lernten, uns im Gelände zu bewegen, Minen verlegen und was man macht, wenn man unter Artilleriebeschuß gerät. Es gab Ordnungsexerzieren, «links um, rechts um», und wir hatten, wie überall, weltanschaulichen Unterricht: Rassenlehre, Nationalsozialismus, Lebensraum im Osten. Begonnen hatte er schon in der Hitlerjugend, und auch wenn es jetzt nicht mehr Gleichaltrige waren, die uns Vorträge hielten, sondern Arbeitsführer, langweilte es uns, wir hatten es schon so oft gehört. Widerspruch aber gab es keinen, man hat es über sich ergehen lassen. Zimperlich gingen sie dort nicht mit uns um. Einer der Arbeitsführer verhängte, wenn zwei der Jungen in Streit gerieten, keine Disziplinarstrafen, sondern die beiden mußten zu einem Boxkampf antreten, bis das Blut floß.

Sechs Wochen später wurde ich entlassen und konnte einige Zeit bei meinen Eltern in Berlin verbringen, bis eines morgens mein Einberufungsbescheid für die Luftwaffe in der Post war und ich als Freiwilliger mit gerade siebzehn Jahren Soldat wurde. Meinen Fahrschein, ich hab ihn heute noch, und meinen Marschbefehl bekam ich im Reichsluftfahrtministerium. In einem der Gänge, durch die ich ging, standen an der Wand große Kisten mit Aufschriften. Tausend EK I, tausend EK II, hundert Ritterkreuze stand auf den Etiketten. So also geht das, dachte ich, in Kisten, Massenware. Ich war empört, denn die Ritterkreuzträger bewunderten wir, sie hatten ihr Leben eingesetzt, und wir sahen in ihnen kleine Götter. Dennoch, die Orden reizten mich, und ich hätte später gerne die Nahkampfspange bekommen, die man zum Beispiel für den Einsatz im Häuserkampf erhielt. Geworden ist daraus nichts.

Schon im Frühwinter 1944 war es eisig kalt. Ich hatte den Befehl, mich in Pommern in Stolpmünde zu melden. Vom Zug aus, wir fuhren eineinhalb Tage, sah man auf den Landstraßen lange Trecks, die nach Westen zogen. Ich wunderte mich über die endlosen Kolonnen, aber wußte nicht, daß die Flucht vor der Roten Armee längst begonnen hatte. Auch Stolpmünde war mit Trecks überfüllt, in der Stadt ein Gewimmel wie in einem Ameisenhaufen. Überall, wo Platz war, lagen erschöpfte Menschen, sogar in den Hausfluren. In der Ferne hörte man die Front wie ein entferntes Gewitter, und ich hatte das Gefühl, bloß weg hier! Die vielen Leute waren mir unheimlich, sie bedeuteten Auflösung. Weil ich ja kein Luftwaffenhelfer mehr war und als Soldat noch keine Uniform bekommen hatte, trug ich Zivil und fühlte mich, als ob ich nicht ganz angezogen sei oder in der Kälte ohne Mantel herumlief. Es drängte mich ganz stark, möglichst bald wieder zu einem Haufen zu kommen. Solange du dort bleibst, dachte ich, kann dir nicht viel passieren. Die anderen sind ja alle da, sind alle in der gleichen Situation, und man schützt sich gegenseitig.

Mit mehreren meines Alters meldete ich mich auf dem Flugplatz bei den dort stationierten Soldaten. «Mein Gott, was zum Teufel wollt ihr denn hier?» wurden wir gefragt. «Ja», haben wir geantwortet, «wir sind doch Offiziersanwärter für das fliegende Personal!» Da ging ein brüllendes Gelächter los. «Womit wollt ihr denn wohl fliegen. Flugzeuge sind nicht mehr, oder seht ihr hier deutsche Flugzeuge? Und Sprit haben wir auch keinen.» Der Kommandant, zu dem wir dann gingen, schlug uns vor, wir sollten uns bei einer anderen Waffengattung melden. Zur Flak wollten wir nicht zurück, aber bei den Fallschirmjägern, da glaubten wir, mit etwas Glück doch noch in die Luft zu kommen und nicht an die Ostfront. Daß es da nicht mehr geheuer war, wußten wir. Auf diese Weise kamen wir nach Gardelegen in Sachsen-Anhalt, wo wir in einem riesigen Barackenlager im Wald als Fallschirmjäger eingekleidet und in Züge eingeteilt wurden. Nun waren wir reguläre Soldaten, aber richtig erwachsen fühlte ich mich nicht.

Von dort ging es in ein ehemaliges Arbeitsdienstlager im Emsland zur Ausbildung. Vier Wochen lang übten wir das Schießen mit Maschinengewehren, Karabinern und Pistolen, das Verlegen von Minen, die Pflege der Waffen und das Lesen der Karten – alles Dinge, die wir schon längst in der vormilitärischen Ausbildung gelernt hatten. Nicht weit entfernt, in einem Nachbarort, waren polnische Fremdarbeiter, die man zur Arbeit im Reich gezwungen hatte, geflohen. Wir erhielten den Befehl, sie in den umliegenden Wäldern und Mooren zu suchen, und tatsächlich, wir fingen einen von ihnen. Abends trat die ganze Ausbildungskompanie auf dem Appellplatz an, und der Pole wurde gebracht. Mit auf den Rücken gefesselten Händen stand er da. Der Kompaniechef hielt eine Rede. Er sagte, daß alle Polen undankbar und ohnehin Diebe und schlimme Leute seien, und dann trat er ihn mit dem Stiefel in die Kniekehle, daß er umfiel. Da ging ein hörbares Murren durch die Reihen, weil das der gesprochenen Erziehung, man ist fair und ritterlich, nicht entsprach. Die Gefangennahme des Polen und auch seine Bestrafung nahm man in Kauf, aber einen wehrlosen Mann zu treten, das hat uns empört. Es stimmte einfach nicht mit der Weltanschauung überein, wie wir sie kapiert hatten. Der Mann wurde dann abgeführt, was mit ihm passierte, weiß ich nicht, es kann gut sein, daß man ihn erschossen hat. Die gesamte Kompanie mußte dann zwei Stunden lang strafexerzieren. Die Disziplin war eben scharf, und auch wenn uns die Offiziere lästig waren, haben wir ihren Befehlen doch immer gehorcht. Eines Morgens hieß es, «fertigmachen zum Abmarsch, in einer Stunde wird angetreten!» Wir wurden auf Lastwagen und dann in einen Güterzug verladen, ohne zu wissen wohin, nur daß es nach Westen ging. Eineinhalb Tage lang saßen wir auf Stroh in den Güterwagen für eine Strecke, die, wie sich später herausstellte, lächerlich ist. Im Morgengrauen hielt der Zug, wir schoben die Tür des Waggons zurück und standen vor einer Landschaft, als hätte sie van Gogh gemalt: ein Flußlauf, über den eine alte, bunt angemalte hölzerne Hebebrücke führte. Da war es klar, wir waren in Holland, und wie sich dann herausstellte, in der Provinz Nordfriesland, in Almelo.

Alle, die kurz zuvor zum Militär gekommen waren, befanden sich zum ersten Mal in einem besetzten Land, und wir erlebten, wir waren die Eindringlinge, gehaßt und verachtet von den Holländern. Wie weit das ging, sahen wir auf den Straßen, auf denen die von den Bauern aus Protest ausgeschüttete Milch wie weiße Seen schwamm. Das lag auch sicherlich daran, wie die deutschen Verwaltungsbeamten, häufig Parteibonzen der NSDAP, die hungernden Holländer drangsalierten und auspreßten.

Vierzehn Tage lang lagen wir in einer alten Fabrik, ohne daß etwas passierte. Wir hatten auf dem Dachboden eine holländische Fahne ergattert, blau-weiß-rot, und einige hatten sich weiße Halstücher aus dem Tuch geschnitten, und unser Oberleutnant hatte sich ein rotes Halstuch gemacht. Die Feldgendarmerie kam und sagte: «Das geht nicht. Das rote Ding dürfen Sie nicht tragen!» – «Was ich trage», antwortete er, «bestimme ich!» Die Fallschirmjäger, sie waren selbstbewußt.

Die Ernährung in Holland war jämmerlich, und wir hatten

ständig Hunger. Schließlich machten wir uns auf in die Stadt, gingen in die Läden, einer zog die Pistole, hielt sie der Ladenfrau vor die Brust und sagte, «Brot her!», und dann haben wir den Laden leergeräumt. Das war natürlich Plünderung und stand unter schwerer Strafe. Uns war es egal, wir hungerten.

Im Januar 1945, es ging schon auf das Ende des Monats zu, wurden wir erneut verlegt. Ein Transport auf Lastwagen durch ein Land, das flach ist wie ein Brett, und pausenlos Tiefflieger. Rechts und links von der Straße waren zwischen den Alleebäumen Zweimannlöcher gegraben worden. Wenn aber plötzlich eine ganze Kompanie Deckung sucht, ist das nicht viel. Plötzlich das Dröhnen von Flugzeugmotoren am Himmel. Befehle wurden gebrüllt, wir sprangen von den Lastwagen, und dann ging's in diese Löcher. Da lagen wir dann zu fünft oder sechst übereinander. Die angreifenden Jagdbomber flogen die Chaussee entlang und schossen mit ihren Maschinenkanonen. Ich lag unten im Loch, und als der Angriff vorbei war, sagte ich, «nun macht mal Platz da oben, ich will hier endlich raus», und dann ging das nicht, weil die Kameraden, die auf mir drauflagen, tot waren. Das war ein schreckliches Gefühl, für das ich keine Worte habe.

Wieder oben zwischen den brennenden Lastwagen und Toten denkst du, kommen die jetzt wieder, oder sind die wirklich abgehauen? Sie hatten eine große Kurve geflogen und kamen zurück. Erlebst du das vier- oder fünfmal hintereinander, dann weißt du überhaupt nicht mehr, wo du hin sollst. Am liebsten würdest du dir ein Blatt vor die Augen halten wie ein Kind: Wenn ich nichts seh, dann können die mich auch nicht sehen. Da machst du dir die Hosen voll.

Kurze Zeit waren wir in Arnheim, wo nach dem Angriff englischer Fallschirmjäger auf die Brücke noch immer ein großes deutsches Truppenaufgebot lag. Der Angriff war ja abgeschlagen worden, viele der noch in den Schirmen hängenden Männer wurden vom Boden aus erschossen. Es passierte aber dort nichts weiter, und wir wurden erst in der Nähe von Wesel bei Xanten in Kämpfe mit Engländern und Kanadiern verwickelt. Worum es aber ging, wußten wir als ganz normale Muschkoten nicht. Es gab da draußen kein Radio, keine Zeitung, und man kam auch nicht mit Zivilisten in Berührung. Wo wir eigentlich hinwollten, was in der Zwischenzeit im Osten passiert war, wo die Amerikaner und Russen standen, darüber gab es nur Gerüchte. Und ich bin mir nicht einmal sicher, ob unsere höchsten Offiziere die allgemeine Lage kannten. Heute weiß ich, daß die Kanadier im Norden schon durch Belgien und Holland durchgestoßen waren und auf unserer Seite am Niederrhein einen Brückenkopf gebildet hatten. Wir sollten verhindern, daß sie ihn weiter ausbauen konnten.

In schon vorhandenen Schützengräben bezogen wir Stellung. Das Gelände war morastig, und du hockst in den provisorischen feuchten Gräben oder fast ohne Deckung im Gelände und wirst vom Gegner mit Granaten und Maschinengewehren beschossen. Da entwickelt man ganz schnell ein Gefühl dafür, wo die Granaten einschlagen. Du hörst den Abschuß, und am Pfeifen der heranfliegenden Granate weißt du: Die wird jetzt hier einschlagen. In Sekundenschnelle wirfst du dich auf den Boden, flach wie ein Tier, damit die herumrasenden Splitter über dich hinweggehen. Ich hab einfach auch Glück gehabt.

In unserem Bataillon hatten wir eine Scharfschützenkompanie, die mit Zielfernrohren schoß. Ich selbst gehörte zur Besatzung eines schweren Maschinengewehrs, auf die es die andere Seite besonders abgesehen hatte. Jedem Maschinengewehr waren daher zwei Scharfschützen zugeordnet, der eine mit dem Fernglas, der andere mit dem Gewehr. Wurden wir beschossen, dann versuchten die herauszufinden, woher das Feuer kam. Ich saß mal neben dem mit dem Fernglas, und plötzlich stößt der mich an und sagt, «hier nimm mal das Glas, da hinten läuft einer lang, dem verbraten wir jetzt eine!» Und dann hörte ich den Knall des Gewehrs und sah, wie der Mann umfiel.

Die Kanadier schafften über die Pontonbrücke immer mehr Panzer herüber, denen man sowieso nicht gewachsen war. Schwere Waffen hatte wir ja kaum noch. Es lag zwar deutsche Artillerie im Hinterland, die immer mal wieder in den Brükkenkopf hineinschoß, aber viel hat das nicht gebracht. Aus dem Brückenkopf kamen die Panzer, du hörtest das Dröhnen der Motoren und das Klappern der Ketten. Sie kamen in einer richtigen Reihe, zehn, zwanzig Panzer. Im Nachbarabschnitt zweihundert Meter weiter lag eine Kompanie mit ganz jungen SS-Männern, kaum siebzehn Jahre alt, die angeblich ja auch alle Freiwillige waren. Die standen auf aus ihren Schützenlöchern, Panzerfäuste in den Händen, und liefen auf die Panzer zu, stellten sich aufrecht ohne jede Deckung hin, zielten und schossen ihre Panzerfäuste ab. Richtige Fanatiker, ohne Fronterfahrung, die dann vom Maschinengewehrfeuer reihenweise niedergeschossen wurden. Unser Feldwebel sagte, «bleibt bloß unten, Kinder! Laßt sie erst mal rankommen, dann können wir was machen.»

Sie rollten zwischen unseren Schützenlöchern durch, Panzer, nur zwei, drei Meter von dir entfernt. Entweder du ziehst den Kopf ein, die Besatzungen können nicht sehr viel sehen, oder du kommst hoch mit der Panzerfaust und schießt, und vielleicht bleiben sie dann liegen.

Unsere Stellung lag inmitten von zerstörten, zum Teil brennenden Häusern in einem Vorort von Wesel, und in den Kellern versteckt saßen noch Zivilisten, die nicht fliehen wollten. Nachts war das eine unheimliche, gespenstische Stimmung. Du hörtest die Panzer und sahst sie im Feuerschein kommen. Sie bleiben stehen, und du weißt genau, jetzt schießen sie. Hinterher bist du raus aus dem Loch, rangekrochen so nahe du konntest, die Panzerfaust unter dem Arm, und dann hast du abgezogen. Wenn du Glück hattest, rutschte sie ab, wenn sie schräg aufkam, oder sie schweißte sich wirklich durch, und dann machte es woff, der Deckel sprang oben auf, und die Leute waren vermutlich tot. Ich habe Panzer gesehen, auf die ich geschossen habe, die qualmten bloß aus allen Löchern, und ich habe welche gesehen, die brannten. Ich habe erlebt, wie brennende Leute versuchten, noch aus dem Panzer rauszukommen. Auf die wurde dann geschossen. Wer sich noch bewegte, auf den wurde geschossen.

Die Fallschirmjäger waren teilweise rabiater als die SS. Die Regel war: Es werden keine Gefangenen gemacht. Wenn die SS-Einheiten damals in der Invasionszeit abzogen und die Fallschirmjäger kamen, dann fürchtete sich die Zivilbevölkerung so, daß sie drei Kreuze schlug. Mit diesen Männern, die an allen Fronten gewesen waren, fühlten wir uns, wir waren ja richtige Jungs, irgendwie sicher. Immer kannten die noch einen Trick, mit dem man doch noch rauskam, auch wenn es ganz aussichtslos aussah. Ich glaube, die hatten wirklich keine Angst.

Plötzlich ging alles ganz schnell. Es hieß, der und der Zug bleibt als Nachhutdeckung zurück, und dann nahmen sie nach und nach die einzelnen Abschnitte zurück, immer weiter und immer weiter. Eines Nachts haben wir uns dann ganz abgesetzt, und der endlose Rückzug ging los. Ich trug ein Maschinengewehr, ein schweres Ding, und dazu noch Munitionskästen, in denen die Patronengurte lagen. Manchmal habe ich fast geheult vor Erschöpfung und gedacht, ich komme keinen Schritt mehr weiter. Zwischendurch setzten wir uns für zwei, drei Tage irgendwo fest, aber die englischen Flugzeuge waren überall am Himmel, auf jeden, der sich sehen ließ, wurde geschossen, und die Panzer saßen uns auf den Fersen. Man marschierte nachts, am Tage konnte man sich nirgendwo sehen lassen.

In Ibbenbüren an den Ausläufern des Teutoburger Walds machten wir halt, und da hieß es, niemand sagte uns warum, wir sollten die Stadt verteidigen. Sie liegt unten im Tal, und wir wurden auf den Höhen ringsherum abgesetzt, wo wir uns eingruben. Es gab keine Front mehr, die Engländer kamen in Stoßkeilen aus dem Westen. Zwei Tage später waren sie mit ihren Panzern da und fuhren die Bergkämme herunter auf uns zu. Ringsherum auf den Anhöhen lagen verstreut Bauernhöfe, und plötzlich sahen wir, wie sie dort einzelne Bettlaken als weiße Fahnen hißten. Es hieß, das sind Vaterlandsverräter, und unsere Scharfschützen erhielten Befehl, die Höfe mit Phosphormunition in Brand zu schießen. Ich sah sie brennen.

Die Engländer trieben uns die Hügel hinunter in die Stadt, wo wir uns einnisteten. Die Zivilbevölkerung saß draußen im Stollen eines Bergwerks, während im Ort der Häuserkampf losging, Mann gegen Mann. Schließlich zogen wir uns in die Häuser zurück. Weil im Erdgeschoß schon die älteren Landser lagen, vielleicht dreißig oder fünfunddreißig Jahre alt, richtete sich meine Gruppe oben ein. Nachts kamen die Engländer mit Panzern, bewaffnet mit Flammenwerfern, durch die engen Straßen in die Stadt. Ich seh immer noch die Feuerlohen aus den Flammenwerfern und höre ihr Geräusch, wie ein heftiges Ausatmen. Unser Haus brannte, aber die Panzer mit dem Flammenwerfer zogen sich wieder zurück, und wir haben das Haus fluchtartig geräumt. Die Männer, die unten lagen, waren in der furchtbaren Hitze verbrannt. Was da von ihnen noch lag, war zusammengeschrumpft, kaum größer als ein Brot.

Solchen Angriffen hatten wir nichts entgegenzusetzen. Keine Leute und vor allem keine Waffen und keine Munition. Viele trugen nichts als alte holländische Beutekarabiner, auf die man sich in einem verlassen konnte: sie hatten meistens Ladehemmung. Maschinenpistolen oder Sturmgewehre, die damals gerade eingeführt wurden, hatten die wenigsten. Schwere Waffen, um sich gegen Panzer oder Artillerie zu verteidigen, gab es überhaupt nicht, und in der Luft sahen wir nur feindliche Flugzeuge. Aber trotz dieser Übermacht haben wir Jungen immer noch gehofft, immer noch geglaubt, es müsse gut ausgehen.

Wir gingen aber nur noch zurück und waren nun auch seltener in Gefechte verwickelt. Am Tage krochen wir in Dörfern unter aus Angst vor den Tieffliegern, die auf der Straße oder dem freien Feld auch einzelne Menschen angriffen. Die Engländer rückten mit ihren Panzern auf den großen Straßen und Autobahnen vor, und wir befanden uns irgendwo dazwischen.

In Bad Zwischenahn verteidigten wir dann noch mal den Bahnhof. Im Bahnhofsgebäude saßen wir, uns gegenüber an einem Bahndamm die Engländer. Sie hätten es schnell erledigen können, aber aus irgendeinem Grund waren sie halbherzig. Über mehrere Tagen führten wir einen fast bilderbuchhaften Stellungskrieg. Drei Stunden lang hockte man in dem Gebäude. Ab und zu wurde aus den leeren Fenstern geschossen, dann kam die Ablösung, und man ging zurück in die Stadt, in die Quartiere. Die Zivilbevölkerung hatte sich in den Kellern versteckt. Sie sagten es nicht offen, aber man merkte, sie sehnten sich nach dem Ende des Krieges und fühlten sich durch uns bedroht: Haut bloß ab, wenn ihr da seid, schießen sie, und wenn ihr weg seid, wird's schon nicht so schlimm werden. Das sprachen sie nicht aus, aber sie zeigten es deutlich. Sie hatten keine Angst vor den anrückenden Alliierten, sie freuten sich einfach darauf, daß es vorbei sein würde.

Mit einem organisierten Handkarren, auf dem unser Maschinengewehr lag, zogen wir nachts am Zwischenahner Meer entlang. Plötzlich ein Artillerieüberfall, eine Granate schlug wenige Meter neben uns ein, ich flog durch die Luft und landete in einem Gebüsch, unverletzt. Als ich mich auf den Weg zurückgetastet hatte, lagen zwei meiner Kameraden stöhnend auf dem Boden. Die Splitter hatten ihre Bäuche aufgerissen, aus denen die Gedärme heraushingen. Niemand konnte helfen, denn Sanitäter oder gar Ärzte oder ein Lazarett gab es schon lange nicht mehr. Wir haben die Sterbenden, sie waren siebzehn oder achtzehn Jahre alt, auf den Karren geladen und mitgeschleppt ins nächste Dorf. Dort legten wir sie vor die Tür des Pfarrhauses, sie waren schon tot.

Man hat Angst, wenn auch die Kameraden, die neben dir

stehen oder liegen, nicht mehr helfen können. Auf einmal bricht auch das Gruppengefühl zusammen, das dir Sicherheit gegeben hat, und alles, was du noch hast, ist Schiß. Das Gefühl ist weg, da sind ja noch andere, und wir haben das gleiche Ziel, durchzukommen, uns den Gegner vom Hals zu halten.

Immer mehr Leute blieben zurück und waren von einer auf die andere Stunde verschwunden. Die alten Hasen, die schon halb Europa und Rußland hinter sich gebracht hatten, die wußten, es geht zu Ende. Wir waren ja in der Heimat, und wenn die Frauen sagten, «ach, bleiben Sie doch hier! Wo wollt ihr denn jetzt noch hin? Wir haben noch Sachen von meinem Vater oder Bruder, der ist noch im Osten. Bleibst hier, bist unser Knecht», dann desertierten sie. In dem Durcheinander krähte kein Hahn danach, niemand suchte sie. Der Rückzug schien zwar geordnet, aber nicht selten hielten wir nachts an, und der kommandierende Offizier ging mit Karte und Taschenlampe in ein Haus, um zu fragen, wo wir überhaupt seien. Ich selbst hab bis zum letzten Tag nicht an Desertion gedacht, aber ich wußte nicht mehr, warum ich überhaupt noch marschiere, wozu ich das mache, alles flatterte so dahin.

Seit Januar waren wir kreuz und quer durch Holland und Deutschland bis an den Jadebusen marschiert. Jetzt wurde es Frühling, und wenn wir hielten, warfen wir uns ins feuchte Gras. Wir waren so erledigt, daß wir sofort einschliefen, ich konnte sogar im Stehen schlafen. Irgendwann in diesen letzten Wochen waren wir nach einer Pause weitergezogen, da überkam es mich siedendheiß, «Mensch, wo ist das Maschinengewehr, wo hast du es gelassen?» Ich bin zurückgekrochen, Meter für Meter, Licht durfte man nicht machen, und habe nach dem Maschinengewehr gesucht. Ich hatte panische Angst, es nicht zu finden und von meinen eigenen Leuten erschossen zu werden. Irgendwo lag es dann.

Wieder einmal waren wir die Nacht über marschiert, und als es dämmerte, wunderten wir uns, daß keine Flieger kamen. Wir gingen im Gänsemarsch in einer langen Reihe, als die vorne zu singen begannen. Es war seltsam, weil auf den Märschen nie gesungen und kaum gesprochen wurde. Der Gesang pflanzte sich fort, und es wurde ein sehr schöner sonniger heller Tag, und dann sagte einer, «ab Mittag ist Waffenstillstand.» Das ist nicht wahr, haben wir gedacht, das ist eine Latrinenparole. Aber im nächsten Dorf hielt alles an, es war gegen Mittag, zwischen elf und zwölf Uhr. Wir mußten in die Bauernhäuser gehen und durften sie nicht wieder verlassen. Und dann fuhren die Engländer vorbei, eine endlose Kette von Panzern, Kanonen und Lastwagen, daß einem die Augen übergingen und man sich sagte, «mein Gott, was die alles haben! Und was haben wir?»

Am frühen Nachmittag wurde Waffenreinigung befohlen. Du nimmst das ganze Maschinengewehr auseinander und putzt und machst, und schließlich war Appell, der Unteroffizier guckt durch den Lauf und brüllt, «was, das soll sauber sein!» Und als das vorbei war, kamen große LKW von den Engländern vorgefahren, und wir mußten die Waffen drauf schmeißen, kreuz und quer wie Gartenabfälle. Es war ganz furchtbar für mich, daß nun Schluß war. Da war die Befreiung von der Gewalt, von den Fliegern, die alles beherrschten. Und da war das Gefühl, wir haben den Krieg verloren, und alles, was kommt, muß furchtbar werden. Die Niederlage war für mich eine Katastrophe und für die meisten anderen auch, eine Stimmung, als wäre man ohne Kopf.

Ich bekam eine Gelbsucht und lag vier Wochen in einem englischen Lazarett bei Nordenham, bis die Amerikaner dort einzogen. Gewöhnt an den preußischen Drill, sahen wir nun vor dem Lazarett einen farbigen amerikanischen Soldaten in einem Schilderhäuschen sitzen. Er hatte sich auf einem Hocker niedergelassen, davor hatte er einen zweiten stehen, auf dem lagen seine Beine, während er las und rauchte. Ein älterer Landser sah sich das an, drehte sich um und sagte, «und die haben uns besiegt.»

Aus dem Lazarett kommt Nikolaus Ratjens in ein englisches Gefangenenlager nahe Jever. Es gibt wenig zu essen und viel Ungeziefer. Auf der Kommandantur hat er sich wahrheitsgemäß als Schüler mit Wohnsitz in Berlin gemeldet und ist deshalb nicht dabei, als im Juni Landwirte und Bergarbeiter entlassen werden. Erst im Dezember kommt er auf einen Transport in die französisch besetzte Zone, in der seine Eltern seit Kriegsende leben. Die Franzosen, die ihn noch einmal für einige Tage in ein Gefangenenlager stecken, erlebt er als rachsüchtig und ist heilfroh, als er schließlich in Bad Kreuznach bei seinen Eltern ankommt.

1946 kehrt die Familie in seine Geburtsstadt Lübeck zurück. Vier Jahre ist es nun her, daß man ihn aus der Schule ans Flakgeschütz geholt hat. Um doch noch das Abitur machen zu können, muß der nun Neunzehnjährige eine Prüfung ablegen und hört hinterher: «Ihre Lücken, Herr Ratjens, sind so groß, wir müssen Sie um zwei Klassen zurückversetzen.» Den wesentlich jüngeren Mitschülern kann er sich nicht verständlich machen, sie trennen die Erfahrungen, die er als Soldat gemacht hat. Nach eineinhalb Jahren kehrt er der Schule den Rücken, nimmt für einige Zeit Schauspielunterricht und entscheidet sich dann, Buchhändler zu werden.

Erst in der Buchhandelslehre sei er politisch aufgewacht und habe begriffen, «daß eine Gesellschaft ein Konglomerat aus einander widersprechenden Meinungen, Interessen, Verbänden und Parteien ist». Da im Elternhaus auch nach den Erfahrungen des «Dritten Reichs» die Politik weiter ausgeklammert bleibt, besucht er vor Wahlen politische Veranstaltungen, um sich über die Ziele der Parteien zu informieren. Sie, wie die gesamte Nachkriegsgesellschaft, hätten sich aber für die Erfahrungen der Soldaten im Krieg nicht interessiert, und er sei in den fünfziger Jahren ein aktives Mitglied der Internationalen Kriegsdienstverweigerer geworden. Von einem Büro in der Hamburger Innenstadt aus organisiert er Veranstaltungen und Anwälte für die Verweigerer, die bei damals noch üblichen Gewissensprüfungen durchgefallen sind. Als er auf einem Kasernengelände der Bundeswehr in Hamburg-Harburg bei einem «Tag der offenen Tür» für die Rechte eines in diesem Standort festgehaltenen Soldaten demonstriert, der versucht hat, sein Recht als Kriegsdienstverweigerer durchzusetzen, findet er sich wenig später in einem «peinlich intensiven» Verhör der Politischen Polizei am Karl-Muck-Platz wieder. Aus Protest gegen solche Einschüchterungsversuche und um in der Politik direkt etwas zu ändern, tritt er der SPD bei und ist bis heute, wenn auch zähneknirschend, ihr Mitglied geblieben.

Seit fünfundzwanzig Jahren ist er in zweiter Ehe verheiratet. Und an seinem heute erwachsenen Sohn sehe er, daß man Menschen zu einem Leben ohne Gewalt erziehen könne. Bald ein halbes Jahrhundert Demokratie, sagt er zum Schluß, ist eine lange Zeit. Trotz allem Wandel hat er aber doch den Eindruck, daß die Deutschen Angst vor ihrer eigenen Demokratie haben und sich wohler fühlen in einer festen, möglichst unumstößlichen Ordnung.

Nachwort

Wahrscheinlich war es nicht so lang, aber in meiner Erinnerung stand ich als Kind einen halben Tag an dem Weg, der über die Brücke und Gleise hinunter zum Bahnhof führte. Ich wollte sehen, ob er blutete, mein Onkel, der an diesem Tag, im Sommer 1951, aus Krieg und russischer Gefangenschaft zurückkehren sollte.

Über den Krieg wurde in meiner Familie nicht gesprochen. Das Leben hatte offenbar erst mit der Flucht aus der russischen Zone nach Westen begonnen. Der erste Versuch mißglückte und endete in einem Hühnerstall nahe der Zonengrenze, in den russische Soldaten meine Tante und meine Großmutter eingesperrt hatten. Diese und andere mir abenteuerlich erscheinende Geschichten ließ ich mir immer wieder erzählen, auch dann noch, als ich sie längst auswendig konnte. Vom Hühnerstall aus machte die Vergangenheit jedoch einen gewaltigen Satz und kam erst wieder in einer Zeit zum Vorschein, in der die Erwachsenen selbst noch Kinder gewesen waren.

Der Krieg lag noch kein Jahr zurück, als ich geboren wurde, und war nicht unheimlich oder bedrohlich, weil ich mir seine Schrecken vorstellen konnte, sondern weil die Erwachsenen ganz ernste, strenge Gesichter bekamen, wenn ich sie nach ihm fragte. Die gleichen Gesichter, wenn eine peinigende Befragung und manchmal eine Strafe drohten. Mitte der fünfziger Jahre begann ich daher «Fliegergeschichten» und «Landserhefte» zu lesen, deren Besitz aber genauso gefährlich war wie der von Streichhölzern und meiner Zwille, die ich zusammen mit den Groschenheften in einer kleinen Holzkiste im Garten versteckte.

Begleitet von sich ständig wiederholenden Kampfszenen und dem immer gleichen Jargon, wurde in ihnen am Anfang unentwegt gesiegt und gegen Ende um so häufiger gestorben. Das war ihr ganzer Realismus. Nachdem ich also begriffen hatte, daß ein Heft wie jedes andere war und nichts aus dem Schweigen erzählen konnte, das mich umgab, nichts darüber, was mein Vater, mein Onkel oder die Väter meiner Freunde im Krieg erlebt hatten, warf ich sie fort. Da war ich zwölf Jahre alt. Das war die Zeit, in der ich aufhörte zu fragen, auch wenn mich der Krieg eine Zeitlang noch auf eine ganz andere Weise beschäftigte. Ich wußte, daß mein Großvater im Ersten Weltkrieg umgekommen und alle Männer aus meiner Familie im Zweiten Weltkrieg auch Soldaten gewesen waren. Daher war ich überzeugt, daß auch ich eines Tages eine Uniform tragen und Soldat sein würde. Ich empfand eine diffuse Angst, aber mehr noch Ratlosigkeit, wie ich dem mir zugedachten Schicksal entgehen könnte. Zugleich war da aber auch noch eine ärgerliche Wut, nicht dem Schicksal gegenüber, sondern auf die Mädchen, die einfach zu Hause bleiben konnten.

Später hat mich der Krieg der Väter nicht mehr interessiert. Und in den sechziger Jahren verschwanden auch in unserer Stadt die letzten verwilderten Grundstücke, und alle vom Bombenkrieg gerissenen Lücken wurden geschlossen. Selbst die Luftschutzbunker, die als gewaltige Stahlbetonklötze noch in einigen Wohnbezirken standen, erinnerten an Regentagen mit ihren grauschwarz verwaschenen Fassaden mehr an die urbane Tristesse als an die Ereignisse, die kaum zwanzig Jahre zurücklagen. Die Millionen von Vertriebenen wurden nun als Beweis genommen, wie integrationsfähig die Gesellschaft der Überlebenden westlich der Elbe war, und in Bonn konnte der Vertriebenenminister eines Tages endgültig seinen Hut nehmen. Aus den Sendungen des Rundfunks verschwanden die Suchmeldungen des Roten Kreuzes nach noch immer vermißten Soldaten und Zivilisten, hauptsächlich Frauen und Kindern. Die Friedensbewegung fühlte sich mit der Gegenwart ausgelastet und marschierte an den Ostertagen gegen den Krieg in Vietnam und das atomare Wettrüsten. Die wachsende Zahl der Kriegsdienstverweigerer reizte zwar Staat und Öffentlichkeit, aber nicht um nach den Wurzeln dieser Bewegung zu fragen, sondern weil sie die Integration der Bundeswehr in die schon in die Jahre gekommene Nachkriegsgesellschaft in Frage stellte. Und auch in der Literatur entstanden, anders als nach dem Ersten Weltkrieg, nur einige wenige Romane und Erzählungen über den Krieg, von denen die meisten heute nicht ganz zu Unrecht vergessen sind. Ausgerechnet die Justiz, die bis heute ihre massenhaften Todes- und Terrorurteile gerade auch gegen deutsche Soldaten verdrängt hat, war es dann schließlich, die mit dem Auschwitzprozeß in Frankfurt am Main für eine Umkehr sorgte.

Es sollte aber noch Jahre dauern, bis eine intensivere Auseinandersetzung damit begann, in welcher Weise die Wehrmacht an der «Endlösung» beteiligt und wie ihr Umgang mit den russischen Kriegsgefangenen war, von denen mehr als drei Millionen in deutschen Lagern umkamen. Und, lautete schließlich die Frage, hatte die Wehrmacht nicht einen Krieg der Weltanschauung, einen «Kreuzzug» gegen den «jüdischen Bolschewismus» geführt? Es ging also darum, welche Rolle die Wehrmacht in der nationalsozialistischen Eroberungspolitik gespielt und wie sie von ihr exekutiert worden war.

Der amerikanische Historiker Arno Mayer, der schon vor zehn Jahren in einem Buch versucht hat, Antwort auf diese letzte Frage zu geben, war damals auf einer Diskussionsreise quer durch Deutschland, auf der ich ihn begleitet habe, deprimiert über die schon fast feindselige Ablehnung, die ihm begegnete, und seine Abreise in die USA sah aus wie eine Flucht. Ursache dieser Erfahrung war jedoch nicht, wie man hätte vermuten können, ein protestierendes Publikum – Mayer vertrat die Ansicht, daß die Wehrmachtsführung einen ideologischen «Kreuzzug» im Osten gewollt habe und damit auch zum Helfer der «Endlösung» geworden sei –, sondern die Unbeweglichkeit einiger seiner deutschen Kollegen, die mit ihm zusammen auf den Podien saßen. Anders als anglo-amerikanische Historiker, die ihre Arbeit auch als These und Angebot zum Gespräch sehen wollen, bevorzugen deutsche Historiker häufig das historische Paradigma, eine möglichst weitgehende Festschreibung der Geschichte. Das ist, wie gerade das Beispiel der Wehrmacht zeigt, nicht immer produktiv. Fühlt sich ein Großteil der überlebenden deutschen Soldaten mit *der* Wehrmacht gleichgesetzt und pauschal verurteilt, interpretieren die Kritiker ihre Empörung als ein liebgewordenes deutsches Dilemma: das der kollektiven Geschichtsverdrängung. Dazwischen, staunt der Beobachter, bewegt sich fast nichts.

Aber nicht die Erstarrung zwischen vermeintlichen Kontrahenten war der Impuls für dieses Buch. Im Frühjahr 1993, die Kapitulation der 6. Armee im Kessel von Stalingrad war fünfzig Jahre her, sah ich im Fernsehen auf der Treppe eines Kellergewölbes einen grauhaarigen Mann von vielleicht siebzig oder fünfundsiebzig Jahren stehen. Gewölbe und Treppe lagen irgendwo in Stalingrad, und der Mann war einer von den fünftausend, die von dort nach Hause zurückgekehrt sind. Aber statt zu sprechen, von seinen Erfahrungen zu erzählen, weinte er und konnte keine Worte finden. Ich war bestürzt, plötzlich wieder angekommen in meiner Kindheit und in dem mir damals so unbegreiflichen Schweigen.

Das erste Gespräch führte ich mit Nikolaus Ratjens, den ich seit langer Zeit kannte, und der unter meinen Freunden der einzige ist, von dem ich wußte, er war im Zweiten Weltkrieg Soldat gewesen. Daß ich Jahre zuvor seinem Versuch, darüber zu erzählen, mit einem banalen Vorurteil ausgewichen war, hatte ich erfolgreich vergessen. Und es dauerte noch eine Weile, bis mir klar wurde, daß ich selbst eingebunden war in einen sprachlosen Konsens der Nachkriegsgesellschaft: in ihm verband sich der Wunsch der meisten Kriegsteilnehmer, ihre Erfahrungen als Soldaten zu vergessen, und die Weigerung der Bundesrepublik, sich ihrer anzunehmen und, wenn sie zu sprechen bereit waren, ihnen zuzuhören.

Auf der Suche nach ehemaligen Wehrmachtsangehörigen, die sich bereit erklärten, mit mir zu sprechen, sie führte von der dänischen Grenze über den Oderbruch bis hin nach München, war deutlich spürbar, daß das Bedürfnis zu vergessen zumeist immer noch lebendig war, aber zugleich auch der Wunsch existierte, sich mitzuteilen. In einigen Fällen sollte das Vergessen und die Angst vor dem so lange im verborgenen gebliebenen Kriegstrauma die Oberhand behalten, und der Kontakt brach meist schon nach dem zweiten Telefonat ab. Kam es aber zu einer Verabredung, ich habe bis auf einen alle ehemaligen Soldaten zu Hause besucht, war ich immer wieder überrascht, wie sich die zu Beginn stets vorhandene Skepsis in Offenheit verwandelte. Mit welch seelischer Mühsal die Erinnerung jedoch verbunden war, zeigte sich da, wo die Distanz, die fünf Jahrzehnte geschaffen hatten, plötzlich zusammenbrach und spürbar wurde, wie schwer es den Männern fiel, die Rückkehr der Ereignisse, der mit ihnen verbundenen Bilder und Empfindungen zu ertragen. Das hat sich nicht selten in einem lang anhaltenden Schweigen artikuliert, im Ringen um Worte und manchmal auch einem dem Weinen sehr nahen Lachen. Das alles habe ich in meinen Aufzeichnungen nicht wiedergeben können.

Alle diese auf Tonband aufgezeichneten Gespräche sind über mehr als ein Jahr hinweg geführt worden, und ich habe in dieser Zeit jeden der Gesprächspartner mehrfach besucht. Die aus diesen Aufzeichnungen entstandenen Erzählungen haben sie zum Schluß gelesen und, anders als ich es erwartet hatte, kaum korrigiert. Ihre Einwände betrafen Fehler, die ich als «Unsoldat» gemacht hatte, und an einigen Stellen auch Verallgemeinerungen, wo dann aus «Scheißreserveoffizier» – eine Bemerkung über den eigenen Rang im Krieg – «Reserveonkel» wurde. Die lange Zeit, über die diese Gespräche geführt wurden, und später das Warten, bis ich die Texte endlich alle geschrieben hatte, haben also nicht dazu geführt, daß sich einer der Männer aus dem einmal begonnenen Unternehmen zurückzog oder sich von den nicht selten drastischen Schilderungen auch ihres eigenen Tuns distanzierte. Ich bin ihnen allen zu großem Dank verpflichtet.

Mein Dank gilt auch all denen, die mich bei dieser Arbeit unterstützt haben. Ulrich Borsdorf, Karl Debus, Ruth und Heinz Deutschland, Walter Flierbaum, Detlef Klatt, Barbara Koch, Gabriele Krüger, Helmut Opel, Ruth Rauch, Barbara und Thees Schmidt-Tychsen, Stephan Schultze-Jena, Hannes Schwensen und Hans-Jörg Zerwas. Christiane Schultze-Jena hat mit ihrer Geduld und zusammen mit Hans Georg Heepe mit kritischen Anmerkungen die Schlußfassung der Texte erleichtert.

Zeittafel

1939

September

1. Deutsche Truppen fallen in Polen ein
3. Großbritannien und Frankreich erklären Deutschland den Krieg
17. Die Sowjetunion marschiert in Polen ein
28. Estland beugt sich einem Ultimatum der Sowjetunion und stellt ihr militärische Basen zur Verfügung

Oktober

5. Lettland und fünf Tage später Litauen sehen sich gezwungen, der Sowjetunion Militärbasen einzuräumen
6. Die letzten regulären polnischen Truppen kapitulieren bei Kock und Lublin
8. In Polen wird das erste Ghetto errichtet

November

30. Die Sowjetunion greift Finnland an

1940

März

12. Finnland unterliegt der Sowjetunion und muß ihr ein Teil seines Territoriums abtreten

April

9. Deutsche Truppen landen in Norwegen und besetzen kampflos Dänemark
27. Heinrich Himmler befiehlt die Errichtung des Konzentrationslagers Auschwitz

Mai

6. England besetzt Island
10. Deutsche Truppen marschieren in Frankreich, Belgien, den Niederlanden und Luxemburg ein
15. Die Niederlande kapitulieren
27. Beginn der Einschiffung der alliierten Truppen bei Dünkirchen
28. Belgien kapituliert

Juni

10. Die norwegischen Truppen kapitulieren. Italien erklärt Frankreich und England den Krieg
22. Unterzeichnung des deutsch-französischen Waffenstillstandsvertrages
25. Beginn der Waffenruhe im Westen (1,9 Millionen Kriegsgefangene)
28. Rumänien muß der Sowjetunion Bessarabien und die Nordbukowina abtreten

Juli

3. Britischer Angriff auf französische Seestreitkräfte in Mers-el-Kebir bei Oran
15. Luftschlacht über England bis in den Oktober hinein
16. Weisung Hitlers für die Vorbereitung einer Landung in England
28. Die USA verhängen gegenüber Japan ein Embargo für Flugbenzin, Stahl und Alteisen

August

4. Italienische Truppen greifen von Abessinien aus Britisch-Somaliland an
30. In Wien legen Deutschland und Italien den neuen Grenzverlauf zwischen Ungarn und Rumänien fest

September

3. Weisung Hitlers, daß die Landung in England am 21. September erfolgen soll
13. Italienische Truppen überschreiten die Grenze Ägyptens
23. Japan besetzt den Norden Indochinas
27. Dreimächtepakt zwischen Deutschland, Italien und Japan unterzeichnet

Oktober

12. Die Landung in England wird auf das Frühjahr 1941 verschoben
28. Italienische Truppen marschieren von Albanien aus in Griechenland ein
29. Britische Truppen landen auf Kreta und fünf Tage später auf dem griechischen Festland

November

5. Franklin D. Roosevelt wird zum dritten Mal zum amerikanischen Präsidenten gewählt
12. Der sowjetische Außenminister Molotow besucht Berlin, ohne daß es zu einer politischen Einigung über die territorialen Interessen kommt
21. Griechische Truppen schlagen die Italiener zurück
23. Rumänien und am 24. die Slowakei treten dem Dreimächtepakt bei

Dezember

9. Die Briten nehmen bei einer Großoffensive in Ägypten 38 000 italienische Soldaten gefangen
18. Hitler erläßt die «Weisung Nr. 21» zur Vorbereitung auf den Angriff auf die Sowjetunion

1941

Januar

10. Im amerikanischen Kongreß wird die Gesetzesvorlage für Pacht- und Leihhilfe eingebracht, mit der auch Großbritannien unterstützt werden soll
29. In Washington verhandeln amerikanische und britische Generalstabsoffiziere über ein gemeinsames Vorgehen gegen Deutschland

Februar

8. Der erste Konvoi des deutschen Afrikakorps verläßt Neapel Richtung Tripolis

März

1. In Auschwitz wird mit dem Bau von Birkenau begonnen. Im Lauf der Zeit kommen weitere 45 Außenlager hinzu
   Bulgarien tritt dem Dreimächtepakt bei

27. Durch einen Staatsstreich in Belgrad wird die Regierung abgesetzt
30. Beginn einer deutsch-italienischen Offensive in Nordafrika

April

6. Deutsche, italienische und ungarische Truppen marschieren gegen Jugoslawien und Griechenland
11. Ungarische Truppen marschieren in Jugoslawien ein
12. Deutsche Truppen besetzen Belgrad. Zwei Tage zuvor ist es zur Proklamation eines «Unabhängigen Staates Kroatien» gekommen
13. Japan und die Sowjetunion unterzeichnen ein Neutralitätsabkommen in Moskau
17. Kapitulation der jugoslawischen Armee (ca. 350000 Gefangene)
24. Die britischen Truppen ziehen sich aus Griechenland zurück

Mai

2. Die britischen Truppen besetzen Teile des Iraks
20. Deutsche Fallschirmtruppen landen auf Kreta
29. Die britischen Truppen beginnen mit dem Rückzug von Kreta

Juni

14. Hitler erklärt vor den Befehlshabern der Wehrmacht seine Kriegsabsichten gegenüber der Sowjetunion. Eine Woche zuvor hat er bereits Weisung gegeben, daß die politischen Kommissare der Roten Armee zu erschießen seien
22. Ohne Kriegserklärung überschreitet die Wehrmacht auf breiter Front die sowjetische Grenze
23. In der Sowjetunion beginnen die vier Einsatzgruppen A, B, C und D mit den Massentötungen unter der hauptsächlich jüdischen Bevölkerung

Juli

9. Bei Białystok und Minsk wird die sowjetische Westfront zerschlagen (324000 Gefangene)
12. Großbritannien und die Sowjetunion vereinbaren gegenseitige Hilfeleistungen
14. Stalin erklärt den Partisanenkrieg
16. Besetzung von Smolensk
21. Die Wehrmacht beginnt mit der Eroberung der Krim und des Donezbeckens

September

3. In Auschwitz werden zum ersten Mal Häftlinge, zumeist russische Kriegsgefangene, mit dem Giftgas Zyklon B getötet
19. Kiew wird erobert
26. Ende der Kesselschlacht bei Kiew (665 000 Gefangene)

Oktober

2. Der Vorstoß auf Moskau beginnt
13. Kalinin, ca. 150 km westlich von Moskau, wird von deutschen Truppen besetzt
16. Moskau wird evakuiert

November

18. Britische Truppen beginnen in Nordafrika eine Offensive, um Tobruk zu besetzen
21. Rostow am Don wird besetzt

Dezember

1. Die Rote Armee beginnt eine Offensive an der Kalininfront
7. Die Japaner greifen Pearl Harbor, die Philippinen, Hongkong und Malaysia an
8. Die Wehrmacht geht in Rußland zur Verteidigung über
   Das erste Vernichtungslager, Chelmo im Wartegau, wird in Betrieb genommen. Bis in den Juli 1944 hinein werden mit «Gaswagen» zwischen 152 000 und 320 000 Menschen ermordet
9. China erklärt Japan den Krieg
11. Deutschland und Japan erklären den USA den Krieg
12. Nach dem Rücktritt von Oberbefehlshaber von Brauchitsch macht sich Hitler zum Oberbefehlshaber des Heeres
20. Rückzug der deutschen Truppen in die Winterstellung

1942

Januar

5. Deutsche Truppen werden von der Roten Armee in Suschinitschi bei Kaluga eingeschlossen
11. Japanische Truppen landen in Niederländisch-Indien und erobern die Hauptstadt Malaysias, Kuala Lumpur
20. In Berlin werden auf der «Wannsee-Konferenz» die Maßnahmen zur «Endlösung» besprochen
24. Suschinitschi wird von deutschen Truppen entsetzt

Februar

13.–18. Die Japaner landen auf Sumatra und Bali und nehmen Singapur

20. Nachdem die Japaner auf Timor gelandet sind, wird Nordaustralien geräumt

Ende Februar Im Vernichtungslager Belzec kommt es zum «Probelauf» der ersten Gaskammer. Bis in den Herbst hinein werden auch die Vernichtungslager Sobibov und Treblinka mit Gaskammern ausgestattet. In diesen drei Lagern werden ungefähr 1750000 Menschen ermordet

April

5. Hitler gibt die Ziele der Sommeroffensive in Rußland bekannt: Vorstoß zur Wolga, auf den Kaukasus und zur iranischen Grenze

9. Auf den Philippinen kapituliert die amerikanische Besatzung von Bataan vor den Japanern

30. Hitler und Mussolini beschließen die Besetzung Maltas und den Vorstoß des Afrikakorps nach Ägypten

Mai

28. Ende der Kesselschlacht bei Charkow. Die Wehrmacht nimmt 240000 russische Soldaten gefangen

30. Köln wird zum ersten Mal Ziel eines britischen Großangriffs mit 1000 Bombern

Juni

4. Seeschlacht bei Midway. Die Japaner erleiden schwere Verluste

21. Die Festung Tobruk in Libyen wird vom Afrikakorps erobert

28. Im Gebiet um Kursk beginnt die deutsche Sommeroffensive im Osten

30. Die 6. Armee beginnt ihre Offensive im Raum von Belograd

Juli

1. Deutsche Truppen erobern die Festung Sewastopol

21. Bei Rostow überqueren deutsche Truppen den Don. Drei Wochen später überschreitet auch die 6. Armee im Vormarsch auf Stalingrad den Fluß

31. Die deutsch-italienische Invasion Ägyptens kommt zum Stillstand

September

13. Die Schlacht um Stalingrad beginnt

Oktober

23. In Ägypten beginnt eine britische Offensive, die am 4. November die deutsch-italienischen Truppen zum Rückzug zwingt

November

7. Amerikanische und britische Truppen landen in Marokko und Algerien
11. Deutsche Truppen besetzen den Süden Frankreichs
13. Britische Truppen erobern Tobruk
19. Eine sowjetische Großoffensive durchbricht die rumänischen Stellungen im Norden von Stalingrad und einen Tag später die deutschen im Süden der Stadt. Am folgenden Tag wird die 6. Armee eingekesselt

Dezember

12. Deutsche Panzerkräfte versuchen die Verbindung zu Stalingrad herzustellen. Am 21. Dezember bleibt der Vorstoß stecken

1943

Januar

14. Konferenz von Casablanca zwischen Roosevelt, Churchill und den militärischen Führungsstäben. Sie endet am 25. mit der Forderung nach der «bedingungslosen Kapitulation» Deutschlands
31. Generalfeldmarschall Paulus kapituliert im Südkessel von Stalingrad. Am 2. Februar folgt der Nordkessel (90000 Gefangene)

Februar

8. Sowjetische Truppen erobern Kursk
14. Sowjetische Truppen besetzen Rostow
18. Der Propagandaminister Joseph Goebbels verkündet im Berliner Sportpalast den «totalen Krieg»

April

19. Beginn des jüdischen Aufstands im Warschauer Ghetto

Mai

12. Kapitulation der deutsch-italienischen Truppen in Tunesien (130000 deutsche und 120000 italienische Soldaten werden von den Alliierten gefangengenommen)

Juni

Um die Zivilbevölkerung zu demoralisieren, beginnt eine britisch-amerikanische Bomberoffensive («moral bombing»). Tags greifen die Amerikaner ausgewählte Ziele an, und nachts kommt es zu Flächenbombardements durch die Briten

Juli

5. Im Raum von Kursk beginnt eine deutsche Großoffensive, die am 13. Juli scheitert
10. Amerikanische und britische Truppen landen in Sizilien
25. Mussolini wird vom italienischen König entlassen
24.–30. Alliierter Großangriff mit Bombern auf Hamburg (55000 Tote)

August

23. Charkow wird von sowjetischen Truppen zurückerobert

September

3. Italien vereinbart unter der Regierung Badoglio einen Waffenstillstand mit Amerika und Großbritannien
23. Russische Truppen besetzen Smolensk

Oktober

13. Italien erklärt Deutschland den Krieg

November

6. Russische Truppen erobern Kiew
28. Beginn der Konferenz von Teheran zwischen Roosevelt, Churchill und Stalin. Sie endet am 1. Dezember mit dem Beschluß, Deutschland zu teilen und die Grenze Polens nach Westen zu verschieben

1944

Januar

4. Die Rote Armee erreicht auf ihrem Vormarsch nach Westen die Vorkriegsgrenze Polens

März

4.–6. Großoffensive der russischen Truppen in der Ukraine
15. Russische Truppen überschreiten den Bug
19. Deutsche Truppen besetzen große Teile Ungarns. Kurz darauf beginnt die Deportation ungarischer Juden nach Auschwitz, der über 400 000 Menschen zum Opfer fallen

Juni

4. Alliierte Truppen erreichen Rom. Die deutschen Truppen ziehen sich hinter den Tiber zurück
6. Alliierte Truppen landen in der Normandie
12. Amerikanische Truppen landen auf der Insel Saipan, die zur Marianengruppe im westlichen Teil des Pazifiks gehört. London wird zum ersten Mal mit der V 1 bombardiert
29. Die bei Bobruisk eingeschlossenen deutschen Truppen ergeben sich der Roten Armee

Juli

3. Russische Streitkräfte erobern Minsk
20. Attentat auf Hitler in der «Wolfsschanze». In der Wehrmacht wird der «Deutsche Gruß» eingeführt
24. Russische Streitkräfte erobern Lublin

August

1. In Warschau beginnt der Aufstand der polnischen «Heimatarmee», der von deutschen Truppen am 2. Oktober niedergeschlagen wird
9. Amerikanische Truppen erobern Le Mans
25. Amerikanische und französische Truppen marschieren in Paris ein
31. Russische Truppen erobern Bukarest

September

3. Alliierte Truppen besetzen Brüssel
10. Amerikanische Truppen erobern Luxemburg
14. Sowjetische Offensive in Estland und Lettland

17. Britische Fallschirmtruppen landen in Holland bei Arnheim, Nimwegen und Eindhoven
19. Finnland unterzeichnet Waffenstillstand mit den Alliierten

Oktober

4. Britische Truppen landen in Griechenland und erreichen am 15. Athen
9. Die Rote Armee erreicht nördlich von Memel die Ostsee. Stalin und Churchill treffen sich in Moskau und beginnen mit Verhandlungen über die Festlegung der Einflußzonen in Südosteuropa
16. Die Rote Armee erreicht Ostpreußen
18. Hitler befiehlt die Aufstellung eines «Volkssturms»
19. Die Amerikaner landen auf den Philippinen
20. Sowjetische Truppen erobern Belgrad

November

1. Die amerikanische Luftwaffe fliegt den ersten Großangriff auf Tokio und beginnt im Oktober eine Großoffensive gegen das japanische Festland
23. Amerikanische Truppen erobern Straßburg und dringen bis zum Rhein vor

Dezember

3. Deutsche Truppen räumen Venlo an der holländischen Grenze
10. Stalin und de Gaulle unterzeichnen einen sowjetisch-französischen Bündnisvertrag gegen Deutschland
16. Beginn der letzten großen deutschen Offensive, die sich gegen die amerikanischen Truppen in den Ardennen richtet. Sie scheitert wenige Tage später

1945

Januar

7.–15. In mehreren Offensiven dringt die Rote Armee weiter nach Westen vor
21. Russische Truppen erreichen Schlesien und erobern einen Tag später in Ostpreußen Insterburg und Allenstein
23. Die Räumung Ostpreußens beginnt
27. Die Rote Armee erreicht Auschwitz. Zwischen 1200000 und 1600000 Menschen sind hier ermordet worden. Insgesamt fal-

len der «Endlösung» zwischen 5 600 000 und 5 900 000 Menschen zum Opfer

Februar

4. Die Konferenz von Jalta zwischen Roosevelt, Stalin und Churchill beginnt. Auf ihr werden u. a. die alliierten Besatzungszonen festgelegt

13.–14. Bombardierung Dresdens

März

7. Amerikanische Truppen erreichen Köln und überqueren den Rhein bei Remagen

13. Die Rote Armee eröffnet bei Heiligenbeil in Ostpreußen eine Offensive

April

1. Amerikanische Truppen landen auf Okinawa

12. Theodor D. Roosevelt stirbt

16. Die Rote Armee setzt aus dem Oderbrückenkopf und von der Neiße her zum Sturm auf Berlin an

19. Leipzig wird von den Amerikanern erobert

28. Tod von Mussolini

30. Hitler begeht in Berlin Selbstmord

Mai

6. In Böhmen beginnt die Rote Armee eine Großoffensive gegen deutsche Truppen

7. Generaloberst Jodl unterzeichnet in Reims die Gesamtkapitulation der deutschen Wehrmacht

August

6. Hiroshima wird zum Ziel des ersten Atombombenabwurfs, dem ein zweiter am 9. August auf Nagasaki folgt

14. Die japanische Regierung willigt in die bedingungslose Kapitulation ein, die am 2. September unterzeichnet wird

Nordsee
GROSS-
BRITANNIEN
DÄNEMARK
Kopenhagen
NIEDER-
LANDE
Amsterdam
London
Brüssel
Berlin
Atlantischer
Ozean
BELGIEN
DEUTSCHES
REICH
POLEN
SOWJET-
UNION
Paris
München
FRANKREICH
UNGARN
RUMÄNIEN
Mailand
JUGO-
SLAWIEN
Schwarzes
Meer
Marseille
ITALIEN
SPANIEN
BULGARIEN
Rom
ALBANIEN
Gibraltar (brit.)
GRIECHEN-
LAND
TÜRKEI
Tanger
Oran
Algier
Piräus
Athen
Constantine
Tunis
Kreta
Zypern
TUNESIEN
Mittelmeer
Tripolis
Bengasi
Bardia
Alexandria
Tobruk
El Alamein
Kairo
El Ageila
ALGERIEN
LIBYEN
ÄGYPTEN
Grenzen von 1937
0 200 400 600 800 1000 km

NORWEGEN
SCHWEDEN
ESTLAND
LETTLAN
Riga
DÄNEMARK
Ostsee
Memel
LITAUEN
Königsberg
Rosenberg
Wi
Danzig
Heiligenbeil
Hamburg
Allenstein
Stettin
Thorn
Bialystok
Hannover
Berlin
Posen
POLEN
Brest
DEUTSCHES
REICH
Leipzig
Glogau
Warschau
Kock
Dresden
Radom
Frankfurt
Aussig
Breslau
Kielce
Prag
Auschwitz
Nürnberg
Lemberg
Stuttgart
TSCHECHO-
SLOWAKEI
München
Wien
Budapest
UNGARN
RUMÄ
Venedig
Triest
Vrbas
Banja Luka
Belgrad
JUGOSLAWIEN
Sarajewo
ITALIEN
Mostar
BUL
ALBANIEN

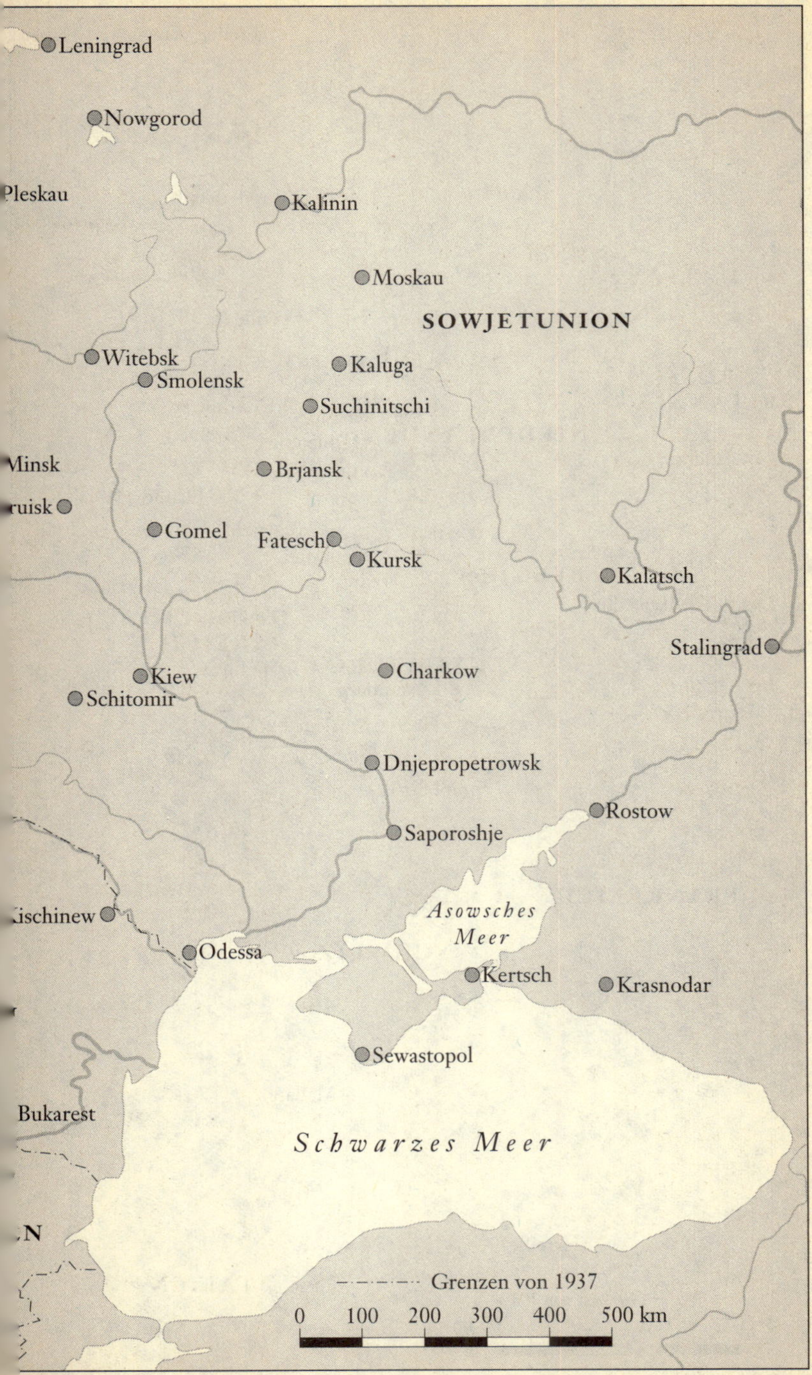
Leningrad
Nowgorod
Pleskau
Kalinin
Moskau
SOWJETUNION
Witebsk
Smolensk
Kaluga
Suchinitschi
Minsk
Brjansk
Gomel
Fatesch
Kursk
Kalatsch
Stalingrad
Kiew
Schitomir
Charkow
Dnjepropetrowsk
Rostow
Saporoshje
Asowsches Meer
Kischinew
Odessa
Kertsch
Krasnodar
Sewastopol
Bukarest
Schwarzes Meer
Grenzen von 1937
0 100 200 300 400 500 km

Frederikshavn
Ålborg
DÄNEMARK
Nordsee
Fredericia
Kopenhagen
Flensburg
Heide
Kiel
Wilhelmshaven
Hamburg
GROSS-
BRITANNIEN
Bad
Zwischenahn
Bremerhaven
Amsterdam
NIEDERLANDE
Oldenburg
Bremen
London
Enschede
Ibbenbüren
Arnheim
Hannover
Berlin
Bielefeld
Antwerpen
Brüssel
Dortmund
BELGIEN
Köln
Leipzig
Abbeville
Lüttich
Bonn
Le Havre
DEUTSCHES
REICH
LUXEMBURG
Frankfurt
Reims
Luxemburg
Paris
Metz
Saarbrücken
Nürnberg
Straßburg
Stuttgart
FRANKREICH
Basel
München
SCHWEIZ
ÖSTERREICH
Mailand
Venedig
Marseille
ITALIEN
Grenzen von 1937
0
100
200
300 km